Miriam Soudani

»Männer schlagen keine Frauen?! – Und umgekehrt?«

AF130342

Gender and Diversity

Herausgegeben von
Prof. Dr. Marianne Kosmann, Prof. Dr. Katja Nowacki
und Prof. Dr. Ahmet Toprak, alle Fachhochschule Dortmund

Band 10

Miriam Soudani

»Männer schlagen keine Frauen?! –
Und umgekehrt?«

Das Gewaltverhalten von Mädchen und jungen Frauen

Centaurus Verlag & Media UG

Über die Autorin

Miriam Soudani ist staatl. anerk. Sozialarbeiterin/Sozialpädagogin und zertifizierte Trainerin für Gewaltprävention und Zivilcourage. Sie absolvierte einige Praktika im AWO Familienzentrum Dortmund und arbeitet derzeit als Fachangestellte im Bereich der Straffälligenhilfe bei der Brücke Dortmund e.V. Schwerpunkte sind ambulante Maßnahmen nach dem Jugendgerichtsgesetz (Betreuungsweisungen, Deeskalationstraining).

Bibliografische Informationen der Deutschen Nationalbibliothek
Die Deutsche Nationalbibliothek verzeichnet diese Publikation in der Deutschen Nationalbibliografie; detaillierte bibliografische Daten sind im Internet über http://dnb.d-nb.de abrufbar.

Gedruckt auf säurefreiem und chlorfrei gebleichtem Papier.

ISBN 978-3-86226-218-2   ISBN 978-3-86226-958-7 (eBook)
DOI 10.1007/978-3-86226-958-7

ISSN 2192-2713

© *CENTAURUS Verlag & Media KG, Freiburg 2013*
www.centaurus-verlag.de

Umschlaggestaltung: Jasmin Morgenthaler, Visuelle Kommunikation
Umschlagabbildung: PhotoBeaM, Trouble in Paradise. www.istockphoto.com
Satz: Vorlage der Autorin

Danksagung

Mein Dank gilt allen Personen und Institutionen, die mich während des gesamten Prozesses meiner empirischen Studie begleitet haben.

Mein größter Dank gilt der Jugendarrestanstalt Wetter für die Bereitstellung bzw. Vermittlung geeigneter Interviewpartnerinnen. An dieser Stelle möchte ich persönlich Frau Elisabeth C. und Herrn Heinz-Dieter B. hervorheben, die mir die Durchführung der Interviews ermöglicht haben.

Zudem gilt mein weiterer besonderer Dank der Brücke Dortmund e.V., die mir ebenfalls einige Interviewpartnerinnen übermittelt hat.

Weiter möchte ich mich bei Herrn Prof. Dr. Ahmet Toprak bedanken, weil er mich zu dieser empirischen Studie ermutigt hat.

Am Ende gebührt meiner Mutter großer Dank, die mich während der gesamten Studie und der damit verbundenen Arbeit immer wieder angespornt hat und mit Rat und Tat zur Seite stand.

VI

Inhaltsverzeichnis

Abbildungsverzeichnis

Vorwort

Zickige Mädchen, gewalttätige Jungen?

Jugendliche Gewalt und Gewaltproblematik ist eine Herausforderung, die nicht nur die Fachkräfte interessiert, sondern die gesamte Gesellschaft. Es gibt nicht nur zahlreiche Forschungen und Handbücher zu den Ursachen und Motivlagen der Gewalttäter, sondern auch Handreichung, Sammelbände und Monographien, die sich mit den Präventions- und Interventionsmaßnahmen von Gewalt beschäftigen. In den meisten Veröffentlichungen zu diesem Themenkomplex werden die Ursachen von Gewalt und Gewaltprävention im Kontext von Jungen behandelt. Und in der besonderen Phase der Adoleszenz werden Jugendliche gerne mit stereotypen und verkürzten Bezeichnungen etikettiert. Zwischen 13 und 20 Jahren sind Jugendliche in der Tat auf der Suche nach Identität und Anerkennung. Dabei können die Jugendlichen auch mannigfaltige, bisweilen unerwünschte Verhaltensweisen, wie Drogenmissbrauch, exzessiver Alkoholkonsum oder aber Gewalt bzw. deviantes Verhalten, an den Tag legen. Des Öfteren werden die Jungen mit ihrem gewalttätigen Verhalten in den Mittelpunkt gestellt und die Mädchen höchstens als mitlaufende Freundinnen beschrieben. Den Mädchen wird höchstens die Rolle der Mittäterinnen zugesprochen.

Untersuchungen, die sich ausschließlich den Mädchen und jungen Frauen zuwenden, sind hingegen rar. Anhand von Tiefeninterviews mit zehn bereits gewalttätigen Mädchen und jungen Frauen versucht Miriam Soudani die Rahmenbedingungen des weiblichen Gewaltverhaltens zu rekonstruieren: das gelingt ihr in einer beeindruckenden Art und Weise. Die Autorin beschäftigt sich nicht nur mit den allgemeinen theoretischen Diskussionen im Kontext von Gewalt, sondern mit theoretischen Überlegungen zur „Mädchengewalt". Die Lebenswelten von gewalttätigen und gewaltbereiten Mädchen und jungen Frauen wird ausführlich anhand von empirischem Material sehr sorgfältig nachgezeichnet. Miriam Soudani analysiert in ihrer empirischen Arbeit das Gewaltverhalten der jungen Frauen – sachlich und orientiert an den Fakten – sehr unaufgeregt. Die große Stärke der Arbeit besteht darin, dass die Autorin ihre Interviewpartnerinnen sehr ernst nimmt und ihnen einen breiten Erzählrahmen bietet. Ihre Interpretationen sind nicht nur von dem empirischen Material abgeleitet, sondern auch mit der vorhandenen Literatur abgesichert. Ein Buch, das sich bestens lesen lässt und nicht nur eine Fundgrube für Theoretiker ist.

Prof. Dr. Ahmet Toprak

Einleitung

Dass Gewalt kein Geschlecht hat und sowohl von Männern als auch von Frauen verübt wird, ist keine neue Erkenntnis, allerdings wird erst seit kürzester Zeit das Augenmerk auf das Gewaltverhalten von weiblichen Personen gerichtet und nur sehr langsam wird deutlich, dass Mädchen ebenso physische Gewalt in vollen Zügen und mit voller Härte anwenden wie die Jungen (vgl. Bruhns, 2002, S. 171). Im Bereich der physischen, also körperlichen Gewaltanwendung liegen bis heute zwar immer noch die Jungen vorne, dennoch kann mit Sicherheit gesagt werden, dass auch das weibliche Geschlecht nicht vor physischem Gewalteinsatz zurückschreckt.

Historie und Fakten
Bis in die 1980er Jahre wurde seitens der Politik, der Justiz und der Sozialwissenschaften die Meinung vertreten, dass aggressives und gewalttätiges Verhalten vornehmlich männlicher Natur ist (vgl. Ittel/Bergmann/Schreithauer, 2008, S. 13). Im Grunde genommen kann diese Ansicht auch als teilweise richtig angesehen werden, weil die amtlichen Statistiken zum Thema „Gewaltkriminalität" bis heute aufzeigen, dass die Anzahl der Gewaltstraftaten, die vom weiblichem Geschlecht verübt werden, im Gegensatz zu denen der Jungen und Männern, eher eine minimalistische Stellung aufweisen (vgl. Lütkes, 2002, S. 14). So liegt die Tatverdächtigenstruktur im Bereich der Gewaltkriminalität im Jahre 2009 bei 83,3 % männlicher Personen und 13,7 % weiblicher Täterinnen (vgl. Hofmann, 2011, S. 15). Gewalttätiges Verhalten von Mädchen und jungen Frauen ist erst seit zehn bis 15 Jahren in den verschiedenen Wissenschaften und gesellschaftlichen Bereichen in den Fokus gerückt und dies auch nur in sehr langsamer und schleichender Wiese. Begründet ist dieser zunächst langsame Sichtwechsel mit den einhergehenden statistischen Veröffentlichungen, wie beispielsweise der Polizeilichen Kriminalstatistik, bei der in den letzten 20 Jahren ein konstanter Anstieg der Gewaltkriminalität von Mädchen und jungen Frauen zu erkennen ist (vgl. Kersting, 2010, S. 5). Der rasanteste Anstieg von Gewaltstraftaten in der Bundesrepublik Deutschland, die durch das weibliche Geschlecht begangen wurden, ist zwischen 1986 und 1994 zu verzeichnen; hier stieg der Anteil von 25 % auf 42 % (vgl. ebd.).

Amtliche Erhebungsdaten, wie z. B. die Polizeiliche Kriminalstatistik, können allerdings den Prozessverlauf der Ab- und Zunahme von Gewaltverhalten immer nur unter dem Vorbehalt der Anzeigebereitschaft darlegen (vgl. Lüdemann/Ohle-macher, 2002, S. 14). Der Anstieg von Gewalttäterinnen kann entweder damit be-gründet werden, dass Mädchen und junge Frauen im Gegensatz zu früher häufiger kriminell und gewalttätig werden oder aber die Gesellschaft sensibler auf das Ge-waltverhalten weiblicher Personen reagiert und dadurch die Mädchen häufiger an-gezeigt und polizeilich verfolgt werden (vgl. Heeg, 2009, S. 22). Da Mädchen öf-ters in ihrem sozialen Umfeld delinquent und gewalttätig werden und sich somit die verübten Gewaltstraftaten eher im Freundes- und Familienkreis ereignen, könn-te dies ein Indiz dafür sein, dass weibliche gewalttätige Verhaltensweisen nicht immer bzw. seltener angezeigt und strafrechtlich verfolgt werden als bei den männ-lichen Tätern (vgl. Ziehlke, 1992, S. 36). Demnach werden amtliche Statistiken dem realen IST-Zustand nicht gerecht, weil sie sich lediglich auf das Hellfeld stüt-zen und die Gewaltstraftaten, welche nicht polizeilich registriert sind (Dunkelfeld), auch nicht mit einschließen (vgl. Lüdemann/Ohlemacher, 2002, S. 13). Dunkel-feldstudien [also Erhebungsverfahren, die die Abweichung zwischen der Anzahl tatsächlich registrierter Gewaltstraftaten in der Polizeilichen Kriminalstatistik und der Gesamtmenge der Handlungen, die rein juristisch gesehen unter kriminelles Verhalten fallen, aber nicht aufgezeichnet wurden, erfassen (vgl. von Dawitz, 2004, S. 15)], die die Struktur von Gewaltkriminalität, vor allem im Bereich der Jugend-delinquenz, erforschen, sind schon lange keine Seltenheit mehr, aber sie werden häufig nicht im genderspezifischen Verhältnis durchgeführt und beziehen sich grundlegend auf das männliche Geschlecht (vgl. Lüdemann/Ohlemacher, 2002, S. 15). Die geringe Zahl an Dunkelfeldstudien zum Thema Gewaltverhalten von Mädchen und jungen Frauen, die bislang durchgeführt wurden, weisen zusammen-fassend das Ergebnis auf, dass es weitaus mehr Gewalttäterinnen gibt, als bisher amtlich-statistisch erfasst wurde (vgl. Bruhns, 2010, Folie 12). So liegt das Ver-hältnis der Körperverletzungsdelikte von männlichen und weiblichen Tätern/Täter-innen im Hellfeld bei 5:1, im Dunkelfeld allerdings schon bei 2:1 (vgl. Heeg, 2009, S. 23).

Begründung und Ziele der Studie
Nicht selten basiert die Entscheidung, sich mit einem bestimmten Forschungsge-genstand auseinanderzusetzen, auf einer relativ langen theoretischen Problemge-schichte (wie z. B. im Bereich des sozialen Wandels oder aber auf irgendeine Art der persönlichen Betroffenheit (vgl. Schnell/Hill/Esser, 1993, S. 119). Die Begrün-dung für die Wahl des Themas „Gewaltverhalten von Mädchen und jungen Frauen in der heutigen Gesellschaft" entstand aufgrund einer bis dahin nicht wissenschaft-lich belegten Überlegung der Verfasserin. Bei der thematischen Auseinanderset-

zung mit dem Thema durch Einarbeitung in die Fachliteratur fiel auf, dass Mädchen und jungen Frauen anderes, milderes Gewaltverhalten zugewiesen wird als den Jungen (vgl. Equit, 2011, S. 15). Diese wissenschaftlichen Thesen passten aber nicht mit den eigenen Erfahrungswerten und Beobachtungen der Verfasserin zusammen und decken sich nicht mit der persönlichen Erfahrungswirklichkeit. Im Großen und Ganzen ist der Wissensstand über die Motive und Ursachenkomplexe, welche mit dem Gewaltverhalten von Mädchen und jungen Frauen zusammenhängen sehr gering (vgl. Heeg, 2009, S. 9). Es gibt unzählige Untersuchungen, die sich mit dem Phänomen der Jugendgewalt beschäftigen, auch mit dem Fokus auf Geschlechterdifferenzen bezogen, allerdings in der Regel mit einer geschlechtsbezogenen Sicht seitens der Jungen oder Männer. „Bei geschlechtsspezifischen Vergleichen wurde die männliche Jugend allzu häufig als „Maßstab" genommen, demgegenüber geriet die besondere weibliche Lebenslage den Forschern höchst selten in den Blick" (Tillmann, 1992, S. 7). Die Tatsache, dass Jungen bis heute häufiger physische Gewalt ausüben als Mädchen, führt dazu, dass sich auch die meisten Forschungen und Analysen auf männliches Gewaltverhalten fokussieren und das weibliche Geschlecht entweder gar nicht oder nur beiläufig als Teilforschung berücksichtigt wird (vgl. Heeg, 2009, S. 9).

Nur wenige Studien nehmen die Ausganglage des weiblichen Geschlechts gezielt ein und können somit genauere Angaben dazu geben, wie sich gewalttätiges Verhalten von Mädchen und Frauen äußert, was die Ursachen sind und welche Folgen derartiges Verhalten speziell für dieses Geschlecht mit sich bringt (vgl. Silkenbeumer, 2007, S. 10). Aus diesem Grund wurde eine eigene Studie durchgeführt, um einen genauen und realitätsnahen Einblick in die Thematik zu gewinnen. Ziel der empirischen Forschung ist es, dass mehr Klarheit in den gesamten Themenkomplex gebracht wird, und zwar dadurch, dass unterschiedliche Mädchen zu Wort kommen, die allesamt Gewalt anwenden, und die individuelle Bedeutung von Gewalt innerhalb der individuellen Lebenswirklichkeiten herausgearbeitet wird (vgl. Heeg, 2009, S. 9). Der Mittelpunkt dieser Untersuchung ist es, Antworten bzw. Einsichten in die Lebenswirklichkeiten von gewalttätigen Mädchen und jungen Frauen zu erlangen, um die Motive dieses Verhaltens zu erforschen und zu sehen, inwieweit es Zusammenhänge zwischen Motivlage und den individuellen Lebenssituationen gibt. Die Lebenswelten von gewalttätigen und gewaltbereiten Mädchen und jungen Frauen sind deshalb so interessant, da sie sich von denen der Jungen nicht völlig unterscheiden; sogar in manchen Bereichen überschneiden, aber es unterschiedliche Prozessverläufe gibt (vgl. Heeg, 2009, S. 9). Die verschiedenen Dimensionen und Beweggründe gewalttätiger Mädchen und Frauen, die in enger Verbindung mit weiblichen Lebenswirklichkeiten stehen, sollen differenziert sowie kontextgebunden betrachtet und beleuchtet werden. Diese Studie soll demnach das Ziel haben, die betroffenen Mädchen selbst zu Wort kommen zu lassen und anhand der Aussagen Rückschlüsse auf ihr Gewaltverhalten sowie dessen Motive, Ursachen und Zielsetzung ziehen zu können.

Ein Forschungsprojekt beginnt mit der Festlegung und Einkreisung des Forschungsgegenstandes bzw. mit der Aufstellung des Forschungsproblems (vgl. Schnell/Hill/Esser, 1993, S. 119). In dieser empirischen Untersuchung besteht der zu untersuchende Forschungsgegenstand aus den Faktoren Ursachen, Ausprägungserscheinungen und Folgen des Gewaltverhaltens von Mädchen und jungen Frauen, und zwar während der Sozialisationsphase der Adoleszenz. Um diese Untersuchungsfelder abzudecken, darf nicht nur allein das Thema der Gewalt im Mittelpunkt stehen, sondern es müssen auch die einflussreichen Lebensbereiche wie z. B. Schule/Beruf, Familie, Freundeskreis und Zukunft analysiert und erarbeitet werden. Um das Gewaltverhalten von Mädchen und jungen Frauen erklären und darlegen zu können, reicht es demnach nicht aus, sich lediglich mit dem individuellen Gewaltverhalten zu befassen, sondern es müssen „Brücken" erstellt werden, die quasi eine Rundumerfassung der Lebenswirklichkeiten der Zielgruppe beinhalten. „Um wirklich gute Interviews zu bekommen, muss man [...] in die Lebenswelt dieser betreffenden Menschen gehen [...]" (Girtler, 1984, S. 151; in: Lamnek, Band 2, 1993, S. 95).

Aufbau und Struktur dieser Arbeit

Das erste Kapitel dieser Studie dient lediglich der Beschreibung und Begründung der hier angewendeten methodischen Vorgehensweise. Im Rahmen einer qualitativen Sozialforschungsmethode, nämlich des sogenannten Leitfadeninterviews, wurden zehn relativ umfangreiche Interviews mit gewalttätigen und gewaltbereiten Mädchen und jungen Frauen geführt. Bereits zu Beginn muss erwähnt werden, dass die Ergebnisse und erhobenen Daten qualitativer Sozialforschung keinesfalls generalisierbar sind oder für eine gesamte spezifische Gruppe von Menschen Aussagen treffen kann, sondern sich lediglich auf die untersuchte Zielgruppe bezieht.

Das folgende Kapitel befasst sich mit theoretischen Definitions- und Erklärungsansätzen von Gewalt (einschließlich der verschiedenen Formen), Aggression und Provokation und soll als Einführung in die Thematik dienen. Vor allem die Begrifflichkeiten Gewalt und Aggression bekommen hier besondere Aufmerksamkeit, weil diese Begriffe häufig synonym benutzt werden und dies dem eigentlichen Sinn nicht gerecht wird (vgl. Silkenbeumer, 2007, S. 19). Weiter befasst sich das zweite Kapitel dieser Studie mit aktuellen Fakten und Daten zum Themenkomplex des Gewaltverhaltens von Mädchen und jungen Frauen und beschäftigt sich aus-

6

giebig mit den Vor- und Nachteilen von statistischen Erhebungen sowie mit deren Grenzen (vgl. Heeg, 2009, S. 28). Vor diesem Hintergrund wird nachfolgend das Phänomen der Jugendgewalt beleuchtet und in Verbindung mit dem Sozialisationsprozess gebracht.

Anschließend wird im dritten Kapitel ein Einblick in die theoretische Materie des weiblichen Geschlechts gewährt. „Die Kategorie des Geschlechtes, die wohl neben dem Alter, der sozialen Schichtzugehörigkeit und der Hautfarbe zu den entscheidenden Bedeutungsfaktoren innerhalb der Sozialisation gehört und das Erleben, die Empfindungen und die Einstellungen der Menschen prägt, also sowohl hinsichtlich psychologischer und soziologischer Dimensionen von weitreichendem Einfluß ist, soll hier nicht nur als biologischer, sondern vor allem auch als sozialer Begriff behandelt werden" (Henschel, 1993, S. 53).

Zudem wird der Begriff der Sozialisation mit seinen zahlreichen Facetten definiert und in diesem Zusammenhang auf die geschlechtsspezifische Sozialisation eingegangen. Der Fokus wird hier auf den Sozialisationsprozess von Mädchen und jungen Frauen gelegt. Die Sozialisation wird als Prozess des Hineinwachsens eines Menschen in die Gesellschaft gesehen, welcher unabdingbar ist, um als Mensch ein gesellschaftsfähiges Mitglied zu werden (vgl. Helbig, 1979, S. 1). Der Sozialisationsprozess besteht demnach aus einer Vergesellschaftung einer Person und beinhaltet gleichzeitig die individuelle Persönlichkeitsentwicklung (vgl. King, 2007, S. 5 f.). Neben den Erklärungsansätzen zum allgemeinen Verständnis über den Begriff der Sozialisation wird in dieser Arbeit ein weiterer Fokus auf die sogenannte *geschlechtsspezifische Sozialisation* gelegt. Da das Geschlecht als eine soziale Strukturkategorie angesehen wird und neben anderen wichtigen Differenzierungsfaktoren, wie beispielsweise Schichtzugehörigkeit, als wichtiger und vor allem immer präsenter Indikator für Ungleichheit und Ungleichbehandlung steht, muss dass „Frau-sein" und „Frau-werden" genauer untersucht werden (vgl. Kühne-Vieser/Thuma-Lobenstein, 1993, S. 21).

Mit dem vierten Kapitel beginnt der eigentliche empirische Teil dieser Studie. Hier werden die Lebenswelten gewalttätiger Mädchen und junger Frauen ausgiebig diskutiert und mit Fachliteratur unterfüttert. Die zu analysierenden Aspekte der Lebenswirklichkeiten bilden der schulische Werdegang, die Berufsausbildung und Erwerbstätigkeit, die Familienstruktur und deren Zusammenhalt, die aktuelle finanzielle Situation der Untersuchungsgruppe und die daraus resultierende Schichtzugehörigkeit, das soziale Umfeld und die Peergroup sowie die Zukunftsperspektiven und Zukunftsvorstellungen der Mädchen und jungen Frauen in Bezug auf deren Umsetzbarkeit ab. Im Vorfeld können bereits die Erkenntnisse genannt werden, dass die meisten gewalttätigen Mädchen und jungen Frauen einen niedrigen Bildungsstand besitzen, keine Berufsausbildung oder Erwerbstätigkeit vorzuweisen haben, meist bei einem geschiedenen Elternteil leben und der Erziehungsstil entweder in eine sehr starke „laissez-faire" oder „autoritäre" Linie ausgerichtet ist. Zudem gehören die Teilnehmerinnen der Untersuchungsgruppe zum größten Teil der gesellschaftlichen Unterschicht an.

Nachfolgend wird ein großes Kapitel dem Kern dieser Studie gewidmet, das sich mit dem Gewaltverhalten, dessen Ausprägung und Prozessverlauf der Interviewteilnehmerinnen befasst. Hier werden die subjektiven Definitionen aus Sicht der Mädchen und jungen Frauen analysiert und ihr Verständnis über die verschiedenen Formen von Gewalt beleuchtet. In der Wissenschaft und in vielen anderen gesellschaftlichen Bereichen wird die Meinung vertreten, dass Mädchen eher dazu neigen, psychische Gewalt anzuwenden, und innerhalb der physischen Gewalt nicht mit dem Maß gewalttätiger männlicher Personen gemessen werden können (vgl. Boatcă/Lamnek, 2003, S. 16). Diese These kann dahingehend widerlegt werden, dass die befragten Mädchen in ihrer Erklärungsweise, was unter dem Begriff Gewalt zu verstehen ist, lediglich mit der Anwendung von massiver körperlicher Gewalt, wie z. B. Schlagen, Boxen und Treten argumentieren und sich gleichzeitig selbst in dieser Form als gewalttätig einschätzen. Um das Ausmaß des Gewaltverhaltens in dessen Entstehung zu verdeutlichen, werden zudem die „Gewaltkarrieren" der Mädchen und jungen Frauen betrachtet.

Ein weiterer wichtiger Aspekt, dem sich diese Studie widmet, ist die Untersuchung des Opferschemas, das die gewalttätigen Mädchen bevorzugen, und zwar anhand des Indikators der Geschlechterverteilung. Der Fachliteratur nach zu urteilen, üben gewalttätige und gewaltbereite weibliche Personen aggressive Verhaltensweisen in der Regel eher gegen das gleiche Geschlecht, d. h. gegen Mädchen und Frauen, aus (vgl. Ittel/Bergann/Scheithauer, 2008, S. 117). Diese wissenschaftliche Sichtweise kann anhand des gewonnenen Datenmaterials teilweise widerlegt werden, weil die Ausübung von Gewalt nicht geschlechtsbezogen ist, sondern sich häufig sowohl gegen weibliche als auch gegen männliche Personen richtet. Die Gründe und Motive werden in dieser Studie genauestens diskutiert.

In diesem Abschnitt wird über das Ausmaß an Gewaltanwendung hinaus noch auf die Reaktion und Einordnung (aus Sicht der Untersuchungsgruppe) von Provokation sowie auf das eigene Provokationsverhalten geblickt. Wie genau sich das Provokationsverhalten der gewaltbereiten Mädchen und jungen Frauen äußert und welche Hintergründe damit im Zusammenhang stehen, wird im Unterkapitel 5.4.3 explizit erörtert.

Zudem werden die subjektiven Rechtfertigungsgründe für die Anwendung von Gewalt beleuchtet und damit das Verständnis der zu untersuchenden Personen zwischen Recht und Unrecht verdeutlicht. Die angegebenen Rechtfertigungsgründe sind u. a. die bedingungslose Verteidigung von Freunden, das Herstellen von „Gerechtigkeit" und Gruppenzwang, aber auch der Kontrollverlust aufgrund von angestauten Emotionen wird von den Interviewteilnehmerinnen benannt (vgl. Micus, 2002, S. 182).

Das sechste Kapitel bezieht sich auf die Ziele und Dimensionen von Gewaltanwendung und Gewaltverhalten des weiblichen Geschlechts. Folgende Ziele und Reichweiten von Gewalt werden in diesem Abschnitt bearbeitet:

Gewalt als einfaches Mittel zur Zielerreichung; Gewalt als Hilfe zum Statuserhalt und der Positionierung innerhalb eines soziales Gefüges; Schaffung von Zugehörigkeit; Gewalt als Kommunikationstechnik und Kompensation fehlender sozialer Kompetenzen. Diese fünf Dimensionen wurden deshalb ausgewählt, weil genau diese sich innerhalb der Interviewphase als bedeutend und für die Erklärung des weiblichen Gewaltverhaltens als enorm wichtig und ausschlaggebend herausgestellt haben. Es handelt sich um einen neuen Entwurf des Weiblichkeitsbildes, in dem die Mädchen und Frauen aus geschlechtsstereotypischen Merkmalen herausbrechen, ihre eigenen Meinungen und Interessen in den Vordergrund stellen und diese auch mit allen Mitteln durchsetzen (vgl. Struck, 2007, S. 39).

Im nachfolgenden siebten Kapitel geht es um die Analyse von möglichen Risikofaktoren, die das Gewaltverhalten und Gewaltpotential von Mädchen und jungen Frauen negativ (im Sinne von verstärken) beeinflussen können. In Bezug auf die spezifischen Risikofaktoren, die das Gewaltverhalten von weiblichen Jugendlichen in irgendeiner Art und Weise beeinflussen könnten, gibt es leider nur sehr wenige Informationen. Diese fehlenden Informationen stellen nicht nur eine Lücke in der Wissenschaft dar, sondern behindern ebenfalls die Schaffung geschlechtsorientierter Gewaltprävention, weil das fehlende Wissen dazu führt, dass die Präventionsarbeit nicht oder nur im geringen Maße in der Lage ist, ein spezifisch zurechtgeschnittenes und abgestimmtes Interventionsangebot zu liefern (vgl. Heeg, 2009, S. 28). Aus diesem Grund befasst sich diese Studie tiefgehend mit den spezifischen Risikofaktoren, die anhand des Datenmaterials herausgefiltert werden. Die stärksten und einflussreichsten Risikofaktoren bei Mädchen und jungen Frauen bilden selbst erlebte Gewalterfahrungen innerhalb des familiären Umfeldes, schädigendes und gewaltförderndes Erziehungsverhalten der Eltern oder des alleinerziehenden Elternteils, Heimerfahrungen und anderweitige Fremdunterbringungen, Gewaltanwendung innerhalb der Peergroup sowie die Chancenungleichheit zwischen den Geschlechtern. Diese risikobehafteten Aspekte werden genau analysiert und mit dem gewonnenen Datenmaterial und hinzugezogener Fachliteratur belegt.

Abschließend weist die Verfasserin darauf hin, dass derartige Studien nicht ausreichen, um den Allgemeinzustand aller gewalttätigen und gewaltbereiten Mädchen und jungen Frauen zu erklären. Zu bedenken ist, dass jeder Mensch, jedes Mädchen und jede Frau ein Individuum für sich ist und aufgrund dieser Tatsache sich die Lebenswelten immer unterscheiden. Die Ergebnisse können also nicht auf alle Mädchen und Frauen pauschalisiert werden und bieten lediglich eine Orientierungshilfe, um die Lebenswelten, Hintergründe, Ursachen und Ausprägungserscheinungen gewalttätiger Mädchen besser begreifen zu können.

1. Methodische Vorgehensweise

Im Folgenden wird auf die hier angewandte Methode der durchgeführten empirischen Sozialforschung eingegangen. Es wird ein Einblick in den gesamten For-
schungsprozess gewährt und die methodische Vorgehensweise verdeutlicht. Die
Beschreibung beginnt mit der Wahl des Forschungsinstrumentes bis hin zu den
Auswertungsmethoden und dem genutzten Datenanalyseverfahren.

1.1 Das Leitfadeninterview als qualitative Forschungsmethode zur Datenerhebung

Ein Interview gehört zu den qualitativen Erhebungsmethoden und ist eine spezielle
Form des Gesprächs, das von der Forscherin/dem Forscher mit einer zu interview-
ten Person geführt wird (vgl. Hug/Poscheschnik, 2010, S. 100). Interviews sind im
Gegensatz zu alltäglichen Gesprächen systematischer gestaltet und legen in der
Regel einen Schwerpunkt auf bestimmte Themengebiete oder auf eine bestimmte
Forschungsfrage (vgl. Hug/Poscheschnick, 2010, S. 100).
   Bei den hier durchgeführten Interviews handelt es sich um sogenannte Leitfadeninterviews. „Leitfadengespräche sind das einzig sinnvolle Forschungsinstru-
ment, wenn es darum geht, dass Gruppen von Menschen, die auch in großen Stichproben oft in zu kleiner Zahl angetroffen werden, erforscht werden sollen." (Attes-
lander/Bender/Cromm/Grabow/Zipp, 1991, S. 175) Diese Art der Interviewtechnik
gewinnt in der empirischen Sozialforschung immer mehr an Bedeutung und Aufmerksamkeit, weil sie durch ihre offene Gesprächsführung und die offene Gestaltung der gesamten Interviewsituation die individuelle Sichtweise des zu befragenden Subjekts zur Geltung bringt (vgl. Flick, 2010, S. 194). Leitfadeninterviews
haben das Ziel und den Vorteil, dass durch die offene Gesprächsführung mehr
Antwortspielraum für die Befragten gegeben ist und somit Ergänzungen, Aus-
schweifungen und zusätzliche Informationen mit erfasst werden können (vgl.
Schnell/Hill/Esser, 1993, S. 390). Es handelt sich um sogenannte unstrukturierte
Interviews, in denen ohne Fragebögen gearbeitet wird, lediglich ein Gesprächsleit-
faden dient dazu, dass alle forschungsrelevanten Aspekte angesprochen werden
(vgl. Atteslander/Kopp, 1995, S. 154). Sie dienen nicht der Verifizierung (Bele-
gung) und Falsifizierung (Widerlegung) von vorab ausgewählten und festgesetzten
Hypothesen, sondern der Hypothesenentwicklung und damit der Herausarbeitung

neuer Erkenntnisse (vgl. Atteslander/Bender/Cromm/Grabow/Zipp, 1991, S. 174 f.).
Nach den Autoren Schnell/Hill/Esser (1993, S. 390) werden Leitfadengespräche
beziehungsweise Leitfadeninterviews innerhalb der empirischen qualitativen Sozialforschung in folgenden Bereichen eingesetzt:

- zur Bildung von Hypothesen
- zur Strukturierung des zuvor erarbeiteten wissenschaftlichen Verständnisses
  zur Exploration, d. h. die Phase zwischen der Formulierung und Festlegung
  des Forschungsproblems und der Entscheidung der Analyse der Untersuchung
- für die Analyse und Erhebung interessanter oder seltener Gruppen, die bestimmte für die Forschung relevante Gemeinsamkeiten aufweisen
- als Ergänzung und/oder Erweiterung anderer Forschungsmethoden wie z. B.
  als Ergänzung zum quantitativen Fragebogenverfahren

Der Leitfaden selbst gibt kein starres Vorgehen der Interviewführung vor, sondern
soll lediglich garantieren, dass alle erhebungsrelevanten Themen angesprochen
werden. Er dient also als eine Art „Gedächtnisstütze" für die forschenden Personen
(vgl. Röttger, 1994, S. 104). Grundlage des Leitfadeninterviews ist lediglich ein
stichwortartiger Katalog, damit sichergestellt werden kann, dass eine Vergleichbarkeit der Gespräche gewährleistet ist (vgl. Stier, 1996, S. 190). Die Vorteile dieser Art von Interviewtechnik bestehen darin, dass durch eine offene Gesprächsführung und den daraus resultierenden größeren Antwortspielraum der Bezugsrahmen
der Forschungsgruppe bzw. jeder einzelnen zu erforschenden Person mit erfasst
wird, wodurch ein Einblick in die Deutungsstrukturen und die Erfahrungen der
Befragten gegeben wird (vgl. Schnell/Hill/Esser, 1993, S. 390 f.). Eine offene Gesprächsführung bedeutet, dass die/der Befragte möglichst nicht im Redefluss unterbrochen wird. Sie/er wird lediglich dazu angehalten, bestimmte forschungsrelevan-
te Aspekte genauer und näher zu erklären, wobei das persönliche Interesse und die
eigene Ansicht der zu befragenden Person immer im Vordergrund stehen. Dadurch
wird die zu erforschende Person zum „geschätzten Experten" und fühlt sich in ihrer
Person akzeptiert (vgl. Lamnek, Band 2, 1993, S. 103).
    Die genaue Formulierung der Fragen, die Reihenfolge und ihre Ausgestaltung
sind der forschenden Person überlassen und sollten an den Redefluss der zu interviewten Person angepasst werden (vgl. Schnell/Hill/Esser, 1993, S. 391). Wichtig
ist es, die Fragen so zu formulieren, dass die befragte Person die Sachverhalte
selbst schildern muss, ohne durch den Interviewer bereits in eine bestimmte Richtung gedrängt zu werden (vgl. Lamnek, Band 2, 1993, S. 103).

Beispiel 1:

„Würden Sie sagen, dass ihre familiäre Situation zurzeit eher negativ ist?"
Dieser Fragentyp ist für ein qualitatives Leitfadeninterview eher ungeeignet, da
zum einen bereits bei der Ausformulierung der Frage eine Gewichtung (nämlich in
eine negative Richtung) stattfindet, welche die zu befragende Person in ihren Antworten beeinflussen könnte, und zum anderen handelt es sich um eine relativ ge-
schlossene Frage, d. h. die/der Befragte kann mit „Ja" oder „Nein" antworten und
hat keinen Anhaltspunkt, den Sachverhalt auszuformulieren (vgl. Atteslander/
Kopp, 1995, S. 154 f.).

Beispiel 2:

„Beschreiben Sie bitte ihre aktuelle familiäre Situation."
Diese Art von Fragen ist für die Erhebung qualitativer Daten im Rahmen eines
Leitfadeninterviews optimal, da die betroffene Person ihre Antwortmöglichkeiten
selbstständig wählen kann und die Frage eigenständig interpretieren und ihr Gewichtung geben muss (vgl. Atteslander/Bender/Cromm/Grabow/Zipp, 1991, S. 179).
Die Frage muss nicht nur inhaltlich selbstständig von der zu interviewten Person
beantwortet, sondern die Antwort auch in Eigenregie formuliert werden (vgl. Attes-
lander/Kopp, 1995, S. 155). Hierbei bleibt es der interviewten Person vorbehalten,
zu sagen, wie sich ihre/seine Familiensituation darstellt, ohne eine bereits getroffe-
ne Aussage oder Frage erst revidieren oder bejahen zu müssen. Sie oder er kommt
eigenständig auf die Sachverhalte zu sprechen, die ihr/ihm wichtig erscheinen, und
genau diese Sachverhalte gilt es einzufangen, aufzunehmen und anschließend zu
analysieren (vgl. Lamnek, Band 2, 1993, S. 54). Allerdings muss noch erwähnt
werden, dass offene Fragestellungen geistig höhere Anforderungen an die Befrag-
te/den Befragten stellen, da es keinen festen Rahmen gibt, an dem sie/er sich orientieren kann (vgl. Atteslander/Kopp, 1995, S. 156). Auch bei der hier durchgeführten Studie wurde dieser Umstand deutlich, indem sehr oft von Seiten der Forschungsgruppe mit *„Weiß nicht?"* oder *„Keine Ahnung"* geantwortet wurde und
erst durch Umstellung der eigentlichen Frage Informationen freigegeben wurden.
„Die Datenqualität beim Leitfadengespräch hängt sowohl hinsichtlich der Gesprächsführung (Fragenformulierung und Fragensequenz), als auch hinsichtlich der
Dokumentation in hohem Maße von der Qualifikation des Interviewers ab. Aber
auch an den Befragten sind bezüglich seiner sprachlichen Kompetenz und Kooperationsbereitschaft (auch wegen des höheren Zeitaufwandes) höhere Anforderungen zu stellen als beim standardisierten Interview" (Stier, 1996, S. 191).
Bei der Durchführung von Leifadeninterviews müssen bestimmte Charakteristi-
ka eingehalten werden wie auch bei der Anfertigung von Gesprächsprotokollen.
Entweder sind Leitfadengespräche durch Notizen der Interviewerin/des Intervie-

wers während der Befragung anzufertigen, es können aber auch sogenannte Gedächtnisprotokolle nach der Befragung erstellt werden (die auf die Erinnerungen des Interviews an das Gespräch zurückführen) oder die Interviews werden durch Tonbandaufnahmen festgehalten und konserviert (vgl. Atteslander/Bender/Cromm/ Grabow/Zipp, 1991, S. 175).

Die hier durchgeführten Leitfadeninterviews wurden mit einem Diktiergerät aufgenommen und anschließend transkribiert. Die Abschrift eines Interviews befindet sich im Anhang dieser Arbeit und ist wörtlich transkribiert worden, um die Aussagekraft der Gespräche beizubehalten.

1.2 Aufbau und Themen des Leitfadens

Der Aufbau eines Leitfadeninterviews beinhaltet zahlreiche Aspekte, die im Vorhinein und während der Durchführung berücksichtigt werden müssen, damit ein qualitatives und empirisch-wissenschaftliches relevantes Ergebnis erzielt werden kann (vgl. Ney/Breckle/zur Megede/Klatta; in: www.uni-frankfurt.de, abgerufen am 08.04.2012, 13:51 UTC). Die Forscherin hat in diesem Fall den Interviewleitfaden auf der Grundlage des Forschungsthemas und den dazugehörigen vorwissenschaftlichen Erkenntnissen entwickelt, der die einzelnen zentralen Themenkomplexe, die erforscht werden sollen, enthält (vgl. Hopf; in: Hopf/Weingarten, 1993, S. 171). Zuerst werden große Themenkomplexe wie z. B. Freundschaft, Gewalt und Zukunft festgelegt und diese anschließend mit kleinen, aber offen gehaltenen Leitfragen untermauert (vgl. Lamnek, Band 1, 1993, S. 232).

Bei der Erstellung des Leitfadens muss demnach immer die theoretische Relevanz von Fragen in Bezug auf das Forschungsthema berücksichtigt werden, um das eigentliche Ziel nicht zu verfehlen und eine Überforderung oder Verwirrung der Interviewpartnerin/des Interviewpartners zu vermeiden (vgl. Stigler/Felbinger, 2005, S. 130). Dies dient vor allem dazu, eine Vergleichbarkeit verschiedener Einzelinterviews sicherzustellen und themenzentrierte Ergebnisse zu liefern (vgl. Lenz, 2006/2007, Folie 7; in: www.tu-dresden.de, abgerufen am 08.04.2012, 14:09 UTC).

Inhaltlich müssen sich die Fragen natürlich an dem zu erforschenden Thema (in diesem Fall das Gewaltverhalten von Mädchen und jungen Frauen) orientieren, damit eine möglichst hohe Dichte an Informationen erhoben werden kann (vgl. Atteslander/Kopp, 1995, S. 153). Zudem muss die Auswahl der Fragestellung getroffen werden (z. B. W-Fragen, Intentionsfragen etc.) und es muss deutlich erkennbar sein, warum gerade dieser Stil gewählt wurde (vgl. Flick, 2010, S. 195 f.).

In dieser Arbeit wird ein offener, nicht strukturierter und halbstrukturierter Fragen-typ gewählt, damit keine Beeinflussung auf die Antworten der Befragten stattfin-det, gleichzeitig aber auch sichergestellt wird, dass alle relevanten Daten erfasst werden (vgl. ebd. 2010, S. 196).

In Bezug auf die Sinnhaftigkeit der zuvor erstellten Grob- und Feinstruktur des Leitfadens muss gesagt werden, dass die Themenblöcke und ihre „Unterfragen" zwar zusammengehören, aber während des Interviewprozesses miteinander ver-bunden und verflochten werden können. Eine bestimmte und starre Reihenfolge wird demnach nicht eingehalten (vgl. Atteslander/Kopp, 1995, S. 153).

Behandelt wurden die Themen Schule/Beruf, Familie/Herkunftsfamilie, Freund-schaft/Peer-Group, Gewalt/Gewaltverhalten und Zukunftsperspektiven. Anhand der Ergebnisse der einzelnen Interviews sollen die individuellen Lebensgeschichten der Probandinnen in Bezug auf ihr Gewaltverhalten beleuchtet und daran Motive für Gewalt erkennbar gemacht werden. Zudem ergeben sich durch die Analyse der Datenerhebung Erklärungsansätze in den Bereichen Gewaltursachen, Wirkung und Folgen (vgl. Siewert, 2004, S. 8).

Der Interviewleitfaden besteht insgesamt aus vier Phasen bzw. Abschnitten. Die erste Phase kann als sogenannte Einstiegsphase bezeichnet werden, in der den In-terviewpartnerinnen Informationen über Inhalt, Form, Aufbau und Ziel der Befra-gung verdeutlicht werden. Weiter beinhaltet die erste Phase des Interviews die Be-grüßung des Gegenübers und das Einholen der Erlaubnis, das datenrelevante Ge-spräch auf Tonband aufzuzeichnen. „Der zu Interviewende ist über Sinn, Zweck und Gegenstand des Interviews aufzuklären, ohne jedoch eine Prädetermination des inhaltlichen Verlaufs des Gesprächs zu provozieren." (Lamnek, Band 1, 1993, S. 107)

Die zweite Phase dient dazu, die persönlichen (harten) Daten der Interviewpart-nerinnen zu erfassen (Name, Vorname, Alter, Geburts- und Aufenthaltsort sowie Nationalität und Aufenthaltsstaus) (vgl. Toprak, 2001, S. 18). Anschließend wer-den allgemeine kurze Fragen gestellt wie zum Beispiel nach den Stärken und Schwächen der Probandinnen mit dem Ziel, die Interviewsituation aufzulockern und die Interviewten auf das Hauptinterview vorzubereiten.

Bei der dritten Phase handelt es sich um die sogenannte Hauptphase des Inter-views. Hier werden alle Themenkomplexe entweder nacheinander oder miteinander verflochten (wie es sich aus der individuellen Interviewsituation ergibt) abgearbei-tet. Das Hauptinterview besteht aus fünf Themenkomplexen, nämlich „Schule/Be-ruf", „Herkunftsfamilie", „Freundschaft", „Gewalt" und „Zukunft". Diese fünf Themen wurden nicht wahllos ausgewählt, sondern orientieren sich an dem Sozia-lisationsprozess der jungen Frauen bzw. an dem gerade erreichten Sozialisationsstand, in dem diese Bereiche immer eine wichtige Rolle einnehmen und das eigene Handeln formen. Das Thema „Gewalt" allein reicht nicht aus, um Ursachenforschung zu betreiben oder mögliche Folgen gewältigenden Verhaltens weiblicher Personen zu formulieren. Deshalb ist es wichtig, alle relevanten Bereiche, durch die junge Frauen und Mädchen geprägt werden, ebenfalls zu erfassen. Die Forscherin hat sich durch intensive Aneignung von vorwissenschaftlichen Theorien zum Thema „Jugend" informiert und daraus resultierend diese fünf Themen in das Interview integriert.

Nach dem Hauptinterview folgt noch eine letzte Phase, die als Ausstiegsphase bezeichnet werden kann. Hierbei wird die zu interviewende Person darauf hingewiesen, dass sich das Gespräch dem Ende zuneigt, aber noch genügend Zeit für eventuelle Ergänzungen oder Vertiefungen beleibt, wenn dies von der befragten Person gewünscht wird.

Der Leitfaden

Thema der BA-Arbeit:

„Männer schlagen keine Frauen! Und umgekehrt?" – Gewaltverhalten von Mädchen und jungen

Frauen in der heutigen Gesellschaft:

Ursachen – Ausprägung – Folgen

1. Einstiegsphase

Begrüßung/Vorstellung/Information über den Inhalt, Form, Aufbau und Ziel des Interviews/Erlaubnis einholen, um das Interview aufzunehmen.

2. Einführende Fragen

Name:	Vorname:
Geburtsdatum:	Geburtsort:
Geschlecht:	Volkszugehörigkeit:
Aufenthaltsstatus:	Wohnort:

Fragen zur Lebenssituation:

1. Was ist bisher in deinem Leben gut/schlecht gelaufen?
2. Was ist für dich der Sinn des Lebens?
3. Wie würdest du dich selbst beschreiben? Was für ein Typ bist du?
4. Hast du Vorbilder?
5. Was sind deine persönlichen Stärken/Schwächen?
6. Wovor hast du Angst?
7. Kannst du Gefühle zeigen?
8. Bist du bei anderen eher beliebt oder unbeliebt?
9. Was würdest du dir wünschen, wenn du einen Wunsch frei hättest?

3. Thema Schule/Beruf?

Welche Schule hast du besucht?

In welcher Klasse bist du von der Schule gegangen?

Gibt es Schulfächer, die du besonders gerne magst?

Hast du auch gelernt für die Schule?

Gab es denn Fächer, die du gar nicht mochtest?

Würdest du sagen, dass du momentan gerne zur Schule gehst?

Hattest du auch Freunde in der Schule?

Welchen Schulabschluss strebst du an? Möchtest du noch einmal einen Abschluss nachmachen?

Was für eine Berufsausbildung hast du?

Welchen Berufswunsch hast du?

Was würdest du sagen, hast du bisher getan, um dein Berufsziel zu erreichen?

Hast du zurzeit einen Nebenjob oder hattest du mal einen Nebenjob?

Und womit finanzierst du dich?

4. Thema Herkunftsfamilie

Beschreibe deine aktuelle familiäre Situation.

Welche Personen gehören zu deiner Familie?

Wie würdest du die Beziehungen zu den einzelnen Familienmitgliedern beschreiben?

Gibt es Schwierigkeiten im alltäglichen Zusammenleben?

Wie würdest du den Erziehungsstil deiner Eltern beschreiben?

Welche Vorteile siehst du in der Erziehungsmethode deiner Eltern? Welche Nachteile hast du erlebt?

Würdest du sagen, dass du „typisch Mädchen" erzogen worden bist?

Gab oder gibt es gemeinsame Aktivitäten innerhalb der Familie?

Fühltest/fühlst du dich von deinen Eltern gerecht behandelt, auch wenn du nicht ihrem Willen entsprochen hast?

Konntest du den Leistungsanforderungen, die deine Eltern an dich gestellt haben, größtenteils entsprechen?

Würdest du deine Kinder so erziehen, wie du erzogen wurdest?

Wurde in deiner Familie Alkohol oder Drogen konsumiert?

Inwiefern hat sich dies auf dein eigenes Verhalten ausgewirkt?

Wenn du deine jetzige familiäre Situation in einem Satz beschreiben müsstest, wie würde der Satz lauten?

5. Thema Freundschaft

Was bedeutet Freundschaft für dich?

Beschreibe bitte deinen Freundeskreis?

Wie wichtig ist es für dich, Freunde zu haben?

Hast du eine beste Freundin oder einen besten Freund?

Worin unterscheidet sich die Freundschaft gegenüber anderen Freundschaften?

Was würdest du alles tun, um deinen Freunden aus einer schwierigen Situation zu helfen?

Gibt es bestimmte Verhaltensregeln in deiner Clique? Beschreibe diese …

Gibt es öfters Meinungsverschiedenheiten innerhalb deiner Clique?

6. Thema Gewalt

Was verstehst du unter dem Begriff „Gewalt"?

Würdest du sagen, dass Beleidigungen auch Gewalt sind?

Ab wann fängt für dich Gewalt an?

Schätzt du dich als gewalttätig ein?

Würdest du dich als aggressiv beschreiben?

Bist du der Meinung, dass du eine selbstbewusste Person bist?

Woher holst du dir dein Selbstbewusstsein?

Provozierst du gerne andere Menschen?

Wie sehen deine Provokationen genau aus?

Lässt du dich von anderen provozieren?

Wann fühlst du dich provoziert?

Würdest du verbale Provokationen als Gewalt bezeichnen?

Wenn du früher Gewalt angewendet hast, wie sah das aus?

Kannst du mir eine Situation nennen, in der du Gewalt angewendet hast?

Wann hast du das erste Mal eine andere Person geschlagen? Wie alt warst du zu dem Zeitpunkt?

Wendest du Gewalt eher gegenüber anderen Mädchen/Frauen oder eher gegen andere Jungen/Männer an?

Wo sind die Unterschiede?

Hast du dich schon mal mit einem Jungen/Mann geschlagen?

Würdest du sagen, dass Jungen/Männer öfters Gewalt anwenden als weibliche Personen?

Wenn du Gewalt anwendest, was möchtest du damit erreichen?

Würdest du sagen, dass Gewalt ein gutes Mittel ist, um ein Ziel zu erreichen?

Was denkst du insgesamt über Gewalt, Schlägereien usw.? Würdest du sagen, dass Gewalt zum Leben dazu gehört?

Gab es oder gibt es Anzeigen, Gerichtsurteile oder Gerichtsverfahren wegen Körperverletzung?

Möchtest du an deinem Verhalten etwas ändern?

Was möchtest du ändern?

Welche Voraussetzungen benötigst du dafür? Was müsste sich ändern, damit du nicht mehr so schnell aggressiv wirst?

Kannst du dir vorstellen, auch ohne Gewalt stark zu sein und deine Ziele zu verwirklichen?

7. Thema Zukunft?

Wo siehst du dich in zehn Jahren?

Was würdest du deinen Kindern über das Thema „Gewalt" vermitteln?

1.3 Kontaktaufnahme zu den Interviewpartnerinnen

Die Kontaktaufnahme zur Forschungsgruppe bzw. zu den einzelnen Interviewteilnehmerinnen gestaltete sich schwieriger als im Vorfeld von der Forscherin erwartet. Ursprünglich waren 14 Interviews eingeplant, die durchgeführt werden sollten, wovon allerdings lediglich zehn zustande gekommen sind. Im Nachhinein lässt sich aber der Rückschluss ziehen, dass auch diese Anzahl von Interviews ausreicht, um empirisch und qualitativ an das Thema „Mädchengewalt" heranzugehen, da es sich um relativ umfangreiche und mit vielen Themen besetzte Interviews handelt.

Bevor ein Kontakt zu verschiedenen Einrichtungen hergestellt werden konnte, hat die Forscherin recherchiert (via Internet und Telefon), welche Einrichtungen ggf. über passende Interviewpartnerinnen als Klientel verfügen. Über den elektronischen Postweg wurden anschließend u. a. Anfragen an diverse Schulen im Raum Dortmund, verschiedene Kinder- und Jugendfreizeitstätten, die Kompetenzagentur Dortmund, die Abteilung Streetwork der Arbeiterwohlfahrt (AWO), Jugendhilfe- und Familienberatungsstellen, die Bewährungs- und Jugendgerichtshilfe der Stadt Dortmund, die Regionalgruppe des Anti-Aggressivitäts-Trainings sowie an die Jugendarrestanstalt in Wetter geschickt. Insgesamt wurden 38 Anfragen versendet, wobei es bei lediglich zehn zu einer Rückmeldung kam. Es stellte sich auch bei den zehn verschiedenen Einrichtungen schnell heraus, dass das Klientel entweder nicht zur Zielgruppe passte oder die entsprechenden potentiellen Interviewpartnerinnen keine Motivation an den Tag gelegt haben, um ein derart umfangreiches Interview zu führen.

In der Regel wurde die Anfrage zuerst innerhalb des Personals der betreffenden Einrichtung diskutiert, wobei anschließend der Kontakt zwischen der Forscherin und den potenziellen Interviewpartnerinnen hergestellt wurde.

Es kam öfters vor, dass im Vorfeld vereinbarte Termine kurzfristig abgesagt und nicht nachgeholt wurden. Letztendlich wurden die Interviews zum Teil bei der Brücke Dortmund e.V. und in der Jugendarrestanstalt in Wetter durchgeführt.

Da die Forscherin bereits vor Beginn der Studie bei der Brücke Dortmund e.V. im Bereich der ambulanten Straffälligenhilfe nach dem JGG[1] tätig war, konnten von dort passgenaue Interviewpartnerinnen herangezogen und befragt werden. Über die Brücke Dortmund e.V. konnten vier Interviewteilnehmerinnen gewonnen werden. Die letzten sechs Interviews wurden anschließend in der Jugendarrestanstalt Wetter durchgeführt. Die Entscheidung, ob in der Jugendarrestanstalt Inter-

---

[1] Jugendgerichtsgesetz (JGG) in der Fassung der Bekanntmachung vom 11. Dezember 1974 (BGBl. I S. 3427) zuletzt geändert durch Art. 7 2. OpferrechtsreformG vom 29. Juli 2009 (BGBl. S. 2280).

views geführt werden dürfen, musste erst vom Vollzugsleiter eingeholt werden und wurde im Februar bekannt gegeben. Daher hat sich der ursprüngliche Zeitrahmen, der für die Durchführung der Interviews angesetzt war, verlängert. Gerade in der Praxis empirischer Sozialforschung muss häufig mit anderen Behörden und Einrichtungen kooperiert werden, um an die Forschungsgruppe heranzukommen. Aufgrund von Datenschutzbestimmungen und Schweigepflichten darf der Zeitaufwand für diese Phase der Forschung nicht unterschätzt und sollte großzügig eingeplant werden (vgl. Schnell/Hill/Esser, 1993, S. 123).

1.4 Beschreibung der Untersuchungsgruppe

Die *Einkreisung* der Zielgruppe bzw. der Forschungsgruppe konnte erst erfolgen, nachdem alle für die Erhebung relevanten Informationen im Leitfaden festgehalten worden sind. D. h. erst wenn deutlich ist, welche Informationen die Forscherin/der Forscher benötigt, kann die Zuordnung der Interaktionspartner erfolgen, damit sichergestellt ist, dass die zu Befragenden auch über diese Informationen verfügen (vgl. Atteslander/Bender/Cromm/Grabow/Zipp, 1991, S. 63). Es handelte sich in dieser Studie um eine „bewusste Auswahl", d. h. die Teilnehmerinnen wurden anhand eines Auswahlplans und an dessen zugrunde liegenden Kriterien ausgewählt (vgl. Schnell/Hill/Esser, 1993, S. 306). Die Zielgruppe wurde also nach bestimmten Merkmalen klassifiziert und nach einem bestimmten Typ geordnet. Es handelt sich demnach um eine überschaubare Gruppe, die eine bestimmte Anzahl von Merkmalen aufweist und sich dadurch von anderen Gruppen unterscheidet (vgl. Atteslander/Bender/Cromm/Grabow/Zipp, 1991, S. 63). Nach den Autoren Atteslander und Kopp sind für die Auswahl der Befragten im Vorfeld folgende Fragen abzuklären: „Welche Personen verfügen über die benötigten Informationen? Welche Personen werden am ehesten bereit sein, die Fragen zu beantworten? Welcher Personenkreis kommt aus Kosten- oder Effizienzgründen für die Interviews in Frage?" (Atteslander/Kopp, 1995, S. 168)

Die in dieser Studie verwendete Forschungsgruppe lässt sich anhand der eben genannten Fragen sehr gut beschreiben. Es handelt sich um Mädchen und junge Frauen im Alter zwischen 16 und 21 Jahren. Das durchschnittliche Alter beträgt 18,3 Jahre. In Bezug auf die Nationalitäten kann gesagt werden, dass alle befragten Mädchen und jungen Frauen deutsche Staatsbürgerinnen sind und auch innerhalb der Bundesrepublik Deutschland geboren wurden. Lediglich eine der jungen Frauen hat einen spanischen Migrationshintergrund, weil ihre Eltern gebürtige Spanier sind.

In Bezug auf die Elternkonstellationen der Interviewpartnerinnen kann gesagt werden, dass die Eltern von sieben Teilnehmerinnen geschieden sind und lediglich die Eltern von drei Teilnehmerinnen noch in einer Ehe oder ehelichen Gemeinschaft leben.

In Bezug auf die Wohnverhältnisse der Forschungsgruppe hat sich herauskristallisiert, dass drei Interviewpartnerinnen in dem Haushalt ihrer leiblichen Eltern, vier bei der Mutter, eine beim Vater und zwei Teilnehmerinnen in einem eigenen Haushalt leben.

Alle Interviewpartnerinnen sind im Bereich von Gewaltdelikten u. a. Körperverletzung (§223 Strafgesetzbuch), gefährliche Körperverletzung (§ 224 Strafgesetzbuch), Bedrohung (§ 241 Strafgesetzbuch), Raub (§ 249 Strafgesetzbuch), Beleidigung (§ 185 Strafgesetzbuch), Widerstand gegen die Staatsgewalt (§ 113 Strafgesetzbuch) und Beteiligung an einer Schlägerei (§ 231 Strafgesetzbuch) auffällig und verurteilt worden und verfügen somit über das hier zu erforschende Gewaltverhalten. Dazu kommt, dass die Interviewpartnerinnen auch über die gerichtlichen Urteile hinaus im Alltagsleben Gewalt anwenden und mit Gewalt konfrontiert werden.

Die Forschungsteilnehmerinnen, die sich zur Befragungszeit nicht in der Jugendarrestanstalt befanden, haben sich seltener zu einem Interview bewegen lassen. Hier lassen sich allerdings nur Vermutungen anstellen, warum die Bereitschaft für ein Interview so gering ausgefallen ist. Zum einen könnte gerade dieses Thema mit einem bestimmten Schamgefühl besetzt sein, zum anderen ist ein solches Interview natürlich zeitaufwendig und für die Befragten wenig gewinnbringend. Bei den Interviewteilnehmerinnen, die sich während des Interviews in der Jugendarrestanstalt befanden, war die Bereitschaft zur Durchführung eines Interviews sehr hoch. Dies könnte (vermutlich) daran liegen, dass ein Interview für die Insassen Abwechslung im Arrestalltag bedeutet.

Auch wurde darauf geachtet, dass alle Interviewpartnerinnen ein relativ gutes Konzentrationsvermögen besitzen, sodass sie in der Lage waren, ein ein- bis anderthalbstündiges Interview zu führen.

Ausschlusskriterium für die Durchführung eines Interviews waren schwere psychische Erkrankungen, wie z. B. Schizophrenie, schwere Depressionen sowie das Aufweisen suizidaler Tendenzen. Der Grund dafür liegt darin, dass die hier durchgeführten Interviews viele persönliche und mit Emotionen geladene Themen beinhalten, die bei psychisch kranken Personen eventuell zu einer Verschlechterung des Gesundheitszustandes führen könnten. Zudem kann es sein, dass eine vorhandene diagnostizierte Krankheit das Gewaltverhalten beeinflusst und somit keine Vergleichswerte zu gesunden Personen gezogen werden können.

22

1.5 Durchführung und Zeitrahmen der Interviews

Die für diese Forschung durchgeführten Interviews erfolgten in einem Zeitraum von vier Monaten, von Januar bis April 2012. Insgesamt wurden zehn Interviews geführt, und zwar mit Mädchen und jungen Frauen, die im Bereich von Gewaltdelikten auffällig geworden sind. Jedes Interview umfasst eine Gesprächsdauer von durchschnittlich einer Stunde und zehn Minuten. Die Gesprächsdauer qualitativer Leitfadeninterviews ist in der Regel sehr umfangreich, deshalb muss ständig auf die Aufnahmefähigkeit der zu erforschenden Person geachtet werden. Reicht die Aufmerksamkeitsspanne des Gegenübers nicht aus, um das ganze Interview in einem Stück abzuarbeiten, sollte eine Splittung oder eine Pause in Erwägung gezogen werden, um die Konzentration der Interviewteilnehmerinnen aufrechtzuerhalten (vgl. Atteslander/Kopp, 1995, S. 153). Da alle Interviewpartnerinnen Deutsch als Muttersprache besitzen, war es nicht nötig, dass die Forscherin Übersetzungshilfen hinzuziehen musste.

In Bezug auf den Durchführungsort sollte im Allgemeinen berücksichtigt werden, dass der Ort die Lebensnähe des Interviews und das Wohlbefinden der Interaktionspartnerinnen unterstützt und eine bekannte, natürlich erscheinende Umgebung darstellen sollte (vgl. Lamnek, Band 2, 1993, S. 107). Deshalb wurden die Interviews, die außerhalb der Jugendarrestanstalt stattgefunden haben, an den Wunschorten der Teilnehmenden durchgeführt. Hierzu gehörten u. a. die eigene Wohnung, ein Café und ein abgeschotteter Raum in einer Jugendfreizeitstätte. Lediglich bei den Interviewpartnerinnen, die sich zum besagten Zeitpunkt im Arrest befanden, mussten die Interviews in einem separaten, neutral ausgestatteten Raum innerhalb der Anstalt durchgeführt werden. Dies hat allerdings dem Redefluss und der Motivation der Teilnehmerinnen nicht geschadet.

Zu Beginn eines jeden Interviews war die Haltung der zu Interviewten eher skeptisch und unaufgeschlossen. Erst nachdem die Durchführende explizit erklärt hat, um was für ein Thema es sich handelt und welche Intention bzw. welcher Sinn dahinter steckt, haben die Teilnehmerinnen ausführlich ihre Sichtweisen geschildert und konnten sich mit der Situation identifizieren. Bei der Durchführung der einzelnen Interviews musste immer beachtet werden, dass jede Frage nur einmal gestellt und bereits beantwortete Fragen nicht erneut diskutiert wurden (vgl. Flick 2010, S. 200 f.). „Zu jedem Thema gab es zwar zahlreiche Fragen. Aber wenn der Befragte einige dieser Fragen bereits im Vorfeld beantwortet hatte, wurden diese Fragen nicht nochmals gestellt." (Toprak, 2001, S. 20) Kommt es zum Beispiel im Themenkomplex „Freundschaft" zu Aussagen der interviewten Person, die eher in das Thema „Gewalt" passen, wird dies so hingenommen und die Forschungsperson nicht in ihrem Redefluss unterbrochen. Wichtig dabei ist, dass bereits beantwortete Fragen nicht erneut gestellt werden, weil es dadurch zu einem Gefühl des Desinteresses am Forschungsgegenstand kommen kann.

Im Ganzen betrachtet, gab es keinerlei Schwierigkeiten bei der Durchführung der Interviews weder durch äußere noch durch Störungen durch die Teilnehmerinnen selbst.

1.6 Transkriptionsmethode und Zitierweise

Nach Interviewabschluss werden die Tonbandaufnahmen nach bestimmten Regeln transkribiert und anonymisiert (vgl. Heinze, 2001, S. 172). Die Transkription der Interviews ist eine wichtige, aber auch zeitaufwendige Phase im Analyseprozess. Neben dem Zeitaufwand sollte diese Phase auch in ihrer Problemhaftigkeit nicht unterschätzt werden (vgl. Lamnek, Band 2, 1993, S. 108). Es ist handelt sich sozusagen um eine Phase zwischen der Erhebung und der Auswertung des Materials. Die Erhebung (also die Durchführung der Interviews) hat das Ziel, Informationen aus der Realität zu erlangen. Bevor diese Informationen aber ausgewertet werden können, muss das Material erst festgehalten, aufgezeichnet und aufbereitet werden (vgl. Mayring, 2002, S. 85).

Im Rahmen dieser empirischen Studie wurden alle Interviews wortwörtlich in Textform umgewandelt, d. h. transkribiert. Es handelt sich um die Technik der *literarischen Umschrift*, wobei der gesprochene Dialekt (in diesem Fall die Alltagssprache) in das normale Alphabet übertragen wird (vgl. Toprak, 2001, S. 27). „Durch wörtliche Transkription wird eine vollständige Textfassung verbal erhobenen Materials hergestellt, was die Basis für eine ausführliche Interpretation bietet." (Mayring, 1999, S. 69) In dieser Studie wurde das gesamte Datenmaterial transkribiert und keine Auslassungen vorgenommen. Dies bedeutete zwar für die Forscherin einen enorm hohen Aufwand, aber dadurch konnten alle vorhandenen und relevanten Aspekte, die zur Analyse der Zielgruppe beitragen, erfasst werden (vgl. Heinze, 2001, S. 172).

In dieser Arbeit wurde eine Transkriptionsweise gewählt, deren Regeln bzw. Merkmale aus dem Lehrbuch „Qualitative Sozialforschung, Band 2, Methoden und Techniken" von dem Autor Siegfried Lamnek stammen:

- Das umfangreiche Tonbandmaterial wird von einer oder mehreren Personen (in diesem Fall war es die Forscherin selbst) in eine greif- und lesbare Form gebracht, indem jedes einzelne Interview wortwörtlich an einem Computer abgetippt wird.

- Neben den gesprochenen Sätzen gibt es in Interviews aber auch eine Fülle an nonverbalen Aspekten wie z. B. längere Pausen, Lachen, Räuspern, Husten, die äußerst wichtig für die spätere Analyse sind. Deshalb müssen für diese nonverbalen Ausdrücke Regeln für die Behandlung ausgearbeitet werden.

- Die bis hierher erstellten Transkripte werden im nächsten Schritt noch einmal mit den Tonaufnahmen verglichen und eventuelle Tipp- und Hörfehler verbessert. Hier sollte auch schon darauf geachtet werden, Namen und andere persönliche Daten zu anonymisieren.

- Abschließend werden die Transkripte nochmals gelesen, um eventuelle Unstimmigkeiten, Widersprüche und Unklarheiten zu entdecken und zu beheben(vgl. Lamnek, Band 2, 1993, S. 107).

Nach dieser Methode wurden auch die für diese Studie durchgeführten Interviews transkribiert und erarbeitet.

Im Folgenden sollen alle in der Transkription genutzten Zeichen, Wörter und Merkmale erklärt bzw. beschrieben werden:

betont	Betonung, unterstrichen, aber nicht laut gesagt
?	Deutliche Frageintention
...	Längere Pausen mit einer Dauer von mehr als drei Sekunden
nee	Dehnung von Lauten, die Anzahl der sich wiederholenden Buchstaben beschreibt die Länge der Dehnung
Ja ja	Doppelnennung von Wörtern; Betonung
ne?	Ist in der Regel immer an eine bestimmte Aussage gebunden und kann als Frage an das Gegenüber aufgefasst werden, ob diejenige oder derjenige der gleichen Meinung ist
`	Kennzeichnet die Weglassung von Buchstaben bzw. Wortendungen, z. B. Konnt' (Konnte)
(lach)	Interviewpartner fängt an, zwischen dem Gesagten zu lachen

Puhh	Ausdruck des Überfordertseins, von Anspannung
Mhh	Fragender Ausruf, wobei die Intention an die sprechende Person selbst gerichtet ist; schafft Zeit für Überlegungen; das „doppelte h" kennzeichnet zusätzlich eine Dehnung des Ausrufs
Ähm/Hm	Verzögerungssignal
„Satz"	Die Anführungszeichen in der Transkription markieren Textpassagen, in denen die Interviewte wörtlich zitiert

Abb. 1: Transkriptionsregeln

Zur Zitierweise lässt sich sagen, dass alle Gesprächsausschnitte, die im weiteren Verlauf dieser Arbeit genutzt und aufgezeigt werden, mit einer kursiven Schrift sowie Anführungszeichen („...") gekennzeichnet sind. Zudem werden der anonymisierte Name und das Alter der jeweiligen Interviewpartnerin am Ende des Gesprächsabschnittes genannt.
Beispiel:

> *„Ja ich will, also für mich ist da der Sinn, man baut Scheiße und man soll auch dafür geradestehen und ja und dann versuch ich halt, nicht mehr die Scheiße zu bauen und aus den Fehlern zu lernen und das Bessere draus zu machen. "*
> *(Mia, 16 Jahre)*

Die Zuordnung von ausgedachten Namen erleichtert die Lesbarkeit von Ergebnisdarstellungen und Interpretationen (vgl. Przyborski/Wohlrab-Sahr, 2010, S. 167).

1.7 Auswertung des Materials

Nach Abschluss der Transkriptionsphase folgt die Auswertung des Datenmaterials. Hierfür wurde die Methode der qualitativen Inhaltsanalyse genutzt, weil diese Technik eine themengeleitete Gliederung des Materials zulässt und es dadurch schrittweise, mithilfe eines Kategorisierungssystems, bearbeitet werden kann (vgl. Toprak, 2001, S. 28). Der Auswertung qualitativer Daten liegt zugrunde, Strukturen zu erkennen, zu erfassen und zu rekonstruieren, und zwar mit dem Ziel, verallgemeinerungsfähige Aussagen zu treffen, die allerdings so weit wie möglich die Originalität der Einzelfälle erhalten sollten (vgl. Lamnek, Band 1, 1993, S. 197).

Qualitative Datenanalyse umfasst die Ebenen der Ausführlichkeit, der Verallgemeinerung bzw. Generalisierung (auf die Forschungsgruppe bezogen) und der systematischen Ordnung des Erhebungsmaterials (vgl. Strauss, 1991, S. 28). Mayring (2008, S. 58) beschreibt in seiner Fachliteratur „Qualitative Inhaltsanalyse – Grundlagen und Techniken" drei Grundformen der interpretiven qualitativen Inhaltsanalyse:

Zusammenfassung: Hierbei wird das vorhandene Material so weit reduziert, dass lediglich die wesentlichen Inhalte erhalten bleiben und durch Abstraktion eine Gesamtheit geschaffen wird, die aber mit dem Grundmaterial verwurzelt ist.

Explikation: Explikation bedeutet die Erläuterung einzelner fraglicher Textabschnitte, und zwar durch das Heranziehen zusätzlichen Materials (z. B. Fachliteratur), um das Verständnis zu erweitern und die Aussagen zu untermauern oder zu widerlegen.

Strukturierung: Hierbei werden bestimmte Aspekte mithilfe zuvor festgelegten Ordnungskriterien aus dem Gesamtmaterial herausgefiltert, es gilt einen Querschnitt durch das Material zu ziehen oder aber die vorhandenen Daten nach einem bestimmten Schema einzuschätzen (vgl. Mayring, 2008, S. 58).

Aufgrund der Komplexität des Themas „Gewaltverhalten von Mädchen und jungen Frauen" und der vorhandenen Verbindungen zwischen den einzelnen Themenkomplexen wurde bei dieser Untersuchung zum einen die Methode der Explikation, zum anderen die strukturierende qualitative Inhaltsanalyse verwendet. Da es sich um eine qualitative Forschung handelt, gibt es keine bestimmte allgemeingültige Technik, die auf alle Untersuchungen angewendet werden kann, sondern eine Vielzahl von Methoden dient als Stütze zur Datenanalyse (vgl. Lamnek, Band 1, 1993, S. 197). Dennoch steht die Strukturierungstechnik im Vordergrund, weil bestimmte Strukturen aus dem gesamten Material herausgefiltert werden sollen und alle vorhandenen Textmaterialien bestimmten Kategorien zugeordnet werden (vgl. Toprak, 2001, S. 28).

Die Datengrundlage für die Analyse bilden die Interviews, welche mit entsprechender theoretischer Literatur untermauert werden (vgl. Opp, 1995, S. 62). In der hier durchgeführten Studie werden die Ergebnisse nicht einfach nur dargestellt und diskutiert, sondern auch „interpretiert", d. h. die Forscherin will die auftretenden Sachverhalte erklären. Eine qualitative Analyse ist gleichbedeutend mit dem Wort der Interpretation von Datenmaterial (vgl. Strauss, 1991, S. 28). Wichtig ist hierbei, dass die Forscherin/der Forscher nicht ausschließlich aus ihrer/seiner Sicht und auf der Grundlage der eigenen Erfahrungen, Empfindungen und Vorstellungen interpretiert, sondern eine gezielte Form des Fremdverstehens anwendet, um individuelle Bedeutungszuweisungen nachvollziehen zu können (vgl. Lamnek, Band 2, 1993, S. 21). Die Auswertung des Materials hat demnach nicht nur mit Deutungsstrategien zu tun, sondern besitzt die Kernaufgabe der Entdeckung, d. h. die Interpretationen dienen nicht dem Selbstzweck, sondern der Zielerreichung im Sinne von Erkenntnisfortschritten (vgl. Lamnek, Band 1, S. 198). Um Interpretationen allerdings wissenschaftlich gestalten zu können, müssen alle Erklärungen mit mindestens einer theoretischen Aussage belegt werden, die sich im Allgemeinen als relativ gut und generell bewährt hat (vgl. Opp, 1995, S. 62).

Bei der Interpretation müssen also bestimmte Regeln befolgt werden, die je nach Methode sehr einfach oder komplex gestaltet sind und dazu dienen, der Willkür und Beliebigkeit von Deutungen vorzubeugen (vgl. Lamnek, Band 1, 1993, S. 205). Die Schritte der Auswertungsmethode lassen sich wie folgt kurz beschreiben:

Schritt 1: Zu Beginn der Auswertung werden alle Transkripte der Interviews in ihre Themenkomplexe (Schule/Beruf, Herkunftsfamilie, Freundschaft, Gewalt und Zukunft) gegliedert und zusammengefügt. Dieser Schritt wurde dadurch erleichtert, dass bereits beim Transkribieren die jeweiligen Aussagen und Informationen kategorisiert worden sind (vgl. Heinze, 2001, S. 172).
Schritt 2: In dieser Phase werden konkrete und eindeutige Textstellen als Beispiele für eine bestimmte Kategorie herausgezogen. Nebensächlichkeiten werden entfernt und die zentralen Passagen hervorgehoben. Diese dienen quasi als Leitlinie für die nachfolgende Analyse (vgl. Lamnek, Band 2, 1993, S. 109).
Schritt 3: Häufig kommt es vor, dass verschiedene Kategorien (z. B. verschiedene Themenkomplexe wie Schule und Familie) ineinandergreifen. Um eine klare Abgrenzung zu schaffen, werden in diesem Schritt Regeln formuliert, die eine eindeutige Zuordnung ermöglichen.
Schritt 4: Für die weitere Analyse werden die wichtigsten und prägnantesten Stellen aus den Transkripten entnommen und einer inhaltsanalytischen Auswertung unterzogen, wodurch ein neuer konzentrierter Text entsteht (vgl. Lamnek, Band 2, 1993, S. 109).
Schritt 5: Abschließend werden die gefilterten Aussagen interpretiert und mit Fachliteratur untermauert, d. h. es werden andere Datenquellen herangezogen wie z. B. öffentliche Dokumente aller Art (vgl. Strauss, 1991, S. 55). Dadurch können auch Hypothesen aufgestellt werden, die zwar nicht eindeutig generalisierbar sind, aber auf die Untersuchungsgruppe zutreffen. Zudem können bereits vorhandene Hypothesen und Theorien durch auftretende Fälle aus der Erhebung widerlegt werden (vgl. Atteslander/Kopp, 1995, S. 160).

Die hier erklärten und aufgeführten Schritte spiegeln einen Teil der gesamten qualitativen Analyse wider und beschreiben die sogenannte Einzelfallanalyse. Erst nachdem die Einzelfallanalyse abgeschlossen ist, beginnt die sogenannte *Generalisierende Analyse*, d. h. es wird nach Gemeinsamkeiten und Unterschieden geforscht, die eventuell bestimmte Grundtendenzen ergeben können (vgl. Lamnek, Band 2, 1993, S. 109).

2. Theoretische Erklärungsansätze zu den Begriffen „Aggression", „Gewalt" und „Provokation"

Gewalttätigkeit ist schon lange nicht mehr und war im Grunde genommen auch noch nie ausschließlich männlich besetzt. Auch Mädchen haben schon immer Gewalthandlungen ausgeübt, sei es durch Ausgrenzung oder durch Beleidigung, allerdings hat sich die Ausdrucksform aggressiven Verhaltens im Laufe der Zeit erheblich verändert und passt sich immer mehr denen der männlichen Jugendlichen an (vgl. Boatcă/Lamnek, 2003, S. 14).

Im Blick auf das Geschlechterverhältnis darf in Bezug auf das Gewaltverhalten von Mädchen und jungen Frauen der Fokus demnach nicht mehr lediglich auf die psychische und verbale Gewalt als Ausübungsgegenstand gelegt werden, sondern muss auch den Bereich der physischen Gewalt, d. h. strafrechtlich relevante Gewalttaten, mit einbeziehen (vgl. Boatcă/Lamnek, 2003, S. 16). So ist es nicht verwunderlich, dass auch in den Berichten der NRW-Kreisbehörden zur Situation von Jugendgewalt immer häufiger von einem Anstieg der Gewaltbereitschaft weiblicher Personen die Rede ist (vgl. Siewert, 2004, S. 3). Nach Bruhns und Wittmann können Mädchen nicht direkt als weniger gewalttätig bezeichnet werden als Jungen, sondern sollten hinsichtlich der Ausdrucksform ihres devianten und delinquenten Verhaltens beobachtet werden.

Im folgenden Kapitel soll es nun darum gehen, den Gewaltbegriff zu definieren sowie den Anstieg von Gewalthandlungen, der durch Mädchen und Frauen verübt wird, genauer zu beschreiben und anhand von Fakten und Zahlen zu belegen. Gleichzeitig werden die hier aufgezeigten amtlichen Statistiken auf ihre Gütekriterien hin geprüft und mit dem Dunkelfeld verglichen.

2.1 Gewalt als normativ aufgeladener Begriff

Gewalt ist ein Phänomen, das die Geschichte der Menschheit prägt, allgegenwärtig ist und in verschiedenen Ausprägungen und Formen stattfindet (vgl. Varbelow, 2000, S. 13). Bevor vertiefend auf das Gewaltverhalten von Mädchen und jungen Frauen eingegangen wird, ist es wichtig, die hier zentralen Begriffe der „Gewalt", „Aggression" und der „Provokation" zu klären und Arbeitsdefinitionen zu erstellen, die im weiteren Verlauf der Studie als Grundverständnis dienen.

Es gibt keine allgemeingültige und allgemein akzeptierte Definition von Gewalt weder aus gesellschaftlicher, politischer noch wissenschaftlicher Sicht (vgl. Hofmann 2011, S.1). Der Grund dafür liegt darin, dass die verschiedenen Wissenschaften unterschiedliche Erkenntnisinteressen verfolgen und die Autoren derartiger Fachbücher Gewalt immer aus ihrem zum Thema passenden Blickwinkel verfolgen (vgl. Silkenbeumer, 2007, S. 19). Daraus resultiert eine Fülle an Definitions- und Erklärungsansätzen, da die Vorstellungen über Gewalt im alltäglichen Sprachgebrauch, aber auch in den verschiedenen Studien und Fachliteraturen zu diesem Thema weit auseinandergehen (vgl. Heeg, 2009, S. 16). Zudem muss vorweg darauf hingewiesen werden, dass Definitionen im Allgemeinen immer auch mit einer Ein- und Ausgrenzung des betreffenden Begriffs (Gewalt/Aggression/Provokation etc.) verbunden sind, d. h. es werden bestimmte Emotionen und Verhaltensweisen, die z. B. keine *Gewalt* sein sollen, ausgeklammert und nicht berücksichtigt (vgl. Dollase, 2010, S. 11). Bei Definitionen, die zu eng gefasst sind, kann es demnach leicht passieren, dass Phänomene aus der Analyse der Begriffe nicht berücksichtigt werden, die aber für ein grundlegendes Verständnis wichtig sind (vgl. ebd., S. 12). Deshalb wird in dieser Studie darauf geachtet, dass weit gefasste und umfangreiche Erklärungsansätze benutzt werden. Dennoch erfordern die Durchführung und Analyse dieser Studie die Erstellung einer Arbeitsdefinition, um vergleichbare Gewalthandlungen einbeziehen zu können und auf die Untersuchungsgruppe beschränkte, generalisierte Aussagen zu treffen (vgl. GiG-net, 2008, S. 19).

Nicht selten wird der Begriff der Aggression mit dem Begriff der Gewalt gleichgesetzt oder es kommt zu einer fehlerhaften Vermischung der beiden Termini, sodass in vielen Fällen nicht deutlich wird, in welcher Beziehung die beiden Begriffe zueinander stehen, wie sie sich voneinander abgrenzen und worauf sie sich im Einzelnen beziehen (vgl. Silkenbeumer, 2007, S. 19). Vor allem in den Wissenschaftsbereichen Psychologie und Sozialwissenschaften wird Gewalt häufig mit Aggression in irgendeiner Art und Weise in Verbindung gebracht (vgl. Kersting, 2010, S. 29).

Der Begriff Aggression stammt von dem lateinischen Wort „aggredi" ab und bedeutet „herangehen" oder „angreifen" (vgl. Dudenredaktion, 2009, S. 35). Es ist ein vielfältiger Begriff und kann sowohl positive (z. B. im Sport) als auch negative Auswirkungen mit sich bringen (vgl. Toprak, 2001, S. 54). Aggression umfasst eine Reichweite, die von Auseinandersetzungen in einem Fußballspiel bis hin zu Kriegen reicht (vgl. Bierhoff, 2007, S. 8). Grundsätzlich lassen sich zwei Formen der Aggression unterscheiden, nämlich die sogenannte „Selbsterhaltungsaggression", welche u. a. der Fortpflanzung, der Nahrungsaufnahme, der Revierverteidigung, der Erhaltung und Positionierung der Rangposition sowie dem Erreichen und Erhalten von Sicherheit und Selbstwertgefühl dient, und es gibt die destruktive

Aggression, welche sich hingegen auf schädigendes Verhalten bezieht mit dem Ziel, durch Zufügung von Leid oder Schmerzen materiellen Gewinn, soziale Anerkennung, innere Befriedigung, Macht oder Stimulation zu erreichen (vgl. Roosevelt, abgerufen am 18.03.2012, 15:08 UTC). „In der vorliegenden Arbeit soll *Aggression* als ein *Aspekt von Gewalt* verstanden werden. Die Erscheinungsweisen personaler Gewalt, die als tatsächlich aktive Handlungsvollzüge zu einer effektiven Schädigung von Menschen oder Sachen führen, sollen mit dem Begriff Aggression belegt werden, allerdings im Bewusstsein, dass Aggression eine *konstruktive und destruktive* Dimension beinhalten kann und kreativer, schöpferischer Aggression als Gegenpol zum Zerstörerischen auch Aufmerksamkeit geschenkt werden muss" (Micus, 2002, S. 21). Die konstruktive Form von Aggression tritt in der Regel spontan auf und beinhaltet im Allgemeinen positive Aspekte wie z. B. Durchsetzungs- und Kritikfähigkeit. Die destruktive Form hingegen ist meist das Ergebnis von negativen Erfahrungen wie Frust und Unlust und wird häufig durch Gefühle von Hass, Wut, Zorn und Feindseligkeit begleitet (vgl. Hofmann, 2011, S. 3). Für die vorliegende Arbeit hat sich die Definition an die Zielgruppe gewalttätiger weiblicher Personen zu richten, deshalb wird hier Aggression als Verhaltensform definiert, mit der das Ziel verfolgt wird, ein anderes Lebewesen zu verletzen oder zu schädigen (vgl. Selg, 1974, S. 20, in Weidner, 1995, S. 4). Es handelt sich um einen Gemütszustand, der energiegeladen ist und durch unterschiedliche Reize oder Rahmenbedingungen zu Gewalthandlungen führen kann (vgl. Hofmann, 2011, S. 4). Dennoch ist Aggression nicht immer mit Aggressivität gleichzusetzen. Aggressivität besitzt nur negative Auswirkungen und liegt dann vor, wenn die Handlung einen Vorsatz, d. h. eine Absicht aufweist (vgl. Bierhoff, Fachlexikon der sozialen Arbeit, 2007, S. 9).

Für diese Arbeit ist vonnöten zu erwähnen, dass also nicht alle Aggression Gewalt, aber alle Gewalt Aggression ist (vgl. Kersting, 2010, S. 2). „Gewalt ist Aggression in ihrer extremen und sozial nicht akzeptablen Form" (Zimbardo, 1995, in Toprak, 2001, S. 55). Wird ein bestimmtes Verhalten als Gewalt eingestuft, ist es immer negativ besetzt und wird von der Gesellschaft nicht akzeptiert (vgl. Zirk, 1999, S. 50).

Kompliziert wird die Erstellung einer zumindest annähernd guten Definition dadurch, dass der Gewaltbegriff normativ aufgeladen ist, d. h. die Definition und ihre inhaltliche Füllung ist abhängig von normativen Regeln, die sich je nach kultureller, sozialer und historischer Situation unterscheiden und gleichzeitig im zeitlichen Verlauf immer wieder verändern (vgl. Heeg, 2009, S. 14). Die Grenzen zwischen Handlungen, die als „Gewalt" oder als „Nicht-Gewalt" deklariert werden, sind durch historischen Einfluss, kulturelle Gegebenheiten und politische Einflüsse bedingt und somit im ständigen Prozess (vgl. Lenz, 2007, S. 26). Zum Beispiel bestand bis zum Jahre 1973 ein sogenanntes Züchtungsrecht für Lehrkräfte gegenüber ihren Schülern, in dem u. a. Körperstrafen wie Ohrfeigen als Erziehungsmethode legalisiert und nach den damaligen vorherrschenden Normen nicht unter dem Begriff der Gewalt verankert waren (vgl. ebd. 2007, S. 26). Ganz einfach gesagt, gibt es innerhalb von sozialen Gefügen unterschiedliche und abweichende Werte und Normen, die das Verständnis über Gewalt beeinflussen. Zum Beispiel gelten im Krieg oder in sportlichen Auseinandersetzungen andere Regeln und Normen als im alltäglichen Leben und sind somit auch stark situationsabhängig (vgl. Heeg, 2009, S. 14.). Zudem ergibt sich ein Definitionsproblem daraus, dass je weiter und umfangreicher der Begriff gefasst und zum Beispiel jede verbale „Anmache" oder jede erdenkliche Form von Fäkalsprache als Gewalt bezeichnet wird, letztendlich auch mehr Gewalt vorhanden ist (vgl. Zirk, 1999, S. 50).

Es kann also gesagt werden, dass Gewalt keinen unveränderbaren, starren Begriff darstellt, sondern vielmehr in einem sozialen, zeitlichen Prozess immer wieder neu produziert und etabliert wird (vgl. Lammnek/Boatcă, 2003, S. 14 f.).

Im Strafgesetzbuch (StGB) umfasst Gewalt „Straftaten gegen das Leben" wie z. B. Totschlag, Mord, Körperverletzung etc. (vgl. Weidner, 1995, S. 12). Allerdings gibt es auch im Gesetz bestimmte Rechtsvorschriften, die diese Straftaten als solche unter ganz bestimmten Umständen und in ganz besonderen Situationen aufheben und legalisieren. Hierzu zählt u. a. die Notwehr (§ 32 StGB)[2] und die sogenannte Schuldunfähigkeit (§ 20 StGB)[3] . Nur sehr langsam hat sich die strafrechtliche Definition von Gewalt vom Kriterium der physischen Kraftanwendung gegen eine andere Person wegentwickelt und umfasst nunmehr auch psychische Zwangseinwirkungen. In den Sozialwissenschaften hingegen wurde der Gewaltbegriff innerhalb kurzer Zeit ausgeweitet und es erfolgte eine Einleitung in unterschiedliche Formen von Gewalthandlungen (siehe Punkt 2.2) (vgl. Boatcă/Lamnek, 2003, S. 15).

Galtung (1975) nimmt in seinen Definitionsansätzen die wohl am meisten differenzierende Beschreibung des Gewaltbegriffs vor, indem er zwischen psychischer und physischer Gewalt, zwischen objektbezogener und objektloser, zwischen negativer und positiver Einflussnahme, zwischen personaler und struktureller, zwischen

---

[2] Strafgesetzbuch (StGB) in der Fassung der Bekanntmachung vom 13. November 1998 (BGBl. I S. 3322), zuletzt geändert durch Art. 1 G zur Umsetzung des Rahmenbeschlusses des Rates der Europäischen Union zur Bekämpfung der sexuellen Ausbeutung von Kindern und der Kinderpornographie vom 31. Oktober 2008 (BGBl. I S. 2149).
[3] Strafgesetzbuch (StGB) in der Fassung der Bekanntmachung vom 13. November 1998 (BGBl. I S. 3322), zuletzt geändert durch Art. 1 G zur Umsetzung des Rahmenbeschlusses des Rates der Europäischen Union zur Bekämpfung der sexuellen Ausbeutung von Kindern und der Kinderpornographie vom 31. Oktober 2008 (BGBl. I S. 2149).

intendierter und nicht-intendierter sowie zwischen manifester und latenter Gewalt unterscheidet (vgl. Varbelow, 2000, S. 13). Wie zu erkennen ist, gibt es unterschiedliche Formen von Gewalt, da aber nicht jede dieser Arten eine Gültigkeit für diese Arbeit besitzt, ist eine allgemeine und etwas offenere Erklärung angebrachter.

„Gewalt wird im Folgenden vergleichsweise breit und komplex definiert, als aktiv vollzogene Handlung, die sich gegen Lebewesen oder im Fall von physischer Gewalt gegen Gegenstände richtet bzw. eine Schädigung und Verletzung im Rahmen sozialer Interaktionen androht. Die Schädigung kann durch körperliches Einwirken, durch psychischen Druck sowie durch verbale Aggressionen herbeigeführt werden und stellt sich als Verletzung körperlicher und seelischer Integrität durch andere Menschen dar. Gewalt bezieht sich auf Handlungen und Handlungsabläufe bzw. Interaktionszusammenhänge identifizierbarer Akteure" (Silkenbeumer, 2007, S. 22 f.). Genau wie die Definition der Bundeszentrale für politische Bildung erweitert auch dieser Ansatz das „Opferprofil" und umfasst Gewaltanwendung gegenüber Menschen, Tieren und Gegenständen (vgl. Hofmann, 2011, S. 2).

Die Weltgesundheitsorganisation hat im Jahre 2002 in ihrer detaillierten Definition zum Gewaltbegriff vor allem das Merkmal der „Absicht" hervorgerufen. Hiernach werden Handlungen und Interaktionen immer dann als Gewalt bezeichnet, wenn der absichtliche Gebrauch von tatsächlichem oder angedrohtem Zwang gegen andere Personen wirklich oder mit hoher Wahrscheinlichkeit zu Verletzungen physischer oder psychischer Art führt (vgl. Kersting, 2010, S. 2).

Für die folgende Arbeit wird nun eine aus den beschriebenen Erklärungsansätzen resultierende Definition vorgestellt, die zwar an den oben genannten Autoren angelehnt ist, aber noch einmal die Kernaussage in den Fokus rückt:

> *„Gewalt ist der bewusste Einsatz von physischen oder psychischen Interaktionsmitteln an der eigenen Person, an anderen Personen, Tieren oder Gegenständen, bei dem es zu Schädigungen oder Beeinträchtigungen des Objektes kommt oder bei dem Deprivationen sämtlicher Art von Aktivist am Gegenüber in Kauf genommen werden" (Hofmann, 2011, S. 3).*

Gewalt liegt immer dann vor, wenn es sich um eine oder mehrere vermeidbare Beeinträchtigungen oder Schädigungen entweder gegen sich selbst oder gegen ein anderes Objekt handelt (vgl. Varbelow, 2000, S. 13).

Abschließend soll bemerkt werden, dass Gewalt etwas Alltägliches ist und jeder Mensch ein gewisses Gewaltpotential in sich trägt und demnach auch fähig ist, in ganz normalen Beziehungen verletzend zu sein. Somit kann Gewalt nicht als asoziales Verhalten deklariert werden, sondern als Handlungsmuster, welches in sozialen Kontexten entsteht und eine Kommunikationsfunktion mit sich bringt, um Botschaften und Informationen zu übermitteln (vgl. Heeg, 2009, S. 15 f.).

2.2 Zahlen und Fakten: Oder Statistiken und ihre Grenzen

Dass aggressives und gewalttätiges Verhalten vornehmlich männlicher Natur ist, wurde bis in die 1980er Jahre überwiegend seitens der Politik, der Justiz, aber auch seitens der Sozialwissenschaften vertreten (vgl. Ittel/Bergmann/Scheithauer, 2008, S. 113). Diese Ansicht ist im Grunde genommen dadurch belegt, dass durchschnittlich insgesamt Jungen häufiger aggressives Verhalten zeigen als Mädchen (vgl. Heeg, 2009, S. 20). Das Augenmerk auf gewalttätiges Verhalten durch Mädchen bzw. Frauen ist erst seit zehn bis 15 Jahren in den Fokus gerückt, und zwar einhergehend mit den statistischen Veröffentlichungen wie beispielsweise der Polizeilichen Kriminalstatistik (vgl. Kersting, 2010, S. 5). Die Anzahl der Gewaltstraftaten, die von Mädchen ausgeübt werden, ist im Gegensatz zu der der Jungen eher minimal, wodurch kaum fundierte Erkenntnisse über weibliches Gewaltverhalten vorhanden sind (vgl. Lütkes, 2002, S. 4). In Relation betrachtet, besteht die Täterstruktur im Bereich der gefährlichen und schweren Körperverletzung aus 85 % männlichen und 15 % weiblichen Tätern bzw. Täterinnen (vgl. Siewert, 2004, S. 3).

Bei Betrachtung der Polizeilichen Kriminalstatistik (PKS) ist in den letzten 20 Jahren ein konstanter Anstieg der Gewaltkriminalität bei Mädchen in einem Alter bis zu 21 Jahren zu erkennen, wobei es sich in diesem Fall nur um registrierte Tatbestände handelt. Ein rasanter Anstieg von weiblichen Jugendlichen, die eine Gewaltstraftat begangen haben, ist zwischen den Jahren 1986 und 1994 zu verzeichnen. Hier stieg der Anteil von 25 % auf 42 % (vgl. Kersting, 2010, S. 5). Im Bereich der Körperverletzungsdelikte stieg die Anzahl von Täterinnen zwischen 1993 und 2007 um das Dreifache an (vgl. Timmer, 2010, S. 21), aber auch im Bereich der schweren Gewalthandlungen fallen Mädchen und junge Frauen immer mehr auf (vgl. Heeg, 2009, S. 21).

Insgesamt hat sich die Zahl der tatverdächtigen Mädchen und Frauen im Laufe der Zeit erhöht:

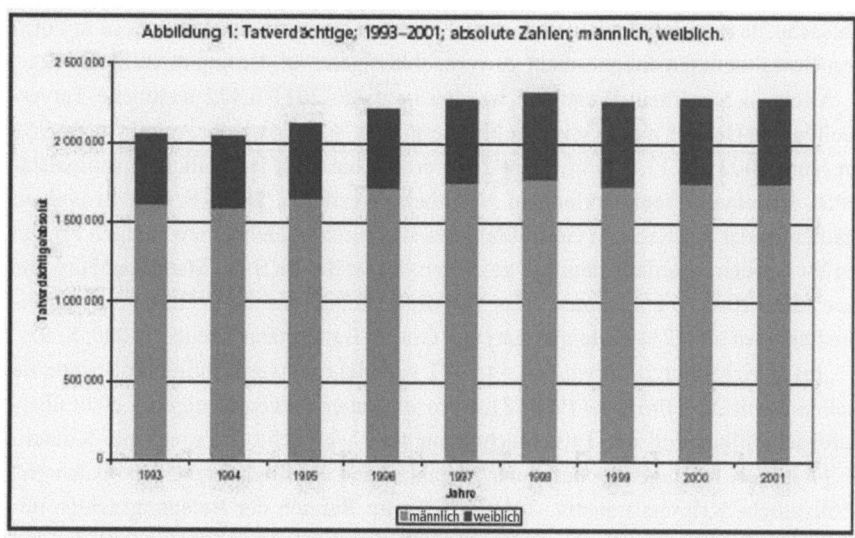

Abb. 2: Bezeichnung der Abbildung (Quelle: querelles-net; In: www.querelles-net.de, abgerufen am
31.05.2012,15:02 UTC)

Im Jahre 2006 wurden insgesamt 466.102 (in 534.337 Fällen; Mehrfachtäterinnen
mit eingeschlossen) tatverdächtige Personen registriert, wovon 75.508 dem weiblichen Geschlecht angehören, dabei lag die Altersstruktur bei 20 % der tatverdächtigen Mädchen zum Tatzeitpunkt zwischen 14 und 18 Jahren (vgl. Geiger-Battermann, 2009, S. 11). Dennoch muss betont werden, dass es sich bei dem konstanten
Anstieg von Mädchenkriminalität zum größten Teil um eine Zunahme im Bereich
der Bagatelldelikte (also Delikte mit geringem Schaden als Folge) handelt.
Im Bereich der Gewaltdelikte stellt sich der Verlauf wie folgt dar:

Jahr	2000	2005	2008	2009
Gesamt	176.319	206.557	208.277	204.265
Anteil weiblich	11,5 %	12,6 %	13,3 %	13,7 %
Anteil männlich	88,5 %	87,4 %	86,7 %	86,3 %

Abb. 3: Bezeichnung der Abbildung (Quelle: Geschlechtsstruktur der Tatverdächtigen Straftatengruppe von Gewaltdelikten; in: Hofmann, 2011, S. 19)

Laut dieser Tabelle ist ein Anstieg der weiblichen Tatverdächtigen im Bereich der
Gewaltkriminalität von 11,5 % im Jahre 2000 hin zu 13,7 % im Jahre 2009 zu verzeichnen. Auch wenn der Großteil der Täterstruktur männlich besetzt ist, so ist die

Tatsache, dass auch Mädchen und junge Frauen zu Gewalt neigen und diese in Form
von Gewaltdelikten äußern, nicht zu vernachlässigen (vgl. Hofmann, 2011, S. 19).
Allein in Nordrhein-Westfalen wurden im Jahre 2011 6.472 weibliche Tatverdächtige im Bereich eines Gewaltdeliktes ermittelt, wobei sich der Anteil von 11,9 %
im Jahre 2002 auf 13,8 % im Jahre 2011 erhöht hat (vgl. Polizeiliche Kriminalstatistik, Kriminalitätsentwicklung in Nordrhein-Westfalen, 2011, S. 26). In einigen
Städten ist der Anstieg von Gewaltdelikten, die durch Mädchen bzw. jungen Frauen
verübt wurden, ebenfalls deutlich gestiegen. So ist der PKS der Stadt Hamburg aus
dem Jahre 2003 zu entnehmen, dass sich die Kriminalitätsrate in Bezug auf weibliche Personen um 17 % gesteigert hat (vgl. Geiger-Battermann/Kreuzer, 2008, S. 9).

„Im Berichtsjahr 2010 wurden 545.627 weibliche Tatverdächtige registriert; sie
stellen damit 25,4 Prozent (1993: 21,4 Prozent) aller Tatverdächtigen. Leicht überdurchschnittlich sind die Tatverdächtigenanteile weiblicher Personen bei Kindern
ab 12 Jahren, bei Jugendlichen unter 16 Jahren und bei Erwachsenen ab 40 Jahren"
(Polizeiliche Kriminalstatistik, 2010, S. 28). Im Bereich der Belegungszahlen des
Jugendstrafvollzuges waren im August 2008 genau 221 weibliche Jugendliche und
Heranwachsende inhaftiert, wovon rund 11,31 % (25 weibliche Personen) sich im
offenen Vollzug befanden. Allerdings beinhalten diese Zahlen alle weiblichen Personen, die sich zum damaligen Zeitpunkt aufgrund von verschiedenen Delikten
(nicht ausschließlich Gewaltstraftaten) im Jugendstrafvollzug befanden (vgl. Geiger-Battermann, 2009, S. 12). Immerhin liegt die Anzahl von Frauen, die sich im
Strafvollzug befinden und wegen Straftaten gegen die körperliche Unversehrtheit
inhaftiert sind, bei 17,1 % (vgl. Zolondek, 2010, S. 54).

Im Folgenden wird eine Statistik in Bezug auf die Inhaftierungsgründe von
weiblichen und männlichen Personen dargestellt:

Straftatengruppe	weiblich	männlich
Diebstahl und Unterschlagung	28,8 %	25,2 %
Straftaten gegen die körperliche Unversehrtheit (o. V.= ohne Verkehrsdelikte)	17,1 %	22,3 %
Raub und räuberische Erpressung, räuberischer Angriff auf Kraftfahrer	15,2 %	26,5 %
Betrug und Untreue	11,4 %	3,4 %
Straftaten nach dem BtMG	9,8 %	6,7 %
Straftaten gegen das Leben (o. V. = organisiertes Verbre-chen)	7,2 %	4,3 %

Abb. 4: Bezeichnung der Abbildung (Quelle: Statistisches Bundesamt,
Strafvollzugsstatistik 2008, Stichtag 31.03.2008)

Im Bereich von schweren und gefährlichen Körperverletzungsdelikten nähern sich die weiblichen Jugendlichen immer mehr der Anzahl der männlichen an. Dennoch muss darauf hingewiesen werden, dass im gleichen Zeitraum die Anzahl der tatverdächtigen Mädchen im Bereich von Raubdelikten immer noch viel niedriger als die der Jungen ist und auch schneller sinkt (vgl. Baier, 2011, S. 40).

„Auch in empirischen Studien zu schulischer Gewalt oder zu kleineren Straftaten, wie etwa die Zerstörung und Beschädigung von Gegenständen, wird immer häufiger der „weibliche Aufholprozess" in der Beteiligung von Mädchen und jungen Frauen beschrieben" (Ittel/Bergmann/Scheithauer, 2008, S. 113).

Aus statistischer Sicht ist also ein Anstieg von Gewalt und Delinquenz vorhanden. Dieser kann aber entweder dadurch begründet werden, dass Mädchen und junge Frauen öfters kriminell werden oder aber, dass die Gesellschaft sensibler auf gewalttätiges und normenabweichendes Verhalten von weiblichen Personen reagiert und Mädchen, im Gegensatz zu früher, öfters anzeigen (vgl. Heeg, 2009, S. 22). Mädchen werden in der Regel im sozialen Nahraum delinquent, d. h. oftmals spielen sich die Straftaten (z. B. Körperverletzung) innerhalb des Freundeskreises oder der Familie ab, was ein Indiz dafür geben könnte, dass weibliche kriminelle Verhaltensweisen nicht immer angezeigt und strafrechtlich verfolgt werden (vgl. Ziehlke, 1992, S. 36). Somit sind amtliche Erhebungsdaten und die damit verbundenen Zu- und Abnahmen von Gewaltverhalten immer unter dem Vorbehalt der Anzeigebereitschaft zu interpretieren (vgl. Lüdemann/Ohlemacher, 2002, S. 14).

„Statistiken können nur bedingt nachzeichnen, wie sich Gewaltphänomene entwickeln. Dies hat Gründe auf unterschiedlichsten Ebenen: auf derjenigen der Statistik, derjenigen der Interpretation und auf der Ebene der gesellschaftlichen Wahrnehmung eines Phänomens." (Heeg, 2009, S. 21) Auf der Ebene von Statistiken selbst kann es immer wieder zu fehlerhaften Zählungen, Zahlendrehern oder anderen Fehlern kommen, die nicht beabsichtigt sind, aber dennoch das Ergebnis verfälschen (vgl. Rumsey, 2010, S. 28). Nicht selten enthalten Daten fehlende Werte, die nicht berücksichtigt oder vergessen worden sind (vgl. Speidel, 2009, S. 1; in: www.stat.uni-muenchen.de, abgerufen am 31.05.2012). Im Bereich der Interpretation von Statistiken bzw. in diesem Falle von Statistiken, die Auskunft über das Gewaltverhalten von Mädchen oder Jugendlichen im Allgemeinen geben sollen, muss der Themenkomplex Gewaltkriminalität auf eine reale Ebene der Empire gebracht werden, sodass der Großteil der Bevölkerung in der Lage ist, diesen Komplex zu verstehen. Demnach muss eine Vereinfachung stattfinden, die den Themenbereich eingrenzt, mit der Folge, dass auch die Realität eingegrenzt wird (vgl. ebd., S. 3).

38

Zudem gibt eine Statistik keinen Hinweis auf die Art der Tatbeteiligung oder wie viele begangene Taten von Einzel- bzw. Mehrfachtäterinnen verübt wurden (vgl. Heeg, 2009, S. 21). Folglich ist damit gemeint, dass beispielsweise von denen im Jahre 2009 ca. 208.000 registrierten Gewaltdelikten nicht alle von verschiedenen Tätern/Täterinnen verübt wurden, sondern auch eine bestimmte Gruppe Mehrfachtäter darunter zu verzeichnen ist, die meist nicht berücksichtigt wird (vgl. Hofmann, 2011, S. 17 f.).

Die Veränderungen und Tendenzen amtlicher Statistiken, also auch der PKS, sind immer mit Vorbehalt zu betrachten, da beispielsweise eine Zunahme weiblicher Gewaltdelikte auch mit anderen Faktoren einhergehen kann, die nicht auf einer Erweiterung des Gewaltverhaltens begründet ist. Ein Faktor könnte zum Beispiel sein, dass sich lediglich die Aufklärungsrate der Straftaten erhöht hat, zum Beispiel durch eine gestiegene Polizeiaktivität mit einer deutlichen Sensibilisierung für das Verständnis von *Mädchengewalt* (vgl. Lüdemann/Ohlemacher, 2002, S. 14). Ein weiterer Faktor, der bei der Interpretation von Statistiken (vor allem auf dem Gebiet der Gewaltkriminalität) zu berücksichtigen ist, ist der demographische Wandel. So steigt zum Beispiel der prozentuale Anteil von Gewaltstraftäterinnen in Bezug auf die Gesamtbevölkerungsdichte, weil die Bevölkerungsrate sinkt und nicht aus dem Grund, dass immer mehr Mädchen gewalttätiges Verhalten aufweisen (vgl. Hofmann, 2011, S. 17).

Statistiken bilden daher die Realität also nur sehr vereinfacht und generalisiert ab. Der Bereich der Kriminalität, speziell der Gewaltkriminalität, ist ein außerordentlich komplexes und vielschichtiges Thema, das nicht anhand einfacher Zahlen oder in eng gefassten Definitionsansätzen behandelt werden kann (vgl. Heeg, 2009, S. 21).

2.3 Anzahl der Verurteilungen von Mädchen und jungen Frauen im Bereich von Gewaltdelikten in Deutschland

Bei Betrachtung der Gesamtsituation von Verurteilungen in Deutschland kann gesagt werden, dass im Jahre 2010 ca. 813.300 Menschen in einem Gerichtsverfahren verurteilt wurden, wobei der Großteil der Verurteilten dem männlichen Geschlecht angehörte (81 %) (vgl. www.rp-online.de, abgerufen am 31.05.2012, 16:32 UTC).

Darunter wurden insgesamt 55.388 Jugendliche und 80.091 Heranwachsende aufgrund einer Straftat gerichtlich geladen und verurteilt. Der Anteil Jugendlicher, die aufgrund eines Straftatbestandes verurteilt worden sind, machte im Jahre 2000 ca. 7 % aus (vgl. Schmölzer, 2003; in: www.querelles-net.de, abgerufen am

31.05.2012, 15:15 UTC). Bei 13.851 Jugendlichen und 13.791 Heranwachsenden erfolgte die Verurteilung aufgrund von Körperverletzung, gefährlicher Körperverletzung oder schwerer Körperverletzung (vgl. Statistisches Bundesamt, Strafverfolgung, Verurteilte 2010; in: www.destatis.de, abgerufen am 31.05.2012, 14:26 UTC). Im Folgenden wird eine Gesamtübersicht dargestellt, die zeigt, wie sich der Verlauf von Verurteilungen in Bezug auf die Geschlechterverteilung entwickelt hat:

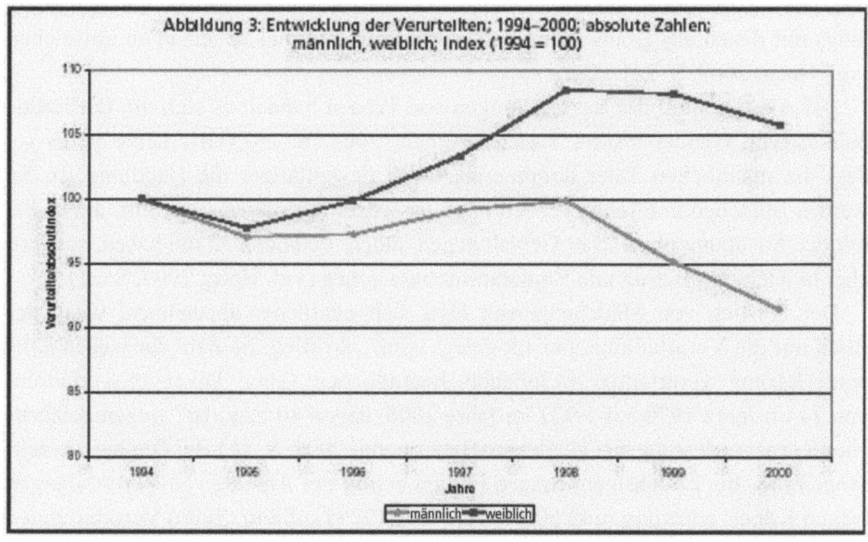

Abb. 5: Entwicklung der Verurteilten: 1994-2000; absolute Zahlen; männlich, weiblich
(Quelle: querelles-net; In: www.querelles-net.de, abgerufen am 31.05.2012, 15:02 UTC)

Anhand dieser Grafik lässt sich entnehmen, dass die Anzahl von weiblichen Verurteilten im Zeitverlauf stärker gestiegen ist als beim männlichen Geschlecht; allerdings in absoluten Zahlen die Jungen und Männer immer noch dominieren. In Bezug auf die Geschlechterverteilung muss erwähnt werden, dass Mädchen bzw. Frauen zwar einen kleinen Anteil der Verurteilungsstatistik darstellen, prozentual im Vergleich zu den Jungen allerdings die Zahlen stärker angestiegen sind (vgl. Heeg, 2009, S. 24). Um dieses Phänomen genauer zu verdeutlichen, kann ein Blick auf die nachfolgende Statistik geworfen werden, die den Verlauf von Verurteilungen bei Mädchen im Bereich von Gewaltstraftaten verdeutlicht:

40

Urteile Gewaltstraftaten	1999	2000	2001	2002	2003	2004	2005	2006
Mädchen	98	146	158	156	187	263	299	277
Jungen	1.143	1.056	1.442	1.405	1.568	1.805	1.969	2.093

Abb. 6: Bezeichnung der Abbildung (Quelle: BFS – Statistisches Lexikon der Schweiz)

Bei dieser Abbildung handelt es sich um Zahlen aus der Schweiz, die sich allerdings mit denen aus Deutschland decken und nur minimal voneinander abweichen (vgl. Heeg, 2009, S. 24).

Bei dem Großteil der Verurteilungen von Frauen handelt es sich um Diebstahldelikte (vgl. Gender-Institut Sachsen-Anhalt, 2002, S. 257). Bis heute ist es so, dass die männlichen Täter dominieren, umso gewalttätiger die Handlung ist. So werden Mädchen und junge Frauen häufiger wegen Straftaten verurteilt, die nichts mit der Ausübung physischer Gewalt gegen andere Personen zu tun haben, sondern eher in Richtung Betrug und Eigentumsdelikte gehen (vgl. Heeg, 2009, S. 25).

Der Anstieg von Mädchengewalt lässt sich deutlicher abzeichnen, wenn der Blick auf die Verurteilungsstatistik gelegt wird. „So stieg die Zahl der wegen Körperverletzung verurteilten weiblichen Jugendlichen (ohne Diversionsverfahren) von 74 im Jahre 1970 auf 1.929 im Jahre 2006, davon 40 bzw. 107 wegen gefährlicher Körperverletzung." (vgl. Geiger-Battermann, 2009, S. 11) Bei den heranwachsenden (18- bis 21-Jährigen) jungen Frauen betrug der Anstieg von Verurteilungen wegen Köperverletzung rund 600 % von 134 (1979) auf 846 (2006) Verurteilungen weiblicher Personen (vgl. ebd., S. 12). Interessant wird es auch, wenn ein Blick auf die Straftatenart gelegt wird bzw. in welchem Bereich der Gewaltkriminalität das weibliche Geschlecht am häufigsten vertreten ist. „Die Straftatengruppe innerhalb der Gewaltkriminalität mit dem höchsten weiblichen Anteil ist im Jahr 2000 Totschlag und Tötung auf Verlangen, gefolgt von schwerer und gefährlicher Körperverletzung. 2005 ist es die Körperverletzung mit Todesfolge (bereits eine Steigerung zu 2000, als „lediglich" schwere und gefährliche Körperverletzung an zweiter Stelle stand)." (Hofmann, 2011, S. 20)

Ein weiteres Phänomen in Bezug auf die Verurteilungen von Mädchen und jungen Frauen, die ein Gewaltdelikt begangen haben, ist das Ausmaß der Strafurteile. Es steht fest, dass Mädchen im Gegensatz zu Jungen öfter freigesprochen werden, das erklärt, weshalb in dem Jahr 2002 lediglich 23 verurteilte Frauen auf 100 polizeilich ermittelte Tatverdächtige kamen, wohingegen die Anzahl bei den Männern bei 32 Verurteilten lag (vgl. Heeg, 2009, S. 23). „In 9 von 14 Deliktarten wurden junge Frauen milder bestraft als junge Männer." (Ziehlke, 1992, S. 37) Nicht selten erhalten Frauen und Mädchen für die gleichen Vergehen oder Verbrechen ein geringeres Strafmaß als das männliche Geschlecht (vgl. www.politikforen.net, abgerufen am 02.06.2012, 00:33 UTC). Sogar bei Tötungsdelikten bekommen Frauen im Allgemeinen betrachtet ein milderes Urteil als Männer (vgl. Gemünden, 1996, S. 169). Auffallend ist allerdings, dass Mädchen, junge Frauen und Frauen im Allgemeinen besonders hart bestraft werden, wenn es sich um ein Gewaltverbrechen handelt, das eigentlich ausschließlich und ausnahmslos dem männlichen Geschlecht zugetraut wird, wie beispielsweise bei der Beteiligung an einer Vergewaltigung oder Tötungsdelikten. In einem solchen Fall wird durchaus auch die Höchststrafe für das entsprechende Delikt gefordert (vgl. Ziehlke, 1992, S. 37).

2.4 Die Realität und das Dunkelfeld

Wie oben bereits angeschnitten wurde, können Statistiken keine klare Abbildung der Realität liefern, da es zu viele Faktoren in Bezug auf das Gewaltverhalten von Mädchen (und Jungen) gibt, die in quantitativen Forschungsmethoden unberücksichtigt bleiben (vgl. Heeg, 2009, S. 21). Statistiken umfassen in der Regel nur das Hellfeld, also die Straftaten bzw. in diesem Falle die Gewaltdelikte, die zur Anzeige bzw. zur Strafverfolgung gebracht wurden. Das Hellfeld umfasst die Gesamtheit der Straftaten, die *offiziell* bekannt geworden sind, und bezieht sich auf folgende Teilbereiche (vgl. Lüdemann/Ohlemacher, 2002, S. 13):

• Ermittlung der Verdächtigen
• Ermittlung der angeklagten Täter und Täterinnen
• Ermittlung der verurteilten Täter und Täterinnen

Es handelt sich um die Gesamtheit der bekannt gewordenen Delikte, und zwar spielt es dabei keine Rolle, ob diese Delikte in der Polizeilichen Kriminalstatistik erfasst werden, sondern es geht lediglich darum, dass die Strafverfolgungsbehörden (Polizei, Gericht, Staatsanwaltschaft) davon in Kenntnis gesetzt und die Fälle registriert wurden (vgl. von Danwitz, 2004, S. 14). Alle amtlichen Statistiken beziehen sich lediglich auf das Hellfeld und erstellen daran ihre Tendenzen und Prognosen (vgl. Lüdemann/Ohlemacher, 2002, S. 14). Aber nicht jede Tat, nicht jedes gewalttätige Verhalten vor allem, wenn es sich bei den Tätern um weibliche Personen handelt, wird zur Anzeige gebracht, wodurch das Hellfeld also keine komplette realistische Spiegelung der *Alltagskriminalität* wiedergibt (vgl. Berger, 2009, S. 63).

Das Dunkelfeld hingegen umfasst alle Delikte und jegliches gewalttätige Verhalten, das der Polizei nicht bekannt wurde und somit der Öffentlichkeit bzw. der Justiz verborgen bleibt (vgl. Lüdemann/Ohlemacher, 2002, S. 14). Es umfasst die Abweichung zwischen der Anzahl der tatsächlich registrierten Straftaten in der Polizeilichen Kriminalstatistik und der Gesamtmenge der Handlungen die, rein juristisch gesehen, unter *kriminelles Verhalten* fallen, aber nicht aufgezeichnet wurden (vgl. von Danwitz, 2004, S. 15).

Dem Dunkelfeld muss eine bedeutende Rolle zugeschrieben werden, weil zum einen die Opfer von Gewaltdelikten aus dem Dunkelfeld, also die nicht an eine Vollzugsbehörde weitergeleitet wurden, außer Acht gelassen werden und zum anderen weil die Täterinnen und Täter in den Hellfeldstudien keine Erwähnung finden (vgl. Dirr, 2004, S. 16). Gerade das Gewaltverhalten von Mädchen und jungen Frauen wurde in den Dunkelfeldstudien bislang nur sehr beiläufig aufgefasst. Der Autor Hans-Dieter Schwind stellt sogar fest, dass „alle bisherigen Vermutungen [zum Thema des weiblichen Kriminalitätsverhaltens] jedoch nicht mehr wert sind als Spekulationen, solange das geschlechtsspezifische Dunkelfeld nicht mehr als bisher aufgeklärt ist" (Schwind, 2004, S. 80). Um an Kenntnisse zum Dunkelfeld zu gelangen, reicht es nicht aus, sich auf Dokumentationen von Behörden und anderen amtlichen Organisationen zu stützen. Es bedarf weitaus schwierigerer und aufwendigerer Methoden, wie zum Beispiel anonyme Umfragen oder andere qualitative Forschungsmethoden, um an realistische Daten zu gelangen (vgl. Dir, 2004, S. 16). Dunkelfeldstudien sind zwar keine Besonderheit mehr, vor allem wenn es um Jungendkriminalität oder Jugendgewalt im Allgemeinen geht, allerdings werden die Ergebnisse von Dunkelfeldanalysen eher nicht im genderspezifischen Verhältnis (mit dem Augenmerk auf das weibliche Geschlecht) betrachtet, so lässt sich feststellen, dass dieser Bereich weitgehend unzureichend erforscht ist (vgl. Lüdemann/Ohlemacher, 2002, S. 15). Im Folgenden werden nun die bekanntesten Untersuchungen zum Thema Jugendgewalt im Dunkelfeld und in Bezug auf das weibliche Geschlecht aufgelistet (vgl. Heeg, 2009, S. 29 f.):

- Eine Studie von Heitmeyer et al. (1995) umfasste insgesamt die Befragung von 3.400 Jugendlichen, wobei eine Detailuntersuchung speziell auf das Gewaltverhalten von Mädchen fokussiert wurde.
- Böttger (1998) hat eine Untersuchung durchgeführt, die 100 biographische Leitfadeninterviews enthielt. Darunter waren 15 Mädchen, die illegale Gewalt, legale Gewalt und keine Gewalt ausübten.
- Im Jahre 2001 legte Klaus Möller die Ergebnisse seiner qualitativen Längsschnittstudie vor. Hier wurden insgesamt 20 Mädchen und 20 Jungen in Be-

zug auf deren Gewaltverhalten befragt. Zehn Mädchen zeigten ein erhöhtes Gewaltpotential und drei übten physische Gewalt aus.

• Im Jahre 2005 befragten Steiner, Schmassmann und Mäder zehn männliche und drei weibliche Jugendliche in biografisch orientierten Interviews.

Auch wenn alle genannten Studien den geschlechtsspezifischen Aspekt von Jugendgewalt berücksichtigen, so kann in keiner dieser Untersuchungen von generalisierbaren Ergebnissen gesprochen werden, da die Fallzahl an gewalttätigen und gewaltbereiten Mädchen bzw. jungen Frauen einfach zu gering ist (vgl. Heeg, 2009, S. 30). Dennoch zeichnet sich in Bezug auf das Dunkelfeld von gewalttätigen Mädchen und jungen Frauen die Tendenz ab, dass es weitaus mehr Täterinnen gibt als statistisch erfasst (vgl. Bruhns, 2010, Folie 12). Weiter kann anhand der Daten des Hell- und Dunkelfeldes die Tatsache belegt werden, dass Mädchen und junge Frauen zwar bislang immer noch psychische Gewaltformen als Handlungsmuster vorziehen, allerdings immer häufiger auch körperliche Gewalt anwenden (vgl. www.schlägerinnen-stop.de, abgerufen am 03.06.2012, 17:11 UTC).

Im Bereich der angezeigten Körperverletzungsdelikte liegt das Verhältnis von männlichen und weiblichen Tätern/Täterinnen im Hellfeld bei 5:1, im Dunkelfeld allerdings bei 2:1 (vgl. Heeg, 2009, S. 23). Somit kann die Hypothese aufgestellt werden, dass Mädchen und Frauen eben nicht nur für einen Bruchteil von Jugendgewalt verantwortlich sind, sondern einen erheblichen Anteil daran haben (vgl. Hofmann, 2011, S. 21).

In den USA hat sich herauskristallisiert, dass „sich Hellfeld- und Dunkelfeldkriminalität sogar gegenläufig entwickeln können; was nach der Hellfeldstatistik wie ein Kriminalitätsanstieg aussieht, wird durch die Dunkelfeldstatistik als Rückgang identifiziert" (Berger, 2009, S. 64) oder umgekehrt. Somit kann sich das Dunkelfeld, welches eher einen Bezug zur Realität darstellt, komplett vom Hellfeld unterscheiden.

2.5 Die verschiedenen Dimensionen von Gewalt

Dieses Unterkapitell befasst sich mit den verschiedenen Formen des Gewaltbegriffs und soll als Grundlage für die zahlreichen Facetten zum Verständnis von „Mädchengewalt" dienen. Insbesondere geht es hier um die Dimensionen der physischen, psychischen, strukturellen und instrumentellen Gewalt sowie um die Unterscheidung zwischen legaler und illegaler Gewaltanwendung.

44

2.5.1 Physische und psychische Gewalt

Im Folgenden geht es um die zwei Formen der Gewalt, die für diese Studie eine wichtige und bedeutende Rolle spielen. Physische und psychische Gewalt gehören zum Bereich der personalen Gewalt (vgl. Büttner, 2007, S. 416). Personale Gewalt umfasst alle Formen von Gewaltverhalten, die von Tätern oder Tätergruppen ausgehen und sich in der Regel in körperlicher (physischer) oder seelischer (psychischer) Gewalt äußern (vgl. www.vbg.de, abgerufen am 05.05.2012, 13:47 UTC). Es handelt sich demnach um die Verhaltensweisen von Einzelnen oder Personengruppen mit dem Ziel, anderen Menschen gezielt und beabsichtigt physischen oder psychischen Schaden zuzufügen (vgl. Geiger-Battermann, 2009, S. 10).

Physische Gewalt umfasst im engsten Sinne physische Schädigungen und körperlichen Zwang, zum Beispiel ein Vater, der seine Kinder schlägt, oder eine Jugendliche, die eine andere Person mit einem Messer bedroht (vgl. Heeg, 2009, S. 17). Charakteristische Merkmale von physischer Gewalt sind u. a. Tritte, Schläge, Stöße, Beißen, Kratzen etc. Physische Gewalt umfasst im Allgemeinen alle körperlichen Schädigungen bzw. Verletzungen, die jemandem zugefügt werden, bezieht sich aber gleichzeitig auch auf absichtlich zugefügte Verbrennung, Vergiftung oder Erstickung (vgl. Hofmann, 2011, S. 5). „Dieser physische Zwang, der, wenn er ausgeübt wird, zu sichtbaren Schädigungen am Körper führt, wird sowohl in der Rechtsprechung, im Alltagsverständnis wie auch in der Forschung als Gewalt bezeichnet." (Heeg, 2009, S. 17 f.)

Die schwerwiegendste Form physischer Gewalt ist die Gewalt gegen Menschen, die von „Kneifen" bis hin zum Einsatz mit Waffen reicht, die dazu dient, Menschen schwer zu verletzen oder sogar zu töten. Dennoch sollte nicht vergessen werden, dass auch gewalttätiges Verhalten gegen Sachen (Sachbeschädigung) unter die Dimension der physischen Gewalt fällt (vgl. Struck, 2007, S. 18 f.).

Psychische Gewalt hingegen liegt dann vor, wenn eine oder mehrere Personen einen anderen Menschen auf der seelischen Ebene schädigen. Es handelt sich um den Einsatz psychischer Druckmittel, die in irgendeiner Form die Gefühlsebene des Gegenübers verletzen (vgl. Heeg, 2009, S. 18). Dies kann entweder durch den Entzug von Liebe, Vertrauen, Zuneigung und/oder durch Abwertung und Gleichgültigkeit innerhalb einer Beziehung entstehen oder aber auch durch bewusste Handlungsweisen wie z. B. eine Person gegen ihren Willen einzusperren, festzuhalten oder alleinzulassen (vgl. Hofmann, 2011, S. 5). Psychische Gewalt „gibt es oft in Form des Psychoterrors, indem Minderheiten diskriminiert werden, indem Vorurteile wider besseren Wissens gezielt als Kampfmittel eingesetzt werden, indem

Rivalen am Arbeitsplatz oder beim Karrieregerangel diskreditiert werden oder indem man sich selbst in ein besseres Licht stellen will, wenn es um Rangordnungsaufstieg oder um Ansehenssteigerung in Bezug auf Dimensionen Beliebtheit, Tüchtigkeit oder Stärke geht." (Struck, 2007, S. 18)

Es ist unheimlich schwer bzw. fast unmöglich, genau festzulegen, ab wann ein Tatbestand der psychischen Gewalteinwirkung vorliegt, da es dabei immer um individuelles Empfinden geht. Für die einen bedeutet das Spotten über die eigene Person bereits eine tiefgreifende seelische Störung, andere lassen selbst harte persönliche Beleidigungen kalt (vgl. Varbelow, 2000, S. 14). Deshalb kann nie genau gesagt werden, ob es sich um eine Form der psychischen Gewalt handelt, da die Folgen derartiger Gewaltanwendung im Gegensatz zu den Folgen von physischer Gewalt nicht mit bloßem Auge erkennbar sind und auch der Aspekt der Absicht, also des Vorsatzes, nicht immer eindeutig bewiesen werden kann (vgl. Heeg, 2009, S. 18). Die psychische Gewalt muss aber genauso ernst (oder in manchen Fällen noch ernster) genommen werden wie körperliche Gewalt, weil die Schäden im schlimmsten Fall ein ganzes Leben lang anhalten können (vgl. Timmer, 2010, S. 21).

Speziell für diese Arbeit sollte der Begriff „Beleidigung" genauer erörtert werden, da sich ein bestimmter Teil der Forschung genau auf diese Form von psychischer Gewalt bezieht. Beleidigungen umfassen alle Begriffe oder Äußerungen, die verbal ausgesprochen werden und das Ziel haben, eine andere Person oder aber auch sich selbst zu verletzen (vgl. Hofmann, 2011, S. 5).

2.5.2 Strukturelle Gewalt

Neben der personalen Gewalt, die physische und psychische Gewalt einschließt, gibt es noch die Dimension der strukturellen Gewalt, die leider häufig in den unterschiedlichen Wissenschaften zu wenig Beachtung findet (vgl. Struck, 2007, S. 18). Auch wenn strukturelle Gewalt für die Analyse dieser Studie in Bezug auf die Ausprägung und Formen des Gewaltverhaltens von Mädchen und jungen Frauen keine große Rolle spielt, so nimmt diese Dimension von Gewalt doch Einfluss auf die Ursachen- und Folgenbestimmung und muss deshalb vorab erklärt bzw. definiert werden.

Der norwegische Friedensforscher Johann Galtung hat den Begriff der *strukturellen Gewalt* eingeführt und bezieht sich darauf, dass Menschen durch gesellschaftliche Normen, Werte, politische und soziale Rahmenbedingungen in ihren Verhaltensweisen so beeinträchtigt werden, dass ihre aktuelle körperliche und seelische Verwirklichung geringer ist als es potentiell sein könnte (vgl. Micus, 2002, S. 19). Sie wird auch als Systemgewalt bezeichnet und lässt sich in totalitären (d. h. alle Bereiche des Lebens betreffenden) und autoritären Gesellschafts- und Erziehungssystemen, in denen Normen und Werte von dem obersten Platz einer Hierarchie verordnet werden, erkennen (vgl. Struck, 2007, S. 19).

Bei dieser Gewaltform gibt es keinen bestimmten Täter oder Tätergruppe, sondern es handelt sich um gesellschaftliche und institutionelle Benachteiligung sowie Beeinträchtigung von einzelnen Personen oder Personengruppen (vgl. Bär, 2010, S. 4). Die Zwang ausübenden Akteure sind in diesem Fall bestehende gesellschaftliche Strukturen oder bestimmte Institutionen innerhalb eines Gesellschaftssystems (vgl. Equit, 2011, S. 27). Folgen struktureller Gewalt sind u. a. Chancenungleichheit durch ungerechte Verteilung von Ressourcen oder Diskriminierung einer bestimmten Bevölkerungsgruppe (wie z. B. alleinerziehende Elternteile) (vgl. ebd., S. 4). Diese Form von Gewalt entsteht demnach auf der Basis vorhandener gesellschaftlicher Verhältnisse (vgl. Krall, 2007, S. 11) und meint, dass Gewalt von bestimmten Strukturen des Systems einer Gesellschaft ausgeht (vgl. Geiger-Battermann, 2009, S. 10). Eine Gesellschaft ohne strukturelle Gewalt, also ohne eine ungleich verteilte Entscheidungsgewalt in Bezug auf ökonomische und soziale Ressourcen gibt es nicht, denn auch in einem demokratischen Sozialstaat wird es immer Gruppen von Menschen geben, die in irgendeiner Form mit Benachteiligungen zu kämpfen haben und somit in ihrer individuellen Entfaltung gehemmt werden (vgl. Micus, 2002, S. 20). Dennoch muss erwähnt werden, dass wenn alle Ungerechtigkeiten, die es auf der Welt bzw. in allen Gesellschaften gibt, wie zum Beispiel Arbeitslosigkeit, Armut und Diskriminierung, als Folgephänomene von Gewalt verstanden werden, eine enge Definition kaum noch möglich ist, da ansonsten quasi alle Lebenssituationen mit struktureller Gewalt besetzt wären. Deshalb sollten Phänomene wie fehlerhafte schulische Strukturen oder fehlende Zukunftsperspektiven nicht als direkte Folge von struktureller Gewalt, sondern als Entstehungsursachen von Gewaltanwendungen angesehen werden (vgl. Heeg, 2009, S. 18).

2.5.3 Instrumentelle Gewaltanwendung

Die instrumentelle Gewaltausübung beinhaltet den Fokus, ein gesetztes Ziel mit allen erdenklichen Mitteln zu erreichen. Wenn ein Objekt diesem Ziel im Weg steht, so wird versucht, das Hindernis aus dem Weg zu entfernen, auch wenn eine mögliche Verletzung des Gegenübers dabei entstehen könnte (vgl. Hofmann, 2011, S. 3). Demnach ist bei dieser Form von Gewalt nicht das Merkmal ausschlaggebend, jemand anderes zu verletzen, sondern ein bestimmtes festgelegtes Ziel zu erreichen, indem auch negative Folgen für andere Personen in Kauf genommen werden (vgl. Heeg, 2009, S. 17). Es handelt sich also nicht grundsätzlich um eine beabsichtigte und vorsätzliche Verletzung anderer Personen, sondern um ein in Kauf nehmen möglicher Schädigungen (vgl. Hofmann, 2011, S. 3). Wenn zum Beispiel eine Mutter ihr eigenes Kind schlägt, kann es sein, dass die Mutter selbst das *Züchtigen* ihres Kindes als erzieherische Maßnahme zum Wohle des Kindes versteht und nicht in erster Linie das Ziel verfolgt, dem Kind wehzutun (vgl. Heeg, 2009, S. 17). Ein anderes Beispiel für eine *nicht direkt beabsichtigte, aber in Kauf genommene* Verletzung ist, wenn eine Autofahrerin oder ein Autofahrer mit starkem überhöhtem Tempo durch eine Spielstraße fährt und dabei ein Kind anfährt oder gar überfährt (vgl. ebd., S. 17).

„Die negative Beeinträchtigung eines Opfers wird dabei in Kauf genommen, ist aber nicht die Intention der Gewalthandlung." (Töltsch, 2002, S. 11)

Instrumentelle Gewalt dient demnach vor allem der Selbstbehauptung, Selbstdurchsetzung und der Durchführung von Problemlösungsstrategien (vgl. Pieczynski, 2007, S. 10). Sie wird häufig immer dann angewendet, wenn andere gewaltfreie Handlungsweisen nicht erkannt werden oder aus subjektiver, individueller Sicht nicht zum gewünschten Ziel zu führen scheinen (vgl. Thomas, 2003, S. 10). Demnach handelt es sich um eine absehbare bzw. berechenbare Form der Gewaltausübung, da ein bestimmtes Ziel verfolgt wird und alle Chancen auf eine Zielerreichung genutzt werden (vgl. Huber, 2007, S. 44).

2.5.4 Unterscheidung zwischen legaler und illegaler Gewalt

In Bezug auf die zuvor beschriebenen Erklärungsansätze der einzelnen Dimensionen von Gewalt soll nun zuletzt die Differenzierung zwischen legaler und illegaler Gewalt beschrieben werden. Eine derartige Differenzierung ist wichtig, weil bei der hier durchgeführten Studie in der Regel vom illegalen, d. h. den vorherrschenden Normen widersprechenden Gewaltverhalten bei Mädchen und jungen Frauen gesprochen wird.

Legale Gewalt dient in der Regel zur Aufrechterhaltung des gesamten Gesellschaftssystems und ist zum einen vom Gesetz erlaubt und zum anderen wird diese Form von Gewalt als notwendig und richtig erachtet (vgl. Töltsch, 2002, S. 10). Sie wird in der Regel gesellschaftlich akzeptiert und als notwendig angesehen (vgl. Wolf, 2008, S. 4). Zum Bereich der legalen Gewalt gehört z. B. die Polizeigewalt oder verschiedene Kampfsportarten wie u. a. Boxen, Karate und Tae-Kwon-Do

48

(vgl. Heeg, 2009, S. 18 f.). „Im Unterschied zur illegalen Gewalt werden bei der legalen bestimmte Regeln befolgt, wie beispielsweise Vorschriften im Polizeiberuf oder sportliche Regelungen („fair play"-Regeln)." (Wolf, 2008, S. 4) Es handelt sich also um eine Form der Gewaltausübung, die zwar durch gesetzliche Regelungen legitimiert ist, aber dennoch anderen Personen zum Teil beabsichtigten Schaden zufügt (vgl. Lüdtke, 2004, S. 6).

Aber auch, wenn eine Gewalthandlung, wie z. B. das Schlagen einer Person, als Notwehr[4] angewendet oder aus Gründen eines rechtfertigenden[5] oder entschuldigenden Notstandes[6] vollzogen wird, gibt es keine Sanktionierungsmaßnahmen und gehört somit ebenfalls zum Bereich der legalen Gewalt (vgl. Töltsch, 2002, S. 10). In einem solchen Fall hängt die Unterscheidung zwischen legaler und illegaler Gewalt von den zu ermittelnden Verhaltensgründen der Täter ab (vgl. Equit, 2011, S. 26).

Illegale Gewalt hingegen wird häufig für die Durchsetzung von Macht wie z. B. bei einer räuberischen Erpressung, für die kollektive Sicherung eines Machtstatus (z. B. einer „Gang") oder aber zur materiellen Bereicherung genutzt (vgl. Töltsch, 2002, S. 10). Wenn illegale Gewalt für die Durchsetzung von Macht angewendet wird, so spielt sich diese in der Regel zwischen zwei Personen ab, z. B. bei Gewalttaten innerhalb einer Partnerschaft mit dem Ziel, den Machtstatus eines Partners aufrechtzuerhalten oder durchzusetzen (vgl. Böttger, 1995, S. 13). Mit kollektiver Sicherung des Machtstatus ist z. B. die Unterdrückung von Teilen von Schulklas-

---

[4] § 32 Strafgesetzbuch: Notwehr
(1) Wer eine Tat begeht, die durch Notwehr geboten ist, handelt nicht rechtswidrig.
(2) Notwehr ist die Verteidigung, die erforderlich ist, um einen gegenwärtigen rechtswidrigen Angriff von sich oder einem anderen abzuwenden.
[5] § 34 Strafgesetzbuch: Rechtfertigender Notstand
Wer in einer gegenwärtigen, nicht anders abwendbaren Gefahr für Leben, Freiheit, Ehre, Eigentum oder ein anderes Rechtsgut eine Tat begeht, um die Gefahr von sich oder einem anderen abzuwenden, handelt nicht rechtswidrig, wenn bei Abwägung der widerstreitenden Interessen, namentlich der betroffenen Rechtsgüter und des Grades der ihnen drohenden Gefahren, das geschützte Interesse das beeinträchtigte wesentlich überwiegt. Dies gilt jedoch nur, soweit die Tat ein angemessenes Mittel ist, die Gefahr abzuwenden.
[6] § 35 Strafgesetzbuch: Entschuldigender Notstand
(1) Wer bei einer gegenwärtigen, nicht anders abwendbaren Gefahr für Leben, Leib oder Freiheit eine rechtswidrige Tat begeht, um die Gefahr von sich, einem Angehörigen oder einer anderen ihm nahestehenden Person abzuwenden, handelt ohne Schuld. Dies gilt nicht, soweit dem Täter nach den Umständen, namentlich weil er die Gefahr selbst verursacht hat oder weil er in einem besonderen Rechtsverhältnis stand, zugemutet werden konnte, die Gefahr hinzunehmen; jedoch kann die Strafe nach § 49 Abs. 1 gemildert werden, wenn der Täter nicht mit Rücksicht auf ein besonderes Rechtsverhältnis die Gefahr hinzunehmen hatte.
(2) Nimmt der Täter bei Begehung der Tat irrig Umstände an, welche ihn nach Abs. 1 entschuldigen würden, so wird er nur dann bestraft, wenn er den Irrtum vermeiden konnte. Die Strafe ist nach § 49 Abs. 1 zu mildern.

sen durch andere Mitschüler gemeint (vgl. ebd.). Charakteristisches Merkmal illegaler Gewaltausübung ist, dass sie rechtlich sanktioniert wird und sich außerhalb des Rahmens der gesetzlichen Regelungen bewegt (vgl. Wolf, 2008, S. 4). Nur die illegale Form von Gewalt wird rechtlich und gesellschaftlich sanktioniert. „Menschen werden nicht dafür abgestraft, dass sie Gewalt ausüben, sondern dafür, dass sie dies auf eine Art und Weise tun, welche verboten ist." (Heeg, 2009, S. 19) Diese Gewaltform richtet sich bewusst und absichtlich gegen andere Personen oder Sachen mit dem Ziel, Schaden zuzufügen. Hierzu zählen demnach Vandalismus[7] sowie der Einsatz von psychischer und physischer Gewalt (vgl. Wolf, 2008, S. 4).

Eine eindeutige Definition von illegaler und legaler Gewalt zu treffen ist deutlich leichter, als Gewalthandlungen aus moralischer und kultureller Sicht zu differenzieren (vgl. Prange, 2003, S. 3). Die Illegitimität oder die Legitimität einer Gewalthandlung ist immer durch soziale Gruppen definiert, d. h. was nach dem Gesetz unerlaubt ist, kann innerhalb einer kleinen Gruppe (Beispiel Peergroup) als erlaubt und gerechtfertigt angesehen werden (vgl. Thomas, 2003, S. 9). Zudem ist es schon immer ein strittiger Knackpunkt (auch innerhalb staatlicher Organe), welche Arten und Formen von Gewalt unter welchen Umständen als illegal oder legitim erachtet werden (vgl. Bonacker/Imbusch, 2010, S. 102).

2.6 Definitionsansätze zum gegenwärtigen Verständnis des Begriffs „Provokation"

Zuletzt soll nun auf den Begriff der Provokation eingegangen werden, da dieser in der folgenden Ausarbeitung mitunter eine wichtige Rolle spielt und ähnlich wie der Gewaltbegriff nur schwer zu definieren ist. Das Wort „provozieren" stammt aus dem Lateinischem „provocare" und bedeutet übersetzt soviel wie „hervorrufen" oder „herausfordern" (vgl. Dudenredaktion, 2009, S. 856). Eine Provokation ist demnach das gezielte Herausfordern bzw. Hervorrufen einer Handlung, Verhaltensweise oder einer Reaktion, und zwar nicht bei der eigenen, sondern bei anderen Personen oder Lebewesen. Der Provokateur agiert dabei entweder bewusst oder unbewusst mit dem Ziel, dass zu provozierende Subjekt zu einem gewünschten Verhalten zu bewegen (vgl. Seite „Provokation". In: Wikipedia, abgerufen: 18. März 2012, 16:51 UTC). Provokation kann als „einen absichtlich herbeigeführten überraschenden Normbruch, der den anderen in einen offenen Konflikt hineinziehen und zu einer Reaktion veranlassen soll, die ihn, zumal in den Augen Dritter

---

[7] Unter Vandalismus wird absichtliche Zerstörungslust oder Zerstörungswut verstanden (wie z. B. Graffiti) (vgl. Dudenredaktion, 2009, S. 1073).

moralisch diskreditiert und entlarvt" (www.oliveira-online.net, abgerufen am
06.05.2012, 17:19 UTC), definiert werden. Mit der Beschreibung eines Normbru-
ches ist gemeint, dass Provokationen situativ geltende Normen verletzen. Ziel ist
es, dass sich eine andere Person angegriffen fühlt und dies geschieht erst, wenn für
den Betroffenen geltende Regeln gebrochen werden (vgl. Merkel, 2007, S. 4).
Dennoch handelt es sich nicht bei jedem Normbruch automatisch um eine Provokation, sondern nur bei denen, die absichtlich herbeigeführt und mit dem Ziel begangen werden, den anderen zu schädigen oder in seiner Identität zu verletzen (vgl.
ebd., S. 5). Provokationen können sich in unterschiedlichsten Formen äußern wie
z. B. durch Grinsen, Kopfschütteln oder verbale Äußerungen (vgl. Seite „Leitz"; in:
www.leitz.com, abgerufen am 06.05.2012, 17:06 UTC).

Ab wann sich eine Person provoziert, also angegriffen fühlt, ist immer individuell bestimmt. Es gibt Menschen, die sich auch durch gezielte verbale Beleidigungen
nicht provoziert fühlen, und es gibt Menschen, bei denen schon ein *schiefer Blick*
als Provokation gewertet wird (vgl. Merkel, 2007, S. 7 f.).

Im allgemeinen Sprachgebrauch werden Provokationen eher mit etwas Negativem in Verbindung gebracht und häufig als Angriff auf die zu provozierende Person beschrieben.

2.7 Jugendgewalt gleich Jugendkriminalität? Delinquenz als natürlicher Sozialisationsfaktor

Gewalt, die durch Jugendliche verübt wird, ist momentan aus gesellschaftlicher
und politischer Sicht sehr präsent und bekommt vor allem durch erhöhte Medienbe-
richterstattung immer mehr Aufmerksamkeit (vgl. Krall, 2010, S. 3). Dabei werden
in der Regel vermeidbare Ursachen wie z. B. mangelnde Erziehung, Perspektivlo-
sigkeit und Werteverfall schnell gefunden (vgl. Krall, 2007, S. 7). Auch die Tatsache, dass rund ein Viertel aller aufgeklärten Straftaten in Deutschland von Kindern
und Jugendlichen verübt wird, lässt dem Thema Jugendgewalt eine besondere Bedeutung zukommen (vgl. Zirk, 1999, S. 12). Hier können die Fragen gestellt werden „Was überhaupt das Besondere an Jugendgewalt ist?" und „Ob es überhaupt
möglich ist, Jugendgewalt völlig auszuschalten?".

Der Begriff Jugend bezeichnet eine bestimmte Altersspanne im Leben eines jeden Menschen und umfasst Personen, die zwischen 15 und 24 Jahren alt sind (vgl.
Bär, 2010, S. 4). Im strafrechtlichen Sinne ist eine Person im Jugendalter, wenn sie
sich zwischen dem vollendeten 14. und dem vollendeten 18. Lebensjahr befindet
(vgl. Zirk, 1999, S. 13).

Der Fachbegriff für diesen Lebensabschnitt lautet „Adoleszenz" und bezeichnet den im Volksmund oft gebrauchten Begriff der *Pubertät*. Die eigentliche Bedeutung des Wortes *Pubertät* bezieht sich allerdings nur auf die Zeitspanne zwischen dem 12. und 15. Lebensjahr und verweist auf die massiven körperlichen Veränderungen, also der Ausbildung der Geschlechtsreife (vgl. Tillmann, 1993, S. 190). Dabei umfasst die Entwicklungsphase der Adoleszenz eine viel größere Zeitspanne als die Pubertät und spielt eine entscheidende Rolle in der Persönlichkeitsentwicklung, vor allem nach Beendigung der Pubertät (vgl. Bubolz, 2007, S. 241). Die Adoleszenz beinhaltet zahlreiche soziale und psychische Veränderungen und kann als sogenannte „Vorbereitungsphase" auf das Erwachsenenleben gesehen werden (vgl. King, 2007, S. 5). Die Sozialisationsphase der „Adoleszenz" ist ein besonders prägnanter Lebensabschnitt und beinhaltet zahlreiche zu lösende Entwicklungsaufgaben wie u. a. das Ablösen vom Elternhaus, die Entwicklung einer Lebens- und Berufsperspektive und die Findung der eigenen geschlechtlichen Identität, welche enorme Auswirkungen auf die individuelle Einstellung zum Thema Gewalt mit sich bringen (vgl. Siewert, 2004, S. 5).

Im Folgenden sollen nun die beiden Begriffe *Jugendgewalt* und *Jugendkriminalität* erläutert werden.

„Jugendgewalt meint folglich verschiedene, von der Norm abweichende, andere schädigende Verhaltensformen eines Menschen, der sich in der Übergangsphase zwischen Kindheit und Erwachsenen-Dasein befindet." (Bär, 2010, S. 4) Es handelt sich also um Verhaltensweisen, die gegen geltende Normen verstoßen (d. h. sich auf Straffälligkeit beziehen), wobei die Akteure sich in der Jugendphase befinden. Dieses Verhalten wird im Fachausdruck als Delinquenz bezeichnet (vgl. Scheck, 2006, S. 4). Jugendkriminalität hingegen bezieht sich auch auf die oben genannte Lebensphase der Adoleszenz, dabei kann es sich aber sowohl um ein episodenhaftes delinquentes Verhalten als auch um einen dauerhaften Einstieg in eine lebenslange kriminelle Gewaltkarriere handeln (vgl. Zirk, 1999, S. 12). Um beide Begriffe unterscheiden zu können, kann gesagt werden, dass der Kriminalitätsbegriff alle Handlungen umfasst, die mit einer strafrechtlichen Rechtsfolge einhergehen. Jugendgewalt hingegen hängt auch mit verbalen Aggressionen, Machterhalt und Herrschaft zusammen und kann Verhaltensweisen beinhalten, die nicht ausschließlich gegen geltendes Recht verstoßen (vgl. Göke, 2010, S. 4). Gewaltkriminalität, d. h. auch im Bereich des Jugendalters, umfasst im strafrechtlichen Sinne lediglich Tatbestände gegen die körperliche Unversehrtheit, wie z. B. Mord, Totschlag, Tötung auf Verlangen, Körperverletzung, Vergewaltigung, sexuelle Nötigung, Raub, räuberische Erpressung und Geiselnahme. Beleidigungen oder andere leichtere psychische Gewalteinwirkungen fallen gar nicht erst unter den Kriminalitätsbegriff, werden aber unter dem Begriff der Jugendgewalt mit erfasst (vgl. ebd., S. 6). Dem-nach unterscheiden sich beide Begriffe nicht sonderlich viel voneinander, wobei Jugendgewalt eher eine abmildernde Bezeichnung für Kinder- und Jugendkrimina-lität ist und sich nicht ausschließlich auf Kriminalstatistiken und quantitative Er-gebnisse bezieht, sondern auch nicht statistisch erfasste Normenverstöße beinhaltet (vgl. Scheer, 2007, S. 176). Der Begriff Jugendkriminalität wird immer verwendet, wenn es einen Bezug zur Kriminalstatistik, also dem Hellfeld, gibt. Die Begriff-lichkeiten Jugendgewalt und Jugenddelinquenz müssen dann verwendet werden, wenn es sich um eine Diskussion oder eine Analyse der Dunkelfeldstudien handelt, d. h. wenn über Gewaltverhalten gesprochen wird, das sowohl entdeckt als auch unentdeckt bleiben kann (vgl. Baier, 2011, S. 36).

Statistisch gesehen ist im Bereich der Gewaltstraftaten jeder fünfte Tatverdäch-tige (19,3 %) zwischen 14 und 18 Jahre alt, wodurch die Jugendlichen aus krimina-listischer Sicht die auffälligste Altersgruppe darstellen (vgl. Baier, 2011, S. 37). Die Altersgruppe der Jugendlichen wird viel häufiger strafrechtlich auffällig als irgendeine andere Altersklasse, vor allem wenn es um Gewaltdelikte geht (vgl. Butch, Artikel „Jugendgewalt in Deutschland", Stand 11.08.2010; in: www.planet-wissen.de, abgerufen am 09.05.2012, 15:55 UTC). Interessant ist aber, dass im Vergleich zu den Jahren 2007 und 2009 bei allen Gewaltdelikten ein leichter Rückgang zu verzeichnen ist. In Bezug auf die Entwicklung von Jugendgewalt er-gibt sich aus der Polizeilichen Kriminalstatistik das Ergebnis, dass Körperverlet-zungsdelikte zwar bis zum Jahre 2007 zugenommen haben, aber danach ein gering-fügiger Rückgang zu verzeichnen ist (vgl. Statistisches Bundesamt, Lange Reihen zur Strafverfolgungsstatistik 2010). Von 1997 bis 2007 stieg die Zahl der jugendli-chen und heranwachsenden Tatverdächtigen auf 22,7 % an. Im Jahre 2010 liegt der Anteil bei Tatverdächtigen im Jugend- und Heranwachsendenalter bei 20,9 % (vgl. Polizeiliche Kriminalstatistik, 2007 und 2010).

Wichtig ist es zu wissen, dass Jugendgewalt kein Phänomen ist, das ausschließ-lich die deutsche Gesellschaft betrifft, sondern das sich über den gesamten Erdball erstreckt und in jeder Gesellschaft vorzufinden ist (vgl. Bär, 2010, S. 4). Abwei-chendes, also normenbrechendes Verhalten im Jugendalter ist beinahe als „normal" zu betrachten (vgl. Siewert, 2004, S. 6). Allerdings ist es wichtig, zwei Gruppen zu unterscheiden:

1) Persistent Delinquente (d. h. Personen, die bereits im Kindesalter delinquentes Verhalten zeigen und dies bis ins hohe Erwachsenenalter auch nicht mehr able-gen)

2) Jugenddelinquente (d. h. Menschen, die lediglich während der Adoleszenz delinquentes Verhalten aufweisen) (vgl. www.arbeitsblaetter.strangl-taller.at, abgerufen am 08.05.2012, 15:02 UTC).

Demnach gibt es eine kleine Gruppe von Menschen, die mehrfach und permanent auffällig wird, aber der Großteil jugendlicher Delinquenter und demnach auch jugendlicher Gewalttäter/Gewalttäterinnen weist lediglich ein episodenhaftes Verhalten auf (vgl. Zirk, 1999, S. 14). Dauerhaft delinquente Menschen stellen die Minderheit dar. „Delinquentes Verhalten bei jungen Menschen ist, nach gesicherten Erkenntnissen nationaler wie auch internationaler jugendkriminologischer Forschung, weit überwiegend als episodenhaftes, d. h. auf einen bestimmten Entwicklungsabschnitt beschränktes, ubiquitäres, d. h. in allen sozialen Schichten vorkommendes, und zudem im statistischen Sinne normales, d. h. bei der weit überwiegenden Mehrzahl junger Menschen auftretendes Phänomen zu bezeichnen." (Equit, 2011, S. 29 f.) Jugendliche mit delinquenten Verhaltensmustern geben diese in der Regel auch wieder auf, sobald sie die Phase der Adoleszenz überwunden haben (vgl. Enzmann, 2002, S. 8). Die Kriminologin Terrie E. Moffit teilt die Meinung, dass Jugendgewalt ein „normales" Phänomen der Entwicklung des Menschen ist. Moffit erklärt, dass in modernen Gesellschaften eine hohe „Diskrepanz zwischen den Reifungsprozessen der Jugendlichen und den damit einhergehenden Bedürfnissen nach Autonomie sowie sozialer Verantwortung einerseits und den aufgrund ihres Alters und dem von der Gesellschaft zugewiesenen Status geringeren Möglichkeiten tatsächlicher Selbstständigkeit (die z. B. materielle Ressourcen und Autonomie erfordern) andererseits" (Enzmann, 2002, S. 8) besteht. Neben dieser Reifungslücke wird Gewalt von Jugendlichen auch angewendet, um soziale und kulturelle, ordnungs- und strafrechtliche Grenzen auszutesten (vgl. Siegel, 2011, S. 32). Die Jugendlichen befinden sich in einem mit vielen Veränderungen verbundenen Findungsprozess, wobei sie häufig auf frustrierende Situationen stoßen, die es zu bewältigen gilt (vgl. Matzanke, 2000, S. 4). Nicht selten lautet die Antwort von Jugendlichen auf solch frustrierende Situationen Gewalt (vgl. Meuser, 2002, S. 67). Gewaltverhalten von Jugendlichen ist sehr oft ein Ausdruck von Identitätsfindungsstörungen, d. h. es kommt zu einer Beeinträchtigung der Persönlichkeitsentwicklung (vgl. Böttger, 2010, S. 17). Gewalt wird hier als Bewältigungsstrategie oder aber als Triebkraft zur Integration (z. B. innerhalb von Peergroups genutzt und bekommt demnach für den gewaltausübenden Jugendlichen auch eine soziale Bedeutung (vgl. Schneider, 2008, S. 48).

Daraus lässt sich schließen, dass die Entwicklung von Jugendlichen ein wichtiger und bedeutender Aspekt in Bezug auf die Erklärungsansätze des Gewaltverhaltens ist. Somit ist Jugendgewalt von dem Gewaltverhalten Erwachsener abzugrenzen und muss gesondert betrachtet werden (vgl. Equit, 2011, S. 31). Der Sozialisationsprozess spielt hier eine entscheidende Rolle und muss in die Erklärungsversuche von Jugendgewalt mit einfließen (vgl. Schneider, 2008, S. 47). Da es sich bei den Tätern und Täterinnen um Jugendliche handelt, muss vordergründig die Tatsache betrachtet werden, dass sich diese Altersspanne in einer besonderen und prägnanten Lebensphase befindet, die sich mit der Identitätsbildung und mit Entwicklungsaufgaben beschäftigt, die es zu bewältigen gilt (vgl. Silkenbeumer, 2007, S. 77 f.).

2.8 Zusammenfassung

Rückblickend kann erklärt werden, dass *Gewalt* mit zahlreichen uneinheitlichen Definitionsansätzen einhergeht (vgl. Hofmann 2011, S. 1). Der Grund dafür liegt u. a. darin, dass der Gewaltbegriff normativ aufgeladen und abhängig von den vorherrschenden normativen Regeln ist, die von Kultur zu Kultur, aber auch von Subkultur zu Subkultur unterschiedlich sind und sich gleichzeitig im zeitlichen Verlauf immer wieder verändern (vgl. Heeg, 2009, S. 14).

Dennoch ist es für den weiteren Verlauf der hier beschriebenen Studie wichtig, eine Arbeitsdefinition festzulegen, um Orientierung zu schaffen und ein besseres Verständnis für die Analyse zu bekommen. Gewalt wird hier als „der bewusste Einsatz von physischen oder psychischen Interaktionsmitteln an der eigenen Person, an anderen Personen, Tieren oder Gegenständen, bei dem es zu Schädigungen oder Beeinträchtigungen des Objektes kommt oder bei dem Deprivationen sämtlicher Art von Aktivist am Gegenüber in Kauf genommen werden" (Hofmann, 2011, S. 3) beschrieben.

Physische Gewalt kann auch als körperliche Gewalt bezeichnet werden und umfasst alle Handlungen, wie z. B. Schläge, die körperliche Verletzungen oder Beeinträchtigungen beim Gegenüber hervorrufen oder hervorrufen können (vgl. Andersch, 2009, S. 11). Gewalt gegen Sachgegenstände fällt ebenfalls unter den Begriff der physischen Gewaltanwendung, da es sich auch um körperliche Schädigungsformen handelt (vgl. Heinrich, 2003, S. 14). Zur physischen Gewalt zählen alle körperlichen Verhaltensweisen, die anderen Subjekten oder Objekten Schaden zufügen. Psychische Gewalt hingegen umfasst alle angreifenden verbalen Äußerungen, z. B. in Form von Beleidigungen oder Diskriminierungen (vgl. Timmer, 2010, S. 20 f.), deren Folgen nicht immer eindeutig zu benennen sind (vgl. Heeg, 2009, S. 18). Physische und psychische Gewalt können voneinander abhängig sein, aufeinander aufbauen oder aber auch zeitgleich auftreten (vgl. Heinrich, 2003, S. 14).

Eine weitere Form von Gewalt ist die sogenannte *strukturelle Gewalt* (vgl. Varbelow, 2000, S. 13). Strukturelle Gewalt entsteht, wenn Menschen durch gesellschaftliche Normen, Werte, politische und soziale Rahmenbedingungen in ihren Verhaltensweisen so beeinträchtigt werden, dass ihre aktuelle körperliche und seelische Verwirklichung geringer ist als es potentiell sein könnte (vgl. Micus, 2002, S. 19). Sie umfasst die Summe aller gesellschaftlich vorhandenen Missstände, die das Individuum daran hindern, sich nach allen Möglichkeiten zu entfalten (vgl. Engel, 2008, S. 4). Die Akteure sind in diesem Fall keine konkreten Personen, sondern bestehende gesellschaftliche Strukturen oder bestimmte Institutionen innerhalb eines Gesellschaftssystems (vgl. Equit, 2011, S. 27).

Nicht selten wird Gewalt instrumentell angewendet (vgl. Pieczynski, 2007, S. 10). Wenn Gewalt verwendet wird, um ein darüber hinausreichendes Ziel zu erreichen, ohne in primärer Sicht Gewalt als Ziel zu haben, handelt es sich um sogenannte instrumentelle Gewaltausübung (vgl. Gemünden, 1996, S. 39). Gewalt wird hier im Sinne des Erfolges eingesetzt und hat einen Kosten-Nutzen-Aspekt (vgl. Huber, 2007, S. 44). Die Priorität ist hierbei, ein bestimmtes festgelegtes Ziel zu erreichen mit der Möglichkeit, dass negative Folgen für andere Personen entstehen (vgl. Heeg, 2009, S. 17).

Weiter muss zwischen *legaler* und *illegaler Gewalt* differenziert werden. Legale Gewalt umfasst u. a. die Polizeigewalt und Kampfsportarten (vgl. Heeg, 2009, S. 18 f.) und dient in der Regel zur Aufrechterhaltung des gesamten Gesellschaftssystems (vgl. Töltsch, 2002, S. 10). Sie wird in der Regel gesellschaftlich akzeptiert und ist laut Gesetz erlaubt (vgl. Wolf, 2008, S. 4). Die illegale Form von Gewalt wird rechtlich und gesellschaftlich sanktioniert (vgl. Kreissl, 2005, S. 46). Dennoch muss berücksichtigt werden, dass es sich bei beiden Formen, also bei der legalen wie auch bei der illegalen, um Gewaltausübung handelt, die in der Regel zu Schädigungen anderer Subjekte führt (vgl. Wolf, 2008, S. 4).

Alle oben genannte Formen von Gewalt lassen sich im Bereich der Jugendgewalt wiederfinden. Jugendgewalt ist ein Sammelbegriff für viele verschiedene Deliktformen (wie z. B. Körperverletzung oder Bedrohung), die von Jugendlichen ausgeübt werden und als Intention die Verletzung oder Schädigung anderer Personen oder Sachen beinhalten (vgl. Müller, 2011, S. 3). Die Ursachen von Jugendgewalt können nicht einfach damit begründet werden, dass z. B. Fehler in der elterlichen Erziehungsweise vorhanden sind, vielmehr muss das Augenmerk auf den Sozialisationsprozess der Adoleszenz und die damit einhergehenden Konfliktsituationen gelegt werden (vgl. Enzmann, 2002, S. 8).

Das hohe Aufkommen von Jugendlichen, die gewalttätiges Verhalten aufweisen, ist aber in keinster Weise ausschließlich ein Phänomen der deutschen Gesellschaft, sondern findet sich in vielen, vor allem modernen Industrieländern wieder (vgl. Eisner/Ribeaud, 2003, S. 183). Dass Jugendliche gewalttätig werden, ist im Allgemeinen betrachtet nichts Besonderes und gehört quasi zur „Normalität" (vgl. Siewert, 2004, S. 6). Dennoch handelt es sich um normenabweichendes und gesellschaftlich nicht akzeptiertes Verhalten, welches passgenaue und zielgerichtete Präventionsmaßnahmen benötigt (vgl. Butch, Artikel „Jugendgewalt in Deutschland", Stand 11.08.2010; in: www.planet-wissen.de, abgerufen am 09.05.2012, 15:55 UTC).

Nicht nur Männer weisen aggressive Verhaltensweisen auf, sondern auch Mädchen und Frauen tragen ein Aggressionspotential in sich und haben schon immer Gewalthandlungen ausgeübt. Dies tun sie entweder (und vorwiegend) in Form von psychischer oder aber auch in Form von physischer Gewalt (vgl. Boatcă/Lamnek, 2003, S. 14). Mädchen können nicht direkt als weniger gewalttätig bezeichnet werden als Jungen, sondern müssen in Bezug auf die Ausdrucksform ihres gewalttätigen, gewaltbereiten und delinquenten Verhaltens beobachtet und analysiert werden (vgl. Bruhns/Wittmann, 2002, S. 256).

Im Jahre 2011 wurden im Bundesland Nordrhein-Westfalen 6.472 weibliche Tatverdächtige im Bereich eines Gewaltdeliktes ermittelt. Insgesamt betrachtet, stieg der Anteil von Mädchen und jungen Frauen im Bereich der Gewaltkriminalität von 11,9 % im Jahre 2002 auf 13,8 % im Jahre 2011 (vgl. Polizeiliche Kriminalstatistik, Kriminalitätsentwicklung in Nordrhein-Westfalen, 2011, S. 26). Zwischen den Jahren 2000 und 2007 ist die prozentuale Anzahl weiblicher Tatverdächtiger im Bereich der Gewaltkriminalität von 11,5 % auf 13,7 % gestiegen (vgl. Hofmann, 2011, S. 19).

In Bezug auf die Verurteilungen von Mädchen und jungen Frauen wegen eines Körperverletzungsdeliktes kann erklärt werden, dass die Zahl weiblicher Jugendlicher im Jahre 1970 bei 74 Personen lag und im Jahre 2006 auf 1.929 gestiegen ist, wovon 107 wegen gefährlicher Körperverletzung verurteilt wurden (vgl. Geiger-Battermann, 2009, S. 11). Bei den jungen Frauen (18- bis 21-Jährigen) ist der Anstieg von Verurteilungen wegen Köperverletzung sogar noch dramatischer zu beobachten und stieg von 134 (1.979) auf 846 (2006) verurteilte weibliche Personen (vgl. ebd., S. 12).

Allerdings zeigen Statistiken lediglich die Situationen im Bereich des Hellfeldes auf, d. h. der behördlich registrierten Fälle und können somit keine klare Abbildung der Realität liefern, weil zu viele Faktoren in Bezug auf das Gewaltverhalten von Mädchen (und Jungen) vorhanden sind, die nicht berücksichtigt werden (vgl. Heeg,

2009, S. 21). Deshalb muss der Blick besonders auf das Dunkelfeld gelegt werden. Das Dunkelfeld umfasst in diesem Fall sämtliche Gewaltdelikte und jegliches gewalttätiges Verhalten, das der Polizei oder einer anderen Justizbehörde nicht bekannt ist und somit der Öffentlichkeit bzw. der Justiz verborgen bleibt (vgl. Lüdemann/Ohlemacher, 2002, S. 14). Der enorme Anstieg in Bezug auf das Ausmaß körperlicher Gewalt durch Mädchen und junge Frauen lässt sich anhand der Fakten belegen, dass das Verhältnis bei den angezeigten Körperverletzungsdelikten von Tätern und Täterinnen im Hellfeld bei 5:1, im Dunkelfeld allerdings bei 2:1 liegt (vgl. Heeg, 2009, S. 23).

Es lässt sich demnach nicht leugnen, dass *Mädchengewalt* ein immer größer werdendes Phänomen ist, welches aus gesellschaftlicher Sicht allerdings nicht als solches verstanden wird. Die Wichtigkeit für ein besseres Verständnis weiblicher Gewaltanwendung lässt sich daran festmachen, dass ohne Anerkennung des Problems auch keine erfolgreichen Präventionsmaßnahmen gebildet werden können (Schlussfolgerung der Verfasserin).

3. Das weibliche Geschlecht

Im folgenden Kapitel wird auf die Bedeutung des weiblichen Geschlechts einge-gangen mit dem Ziel, ein Basiswissen über „Weiblichkeit" und geschlechtsspezifi-sche Sozialisation zu erlangen. Im Vorhinein muss aber deutlich gemacht werden, dass es eine einheitliche geschlechtsspezifische Sozialisation im eigentlichen Sinne nicht mehr gibt, sondern diese immer uneinheitlicher wird (vgl. Micus, 2002, S. 93). Die Begriffsbezeichnung und das Konzept der geschlechtsspezifischen Sozialisati-on unterstellt, dass Mädchen im Gegensatz zu Jungen grundsätzlich einen anderen, sich völlig unterscheidenden Sozialisationsprozess durchlaufen (vgl. Hofmann, 2011, S. 29). Diese Grundannahme passt allerdings nicht mit dem Sozialisations-verlauf der Untersuchungsgruppe zusammen. Deshalb kann es im Folgenden ledig-lich darum gehen, Tendenzen aufzuzeigen und die Beschreibung des geschlechts-spezifischen Sozialisationsprozesses als Annahme zu nutzen, weil sie nicht auf jeden individuellen, weiblichen Sozialisationsverlauf im vollen Maße zutrifft.

In Bezug auf den hier beschriebenen Themenkomplex der Weiblichkeit wird häufig die Begriffsbezeichnung *typisch Mädchen* verwendet. Es soll im Vorhinein klargestellt werden, dass damit nicht die persönliche Einstellung zum Ausdruck kommt, sondern die gesellschaftliche Sicht des Rollenverständnisses der Frau ge-meint ist, also das, was aus kulturell-gesellschaftlicher Sicht von Mädchen und Frauen erwartet wird.

3.1 Definition von Geschlecht und die Unterscheidung zum „Gender-Begriff"

Die Einteilung der Menschheit in die „Zweigeschlechtlichkeit", also in Mann oder Frau, ist allgegenwärtig und somit eine sehr prägnante Kategorie (vgl. Doblho-fer/Küng, 2008, S. 20).

Das Geschlecht zählt neben dem Alter, der Ethnizität und der sozialen Schicht-zugehörigkeit zu den wichtigsten Bedeutungsfaktoren innerhalb der Sozialisation (vgl. Henschel, 1993, S. 53). Die enorme Bedeutung dieser Kategorie für das Erle-ben und Verhalten eines Menschen ist dadurch begründet, dass andere Zugehörig-keiten, wie zum Beispiel die Nationalität oder Schichtzugehörigkeit, prinzipiell im Verlauf des Lebens wechseln können, wobei die Geschlechtszugehörigkeit lebens-lang Bestand hat und somit unentrinnbar ist (vgl. Tillmann, 1993, S. 41).

Dennoch ist diese Kategorisierung in zwei sich ausschließende Gruppen nicht in der Lage, die vorherrschenden Geschlechterverhältnisse zu erklären (vgl. Doblhofer/Küng, 2008, S. 20). Deshalb wird in dieser Ausarbeitung der Fokus nicht darauf gelegt, „wie die *sozialen* Konsequenzen biologischer Geschlechtsunterschiede aussehen, sondern in welcher Weise aus biologischen Begebenheiten abgeleitete Geschlechtsunterschiede herhalten müssen, um die sozialen Arrangements zwischen den Geschlechtern und deren institutionelle (Re-)Produktion zu garantieren." (Dietzen, 1993, S. 21)

Mit dem Begriff *Geschlecht* ist das biologische Geschlecht (sex) eines Lebewesens gemeint, welches durch die körperlichen Grundmerkmale von Mädchen und Jungen, Frauen und Männern bestimmt wird (vgl. Hofmann, 2011, S. 29). Bereits bei der Geburt oder auch in der Schwangerschaft (durch Ultraschallbilder) wird dem Kind ein Geschlecht zugeordnet (vgl. Doblhofer/Küng, 2008, S. 20). Diese Einteilung in das zweigeschlechtliche System erfolgt über äußerliche, körperliche Merkmale, wie beispielsweise über das Vorhandensein einer Vagina oder eines Penis, später auch über Busen und Adamsapfel, Gang oder Stimmlage (vgl. Voß, 2007). Die biologischen Unterschiede lassen sich am offensichtlichsten an den Geschlechtsorganen, deren Funktionen und deren genetischen Besonderheiten festmachen (vgl. ebd.). Das sexuelle Geschlecht eines Menschen ist also eine in der Regel nicht veränderbare biologische Gegebenheit (vgl. Knapp, 2000, S. 66). Wenn eine Frau oder ein Mädchen die körperlich entsprechenden Geschlechtsmerkmale aufweist, bedeutet dies aber nicht in allen Fällen, dass sie sich auch als solche fühlen. Hierbei muss auf die Tatsache hingewiesen werden, dass es Personen (Frauen sowie Männer) gibt, die sich ihr ganzes Leben lang nicht mit ihrer Geschlechtszuteilung arrangieren können und sich sogar eine Geschlechtsumwandlung wünschen oder realisieren. Zudem ist die Zuteilung von Frauen und Männern in ihr jeweiliges biologisches Geschlecht bei 2 % der Bevölkerung nicht eindeutig belegbar, da sie sowohl weibliche als auch männliche körperliche Merkmale aufweisen [sogenannte intersexuelle Menschen, umgangssprachlich auch Zwitter genannt] (vgl. Doblhofer/Küng, 2008, S. 20).

„Die Frauenforschung hat die (Geschlechter-) Ungleichheit darauf zurückgeführt, dass die »natürliche« Geschlechtszugehörigkeit (*sex*) die kulturelle Bedeutung des Geschlechts (*gender*) determiniert." (Wobbe/Nummer-Winkler, 2007, S. 291)

Die biologischen Geschlechtsmerkmale lassen zwar eine äußerliche Unterscheidung zwischen Frau und Mann zu, dennoch lässt sich daran nicht erklären, was „Frau-sein" und „Mann-sein" in einer Gesellschaft bedeutet, warum den Geschlechtern unterschiedliche Werte und Normen zugestanden und weshalb unterschiedliche Erwartungen an die jeweiligen Verhaltensweisen gerichtet werden (vgl. Treibel, 1994, S. 133). Das biologische Geschlecht bildet einen *Mini-Faktor* wenn es darum geht, geschlechtsspezifische Unterschiede zu erklären, zum Beispiel ist nur 1 % des Ungleichgewichtes der Sprachfähigkeit zwischen Frauen und Männern biologisch begründet (vgl. Kühne-Vieser/Thuma-Lobenstein, 1993, S. 25).

Das was als „typisch weiblich" oder „typisch männlich" gesehen wird, ist das Produkt von gesellschaftlichen Einflüssen (vgl. Welpe/Schmeck, 2005, S. 21). Geschlecht wird in dieser Ausarbeitung also nicht als biologisch unabwendbare Gegebenheit deklariert, sondern als soziales Konstrukt, also als etwas, das durch die Gesellschaft gemacht und vom Individuum mitgemacht bzw. nachvollzogen wird (vgl. Treibel, 1994, S. 133). Es kann also gesagt werden, dass die individuelle Persönlichkeitsentwicklung von Mädchen und Jungen, Männern und Frauen nicht allein durch das biologische Geschlecht bestimmt wird, sondern sich anhand von kulturellen, gesellschaftlichen und sozialen Rollenerwartungen, die einen bestimmten Rahmen von Verhalten darstellen, das für Frauen und Männer als angemessen betrachtet wird, orientiert (vgl. Kühne-Vieser/Thuma-Lobenstein, 1993, S. 24). Der anglo-amerikanische Begriff des soziologischen Geschlechts lautet *Gender* und soll eine klare Abgrenzung zum biologischen Geschlecht *sex* darstellen (vgl. Treibel, 1994, S. 133). Der Begriff *Gender* wurde von dem lateinischen Verb „generare" abgeleitet und bedeutet übersetzt „erzeugen" oder „konstruieren". Gender beschreibt die Konstruktion bzw. das Erstellen von Wertungen, Beziehungen und Kategorien und befasst sich mit den Systemen, die dazu dienen, Geschlechterzuordnungen und -unterschiede zu erzeugen (vgl. Welbe/Schmeck, 2005, S. 22 f.). In der deutschen Sprache gibt es keinen genauen, eindeutigen Begriff für *Gender*, sondern er wird eher mit dem Begriff des sozialen Geschlechts übersetzt (vgl. Angerer/Dorer, 1994, S. 8).

Gender steht für das gesellschaftlich konstruierte, soziologische Geschlecht (vgl. Wobbe/Nummer-Winkler, 2007, S. 311). Es „beschreibt die geschlechtsspezifischen und geschlechtstypischen Verhaltens- und Rollenerwartungen im Kontext von Kultur und Gesellschaft" (Welpe/Schmeck, 2005, S. 21). Mit geschlechtsspezifisch sind die Merkmale gemeint, die ausschließlich der Frau oder dem Mann zugeordnet werden können (z. B. Hoden und Eierstöcke), hingegen sich der Begriff geschlechtstypisch auf Merkmale bezieht, die bei beiden Geschlechtern in unterschiedlicher Ausprägung auftreten können (z. B. Bartwuchs, Fähigkeiten, Interessen) (vgl. Hartmann, 2007, S. 3). Eine Gesellschaft nimmt mit ihren signifikanten Differenzierungen von Geschlechtern Einfluss auf die Lebenswelten von Männern und Frauen, auf ihre Verhaltensweisen und ihre Lebensentwicklungen. Je nachdem, wie eine Gesellschaft *Gender* versteht und umsetzt, nimmt sie Einfluss auf das

Verhalten, die Denkweisen und die Interessen von Frauen und Männern und gestaltet somit die jeweiligen Lebenswelten mit (vgl. Welpe/Schmeck, 2005, S. 21). Dem weiblichen und dem männlichem Geschlecht werden unterschiedliche Normen- und Wertvorstellungen sowie Verhaltensweisen und Begünstigungen zugeschrieben (vgl. ebd., S. 21 f.). Während es beim biologischen Geschlecht um genetische Faktoren und körperliche Eigenschaften geht, interessiert sich das soziologische Geschlecht für die Rahmenbedingungen und Rollenverteilungen, mit denen Kinder und Erwachsene in ihrem Sozialisationsprozess konfrontiert werden (vgl. Doblhofer/Küng, 2008, S. 18). Gender kann als das soziale Muster geschlechtsspezifischer Denk- und Handlungsweisen verstanden werden und ist eine Konstruktion, welche durch die Gesellschaft bzw. durch die in der Gesellschaft vorherrschenden Rahmenbedingungen für Männer und Frauen geschaffen wird (vgl. Abels/König, 2010, S. 266).

Dieses gesellschaftliche *Regelwerk* an geschlechtsspezifischen Verhaltenswerten wird auch als „Gendernormen" bezeichnet, die die vereinheitlichten Wertevorstellungen von weiblich und männlich sowie die Verhältnisse zwischen den Geschlechtern innerhalb des öffentlichen und privaten Lebensraumes darstellen (vgl. Welpe/Schmeck, 2005, S. 23). Diese Gendernormen beinhalten u. a. die geschlechtstypische Arbeitsteilung, Regelungen über die Dominanz und Subdominanz beider Geschlechter, gegenseitige Verhaltensregelungen von Frauen und Männern, Schaffung von Orientierungsrahmen sowie Benachteiligungen und Bevorzugungen des jeweiligen Geschlechts (vgl. Sielert/Jaeneke/Lamp/Selle, 2009, S. 213). Ebenso wie alle anderen gesellschaftlichen Normen und Werte sind auch Gendernormen wandelbar und verändern sich mit den aktuellen bevorzugten Verhaltensweisen und Rollenzuweisungen von Frauen und Männern innerhalb einer Gesellschaft. Die Geschlechterdifferenz wird in Wechselbeziehungen zwischen Frauen und Männern ständig neu konstruiert, verändert oder aufrechterhalten (vgl. Angerer/Dorer, 1994, S. 11). Gendernormen besitzen demnach eine Eigendynamik und unterliegen sehr häufig dem kulturellen Wandel (vgl. Welpe/Schmeck, 2005, S. 24). Die natürlich gegebene, biologische Ungleichheit wird sozial untermauert und festgeschrieben (vgl. Bublitz, 2002, S. 93).

„Die Geschlechtertrennung ist Resultat einer permanenten gesellschaftlichen Konstruktionsarbeit, an der beide Geschlechter beteiligt sind , indem sich Jungen und Mädchen, Frauen und Männer, wechselseitig in sozialen Kontexten identifizieren und sich bestimmte Verhaltensweisen zuschreiben und abverlangen" (Abels/König, 2010, S. 265). Frauen und Männer handeln weitgehend bewusst oder unbewusst gemäß ihrer von der Gesellschaft vorgegebenen Geschlechterrolle und bekräftigen ihre Rollen durch geschlechtstypische Interaktionen im zwischenmenschlichen Kontakt (vgl. Welpe/Schmeck, 2005, S. 25). Demnach beschäftigt sich *gender* mit den gegenseitigen Verhaltenserwartungen zwischen Frauen und Männern, der geschlechtsspezifischen Arbeitsteilung und mit der Wichtigkeit des Geschlechts im Bereich der öffentlichen Entscheidungsebenen (vgl. Welpe/ Schmeck, 2005, S. 23).

„Mittlerweile hat sich Gender, ausgehend von der Soziologie und den politischen Wissenschaften, auch in anderen Wissenschaftsbereichen als Forschungsgegenstand etabliert." (Welbe/Schmeck, 2005, S. 23) Gender ist zu einem eigenständigen Forschungsgegenstand geworden und schafft Erklärungstheorien, die zur Begründung von geschlechtstypischen und geschlechtsspezifischen Ungleichheiten herangezogen werden können (vgl. www.gendersemin armolk.twoday.net, abgerufen am 19.05.2012, 17:11 UTC).

Das Gewaltverhalten von Mädchen und Frauen kann allerdings nicht lediglich nach dem Genderaspekt beurteilt werden, weil die Lebenssituationen von Menschen nicht ausschließlich auf ihr Geschlecht reduziert sind, sondern viele weitere Faktoren (z. B. Herkunft, Schichtzugehörigkeit, finanzielle Situation etc.) umfassen, die es bei der Erklärung, Beschreibung und Analyse vom weiblichen Gewaltverhalten zu berücksichtigen gilt (vgl. Heeg, 2009, S. 12).

3.2 Sozialisation: Begriffsbestimmung

Die Sozialisation gehört zu den Grundbegriffen der Sozialwissenschaften und wurde Anfang des 20. Jahrhunderts erstmals durch den französischen Soziologen Emile Durkheim begrifflich eingegrenzt und bestimmt (vgl. Niederbacher/Zimmermann, 2011, S. 11). Seither gibt es zahlreiche Definitions- und Erklärungsansätze zu diesem Thema, die sich allerdings nur sehr gering voneinander unterscheiden (vgl. Mühler, 2008, S. 41).

Sozialisation wird „als Prozess der Entstehung und Entwicklung der menschlichen Persönlichkeit in Abhängigkeit von und in Auseinandersetzung mit den sozialen und den dinglich-materiellen Lebensbedingungen verstanden, die zu einem bestimmten Zeitpunkt der historischen Entwicklung einer Gesellschaft existieren" (Hurrelmann, 1986, S. 14; in: Kühne-Vieser/Thuma-Lobenstein, 1993, S. 16). Die Persönlichkeit setzt sich aus den individuellen Charaktereigenschaften, Gefühlen, Fähigkeiten und Einstellungen zusammen (vgl. Hofmann, 2011, S. 30). Es ist der Verlauf, in dem sich ein Mensch zu einer sozialen handlungsfähigen Person und sich gleichzeitig die eigene individuelle Persönlichkeit formt (vgl. Hörner, 2008, S. 159). Der Mensch verinnerlicht die Normen und Werte seines sozialen Umfeldes und wird so durch die dort vorherrschende Gesellschaftsform sozialisiert (vgl. Welpe/Schmeck, 2005, S. 24). Es ist ein Verlauf, der dazu führt, dass sich jedes Individuum in die Gesellschaft integrieren, sich orientieren und gleichzeitig eine eigene Persönlichkeit aufbauen kann (vgl. Bobolz, 2007, S. 247). Diese Definition des Sozialisationsprozesses greift auf die alte Idee zurück, dass der Mensch ein soziales Wesen ist, und umfasst folgende zwei Aspekte des menschlichen Entwicklungsprozesses:

1) Die Persönlichkeitsentwicklung muss als Reifungsprozess verstanden werden, in dem der Mensch sich individuell entfaltet. Damit sind u. a. individuelle innerpsychische Entwicklungen gemeint, wozu beispielweise Gefühle und das individuelle Wissensvermögen gehören. Die Individualität ist ein zentraler Bestandteil der Persönlichkeit (vgl. Hofmann, 2011, S. 30).
2) Der Mensch wird lebenslang durch die vorhandenen Umwelteinflüsse, wie zum Beispiel Werte und Normen, Stereotypen oder Klischees, geformt (vgl. Hörner, 2008, S. 159). Dadurch entsteht u. a. der Sozialcharakter eines Menschen, der sich auf gemeinsame Verhaltens- und Denkmuster einer Gruppe (z. B. einer Nation) bezieht und es ihm/ihr ermöglicht, normenkonform in einer Gruppe zu leben und sich anzupassen (vgl. Hofmann, 2011, S. 30).

Die Sozialisation ist ein lebenslanger Prozess, der mit der Geburt beginnt und mit dem Tod endet. Sie beginnt bereits in der Familie (primäre Sozialisation), zieht sich über das Kindergartenalter bis hin zur Schule (sekundäre Sozialisation) und verläuft anschließend in den Bereich der beruflichen Bildung und Ausbildung (tertiäre Sozialisation) (vgl. Ehrhardt, in: Fachlexikon der sozialen Arbeit, 2007, S. 887). Dieser Prozess macht also „aus einem hilflosen Neugeborenen ein menschliches Individuum [...], das fähig ist, gemäß seiner Stellung in der Gesellschaft zu leben und zu handeln" (Kühne-Vieser/Thuma-Lobenstein, 1993, S. 20). In diesem Verlauf gibt es einige prägnantere Lebensphasen wie zum Beispiel die Kindheit, die Adoleszenz und das frühe Erwachsenenalter (vgl. Welpe/Schmeck, 2005, S. 24). Im Folgenden soll ein beispielhaftes Raster der verschiedenen Sozialisationsphasen beschrieben werden. Allerdings ist vorweg zu erwähnen, dass jede Phase im Sozialisationsprozess nicht genau zeitlich abzugrenzen ist, da sich diese Phasen individuell unterscheiden und die Übergänge fließend sein können (vgl. Karnkowski, 2009, S. 9):

- Säuglingsphase (0-1 Jahr)
- frühe Kindheit (2-4 Jahre): Hier spielt die Familie als primäre Sozialisationsinstanz die prägnanteste Rolle, während im Verlauf in der Regel noch die Kindertagesstätte hinzukommt.
- Kindheit (5-12 Jahre): Ab diesem Alter befinden sich die Kinder bereits in der sekundären Sozialisationsphase, deren primäre Instanz die Schule darstellt. Hinzu kommen Medien und Gleichgeschlechtige.
- Jugendzeit (ab 13 Jahren): Die wichtigsten und einflussreichsten Sozialisationsfaktoren sind hier neben der Schule die sogenannte Peergroup (soziale Gruppe von gleichaltrigen Jugendlichen) und die Medien. Diese Phase gehört ebenfalls noch zur sekundären Sozialisation.
- Erwachsenenalter: Der Übergang von der Jugendphase hin zum Erwachsenenalter lässt sich heute nicht mehr zeitlich konkret benennen, der Übergang ist so individuell und fließend, dass es nicht wissenschaftlich belegbar wäre, ein konkretes Anfangsalter zu nennen. Allerdings kann gesagt werden, dass sich die Phase des Erwachsenseins ca. bis zum 65. Lebensjahr zieht, wobei die zentralste Sozialisationsinstanz der Beruf bzw. der berufliche Werdegang ist.
- Hochaltrigkeit (ab 65 Jahren): Diese Entwicklungsphase umfasst die Zeitspanne der Pensionierung bis hin zum Tod (vgl. Hörner, 2008, S. 160).

In jeder Phase der Sozialisation spielen Faktoren wie beispielsweise gesellschaftliche Institutionen, Schichtzugehörigkeit, Herkunft und historische Ereignisse (Kriege, Katastrophen etc.) eine wichtige Rolle, weil diese Auswirkungen auf die bestehenden Normen und Werte haben und sie verändern können (vgl. Kühne-Vieser/ Thuma-Lobenstein, 1993, S. 16 f.). Alle zufälligen und vorhersehbaren Ereignisse, die sich während eines Lebens vollziehen, gehören zur individuellen Lebensgeschichte des Menschen und sind damit Bestandteil des Sozialisationsprozesses (vgl. ebd., S. 24). Sozialisation findet immer statt, in den einzelnen Lebensphasen, in den wechselseitigen Kommunikationsprozessen (face to face), auf der Grundlage gesellschaftlicher Gegebenheiten (Werte, Institutionen etc.) und auf der Basis der individuellen Stellung des Subjektes innerhalb der Gesellschaft (Schichtzugehörigkeit, Bildungsgrad etc.) (vgl. ebd., S. 17).

Im Sozialisationsprozess nimmt der Mensch sowohl eine passive Rolle, in der sie/er von der Umwelt beeinflusst wird, als auch eine aktive Rolle ein, da ihr/ihm die Möglichkeit gegeben wird, die Umwelt selbst (mit-) zu gestalten (vgl. Hofmann, 2011, S. 30). Der Mensch wird demnach nicht nur lediglich durch das Umfeld und die Gesellschaft geformt, sondern besitzt gleichzeitig den Aspekt der

Selbstformung, d. h. sie/er erstellt die individuelle Persönlichkeit, konstruiert ihr/ sein Umfeld und macht sich zu einem handlungsfähigen Individuum (vgl. Kühne-Vieser/Thuma-Labenstein, 1993, S. 16).

Die Sozialisation wird als erfolgreich erklärt, wenn die gesellschaftlichen grundlegenden Normen und Werte vom Subjekt verinnerlicht, akzeptiert und ausgelebt werden (vgl. Mühler, 2008, S. 41).

Eine erfolgreiche Sozialisation ist für den einzelnen Menschen erforderlich, um am gesellschaftlichen Leben teilnehmen zu können, normenkonform zu handeln und um ein soziales Zusammenleben der Bevölkerung zu gewährleisten (vgl. Mühler, 2008, S. 42).

3.3 Die geschlechtsspezifische Sozialisation von Mädchen

Mit der Entstehung der Frauenforschung wurde die Frage publik gemacht, wie sich der Aneignungsprozess von „Weiblichkeit", aber auch von „Männlichkeit", im Sozialisationsprozess vollzieht und inwieweit Geschlechterrollen erlernt werden (vgl. Küchler, 1997, S. 13). Aus der Perspektive sozio-kultureller Wissenschaft gilt das Geschlecht als erlernte Handlungsweise, während aus der Sicht des Behaviorismus das Lernen am Modell, also an anderen Personen mit Vorbildfunktion mit eingeschlossen ist (vgl. Hofmann, 2011, S. 34).

Neben den allgemeinen Sozialisationstheorien gibt es demnach auch noch die sogenannte „geschlechtsspezifische Sozialisation", welche eine wichtige Stellung im gesamten Sozialisationsprozess einnimmt (vgl. Henschel, 1993, S. 59). Sozialwissenschaftlich untersucht die Theorie der geschlechtsspezifischen Sozialisation die Prozesse, durch die Mädchen und Jungen erlernen, gemäß ihrer Stellung bzw. der Stellung ihres Geschlechtes in der Gesellschaft zu handeln (vgl. Bredemeier di Diego/Fischer/Krieger, 1995, S. 49). Nach Magarete Steinrücke ist die Geschlechtertrennung in Mann und Frau „das Resultat einer permanenten gesellschaftlichen Konstruktionsarbeit, an der beide Geschlechter beteiligt sind" (Steinrücke, 2005. S. 158), indem sich beide Geschlechter, Frauen und Männer, wechselseitig anhand sozialer Kontexte identifizieren und sich bestimmte Verhaltens- und Handlungsweisen sowie Eigenschaften zuweisen (vgl. Abels/König, 2010, S. 265). Das heißt, dass die soziale Konstruktion von Zweigeschlechtlichkeit sich immer wieder innerhalb von Interaktionsprozessen erstellt, sich verfestigt oder aber auch verändert (vgl. Lenz, 1999, S. 59). Die Kategorisierung von Gesellschaftsmitgliedern in zwei unterschiedliche Geschlechter hängt zwar mit den biologischen Erkennungsmerkmalen des Geschlechts zusammen, aber ausschlaggebend für die Kategorisierung des Akteurs selbst als Mann oder Frau ist eine fundamentale Lernaufgabe, indem das Individuum aufgrund von gesellschaftlichen und sozialen Einflüssen sich das vermeintlich richtige Geschlecht aneignet (vgl. Hoffmann, 1997, S. 25). Es ist ein Lernprozess, in welchem Mädchen und Jungen durch Übernahme der Geschlechterrollen die Erwartungen und Normen verinnerlichen und erwerben, welche durch die Gesellschaft an das jeweilige Geschlecht gestellt werden (vgl. Küchler, 1997, S. 13). Diese Geschlechterrollen stehen für eine Fülle an Verhaltenserwartungen und Normen, die von der Gesellschaft mit männlich oder weiblich verbunden werden (vgl. Jobst, 2008, S. 177). Mädchen und Jungen sozialisieren sich im Austausch mit den anderen Menschen und ihrer Umwelt und eignen sich somit schrittweise deren Strukturen und Organisationsmodelle an. Die Ausbildung der Geschlechtsidentität erfolgt nicht allein auf passiver Basis durch Erziehung der Eltern, sondern es handelt sich um einen Prozess, in dem das Individuum selbst und seine Umgebung gleichermaßen beitragen (vgl. Bredemeier di Diego/Fischer/Krieger, 1995, S. 49). Auch die geschlechtsspezifische Sozialisation ist ein lebenslanger Prozess und kann nicht auf einzelne Lebensphasen begrenzt werden (vgl. Klees/ Marburger/Schumacher, 2004, S. 17). Geschlechtsvorstellungen sind wandelbar und werden vom Individuum ständig neu eingeübt.

Die Geschlechtsidentität, also das sich Begreifen als Mädchen oder Junge, Frau oder Mann, begründet sich durch soziale Nominierung (Bsp. ein Mädchen trägt lange Haare) und durch ganz bestimmte, gesellschaftliche Rollenerwartungen und darauf abgestimmte Verhaltensverstärker (vgl. Kamp-Becker, 1995, S. 107). Insbesondere tragen gesellschaftliche Geschlechtsstereotypen dazu bei, dass Frauen *Frauen* werden und Männer *Männer* werden (vgl. Hoffmann, 1997, S. 25).

Im Folgenden wird ein beispielhafter Katalog von Stereotypen über frauliches und männliches Verhalten in unserem Kulturkreis vorgestellt (vgl. Küchler, 1997, S. 13):

Frauen	**Männer**
• sind emotional	• sind abenteuerlustig
• sind schwach	• sind stark
• sind gefühlvoll	• sind aggressiv
• sind abhängig	• sind unabhängig
• sind sanft	• sind entscheidend
• sind verletzlich	• sind mutig
• sind verführerisch	• sind aktiv
• sind unterlegen	• sind dominant

Stereotypen sind in einer Kultur gefestigte, undifferenzierte und verallgemeinerte Wahrnehmungsmuster, welche die konkrete Person nicht beachten (vgl. Elwert/Alber, 2007, S. 185). Geschlechtsstereotypen sind demnach fest verankerte Vorstellungen über typisch weibliche und typisch männliche Verhaltensweisen. Durch diese Stereotypen werden grundlegende Unterschiede der Geschlechter suggeriert. Sie beeinflussen das Handeln und Denken von Frauen und Männern (vgl. Seite „Lexikon für Psychologie und Pädagogik", Geschlechtsstereotype, abgerufen am 14.08.2011, 13:08 UTC). Dadurch entstehen Differenzen zwischen den Geschlechtern. „Die sozialen und kulturellen Differenzierungen bestimmen insgesamt über die Enge oder Weite der Verhaltensmöglichkeiten, die bei Mädchen bzw. bei Jungen gefördert, gewünscht und toleriert werden" (Hurrelmann/Grundmann/Walper, 2008, S. 242). Das Verhalten von Mädchen und Jungen, Frauen und Männern entsteht durch die Verinnerlichung von sozialen Stereotypen, Zuschreibungen und Klischees, die anschließend beispielsweise als *typisch weibliche* Handlungsweisen, Eigenschaften und Fähigkeiten an die nächste Generation weitergegeben werden (vgl. Bublitz, 1993, S. 69).

Die geschlechtsspezifische Sozialisation verläuft bei Männern und Frauen, Mädchen und Jungen, unterschiedlich. „Je nach Geschlechtszugehörigkeit konstituieren sich jeweils unterschiedliche Lebenszusammenhänge von Menschen, die weibliche und die männliche – bei allen Brüchen durch Schichtzugehörigkeit. Wenn somit die gesellschaftliche Platzierung von Frauen und Männern anders ist, dann muss auch die Sozialisation von Mädchen und Jungen als Vorbereitung auf diese Platzierung unterschiedlich verlaufen" (Nyssen, 1993, S. 35). Soziales Handeln ist immer auch geschlechtsbezogen. Erziehung, Schule, gesellschaftliche Normen und Werte, ja sogar der Arbeitsmarkt trägt zur Bildung des geschlechtsspezifischen Selbst-Konzeptes bei (vgl. Klees/Marburger/Schumacher, 1989, S. 17). Es ist bekannt, dass die Gegebenheiten der Lebenswelt von Frauen und Männern u. a. die Wahl von bestimmten Berufsbildern, die Darstellung von weiblichem und männlichem Verhalten in den Medien, der Zugang zu bestimmten schulischen Ausbildungsangeboten und die soziale Schichtzugehörigkeit einen enormen Einfluss auf den geschlechtsspezifischen Sozialisationsprozess nehmen (vgl. Fooken/Lind, 1994, S. 63).

Im Folgenden sollen nun die unterschiedlichen, aber ineinandergreifenden Phasen der geschlechtsspezifischen Sozialisation beschrieben werden:

Kindheit:

In dieser Phase werden die Grundlagen der Geschlechtsidentität vermittelt. Schon im Mutterleib werden die ersten Stereotypen verwendet. Strampelt das ungeborene

Kind häufig, wird oft behauptet, dass es ein Junge wird, da Jungen „Raufbolde" sind (vgl. Abels/König, 2010, S. 263). Bei der Geburt kommt die Namensgebung hinzu, bei der ebenfalls darauf geachtet wird, dass das jeweilige Geschlecht auch rauszuhören ist (vgl. Hofmann, 2011, S. 34).

Die Anlegung der Geschlechtsidentität eines Menschen findet in den ersten zwei Lebensjahren statt und das Kind wird mit dem Wissen der eigenen Geschlechtszugehörigkeit und mit dem Wissen der Zweigeschlechtlichkeit dieser Welt konfrontiert (vgl. Klees/Marburger/Schumacher, 1989, S. 20). Im Kleinkindalter verfügen Kinder zwar schon über ein impliziertes geschlechtsbezogenes Wissen, sind aber in der Regel noch nicht in der Lage, dies zu verbalisieren (vgl. Fried, 1990, S. 46). Hierzu zählt z. B. die Vermittlung von Erwartungshaltungen und Handlungsweisen von Frauen und Männern. Schon die Einrichtung des Zimmers für den Säugling und später für das Kleinkind ist geschlechtsbezogen. Mädchen haben sehr oft ein, von der Gesellschaftlich entsprechend wünschenswertes, vor allem nach den Wünschen der Eltern, eingerichtetes Zimmer. Mädchen erhalten in der Regel eher pflegliche Gegenstände zum Spielen (Puppen, Teddys etc.), während Jungen eher Spielzeuge bekommen, die sie auseinandernehmen und zusammensetzen können (vgl. Klees/Marburger/Schumacher, 1989, S. 21). Zudem wird das Geschlecht von Kindern in der Regel durch bestimmte Kleidungsstücke und dazu passende Farben gekennzeichnet, wie beispielsweise Rosa für Mädchen und Blau für Jungen (vgl. Hofmann, 2011, S. 33).

Dennoch können sich Kinder von zwei bis drei Jahren noch nicht selbst als Junge oder Mädchen begreifen. Durch die Interaktionen und Auseinandersetzungen zwischen dem Kind und seiner sozialen gesellschaftlichen Umwelt fängt das Kind an zu begreifen, dass sein Umfeld aus Männern und Frauen besteht (vgl. Jobst, 2008, S. 185). Kinder werden ab dem Tag ihrer Geburt von ihren Eltern begleitet und sind von deren Vorstellungen und Wünschen abhängig. Nicht selten werden Jungen als besonders kräftig und stark erlebt und Mädchen als hübsch, zierlich, hilfsbedürftig. Es wurde beispielsweise belegt, dass Mädchen mehr Zeit mit der Mutter im Haushalt verbringen, wodurch sie passiver und schüchterner in Bezug auf neue Situationen reagieren (vgl. Lalouschek/Wodak, 1994, S. 216). Im Bereich der elterlichen Erziehung kann gesagt werden, dass Mädchen:

• sich eher in ihrer Freizeit in der Nähe des familiären Haushalts aufhalten sollen
• in der Regel häufiger Rechenschaft dafür abgeben müssen, was sie tun oder wo sie hingehen
• sich häufiger in Begleitung von Erwachsenen befinden

- im Gegensatz zu Jungen häufiger alleine spielen oder anderen Kindern beim Spielen zugucken (vgl. Kühne-Vieser/Thuma-Lobenstein, 1993, S. 37).

Zeigen die Kinder Verhaltensweisen, die nicht den Vorstellungen der Eltern entsprechen, so werden diese geschlechtsspezifisch abgeschwächt (vgl. Blanck-Mathieu, 1997, S. 12). Das Kind lernt und beobachtet die unterschiedlichen Verhaltensweisen, ordnet diese zu und verinnerlicht sie. Dadurch ist bereits im Kindergartenalter ein Großteil des geschlechtsbezogenen Verhaltens verinnerlicht. In diesem Alter können Mädchen bereits angeben und kategorisieren, welcher Mensch zum weiblichen und welche Person zum männlichen Geschlecht gehört (vgl. Fried, 1990, S. 46 f.). Auch sind sie nun mehr in der Lage, andere Personen anhand von Äußerlichkeiten (Haarfarbe, Kleidung etc.) als weiblich oder männlich zu identifizieren (vgl. Jobst, 2008, S. 185).

In diesem Alter tritt eine weitere wichtige Sozialisationsinstanz hinzu, nämlich die Gleichaltrigengruppe (Peergroup). „Kleine Mädchen wollen und sollen wie andere Mädchen sein" (Buloz, 2005, S. 146) mit dem Ziel, zu einer Gruppe zu gehören, die die gleichen Merkmale aufweist. Eine umfangreiche Studie auf einem Spielgelände in Bonn, die auf Beobachtung basierte, konnte nachweisen, dass geschlechterhomogene Spielgruppen das Regelerscheinungsbild bei Kindern ab dem 3. Lebensjahr bilden und auch eine geschlechtstypische Nutzung von Spielgeräten zu verzeichnen war, zum Beispiel, dass Mädchen eher mit Springseilen und Puppen spielen, während Jungs dazu neigen, abenteuerliche Aktionen und mutprobenartige Spielhandlungen zu fabrizieren (vgl. Alfermann, 1990, S. 25).

Adoleszenz:
Kurz vor dem Übergang eines Menschen in die Adoleszenz, also in der mittleren Kindheit, werden die Geschlechtsrollenvorstellungen, die zuvor schon intensiviert und verfestig wurden, wieder flexibler gemacht (vgl. Fried, 1990, S. 47). In dieser Phase wird die Geschlechtsidentität ausgestaltet, die Ablösung vom Elternhaus findet statt und es kommt zu einer von der Familie abgegrenzten Gestaltung von Arbeits- und Liebesbeziehungen (vgl. Flaake/King, 1992, S. 13).

Die Sozialisationsphase der Adoleszenz beinhaltet u. a. die Ablösung von kindlichen Beziehungen und produziert besonders bei Mädchen ein hohes Konfliktpotential. Dies lässt sich beispielsweise daran erkennen, dass weit mehr Mädchen als Jungen zwischen dem 14. und 18. Lebensjahr von zu Hause fortlaufen und mindestens für eine gewisse Zeit auf der Straße leben (vgl. Ziehlke, 1992, S. 33).

Die *jungen* Jugendlichen werden mit neuen Normen und Werten konfrontiert, die nicht selten vom bisher gelernten Rollenbild abweichen. Die mit der Pubertät einhergehende Anbindung von Jugendlichen an eine Peergroup (gleichaltrige, oft auch gleichgeschlechtliche Gruppe) hat einen enormen Einfluss auf die Geschlechtsidentität. Hier finden die Jugendlichen spezielle Normen des Sexualverhaltens. Gerade in dieser Lebensphase kann die geschlechtliche Einstellung des Individuums noch einmal völlig überarbeitet werden. Mädchen, die im Kindergartenalter noch alle Klischees weiblichen Verhaltens erfüllt haben, können sich nun männliche Verhaltensweisen aneignen und umsetzen. Peers stellen für Mädchen einen wichtigen Bezugspunkt für die Neudefinition des „Mädchen-seins" als sexuelle Person da. Themen in den Mädchengruppen sind u. a. Ästhetik des Schönseins, Aufhübschen für andere und der Körperfetisch (vgl. Kühne-Vieser/Thuma-Labenstein, 1993, S. 43).

„Die Situation von Mädchen wird sowohl von der Seite der gesellschaftlich vorgegebenen Möglichkeiten der Lebensgestaltung, insbesondere der beruflichen Chancen, als auch von den subjektiven Orientierungen, Ansprüchen und Lebensentwürfen beleuchtet." (Flaake/King, 1992, S. 9) Die weibliche Adoleszenz unterliegt einem Verständnis, dass die individuellen Wünsche, Ängste und Phantasien, die mit der sexuellen und körperlichen Entwicklung einhergehen, wesentlich durch gesellschaftliche und soziale Bedingungen geprägt ist (vgl. ebd., S. 10).

Diese Sozialisationsphase kann eigentlich als prägnanteste Phase betrachtet werden. Die Mädchen und jungen Frauen nehmen die kulturellen Geschlechtervorstellungen auf, interpretieren diese und müssen in der Lage sein, diese Wertvorstellungen mit dem eigenen Geschlechtserlebnis und der individuellen Körperwahrnehmung zu verflechten und in Einklang zu bringen (vgl. Flaake/King, 1992, S. 13).

Erwachsenenalter:

Im Erwachsenenalter kommt es entweder zu einer Intensivierung der bis dahin gesammelten und verinnerlichten geschlechtsspezifischen Verhaltens- und Denkweisen oder es kommt abermals zu einer Umkehrung. In der Regel ist dann aber das Geschlecht, das soziologische verinnerlichte Geschlecht des Individuums gefestigt und signifikante Veränderungen bleiben aus.

Im Unterschied zum geschlechtsspezifischen Sozialisationsprozess in der Kindheit haben Erwachsene schon eine weitgehende Entwicklung ihres Geschlechterverhaltens durchlaufen und verfügen über bestimmte Orientierungs- und Deutungsmuster. Durch eine im Erwachsenenalter verstärkte Sozialisation im öffentlichen Raum werden die bereits vorhandenen Denk- und Handlungsweisen angepasst, verändert und weiterentwickelt (vgl. Arnold/Kaltschmidt, 1986, S. 10).

Der Aneignungsprozess der Geschlechtsidentität betrifft zwar beide Geschlechter, jedoch wird die männliche Rolle häufig noch als die gesellschaftlich angesehenste Norm verstanden, an welcher die Frau gemessen wird (vgl. Conen, 1983, S. 43). In den 1950er Jahren herrschte eine strikte Geschlechtertrennung. Stereotypen wurden klar entweder dem weiblichen oder männlichen Geschlecht zugeschrieben. Der Modernisierungsprozess, die Individualisierung und die gestiegene Anzahl von Frauen im Bildungswesen, in der Politik, der Wissenschaft, im Arbeitsmarkt führt zu einer Vermischung dieser Stereotypen. Die Folge ist eine enorme Identitätsunsicherheit besonders bei Frauen. „Speziell für die Frau bedeutet Sozialisation also die lebenslange Auseinandersetzung mit den Erwartungen der Gesellschaft bezüglich ihrer Rolle als Frau, als Mutter und als berufstätiger Mensch" (Fooken/Lind, 1994, S. 62). Um diese drei Rollen ausführen zu können, benötigen Frauen unterschiedliche, oftmals einander ausschließende Verhaltensweisen. Die Berufs- und Familienwelt beinhaltet unterschiedliche Anforderungen ihrer Umwelt und die Frau muss versuchen, diese Anforderungen mit ihren eigenen Ansprüchen an ein individuelles Leben in Einklang zu bringen (vgl. Becker, 1995, S. 107). Der weibliche Sozialisationsprozess besteht über die gesamte Lebenszeit in der aktiven und passiven Auseinandersetzung der Frau mit ihrer Umwelt (vgl. Fooken/Lind, 1994, S. 64). Insbesondere die Vereinbarkeit von Familie und Beruf stellt Frauen vor große Probleme. Die gesellschaftlichen Rahmenbedingungen „zwingen" quasi die Frau dazu, Verhaltensweisen anzunehmen, die im gesellschaftlichen Wertekanon immer noch mit dem männlichen Leitbild assoziiert werden (vgl. Kaufmann, 1996, S. 22). Solange aber eine Gesellschaft sich nur auf das Leitbild der Zweigeschlechtlichkeit mit ihren trennenden und strikten Stereotypen beruft und alle Teilbereiche des Lebens danach ausrichtet, kann es keine Identität außerhalb des Geschlechts geben. Dadurch ist eine geschlechtsspezifische Sozialisation für eine erfolgreiche Eingliederung in das Gesellschaftssystem unumgänglich (vgl. Tzankoff, 1992, S. 124).

Das Geschlecht und die dazugehörigen Verhaltensweisen werden als „normal" angesehen, aber sobald das „Normale" unterbrochen wird, z. B. wenn Frauen männliche Verhaltensweisen zeigen, wird die Konstruktionsweise der Geschlechter deutlich, da ein solches abweichendes Verhalten beim Gegenüber zu Verunsicherung und beim Abweichenden selbst zu der Angst führt, nicht „normal" zu sein (vgl. Bublitz, 2002, S. 87).

Das System der Zweigeschlechtlichkeit entscheidet auch darüber, welche Verhaltensweisen bei dem jeweiligen Geschlecht als erlaubt oder verboten angesehen werden. Gleiches Verhalten von Mädchen und Jungen, Männern und Frauen wird nicht automatisch gleich bewertet, sondern bekommt je nach Geschlechtszugehörigkeit eine andere Bedeutung. So gilt aggressives Verhalten bei Jungen und Männern als „normal", bei Mädchen werden derartige Verhaltensauffälligkeiten in der

Regel als unweiblich und unnormal beschrieben und es wird versucht, diese einzu-schränken (vgl. Lalouschek/Wodak, 1994, S. 217). Bis heute sind gewalttätige und gewaltbereite Frauen gesellschaftlich verpönt. Dies gilt nicht nur dann, wenn durch das aggressive Verhalten rechtliche Normen verletzt werden (denn das wird auch bei Männern als unerlaubt betrachtet), sondern beispielweise auch in Kampfsport-arten, wenn diese von Mädchen ausgeübt werden (vgl. Lenz, 2007, S. 21). Mäd-chen wie Jungen haben mit Aggressionen zu kämpfen und müssen in der Lage sein, diese abzumildern bzw. rauszulassen. In der Sozialisation des weiblichen Ge-schlechts wird diese Tatsache aber nicht berücksichtigt. Mädchen lernen häufig nicht sich zu wehren und bekommen keine Strategien vorgelebt, wie sie sich er-folgreich durchsetzen können, ohne anderen Personen dabei Schaden zuzufügen. Das führt nicht selten dazu, dass Mädchen und junge Frauen mit hohen Versagens-erlebnissen zu kämpfen haben, wodurch ein Mangel von Selbstwertgefühl entsteht. In manchen Fällen führen diese negativen Erlebnisse später dazu, dass Mädchen versuchen, positive Erfolgserlebnisse über männliche Verhaltensweisen zu erhalten (z. B. Zuschlagen, Zerstören), wenn sie sehen, dass diese Art von Verhalten erfolg-versprechend ist (vgl. Struck, 2007, S. 39).

3.4 Das vorherrschende Bild von „Weiblichkeit" in der deutschen Gesellschaft

Die Gesellschaft ist Träger und Ausgestalter der aktuell geltenden Rollenverständ-nisse und erstellt so die Rahmenbedingungen für die Lebensentwürfe von Frauen. Ein Kind ist nicht nur einfach ein Mädchen aufgrund der biologischen Merkmale, sondern muss auch für die Außenwelt als weiblich erkennbar und als solches iden-tifizierbar sein, indem es die jeweiligen gesellschaftlichen Rollenzuweisungen er-lernt, verinnerlicht und auslebt (vgl. Lalouschek/Wodak, 1994, S. 217). Demnach werden geschlechtsspezifische Leitbilder erstellt, die dazu dienen, Frauen- und Männerrollen zu regeln, d. h. Verhaltensweisen nach angemessen und abweichend zu ordnen (vgl. Dietzen, 1993, S. 30).

Nicht selten werden Frauen als das *„schwache Geschlecht"* bezeichnet, das emotional, sensibel und fürsorglich sein soll (vgl. Küchler, 1997, S. 13). Mit Ge-sellschaft ist das gesamte System gemeint, in dem eine Person, in diesem Fall ein Mädchen oder eine Frau, aufwächst. Das System beinhaltet Familie, Peers, Institu-tionen wie Schulen, Ämter usw. und auch die Medien. Bereits in Kinderbüchern werden Mädchen hausnah, sozial engagiert und sicherheitsbedürftig gezeigt, eben-so wie in vielen anderen Medien, die sich auf die Zielgruppe von Kindern beziehen (vgl. Effinger, 1995, S. 48). Auch andere mediale Bereiche wie zum Beispiel die

Werbung zeigen oft diskriminierende und stereotypische Darstellungen von Frauen (vgl. Holtz-Bacha, 1994, S. 35). Frauen werden nicht selten über ihre sexuelle Attraktivität gegenüber Männern definiert. Frauen sollen sexy, charmant, modisch, jung und hübsch sein (vgl. Lalouschek/Wodak, 1994, S. 217).

Die Lebensentwürfe für Frauen und Männer unterscheiden sich strukturell voneinander, weil das weibliche Geschlecht mit einer Doppelorientierung konfrontiert ist, die einerseits auf Familie und Partnerschaft fokussiert ist und andererseits den beruflichen Werdegang bzw. die berufliche Karriere beinhaltet (vgl. Flaake/King, 1992, S. 16).

Die vorgegebenen Möglichkeiten und Chancen für Mädchen und Frauen, ihr eigenes Leben zu gestalten, sind zum einen mit widersprüchlichen, gesellschaftlichen Anforderungen bestückt und zum anderen mit unterschiedlichen Realisierungschancen in Bezug auf die eigenen individuellen Wünsche verbunden, d. h. die eigenen Wünsche, Gefühle und Wertungen müssen mit gesellschaftlichen Strukturen und Bewertungen verknüpft oder komplett zurückgestellt werden (vgl. Flaake/ King, 1992, S. 13).

Aus gesellschaftlicher Sicht müssen junge Frauen folgende Aufgaben bewältigen:

- Die selbstverantwortliche Erlangung einer schulischen und beruflichen Perspektive mit dem Ziel, durch angesehene Berufe die eigene Existenz sicherstellen zu können.
- Das gesellschaftliche Rollenbild und die damit verbundenen Erwartungen zu verinnerlichen und auszuleben.
- Normen- und wertekonforme Bindungen zu Gleichgeschlechtlichen und Ungleichgeschlechtlichen einzugehen mit der Perspektive, eigene Kinder zu zeugen.
- Ein verantwortliches und aufopferisches Leben führen.
- Die Entwicklung von Handlungskonzepten im Umgang mit Freizeit und Konsum (vgl. Hurrelmann/Rosewitz/Wolf, 1985, S. 12 f.).

Zudem sollen Mädchen diszipliniert, verantwortungsbewusst, häuslich und selbstständig sein (vgl. Effinger, 1995, S. 49). „Die weibliche Geschlechtsrolle wird in der Regel mit Beziehungsorientierung, Emotionalität und Hingabebereitschaft gekennzeichnet." (Popp, 1992, S. 53)

Sehr deutlich wird das gesellschaftliche Bild der Weiblichkeit und die damit verbundenen Anforderungen an das weibliche Geschlecht wenn es darum geht, eine Familie zu gründen. Frauen sollen nicht mehr einfach nur Mutter, Haus- und

Ehefrau sein (vgl. Hagemann-White, 1992, S. 65). Das Erwachsenenalter verlangt aus gesellschaftlicher Sicht, dass Mädchen bzw. Frauen die Fähigkeit besitzen, einen qualifizierten Beruf nachzugehen, aber gleichzeitig alle Fertigkeiten aufweisen, um einen Familienhaushalt zu führen, und zwar ohne, dass eines von beiden benachteiligt wird (vgl. ebd., S. 69). Die moderne Frau soll die totale Rolle der Mutter und Hausfrau ausleben und gleichzeitigt unvereinbare Zwänge und Interessen integrieren (z. B. Beruf, Pflegen von sozialen Kontakten). Kurz: *Sie sollen in allen Lebensbereichen 100 % geben* (vgl. Schmauch, 1993, S. 40).

Frauen, die ihr Leben „lediglich" der Familie widmen und sich ausschließlich um Haushalt und Kinder kümmern, haben einen schweren Stand im gesellschaftlichen Ansehen (vgl. Zerrahn, 2002, S. 80). „Nur Hausfrau" wird in der öffentlichen Meinung häufig als Versagerin abgestempelt, wodurch sich Frauen längst kaum noch trauen und es sich auch finanziell häufig nicht leisten können, zu Hause zu bleiben (vgl. Jäckel, 2000, S. 33). Auch bei den Männern ist häufig noch die Vorstellung präsent, das Hausarbeit und Kindererziehung primär Aufgabe der Mutter ist, wodurch eine Arbeitsteilung der Haushaltspflichten nur gering zu verzeichnen ist (vgl. Beck-Gernsheim, 2010, S. 93). Natürlich gibt es auch Frauen, die einfach nicht auf eine berufliche Karriere verzichten wollen und den Wunsch hegen, sich in der Berufswelt zu etablieren (vgl. Zerrahn, 2002, S. 80-81). Auch Frauen haben den Wunsch, am gesellschaftlichen Leben teilzuhaben, sich arbeitsmarktbezogen zu integrieren und Anerkennung für ihre Arbeit zu bekommen (vgl. Böllert, 2010, S. 100).

Das Leitbild der weiblichen Rolle von der traditionellen Hausfrau hat sich nun zu einer Verbindung von Familie und Erwerbstätigkeit entwickelt, besitzt aber keine ausreichenden Faktoren, welche eine solche Verknüpfung unterstützen (vgl. Kaufmann, 1996, S. 22). Es fehlt an Kinderbetreuungsmöglichkeiten, flexiblen Arbeitszeiten, rechtlichen Begünstigungen und vor allem an gesellschaftlicher Anerkennung für Frauen, die sich für Kinder entscheiden (vgl. Zerrahn, 2002, S. 80).

Den Ansprüchen einer guten Mutter und dem Idealbild eines arbeitenden Menschen gerecht zu werden, bedeutet für Frauen ein ständiges, kräftezehrendes Ausbalancieren zwischen Familien- und Berufswelt und selbst, wenn sie alles dafür tun, beiden Seiten gerecht zu werden, kann eine völlige Anpassung an beide Seiten nur in sehr geringen Fällen stattfinden (vgl. Fux, 1992, S. 138). Das Bild des „idealen Arbeiters" ist bis heute an den Männern orientiert und umfasst Menschen, die ca. 40 Jahre lang ununterbrochen im Berufsleben stehen. Für Frauen, die sich für eine Familie und Kinder entscheiden, ist das Erreichen des Idealbildes eines Arbeiters so gut wie unmöglich, da immer noch 80 bis 90 % der Frauen die Erziehung und Pflege ihrer Kinder übernehmen (vgl. Brinck, 2007, S. 102). Die Vereinbarkeit von Berufsleben und Familie meint, dass beide Lebensbereiche zeitgleich realisiert werden. Traditionelle Arbeitsteilung innerhalb der Familie und mangelnde öffentliche Erziehungsverantwortung seitens der Gesellschaft stehen dem Ziel, Karriere und Familie zu vereinbaren, im Weg (vgl. ebd., S. 71-72). In der Mehrzahl entscheiden sich Frauen für eine Kombination von Familie und Beruf (vgl. Böllert, 2010, S. 101). Diese Kombination setzt sich am häufigsten aus einer Teilzeiterwerbstätigkeit und dem Familienleben zusammen (vgl. Statistisches Bundesamt; Pressemitteilung Nr. 189 vom 13.05.2011). Mehr als die Hälfte der Paare mit Kindern sind Doppelverdiener. Bereits in diesem Fall hat die Frau dadurch in der Regel einen 24-Stunden-Job, muss Familie und Beruf unter einen Hut bringen und ständig die Balance halten, weder dem einen noch dem anderen weniger Aufmerksamkeit zu widmen (vgl. Brinck, 2007, S. 102). Frauen, die Familie und Beruf im Einklang halten möchten, stehen unter einem Dauerdruck und chronischer Erschöpfung (vgl. Beck-Gernsheim, 2010, S. 96).

In Deutschland, wie in jeder anderen Gesellschaft auch, herrscht eine geschlechtsbezogene Diskriminierung, die unzählige Frauen daran hindert, bessere und vor allem langfristige Berufschancen zu verwirklichen, sich eine gleichwertige Stellung wie die des Mannes in der Gesellschaft zu *erarbeiten* sowie Familie und Beruf unter einen Hut zu bekommen (vgl. Jacobson, 1994, S. 7).

3.5 Zusammenfassung

Dem biologischen Geschlecht, das auf körperliche Eigenschaften bezogen ist, wird ein soziales Geschlecht vorausgesetzt, welches mit dem Begriff *„Gender"* bezeichnet wird (vgl. Bublitz, 2002, S. 86). „Der Begriff Geschlecht umfasst also zwei Dimensionen: die biologische und die historisch-kulturelle, gesellschaftliche Dimension" (Bublitz, 1993, S. 68), die als Gender bezeichnet wird und auf die unterschiedliche soziale Bedeutung von Frau und Mann verweist. In dieser Studie wird das Geschlecht nicht als starre, vorgegebene und feste Persönlichkeitseigenschaft, sondern als Konstrukt gesellschaftlicher und sozialer Interaktionen verstanden, das immer wieder neu verhandelt und aufgebaut wird (vgl. Gomard, 1997, S. 70). In Form von sozialen Positionen, gesellschaftlichen Erwartungen und kulturellen Verhaltens meint *Gender* die Vielfalt der kulturellen und sozialen Stellenwerte des Geschlechts (vgl. Wobbe/Nummer-Winkler, 2007, S. 291).

„Sozialisationsforschung zeigt auf, in welcher Weise die Persönlichkeitsentwicklung durch die soziale Umwelt, durch kulturelle Kontexte – kurz: durch soziale Lernprozesse – beeinflusst wird." (Lenz, 1999, S. 9) Der Sozialisationsprozess umfasst zwei Entwicklungstypen, die sich gegenseitig ergänzen. Zum einen den Prozess der Vergesellschaftung, d. h. die Verinnerlichung der vorherrschenden Normen und Werte durch das Subjekt, und zum anderen den Prozess der Individualisierung, in dem sich der Mensch zu einem unverwechselbaren *Einzelstück* entfaltet (vgl. Lenz, 1999, S. 14).

In Bezug auf die geschlechtsspezifische Sozialisation kann erklärt werden, dass Frauen zu Frauen und Männer zu Männern geformt werden und somit ein Produkt des Sozialisationsprozesses sind. „Eine Fülle von Informationen über „Männlichkeit" und „Weiblichkeit" prasseln auf Kinder herab und zeigen ihnen, wie Frauen/Männer sind bzw. zu sein haben. Aber nicht nur Medien, Werbung, Spielzeug-, Bekleidungs- und Modeindustrie, sondern auch Kindergarten, Schule, Gleichaltrigen-Gruppe und die Straße differenzieren nach typisch „weiblich" bzw. „typisch männlich."" (Klees/Marburger/Schumacher, 2004, S. 21) Die Lebensentwürfe von Mädchen und Frauen werden zum Teil immer noch an denen des männlichen Geschlechts gemessen, sodass es nicht selten zu einer unvollständigen Individualisierung der Frauen kommt, da sie nicht die gesellschaftlichen Rahmenbedingungen vorfinden, um sich frei entfalten zu können (vgl. Flaake/King, 1992, S. 16). Das Geschlecht ist und bleibt eine soziale Kategorie, die eine eigene soziale Wirklichkeit konstruiert, weil sich unsere Gesellschaft über das kulturelle System der Zweigeschlechtlichkeit definiert (vgl. Kühne-Vieser/Thuma-Labenstein, 1993, S. 21).

In Bezug auf das gesellschaftliche Rollenverständnis von Weiblichkeit kann festgehalten werden, dass der Handlungsspielraum von Mädchen eher als passiv gekennzeichnet und „näher am Reproduktionsbereich angesiedelt" (Effinger, 1995, S. 49) ist. Die gesellschaftlichen Erwartungen an weibliche Berufs- und Geschlechterrollen stehen in einem Spannungsverhältnis zueinander und können nur sehr schwer miteinander verflochten werden, ohne dass eine Seite weniger Aufmerksamkeit bekommt (vgl. Popp, 1992, S. 53).

4. Lebenswelten von gewalttätigen und gewaltbereiten Mädchen und jungen Frauen

In den folgenden Kapiteln werden die Ergebnisse der hier durchgeführten Studie diskutiert und in die entsprechend zu behandelnden Themen eingebracht. Wie bereits in der Einleitung dieser Arbeit erklärt wurde, können die Ergebnisse nicht auf alle gewalttätigen und gewaltbereiten Mädchen und jungen Frauen generalisiert werden, sondern beziehen sich lediglich auf die Untersuchungsgruppe (vgl. Atteslander/Kopp, 1995, S. 160).

Im ersten Teil der empirischen Untersuchung soll es darum gehen, einen Einblick in die Lebenswelten der Mädchen und jungen Frauen zu erlangen. Hierzu werden bestimmte Lebensbereiche wie beispielsweise die schulische und familiäre Situation genauer betrachtet, weil diese Bereiche zu den wichtigsten Sozialisationsinstanzen gehören und somit einen enormen Einfluss auf das Verhalten der Interviewpartnerinnen nehmen (vgl. Ehrhardt, 2007, S. 887). Anschließend wird ein Einblick in die Peergroups der Befragten gegeben. Gerade im Jugendalter werden Gleichaltrige zu wichtigen Bezugspersonen und haben nicht einfach mehr den Status von Spielgefährten, sondern geben eine Orientierungsrichtlinie vor, die in den meisten Fällen von den Jugendlichen verfolgt wird (vgl. Schmidt, 2007, S. 11 f.).

Der letzte Unterpunkt dieses Kapitels befasst sich mit den Zukunftsperspektiven der Probandinnen, und zwar mit den Wünschen aus ihrer eigenen subjektiven Sicht für die eigene Zukunft. Gleichzeitig soll die objektive realistische Umsetzbarkeit der gesetzten Ziele diskutiert werden.

4.1 Schulischer Werdegang

Bevor auf die empirischen Forschungsergebnisse zum Thema „Schule" genauer eingegangen wird, soll noch einmal betont werden, dass die Institution Schule zu den sekundären Sozialisationsinstanzen gehört, wobei in dieser Phase die Familie als primärer Sozialisationsfaktor immer noch eine tragende Rolle innehat (vgl. Ehrhardt; in: Fachlexikon der sozialen Arbeit, 2007, S. 887).

Es ist wichtig, den schulischen Werdegang gewalttätiger und gewaltbereiter Mädchen und junger Frauen zu betrachten, da sich dieser entweder positiv (bei guten Leistungen) oder negativ (bei schlechten Leistungen) auf die zukünftige Perspektive auswirken kann. Zudem kann eine derartige Betrachtung Hinweise darauf geben, inwiefern sich der schulische Lebenslauf bei dieser Zielgruppe ähnelt. Im Folgenden soll nun ein Überblick über den gegenwärtigen Schulstand der Interviewpartnerinnen gegeben werden. Lediglich zwei der befragten Mädchen befinden sich (zum Zeitpunkt der Untersuchung) in einem schulischen Prozess. Die Befragte *Angelika (18 Jahre)* ist das einzige Mädchen, welches sich bereits in der 11. Klasse befindet und somit über die normale Schulpflicht hinaus weiterhin die Schule besucht. Hier kann also die These vertreten werden, dass lediglich ein Bruchteil der gewalttätigen Mädchen einen höheren Bildungsgrad anstrebt und sich freiwillig in ein Schulverhältnis begibt. Zudem gibt diese Interviewpartnerin als Einzige an, dass sie gerne zur Schule geht und ihren schulischen Werdegang eher mit positiven Eigenschaften besetzt. *„Ja, ich gehe gerne zur Schule. Ähm, ja nach der Elften hab' ich mein Fach-Abi, weil ich die Elf zweimal machen musste [...]"* (Angelika, 18 Jahre). Diese positive Einstellung zur Sozialisationsinstanz Schule ist innerhalb der hier durchgeführten Studie ein Einzelfall. Generell haben jugendliche Gewalttäter und Gewalttäterinnen eher eine negative Einstellung zum schulischen Lernunterricht und weisen häufiger keinen oder nur einen niedrigen Schulabschluss auf (vgl. Kraul, 1998, S. 340). Das Gewaltverhalten wirkt sich in diesem Fall (Angelika) nicht negativ auf die Schulleistungen aus und hemmt auch nicht den Ehrgeiz, weiterhin gute Noten zu erzielen. *„Zehnerabschluss, 1,2 Notendurchschnitt ... Ja und trotzdem sitze ich hier"* *(Angelika, 18 Jahre).*

Die zweite befragte Schülerin *Stefanie (17 Jahre)* besucht die Hauptschule und befindet sich in der 9. Klasse. Zudem musste sie aufgrund von schlechten Schulleistungen und unentschuldigten Fehlzeiten ein Schuljahr wiederholen. Besonders auffällig war bei Stefanie, dass auf die Frage, was bisher in ihrem Leben schlecht gelaufen ist, die Schule als besonders negativ empfunden wurde und dieses ist bis heute immer noch so. *„Die Grundschule fand ich nicht so gut, weil ich oft gehänselt wurde, wegen meiner Brille. [...] Es fing eigentlich damit an, dass ich auf der Hauptschule viel Mist gebaut habe und dadurch immer Stress mit meinen Alten hatte ... ne ... immer noch habe"* (Stefanie, 17 Jahre). In ihrem Fall wird Schule im Allgemeinen mit etwas Negativem verbunden. In der Grundschulzeit befand sich Stefanie in der Opferrolle von psychischer Gewalt (Mobbing) und hat sich im Laufe der Zeit in die Täterrolle eingefunden. Dies ist kein seltenes Phänomen bei gewalttätigen und gewaltbereiten Mädchen und jungen Frauen. Mädchen, die Gewalt innerhalb des Schulsystems und auch darüber hinaus anwenden, waren in ihrer Vergangenheit häufig Opfer von Gewalterfahrungen innerhalb der Schule und haben sich im Zeitverlauf vom Opfer zum Täter entwickelt (vgl. Tillmann/Holler-Nowitzki/Holtappels/Meier/Popp, 2007, S. 125).

Neben *Stefanie* empfinden weitere Interviewpartnerinnen die Schule als einen Ort, der mit negativen Eigenschaften besetzt ist und in manchen Fällen sogar mit Ängsten verbunden wird. *„Mhh ... ja ... Eigentlich schon, aber momentan habe ich noch so eine Angst, dass ich das alles nicht packe, dass das mit dem Stoff nicht klappt und alles. Schulabschluss, eigentlich will ich den doch noch machen."* *(Melanie, 21 Jahre)*. Ca. die Hälfte der befragten gewalttätigen Mädchen und Frauen gibt an, Angst vor schulischem Versagen und erhebliche Zweifel an ihrem Können zu haben. Der Wunsch nach einem anerkannten und berufsfördernden Schulabschluss ist zwar vorhanden, allerdings fehlen die Motivation und das Vertrauen in sich selbst, eben diesen zu erreichen. Die Gründe dafür sind vielfältig. Mangelndes Selbstvertrauen und zu geringe Lernbereitschaft der Mädchen sind nur zwei Faktoren, die eine derartige Einstellung zum Thema Schule begründen und beeinflussen (vgl. Krüger, 2010, S. 213). *„Ich glaub' auch ich schaff' das gar nicht, weil ich zu blöd dafür bin und nie aufgepasst habe. Wenn dann hab' ich mal bei einem Test oder einer Arbeit bei anderen abgeschrieben"* *(Marina, 19 Jahre)*. Aus diesen Interviewauszügen lässt sich herausfiltern, dass sich die Mädchen bzw. jungen Frauen nicht selten für *zu dumm* für die Schule halten, sie haben Angst davor, den Unterrichtsstoff nicht zu verstehen und aufgrund dessen von ihren Mitschülerinnen und Mitschülern gehänselt zu werden. Psychischer Gewalt ausgesetzt zu werden, ist für den Großteil der Befragten ein permanenter, angstmachender Gedanke, da sie diese schon am eigenen Leib erfahren haben. Allerdings ist dieses Phänomen der schulischen Angst überwiegend bei gewalttätigen und gewaltbereiten Mädchen und jungen Frauen vorzufinden, die sich auf einer Haupt- oder Sonderschule befinden oder befunden haben. In Bezug auf die Gewalt an unterschiedlichen Schulformen kann gesagt werden, dass Haupt- und Sonderschulen eine höhere Belastung von Gewaltanwendung aufweisen als es bei Realschulen und Gymnasien der Fall ist (vgl. Hurrelmann/Bründel, 2007, S. 93).

Wie eingangs bereits verdeutlicht wurde, befanden sich lediglich zwei Interviewpartnerinnen zum Zeitpunkt der Befragung in einem Schulverhältnis. Die anderen acht Mädchen und jungen Frauen besuchen derzeit keine Schule. Die Gründe und die Art des Schulabbruchs bzw. des regulären Beendigungsverhältnisses unterscheiden sich in manchen Punkten voneinander.

Größtenteils befanden sich die gewalttätigen Mädchen zum Schulbeginn zuerst auf einer höheren Schulform wie beispielsweise der Realschule und haben im Schulprozess die Schule wechseln müssen. Die Interviewpartnerin *(Melanie)* wurde zuerst in einer Gesamtschule eingeschult und musste anschließend auf eine Haupt-

80

schule wechseln, auf der sie sich auch zuletzt befand. In Bezug auf das Wiederholen eines Schuljahres kann auch hier die Tatsache herausgefiltert werden, dass *Melanie* ebenfalls „hängen geblieben" ist, weil sie ihre Schulpflicht zwar erfüllt, sich aber zum Zeitpunkt, als sie die Schule verlassen hat, lediglich in der 9. Klasse befand. *„Also, ich hab' Abgangszeugnis nach Klasse 9, aber hab' meine zehn Jahre voll" (Melanie, 21 Jahre).* Einen Schulabschluss hat sie nicht erlangt.

Im Allgemeinen darf die Tatsache nicht übersehen werden, dass gewalttätige Jugendliche, egal ob es sich dabei um männliche oder weibliche Personen handelt, die wegen ihres devianten und delinquenten Verhaltens die Schule wechseln müssen, in der Regel nicht auf die nächste darunter liegende Schulform versetzt, sondern fast immer auf Haupt- oder Sonderschulen verwiesen werden (vgl. Mueller, 2012, S. 66 f.). Demnach erfolgt eine Versetzung auf die niedrigste oder zweitniedrigste Schulform. *„Erst die Grundschule in Bremen, dann die Realschule in Dortmund. Da bin ich aber runtergeflogen und auf die Hauptschule gegangen, nach der 9. Klasse dann da runter" (Marina, 19 Jahre).* Bei zwei Interviewpartnerinnen *(Marina und Nicole)* ist aufgefallen, dass immer ein Wechsel von der Realschule zur Hauptschule stattgefunden hat. Die Möglichkeit des Besuches einer Gesamtschule wurde gar nicht erst in Erwägung gezogen. Zudem wurde auch in diesen Fällen kein Schulabschluss, sondern lediglich ein Abgangszeugnis erlangt.

Genauere Zahlen, die eine Hypothese belegen würden, dass gewalttätige Mädchen öfters keinen Schulabschluss erreichen als nicht Gewalttätige, sind in der Fachliteratur und den verschiedenen Studien nicht zu finden. Deshalb kann in der hier durchgeführten Studie auch nur eine Tendenz im Bereich der Untersuchungsgruppe festgestellt werden, dass Gewaltverhalten sich negativ auf den Schulwerdegang auswirkt. Immerhin sind 25 % aller Schulabbrüche in Deutschland durch delinquente Jugendliche zu verzeichnen (vgl. Stamm, 2012, S. 98).

Wird das Augenmerk auf den Bereich der Sonderschule gerichtet, so hat nur eine der befragten jungen Frauen diese Schulform besucht. Allerdings lassen sich auch hier mehrere Schulwechsel erkennen. *„Ja Grundschule, danach wieder Grundschule, von da aus bin auf schererziehbare Schule gekommen, von da aus auf Schwerbehinderten, für behinderte Leute, wegen meiner Hüfte und danach auf Sonderschule.... Dann nochmal auf Sonderschule. Ich hab' bis zur Zehnten gemacht, aber hab' nur Hauptschulabschluss nach Klasse 9 bekommen, weil wegen Sonderschule halt, ne" (Virginia, 20 Jahre).* Hier sind deutlich viele Schulwechsel zu verzeichnen. Eine Schule zu wechseln, bedeutet für die betroffene Person, dass sie aus ihrer alten gewohnten Umgebung, die die Peergroup mit einschließt, herausgerissen und sich in ein neues, aber bereits vorhandenes System integrieren muss. Nicht selten gehen solche Integrationsversuche mit erheblichen Problemen einher (vgl. Stamm, 2012, S. 95 f.). In jeder Clique, in jedem Subsystem herrschen andere Normen und Werte vor, die es für den „Neuankömmling" zu erlernen und zu verinnerlichen heißt, da ihr/ihm ansonsten soziale Sanktionen oder gar der Ausschluss aus dem System droht (vgl. Klosinski, 2003, S. 71). Ein Schulwechsel bedeutet für die betroffene Person die Konfrontation mit völlig neuem Terrain. In manchen Situationen muss das alte erlernte Normen- und Wertesystem völlig überarbeitet werden, da es nicht mehr zur neuen Situation passt (vgl. Schnack, 2010, S. 46).

Die Gründe, weshalb eine Person mehrfach die Schule wechseln muss, hängen immer vom Einzelfall ab und können nicht pauschalisiert werden. Dennoch kann anhand der hier durchgeführten Untersuchung eindeutig festgestellt werden, dass das Gewaltverhalten ein ausschlaggebender Faktor für einen Schulverweis und einen anschließenden Schulwechsel ist. Hinzu kommen andere Bedingungsfaktoren wie z. B. familiäre Gründe (vgl. Braun, 2006, S. 39). So erklärt die interviewte *Sylvia*, dass sie aufgrund von Umzügen und Heimunterbringungen mehrere Schulwechsel hinter sich hat. *„Bis zur siebten Klasse, dann hatte ich keine Lust mehr und dann bin ich umgezogen in Heimen und ... also von meiner Mutter so weg, in irgendwelche Heime, dann bin ich da immer abgehauen, dann hatte ich keine Lust mehr ..."* *(Sylvia, 17 Jahre).* Auffallend ist hierbei auch der Zeitpunkt des Schulabbruches. Bereits in der siebten Klasse, also im Alter zwischen zwölf bis 14 Jahren, ist dieses Mädchen von der Schule gegangen. D. h. in diesem Fall wurde nicht einmal die allgemeine Schulpflicht erfüllt. Es lässt sich vermuten, dass *Sylvia* in den verschiedenen Heimen, in denen sie untergebracht wurde, zwar immer wieder die Schule besuchten musste, aber auf Grund ihrer „Ausbrüche" nie wirklich am Unterricht teilgenommen hat und widerrechtlich der Schule ferngeblieben ist. Zudem ergibt sich aus dem Interviewverlauf, dass auch in diesem Fall ihr Gewaltverhalten zu den Ursachen der Fremdunterbringung gehört und somit auch teilweise für die Schulwechsel verantwortlich ist.

Inwieweit sich gewalttätiges und gewaltbereites Verhalten von Mädchen negativ auf den schulischen Werdegang und die schulischen Leistungen auswirken kann, lässt sich anhand des Interviewgespräches mit der 17-jährigen *Jule* sehr gut beschreiben. *„Ähm bevor ich hier reinkam, wurd' ich geschmissen. [...] Erst war ich auf 'ner Gesamtschule in Duisburg und dann war ich auf einem Berufskolleg"* *(Jule, 17 Jahre).* Jule wurde aufgrund ihrer Gewaltanwendungen gegen andere Schülerinnen der Schule verwiesen. Diese Tatsache gibt sie im Verlauf des Interviews auch offen zu und zeigt einige Bespiele, die ihr Gewaltpotential während der Schulzeit verdeutlichen: *„Ähm auf der Gesamtschule hab' ich mal von einem Mädchen den Kopf gegen eine Scheibe geknallt, dann hatte die hier alles blutig [...] Ja,* *beim ersten Mal, da war ich glaub' ich zwölf und hab meine Schwester geschlagen. Das war auch in der Schule. Sie war auf derselben Schule. Ähm, teilweise nur Klätsche verteilt, fünf Stück hintereinander und sie hatte alles hier alles teilweise echt blau, an der Seite [...]" (Jule, 17 Jahre).* Nicht selten reagieren Schulen auf deviantes, vor allem auf gewalttätiges Verhalten, mit einem Schulverweis der Täter und Täterinnen (vgl. Herfurth, 2001, S. 50). Bei einem Schulverweis handelt es sich um eine Disziplinarmaßnahme, die entweder zeitlich begrenzt ist, beispielsweise für eine Woche, oder aber die Ausschreibung aus der Schule für die betroffene Person bedeuten kann (vgl. www.bildungsserver.be, abgerufen am 11.06.2012, 15:12 UTC).

Die letzten beiden Interviewpartnerinnen haben eine sogenannte Erziehungsschule besucht, wobei auch einige Formen der Sonderschulen in diesem Begriff mit enthalten sind. Erziehungsschulen sind in der Regel für Kinder und Jugendliche vorgesehen, die entweder aufgrund psychischer Beeinträchtigungen eine besondere Erziehung benötigen oder weil die Eltern aus verschiedensten Gründen nicht in der Lage sind, ihre eigenen Kinder zu ihrem Wohle zu erziehen (vgl. Diefenbach, 2008, S. 63). Bei den zwei weiblichen Gewalttäterinnen aus der Untersuchungsgruppe, die eine derartige Schulform zuletzt besucht haben, ist auch ein frühzeitiger Schulabbruch zu erkennen. *„Bis zur siebten Klasse, dann abgegangen" (Julia, 18 Jahre). „Nein, weil ich ab der Siebten abgebrochen hab'" (Mia, 16 Jahre).* Nach diesen Aussagen ist in beiden Fällen abermals ein relativ früher Schulabbruch zu verzeichnen. Allerdings wurden diese zwei Mädchen nicht der Schule verwiesen, sondern haben aus eigenem Antrieb heraus das Schulverhältnis beendet. Insgesamt ist der Anteil von Mädchen, die die Schule von sich aus abbrechen, mit 2,9 % niedriger als der Anteil schulabbrechender Jungen mit 3,2 % (vgl. Aberger/Ebner, 2011, S. 5). Aufgefallen bei der Befragung zum Thema Schule ist, dass je *niedriger* die besuchte Schulform gewesen ist, desto häufiger wurde der Schulbesuch entweder vorzeitig abgebrochen oder das betroffene Mädchen wurde vorzeitig der Schule verwiesen.

Rückblickend kann demnach gesagt werden, dass zum Zeitpunkt der Befragung lediglich zwei der zehn Mädchen eine Schule besuchen. Diese zwei Mädchen befinden sich auf der Haupt- bzw. Gesamtschule. Nur eine der Befragten war zum Zeitpunkt des Interviews im Besitz der Fachoberschulereife (siehe Interview Jule, 17 Jahre alt), eine Interviewpartnerin hat den Hauptschulabschluss nach Klasse 9 erreicht, vier Mädchen bzw. junge Frauen konnten ein Abgangszeugnis nach Klasse 9 aufweisen und vier Befragte besaßen zum gegenwärtigen Zeitpunkt weder einen Schulabschluss noch ein Abgangszeugnis. Wenn der Blick auf die gewalttätigen Mädchen und Frauen in Bezug auf die zuletzt besuchte Schule gelegt wird, entsteht die nachfolgende Abbildung:

Schulart	Anzahl der Mädchen in Bezug auf die zuletzt besuchte Schulform	Schulstand
Erziehungsschule	2	Beide Mädchen haben in 7. Klasse abgebrochen
Sonderschule	1	Vollzeitschulpflicht erfüllt (10. Klasse)
Hauptschule	4	1 Mädchen befindet sich in der 9. Klasse; 3 Mädchen sind nach der 9. Klasse abgegangen (Abgangszeugnis)
Gesamtschule	3	1 Mädchen hat in der 7. Klasse abgebrochen, 1 Mädchen befindet sich derzeit in der 11. Klasse; 1 Mädchen wurde in der 11. Klasse von der Schule geschmissen
Realschule	0	
Gymnasium	0	

Abb. 7: Gewalttätige Mädchen und ihre zuletzt besuchte Schulform

4.2 Berufsausbildung und Erwerbstätigkeit

In diesem Unterkapitel soll nun die Frage nach dem momentanen Stand der Erwerbstätigkeit und der Berufsausbildung der gewalttätigen und gewaltbereiten Mädchen und jungen Frauen erforscht werden. Diesem Thema kommt deshalb eine besondere Bedeutung zu, weil die Frage zu klären ist, inwieweit die Untersuchungsgruppe beruflich fortgeschritten ist und mit welchen Mitteln die Mädchen ihren Lebensunterhalt bestreiten.

Keines der befragten Mädchen und keine der jungen Frauen ging zum Untersuchungszeitpunkt einer Berufsausbildung nach. Bei einer großen Mehrzahl der Befragten konnte zum Zeitpunkt der Interviewdurchführung kein Schul-, Ausbildungs- oder Arbeitsverhältnis festgestellt werden und sie können somit zum Bereich der arbeitssuchenden oder ausbildungssuchenden Jugendlichen gezählt werden, die auch sonst keiner Art von Erwerbstätigkeit nachgehen. Innerhalb dieser

Gruppe kann ausschließlich bei einer jungen Frau eine körperliche Beeinträchtigung als Begründung für ihre derzeitige berufliche Situation angegeben werden. *„Ja Grundschule, danach wieder Grundschule, von da aus bin ich auf Schwererziehbare-Schule gekommen, von da aus auf Schwerbehinderten, für behinderte Leute, wegen meiner Hüfte [...]"* *(Virginia, 20 Jahre)*.

Als *behindert* oder besser gesagt als *gehandicapt* werden Menschen bezeichnet, deren körperliche Funktionen oder ein Teil der körperlichen Funktionen, der geistigen Fähigkeiten oder des seelischen Wohlbefindens über einen längeren Zeitraum so sehr beeinträchtigt sind, dass sie ihren Lebensalltag nicht mehr altersentsprechend organisieren und durchleben können und somit an der gesellschaftlichen Teilhabe gehindert sind (vgl. Tintner, 2011, S. 12). Die hier befragte gewaltauffällige junge Frau ist im Besitz eines Schwerbehindertenausweises und ist in ihrer Erwerbsfähigkeit um 70 % gemindert. *Virginia* hat vor geraumer Zeit eine künstliche Hüfte eingesetzt bekommen, wodurch sie für den Arbeitsmarkt nur eingeschränkt einsetzbar ist.

Bei allen anderen weiblichen Personen kann kein besonderer Grund der „Nicht-Erwerbstätigkeit" festgestellt werden. Nur die Tatsache, dass alle Mädchen und jungen Frauen entweder über gar keinen oder einen sehr niedrigen Bildungsabschluss verfügen, erschwert erheblich die Erlangung einer Ausbildungsstelle (vgl. Beicht/Ulrich, 2008, S. 247). Daneben lässt sich erkennen, dass die Interviewpartnerinnen auch keine Motivation an den Tag legen, etwas an ihrer beruflichen Situation zu verändern. Fragen zum derzeitigen Bemühungsstand, um an eine Arbeit oder Ausbildung zu gelangen, werden in der Regel mit Demotivation und „Nichtsmachen" beantwortet. *„Ähm ... nicht viel. Ich achte darauf, dass ich immer gestylt bin, aber beworben oder so hab' ich mich nicht"* *(Marina, 19 Jahre)*. Dies erweckt den Anschein, dass ein Großteil der gewalttätigen Mädchen und jungen Frauen keine Lust und keinen Ehrgeiz aufweist, eine Ausbildung oder einen Arbeitsplatz zu erlangen.

Der weitere Interviewverlauf gibt aber weitere Faktoren preis, die sich auf das *aktuelle* Berufsleben der Untersuchungsgruppe auswirken. *„Ich weiß nicht wie das geht, also wo man sich für so was bewerben muss. Ich hatte aber auch noch keinen Bock, mal im Internet oder so zu gucken"* *(Marina, 19 Jahre)*. Diese Aussage von *Marina* soll exemplarisch für die Antworten von fast allen der befragten weiblichen Gewalttäterinnen gesehen werden, da sich die Erklärungen auf die Frage nach den bisherigen Bemühungen um einen Beruf ähneln. Zum einen kann die Demotivation der Teilnehmerinnen als Faktor für die vorhandene Arbeitslosigkeit angesehen werden, zum anderen spielen aber auch schlichtweg nicht vorhandene Kompetenzen eine tragende Rolle. Viele der Mädchen wissen einfach nicht, wie sie sich bewerben müssen, wie ein Bewerbungsschreiben auszusehen hat und vor allem, welche Möglichkeiten der Recherche nach Ausbildungsstellen es gibt (vgl. Lahner, 2011, S. 203 f.). Zudem scheitern gewalttätige Jugendliche häufig auch im Bewerbungsgespräch, da sie in vielen Fällen nicht über ausgeprägte sozial angepasste Kompetenzen (z. B. Kritik- und Konfliktfähigkeit) verfügen und dadurch einen schlechten Eindruck bei den jeweiligen Arbeitgebern hinterlassen (vgl. Truschkat, 2008, S. 100). Soziale Kompetenzen sind zentrale Schlüsselqualifikationen zur Bewältigung beruflicher Anforderungen (vgl. nach Mund; in: Fachlexikon der sozialen Arbeit, 2007, S. 856) und gerade diese sind bei gewalttätigen weiblichen, aber auch bei männlichen Jugendlichen meist nicht genügend vorhanden.

Die zwei weiblichen Jugendlichen aus der Untersuchungsgruppe, die sich zum Zeitpunkt des Interviews noch in einem Schulverhältnis befinden, haben zwar noch nicht den beruflichen Lebensabschnitt erreicht, geben aber Auskünfte über ihre beruflichen Zukunftsvorstellungen. Aus einem der beiden Fälle lässt sich herausarbeiten, dass keine konkreten Vorstellungen in Bezug auf den Berufswunsch und den dazugehörigen beruflichen Werdegang vorhanden sind. *„Ähm, weiß nicht so genau. Irgendwas mit kleinen Kindern oder so. Ich habe 'ne Nichte, auf die ich manchmal aufpasse. Mit kleinen Kindern kann ich gut. Aber eigentlich ist es mir egal ... im Laden oder so, geht auch. Hauptsache irgendeine Ausbildung. Muss ich ja machen für später"* (Stefanie, 17 Jahre). Das Wissen über die Wichtigkeit einer Ausbildung für die spätere Lebensführung scheint zwar bei dieser Interviewpartnerin vorhanden zu sein, allerdings werden hier lediglich Tendenzen in Bezug auf den Berufswunsch geäußert, die anschließend wieder direkt relativiert werden, und zwar durch die Aussage, dass die Branche völlig egal ist, solange es sich um eine Ausbildungsstelle handelt. Bei genauerer Betrachtung der gewünschten Berufsrichtung lässt sich erkennen, dass es sich um Berufsbereiche handelt, die stereotypisch dem weiblichen Geschlecht zugesprochen werden (vgl. Trenkler, 2010, S. 36 f.). Hiermit sind in der Regel vor allem soziale Berufe wie beispielsweise Kindergärtnerin oder Krankenschwester gemeint, aber auch kaufmännische Berufe wie u. a. Einzelhandelskauffrau (vgl. Pfister, 1990, S. 140). In der Regel richten Mädchen und Frauen ihre Berufswahl auf typisch weiblich geprägte Arbeitsfelder aus, weil der Reiz, in einem Beruf zu arbeiten, in dem das weibliche Geschlecht in der Minderzahl auftaucht, meist nicht groß genug ist und mehr Wert auf soziale Ausprägung gelegt wird (vgl. Hagemann-White, 1992, S. 64).

Lediglich eine der Interviewpartnerinnen (die ebenfalls noch Schülerin ist) berichtet als einzige aller befragten Mädchen davon, dass sie zum gegenwärtigen Zeitpunkt bereits einen Ausbildungsplatz in Aussicht und genaue Vorstellungen über ihre berufliche Karriere hat. *„Ähm, ja nach der Elften hab' ich mein Fach-Abi, weil ich die Elf zweimal machen musste und das rechnen die mir an und dann mach' ich die Ausbildung zur OP-Schwester und von der OP-Schwester aus kann ich erst studieren ... Dann kommt halt das Medizinstudium ... Chirurgie"* *(Angelika, 18 Jahre)*. Durch die Erlangung der Fachhochschulreife gibt es hier eine reelle Möglichkeit, anschließend direkt eine Berufsausbildung zu machen. Dieses Ziel ist realistisch gesetzt, da die Befragte bereits über die Zusage ihres zukünftigen Arbeitgebers verfügt und den Ausbildungsvertrag unterschrieben hat. Zudem ist hier gut zu erkennen, dass *Angelika* bereits genaue Zukunftspläne geformt hat, an denen sie sich orientieren kann und die sie auch erreichen möchte. Hinzu kommt, dass diese Interviewpartnerin nur als einzige weibliche Person aus der Untersuchungsgruppe bereits einen Ausbildungsplatz besitzt und gleichzeitig auch die Ausnahme dahingehend bildet, dass sie zum Zeitpunkt der Interviews über eine berufliche Nebentätigkeit verfügt. *„[...]Ja, ich hab Einzelhandelskauffrau"* *(Angelika, 18 Jahre)*. *Angelika* besitzt demnach einen entscheidenden Vorteil gegenüber den anderen befragten Mädchen und jungen Frauen, da sie sich bereits (nebenberuflich) auf dem Arbeitsmarkt befindet und sich somit mit dessen Strukturen besser auskennt.

Im Untersuchungsfeld ist diese Probandin die einzige Person, die über einen derzeitigen positiven beruflichen Lebensweg verfügt, und bildet demnach lediglich die Ausnahme. Genauere Zahlen zum beruflichen Werdegang und Ausbildungsverhältnis von gewalttätigen und gewaltbereiten Mädchen und jungen Frauen, die diese Hypothese be- oder widerlegen könnten, sind bis dato in der Fachliteratur und in den verschiedenen Studien zum Thema *Mädchengewalt* nicht vorhanden, sodass erstmals davon auszugehen ist, dass die größere Anzahl gewalttätiger weiblicher Personen im Jugend- und Heranwachsendenalter in der Regel nicht über eine Berufsausbildung verfügt.

4.3 Familienstruktur

Bevor ausgiebig auf das soziale Netzwerk der Peergroup eingegangen wird, soll nun der Fokus auf die Familienstruktur und den Familienzusammenhalt der gewalttätigen Mädchen und jungen Frauen gelegt werden, da Familie in der Regel während der gesamten Lebensphase mal mehr und mal weniger eine einflussreiche Rolle für jedes Individuum spielt (vgl. Grzanna/Schmidt, 2007, S. 310 f.).

In der hier durchgeführten Studie wurden die gewalttätigen und gewaltbereiten Mädchen und jungen Frauen natürlich auch nach den vorherrschenden Familienstrukturen und zu der jeweiligen Beziehung zu den Eltern und zu anderen Familienangehörigen befragt.

Ein Drittel der Befragten lebt zum gegenwärtigen Zeitpunkt noch im Haushalt beider Elternteile. Eine der interviewten Jugendlichen lebt bei ihrer Mutter und ihrem Stiefvater. Da dieses Mädchen ihren Stiefvater vom Status her eine höhere Bedeutung zukommen lässt als ihrem leiblichen Vater, kann diese Konstellation ebenfalls als Eltern-Kind-Beziehung angesehen werden. *„Meine Mutter, mein Stiefvater [...] Ich kenn' den jetzt seit ich acht bin, also mehr als zehn Jahre und ich seh' den eher als Vater an, als meinen richtigen" (Nicole, 17 Jahre).* Da die Bindung zum Stiefvater mit dem Verständnis über die Beziehung zu einem leiblichen Vater gleichgesetzt wird, kann und soll diese Konstellation ebenfalls als Familienhaushalt mit beiden Elternteilen angesehen werden.

Der Eltern-Kind-Beziehung kommt deshalb eine starke Bedeutung zu, weil sich im Laufe der gesellschaftlichen Entwicklung die Kommunikationsstrukturen stark verändert haben und vor allem bei gewalttätigen und gewaltbereiten Mädchen eine zentrale Rolle spielen (vgl. Brinkmann, 1994, S. 96). Bis in die 1960er Jahre waren die Interaktion und Kommunikation eher einseitig bestimmt, d. h. die Eltern galten als Autoritätsperson, nach denen die Kinder ihr Handeln ausrichten mussten (vgl. König, 1977, S. 19). Heute sind Interaktion und Kommunikation ein wechselseitiges Aushandeln von Situationsdefinitionen und Handlungsmöglichkeiten (vgl. Schütze, 2007, S. 178). Diese Kommunikationsveränderungen sind auf den Wandel des Erziehungsverhaltens zurückzuführen (vgl. Textor; in: www.ipzf. de, abgerufen am 17.06.2012, 14:16 UTC). Zum heutigen Erziehungsstil gehören ein geringes Maß an Anpassungsfähigkeit sowie ein Mitspracherecht der Kinder und eine starke Betonung von Emotionalität, wodurch Kinder einen höheren Stellenwert bekommen und gleichermaßen ihren Emotionen (d. h. auch ihren Aggressionen) freien Lauf lassen können (vgl. Schütze, 2007, S. 178).

Der Kommunikationsstil zwischen den einzelnen Familienmitgliedern beeinflusst auch die Bindung zueinander (vgl. Ullrich, 1999, S. 42). Je nachdem, von welchem Elternteil sich das Kind bzw. in diesem Fall sich die gewalttätige Jugendliche oder Heranwachsende besser verstanden fühlt, so wird auch die Beziehung zum jeweiligen Familienmitglied als „gut" bezeichnet (vgl. ebd., S. 43).

Viele der befragten Mädchen und jungen Frauen erklären zum Beispiel, dass sie kein gutes Verhältnis zu ihrer Mutter haben und mit dem Vater auch nur gelegentlichen guten Kontakt pflegen. *„Mit meiner Mutter hab' ich eigentlich immer Streit oder sie will mir ein schlechtes Gewissen einreden. Die Beziehung ist nicht so gut, weil mich das ankotzt, wenn die mich ständig zulabert. Mein Vater ist häufig arbeiten, den sehe ich dann nicht so oft. Ab und zu streiten wir uns auch, aber der sagt* *nicht so viel dazu. Der sagt immer nur „hör' auf deine Mutter". Der macht auch nie so 'ne Szene, wenn ich irgendwas gemacht habe wie meine Mutter" (Stefanie, 17 Jahre).* In diesem Fall liegt bei den Eltern eine klare, traditionelle Rollenverteilung vor, in der die Mutter als Hausfrau fungiert und der Vater die Rolle des Ernährers übernimmt (vgl. Beck-Gernsheim, 2010, S. 11). Es handelt sich also um die Konstellation der sogenannten bürgerlichen Kleinfamilie, welche auch als „privatisierte Kleinfamilie" bezeichnet wird, und besteht nur noch aus dem verheirateten Elternpaar und deren Kindern (vgl. Grzanna/Schmidt, in: Fachlexikon der sozialen Arbeit, 2007, S. 310). *Stefanie* bekommt also das traditionelle Familienbild vorgelebt. Dadurch, dass ihr Vater den ganzen Tag arbeitet, ist das Kontaktverhältnis zur Mutter natürlich höher, allerdings aus subjektiver Sicht auch deutlich konfliktgeladener. Es lässt sich argumentieren, dass zwischen der Befragten und ihren Eltern ein hohes Konfliktpotential besteht, wobei sich der Vater eher im Hintergrund hält.

Die Ergebnisse der Interviewanalysen zeigen bei den gewalttätigen Mädchen und jungen Frauen, die mit beiden Elternteilen unter einem Dach leben, dass das Eltern-Kind-Verhältnis unter einem enormen Spannungsdruck steht und es große Kommunikationsprobleme gibt. *„Mhh ... wie es zu Hause ist, ganz ehrlich, die letzten Jahre schlecht. Meine Eltern sind ständig am Motzen: „Marina tu das oder tu das nicht"... bla bla bla. Die schreien auch voll oft, wenn ich Scheiße gebaut habe und so. Aber ich hör' da meistens gar nicht hin, die beruhigen sich eigentlich schnell. Nur letztens, da wollten die mich echt rausschmeißen, damit hätte ich nicht gerechnet, nur weil ich zwei Tage bei Kollegen war und vergessen habe, Bescheid zu geben ... bekloppt, oder?" (Marina, 19 Jahre)* Dieses Beispiel soll aufzeigen, dass die familiären Probleme häufig durch falsche oder unterschiedlich angewandte Kommunikationsmethoden entstehen (vgl. Pauls, 2011, S. 285). Familiäre Konflikte werden seitens der Eltern versucht, durch Reden oder gar Schreien zu beseitigen, während die gewalttätigen Mädchen sich eher abwenden und gar nicht erst auf den Konflikt eingehen. Dabei werden beide Varianten des Kommunizierens von der jeweils anderen Partei als Angriff oder Missachtung gewertet, wodurch der Konflikt immer mehr an Dynamik gewinnt (vgl. Wilz/Adler/Gunzelmann, 2001, S. 23). D. h. die Art der Kommunikation ist ausschlaggebend für die Beziehungsprobleme. Der Zusammenhalt einer Familie bildet sich in einem Interaktions- und Kommunikationsprozess zwischen den einzelnen Familienmitgliedern und wird dadurch aufrechterhalten (vgl. Allert, 1997, S. 1 f.). Über diese Prozesse werden Erfahrungen der Zugehörigkeit sowie der Individualität des Einzelnen gemacht (vgl. Textor; in: httwww.ipzf.de, abgerufen am 17.06.2012, 14:16 UTC). *Kommunikation kann also als Schlüssel des innerfamiliären Zusammenhalts gesehen werden* (vgl. Schütze, 2007, S. 178). Das Problem besteht demnach häufig darin, dass familiäre Probleme seitens der Interviewteilnehmerinnen nicht mehr angesprochen und diskutiert werden, sondern *weggeschwiegen* oder *nicht beachtet* werden. *„Mhh ... kein Plan, ich geh' meistens weg, weil ich kein Bock drauf hab', mir das Gelaber reinzuziehen. Meine Mama sagt zwar immer, ob wir nicht vernünftig reden können, an einem Tisch oder so, aber ganz ehrlich, das muss ich nicht haben, dafür ist mir die Zeit zu schade, da geh' ich lieber mit Kollegen raus"* *(Marina, 19 Jahre).* Einige der gewalttätigen Mädchen und jungen Frauen weisen die Eigenschaft auf, auf Probleme nicht einzugehen, sie nicht zu diskutieren, sondern ihnen einfach aus dem Weg zu gehen. Auch wenn im Fall von *Marina* seitens der Eltern das Bedürfnis einer Aussprache vorhanden zu sein scheint, ist dies bei der Befragten selbst nicht der Fall. Diskussionen werden als Zeitverschwendung und unnötig angesehen. Hier geht also das Kommunikationsproblem von den gewalttätigen Mädchen und jungen Frauen aus.

Gleichzeitig lässt sich die Kehrseite belegen, dass die Missachtung oder das gezielte Übersehen familiärer Probleme in einigen Fällen auch von den Eltern ausgeht. Hier übernehmen die Eltern oder zumindest eines der Elternteile die Eigenschaft, nicht auf angesprochene und vorhandene Konflikte bzw. Schwierigkeiten einzugehen. Als Paradebeispiel kann die Aussage der 18-jährigen Julia genommen werden. Auf die Frage, mit welchen Mitteln versucht wird, familiäre Problemsituationen zu lösen, kommt es zu folgender Antwort: *„Jaaa, versucht schon oft, aber ... das Jugendamt hat auch versucht, meine Betreuerin hat auch versucht, aber bringt alles nichts"* *(Julia, 18 Jahre).* Anscheinend gab es aufgrund des Problemverhältnisses zwischen *Julia* und ihrem Vater mehrere Kommunikationsversuche zur Problemlösung, und zwar zum einen seitens der Befragten und zum anderen seitens des Jugendamtes. Daraus lässt sich die These ziehen, dass in diesem Fall der Vater sich gegen problemlösende Kommunikationstechniken sträubt.

Im Gesamten betrachtet kann gesagt werden, dass bei den gewalttätigen Mädchen und jungen Frauen, die zum Zeitpunkt des Interviews noch im Haushalt beider Elternteile leben, auf der Beziehungsebene einige Konflikte zu verzeichnen sind. Streitereien und Regelverstöße durch die Mädchen sind an der Tagesordnung. Innerhalb der Eltern-Kind-Beziehungen kommt es immer wieder zu Auseinandersetzungen mit Anwendung verbaler Gewalt. *„Mhh, wir beleidigen uns gegenseitig, schreien uns an und ja ... Dann knall' ich meistens die Tür zu und geh' weg, komm' dann auch abends nicht mehr nach Hause, ja [...]Ähm, ich glaub' er kommt nicht damit klar, dass ich meine Meinung ihm gegenüber sage, was mir jetzt passt und was nicht, weil er das einfach nicht gewohnt ist. Ja und das ist das meiste Problem"* *(Jule, 17 Jahre).* Zudem ist hier deutlich zu erkennen, dass es für manche Väter, vor allem bei Vätern, die immer noch nach dem traditionellen Rollenmuster leben, schwer zu begreifen ist, dass auch Frauen bzw. Mädchen ihre eigene Meinung vertreten und sich nicht immer der Einstellung eines Mannes (ohne Widerworte zu geben) anschließen (vgl. Beck-Gernsheim, 2010, S. 11). Viele Männer sind es von Haus aus nicht gewohnt, sich gegen Frauen und schon gar nicht gegen ihre eigenen Töchter behaupten zu müssen, da sie durch ihren eigenen geschlechtsspezifischen Sozialisationsprozess ein völlig anderes Verständnis von Weiblichkeit besitzen (vgl. Wobbe/Nummer-Winkler, 2007, S. 299 f.). Die Unnachgiebigkeit, eine Einstellung oder Meinung zu vertreten, wird stereotypisch beim Mann als Durchsetzungsfähigkeit, demnach mit etwas Positivem verbunden. Zeigt eine weibliche Person ein derartiges Verhalten, wird in der Regel von Sturheit oder Dickköpfigkeit gesprochen, obwohl es sich um die gleiche Verhaltensweise handelt (vgl. ebd., S. 300). Gerade gewalttätige Mädchen und junge Frauen neigen dazu, ihre Belange mit allen Mitteln durchzusetzen und nicht von ihrer Meinung loszulassen, woraufhin es sehr oft zu Konfliktsituationen mit anderen Personen kommt.

Vier der zehn weiblichen Jugendlichen, d. h. fast die Hälfte aller Interviewteilnehmerinnen, geben an, ebenfalls noch im Elternhaus zu leben, allerdings lediglich zusammen mit einem Elternteil. Hierbei handelt es sich also um sogenannte „Scheidungskinder" (vgl. Figdor, 1998, S. 49). Diese relativ hohe Anzahl von Mädchen und jungen Frauen, die bei einem Elternteil leben, lässt sich relativieren, wenn ein Blick auf die Statistik gelegt wird. Aus statistischer Sicht kann gesagt werden, dass im Jahre 2009 ca. 2,2 Millionen minderjährige Kinder bei einem alleinerziehenden Elternteil lebten. Dies macht einen Prozentsatz von 16,5 % aller Kinder aus, die das 18. Lebensjahr noch nicht vollendet haben (vgl. VAMV-Bundesverband Statistische Informationen, Kinder in Einelternfamilien; in: www.vamv.de, abgerufen am 15.06.2012). Demnach ist es kein spezifisches Phänomen bei gewalttätigen Jugendlichen, dass sie im hohem Maße bei getrennten Elternteilen leben, sondern es handelt sich eher um eine immer größer werdende Tendenz in der Gesamtbevölkerung (vgl. Stiehler, 2000, S. 23f.).

Von den vier weiblichen Jugendlichen leben drei im Haushalt der Mutter und lediglich eine Befragte im Haushalt des Vaters. Auch dieses Ergebnis passt mit der Gesamtstatistik überein, die besagt, dass bis heute immer noch ca. 80 % der Alleinerziehenden Frauen sind. Alleinerziehende Väter hingegen machen nur einen Bruchteil der Gesamtsituation von Familienkonstellationsmöglichkeiten aus (vgl. Bundesministerium für Familie, Senioren, Frauen und Jugend; in: www.bmfsfj.de,. abgerufen am 15.06.2012, 13:44 UTC).

Bei fast allen befragten Mädchen und jungen Frauen, die bei ihrer alleinerziehenden Mutter oder ihrem alleinerziehenden Vater leben, spielt der andere Elternteil kaum noch eine zentrale Rolle: *„Mhh, momentan hab' ich eigentlich, also ich wohn' zwar noch bei Papa, aber nicht so ein gutes Verhältnis, meine Mutter ist ja sowieso weg, die wollte ich aber bald besuchen gehen"* *(Julia, 18 Jahre).* Das fehlende Elternteil, in diesem Fall die Mutter, scheint fast gänzlich aus dem Leben der Befragten verschwunden zu sein. Allein dieser Umstand könnte ein Indiz für das auffällige, deviante Verhalten von gewalttätigen und gewaltbereiten Mädchen sein. Für die Sozialisation eines Mädchen ist zwar auch das Vorhandensein einer Vaterfigur (die das männliche Bild verkörpert) wichtig, aber zugleich braucht das Kind auch eine weibliche Erziehungsperson, an der es sein eigenes Geschlechtsverhalten abgleichen und reflektieren kann (vgl. Ballnik, 2008, S. 16 f.). Gerade für alleinerziehende Väter gestaltet sich der Umgang mit Mädchen meist schwieriger; sie fühlen sich in ihrer Rolle überfordert, da sie häufig nicht den empathischen Zugang zu ihren Töchtern finden (vgl. Hetzenauer, 2006, S. 115). Nicht selten werden Mädchen, die ausschließlich beim Vater leben, mit den stereotypischen Eigenschaften des männlichen Leitbildes erzogen und haben somit auch eine andere Einstellung zum Thema Gewalt und deren Anwendung. Diese Mädchen geben an, sich nicht als „typisches" Mädchen zu fühlen. *„Weiß ich nicht ... nö, ich hab' also auch mit Autos gespielt und so"* *(Julia, 18 Jahre).* Daher kann die Hypothese aufgestellt werden, dass sie auch in Bezug auf aggressives Verhalten andere Werte vermittelt bekommen als Mädchen, die bei Vater und Mutter aufwachsen.

Das zweite Drittel der interviewten Jugendlichen und jungen Frauen aus der Untersuchungsgruppe lebt mit ihrer alleinerziehenden Mutter zusammen, wobei die Beziehung zum Vater so gut wie nicht mehr vorhanden ist. *„Ich hab' keine. Ich hab nur Mama und wir streiten uns öfters, aber das ist so ..."* *(Mia, 16 Jahre).* *„Also zu meinem Vater gar keine Beziehung, also ich möchte nicht. Zu meiner Mama, zu meinen Geschwistern voll die enge Bindung"* *(Angelika, 18 Jahre).* Aus diesen beiden Interviewausschnitten von jeweils verschiedenen Interviewpartnerinnen lässt sich herausfiltern, dass entweder sporadischer oder gar kein Kontakt zum anderen Elternteil mehr besteht. Zudem ist in vielen Fällen auch das Verhältnis zur alleinerziehenden Mutter bzw. zum alleinerziehenden Vater gestört. Die Interviewpartnerinnen berichten von ständigen Auseinandersetzungen in der Mutter-Kind-bzw. Vater-Kind-Beziehung. Es handelt sich also in der Regel nicht um ein harmonisches Zusammenleben, sondern eher um eine Ist-Beziehung, die es irgendwie zu bewältigen gilt, zumindest aus Sicht der Interviewteilnehmerinnen. So wie es negativen Folgen hat, wenn die Mutter fehlt, gibt es diese auch, wenn Mädchen ohne ihren Vater aufwachsen. Mädchen, „die ihren Vater entbehren müssen, zeigen häufiger ein niedrigeres schulisches Leistungsniveau, können sich später schwieriger an berufliche Anforderungen anpassen und haben größere Schwierigkeiten, sich in Beziehungen mit dem anderen Geschlecht zurechtzufinden [...]" (Ballnik, 2008, S. 23).

Von den insgesamt zehn interviewten gewaltauffälligen Mädchen und jungen Frauen besitzen zwei eine eigene Wohnung und haben sich schon früh vom Elternhaus losgelöst. Hierbei handelt es sich um die zwei ältesten Befragten *Melanie (21 Jahre)* und *Virginia (20 Jahre)*. Die Beziehung zu den Eltern lässt sich als distanziert und mit wenig emotionaler Bindung beschreiben. Die Kontaktaufnahme zur Herkunftsfamilie kommt nicht oft zustande und ist meist von den interviewten jungen Frauen aufgrund von zahlreichen Enttäuschungssituationen aus der Kindheit auch nicht mehr gewünscht. *„Ähm ... ja ... Aber distanziert [...] bei Mama und Papa ist doch noch ein bisschen distanziert, so. Gerade auch bei meiner Mama, weil die versucht auch immer so mein Leben zu kontrollieren [...] als wenn sie Big Boss wäre und stellt dann meine Autorität einfach in Frage vor den Kleinen. Deswegen haben wir ab und zu so kleine Problemchen, aber verstehen uns auch ab und zu mal gut. [...] Mit meinem Papa ... Wir telefonieren auch ab und zu"* (Melanie, 21 Jahre). Wie auch bei den meisten Mädchen und jungen Frauen, die sich noch im Haushalt beider oder eines Elternteils befinden, ist das Verhältnis zu den Eltern eher distanziert und zurückhaltend. Ein harmonisches Familienleben ist in beiden Fällen nicht vorhanden.

Da dieses Phänomen der Distanzierung nicht nur innerhalb von Familien gewalttätiger und gewaltbereiter Mädchen und junger Frauen auftritt, sondern auch in gewaltunauffälligen Familien vorhanden ist, könnte die sogenannte „Desorganisation" von Familie ein treibender Faktor sein (vgl. Bertram, 1998, S. 15). Die Desorganisation bezieht sich auf den inneren Aufbau, das innere Gefüge, d. h. auf die Binnenstruktur von Familie (vgl. König, 1974, S. 71). Der Binnenraum dient als Schutz und Abgrenzung von der Öffentlichkeit (vgl. ebd., S. 74 f.). Desorganisation bedeutet eine Lockerung der Binnenstruktur der Familie und eine dadurch entstehende Auflösungstendenz des inneren Familienzusammenhangs (vgl. Wilk; in: Wallner/Pohler-Funke, 1977, S. 120). So berichtet eine der Interviewteilnehmerinnen wortwörtlich von dem fehlenden inneren Zusammenhalt der Familie: *„Gut ... Würde ich sagen gar nichts. Und schlecht, mit meiner Familie halt, ne. Kein Zusammenhalt ... gar nichts"* (Virginia, 20 Jahre). Das Problem des fehlenden Zusammenhalts wird deutlich ausgesprochen. Aber nicht nur *Virginia* berichtet davon, sondern auch die Mehrzahl der befragten gewalttätigen jungen Frauen, allerdings kommt dies eher zur Sprache, wenn es um das Thema „Gewalterfahrung innerhalb der Familie" geht, welches in Punkt 8.1 expliziter erläutert wird.

Es kann also rückblickend zusammengefasst werden, dass beim Großteil der gewalttätigen und gewaltbereiten Interviewpartnerinnen sich das Familienleben eher als Konfliktdimension äußert, mit vielen negativen Eigenschaften besetzt wird und der innere Zusammenhalt nur sehr sporadisch vorhanden ist.

4.4 Finanzielle Situation

Dieses Unterkapitel befasst sich mit der Dimension *Finanzen* bzw. mit der finanziellen Situation der gewalttätigen und gewaltbereiten Mädchen und jungen Frauen, um eine Tendenz zu entwerfen, welcher gesellschaftlichen Schicht die Untersuchungsgruppe angehört.

Eine Schicht ist eine innerhalb des Schichtungsgefüges einer Gesellschaft bestimmte Bevölkerungsgruppe, welche gemeinsame soziale Merkmale aufweist (vgl. Schumm, 2007, S. 787). Die Gesellschaft der BRD lässt sich in drei Schichten unterteilen: die Oberschicht (bspw. Manager einer Bank), die Mittelschicht (bspw. beschäftigter Dachdecker) und die Unterschicht (bspw. Arbeitslose) (vgl. ebd., S. 788). Definiert werden diese Schichten anhand der unterschiedlichen Verteilung der drei Kapitalarten (vgl. Hansen/Spetsmann-Kunkel, 2008, S. 65). Hiermit ist das ökonomische Kapital (materielle Besitztümer), das kulturelle Kapital (Erziehungsleistung, Vermittlung von Bildung in der Erziehung) und das soziale Kapital (Netzwerkbeziehungen) gemeint (vgl. Berger/Neu, 2007, S. 249). Die ungleiche Verteilung dieser Kapitalarten führt zu einer sozialen Ungleichheit zwischen den einzelnen Schichten (vgl. Dangschat, 2007, S. 875). Personen der oberen Schicht, wie z. B. ein Chefarzt, besitzen i. d. R. ein hohes ökonomisches Kapital, sind gebildet und stehen in Kontakt mit Personen, die ebenfalls die gleiche Kapitalausstattung besitzen (vgl. Bourdieu, 1984, S. 196). Die Mitglieder der unteren Schicht (z. B. angestellte/r Friseur/in) haben nur gering verfügbares Einkommen und i. d. R. keinen hohen Bildungsgrad. Es bestehen also unterschiedliche Existenzbedingungen (vgl. ebd., S. 278). In diesem Kapitel wird das Augenmerk allerdings nur auf die ökonomische Kapitalausstattung gelegt, da eine genauere Analyse den Rahmen dieser Arbeit sprengen würde. Gewalt ist in allen gesellschaftlichen und sozialen Schichten vertreten, lediglich in der Ausprägung und Form des Gewaltverhaltens lassen sich Unterschiede feststellen (vgl. Stadler, 2008, S. 200). Nach den neuesten wissenschaftlichen Studien ist Jugendgewalt am stärksten in der Unter- und Mittelschicht der Bevölkerung vertreten (vgl. Aberie, 2010, S. 18).

Wie zuvor erklärt wurde, lebt nur ein Bruchteil der befragten Mädchen und jungen Frauen zum Zeitpunkt des Interviews in einem eigenen Haushalt. Beide Frauen gehen keiner Erwerbstätigkeit nach und bestreiten ihren Lebensunterhalt u. a. durch den Bezug von Hartz IV. Zudem wird weiteres Einkommen durch Verpfändungen und Anleihen herangezogen. *„Ich geh' täglich ins Pfandhaus. Ich muss ja auch meinen Anwalt selbst bezahlen. Ich zahl' den jeden Monat 50 €. Ich muss den ja noch für die anderen Sachen bezahlen. Insgesamt muss ich jeden Monat schon von meinen Hartz IV und dem Kindergeld 100 € bis 150 € abgeben. Für Schulden so und Anwalt [...]"* *(Melanie, 21 Jahre)*. In diesem Fall lebt die Befragte vom ALG II[8] Bezug, dem Kindergeld und von Einnahmen aus verpfändeten Besitztümern. Hartz IV und Kindergeld reichen für die Lebensführung anscheinend nicht aus, um ihre gesamten Unkosten zu decken, sodass sie zusätzlich regelmäßig das Pfandhaus besucht, um eigene, vorhandene Besitztümer in Zahlung zu geben.

Aus gesellschaftlicher Sicht werden Personen, die ihren Lebensunterhalt mit öffentlichen Mitteln bestreiten, zur Unterschicht gezählt, sodass auch die hier befragte *Melanie* als Mitglied der Unterschicht betrachtet wird. Alle alleinwohnenden gewalttätigen Frauen aus der Untersuchungsgruppe beziehen öffentliche Leistungen nach dem SGB II und gehören aus materieller Sicht der Unterschicht an. *„Hartz IV, Mama gibt mir ab und zu Geld. Sonst nichts"* *(Virginia, 20 Jahre)*. Neben den öffentlichen Leistungen werden häufig weitere Geldanschaffungen in wechselnden Zeitabständen und in Form von finanzieller Unterstützung durch Familienangehörige bezogen. Diese Tatsache lässt auch hier vermuten, dass der Bezug von ALG II nicht für den individuellen Lebensbedarf der gewalttätigen jungen Frauen ausreicht, um einen angemessenen subjektiven Lebensstandard zu erreichen.

Zur finanziellen Situation der anderen Interviewteilnehmerinnen kann gesagt werden, dass alle gewalttätigen und gewaltbereiten Mädchen sowie junge Frauen Taschengeld von ihren Eltern oder dem erziehungsberechtigten Elternteil erhalten. Hier ist die Schichtzugehörigkeitsbestimmung schwieriger zu analysieren, da nicht alle Befragten Auskunft über die Finanzlage der eigenen Familie gegeben haben. Lediglich bei der Hälfte der Untersuchungsgruppe konnten die finanziellen Verhältnisse der Familie geklärt werden. *„Das war okay, auch weil unsere Familienverhältnisse finanziell nicht gut sind. Im Sommer würd' ich noch gerne mal mit meiner Mutter schwimmen gehen, aber ..."* *(Mia, 16 Jahre)*. Bei einigen der jüngeren gewalttätigen Mädchen kann die Vermutung gestellt werden, dass die Familie also keinen großen finanziellen Rahmen besitzt, weil schon ein einfacher Schwimmbadbesuch nicht ins finanzielle Budget passt. Auf jeden Fall kann fest-

---

[8] ALG 2: Arbeitslosengeld II, nach dem Sozialgesetzbuch (SGB II) Grundsicherung für Arbeitssuchende.

gehalten werden, dass die Mehrzahl der Interviewpartnerinnen definitiv nicht zur Oberschicht gehört, da diese finanziell unabhängig ist (vgl. www.finanzwirtschaftler.de, abgerufen am 16.06.2012, 17:38 UTC). Eine genauere Zuweisung ist aufgrund der vorhandenen Daten nicht möglich.

Bei einem befragten Mädchen ist die Einteilung aus finanzieller Sicht einfacher, da diese direkt auf das Einkommen der alleinerziehenden Mutter zu sprechen kommt: *„Meine Mutter, ja die ... die macht selber nichts, die ist immer schon Harzt IV, ja und von daher ist ihr das alles egal, auch wenn ich jetzt nichts machen würde, das wäre ihr auch egal" (Sylvia, 17 Jahre).* Die Mutter bezieht demnach öffentliche Mittel, um ihren Lebensunterhalt (und den ihrer Tochter) zu bestreiten. Demnach kann hier auch eine weitgefasste Kategorisierung zur Unterschicht vorgenommen werden. Wichtig an dieser Stelle ist zu erwähnen, dass es sich um eine Zuordnung handelt, in der lediglich die aktuelle finanzielle Situation berücksichtigt wird.

Bei den übrigen Mädchen und jungen Frauen ließ sich zum Thema „aktuelle Finanzlage" lediglich erschließen, dass ein monatliches Taschengeld von durchschnittlich 70 € gewährt wird. Es wurden ansonsten keine weiteren Angaben zur Finanzlage der Familien gemacht (siehe Interview Stefanie, Marina, Nicole, Jule). Hier kann keine Zuweisung zu einer bestimmten sozialen Schicht erfolgen.

4.5 Soziales Umfeld und Peergroup

In diesem Unterkapitel soll es nun um einen weiteren wichtigen Bereich von Lebenswelten gehen, nämlich um das soziale Netzwerk der Zielgruppe, und zwar mit dem Fokus auf den Freundeskreis.

Die Peergroup, also der Freundeskreis, welcher in der Regel aus relativ gleichaltrigen Mitgliedern besteht, gehört zu den wichtigsten, zentralsten Sozialisationsinstanzen eines Menschen (vgl. Mund, 2007, S. 696). Das Besondere an der Peergroup als Sozialisationsinstanz ist, dass im Gegensatz zu den anderen Instanzen wie beispielsweise Familie und Schule sich das Individuum seine Gleichaltrigengruppe frei auswählen kann und dort entsprechende individuelle Entfaltungsmöglichkeiten vorfindet (vgl. Hofmann, 2011, S. 42 f.). Die Jugendlichen bekommen die Möglichkeit, sich selbst in allen Facetten zu erproben, über Dinge zu reden, über die sie mit Erwachsenen oder Verwandten nicht sprechen wollen, und vor allem haben sie die eigene Kontrolle über ihr Verhalten (vgl. Strasser, 2007, S. 30 f.). Gerade bei Kindern und Jugendlichen wird häufig beobachtet, dass sie sich mehr an den Standards und Regeln der Peers orientieren als an dem Normen-

und Wertesystem der Eltern bzw. der Erwachsenen (vgl. Mund, 2007, S. 696). Dies liegt nicht zuletzt daran, dass die Gleichaltrigengruppe in der Regel untereinander die gleichen Wertvorstellungen und Orientierungsrichtlinien aufweist, wodurch ein relativ homogenes Kollektiv entsteht (vgl. Geulen, 2007, S. 151). „Die relative Gleichheit und die Wechselseitigkeit der Beziehungen eröffnen Gleichaltrigen Möglichkeiten des Erprobens und des Explorierens von Handlungsspielräumen, verstärken die Ausbildung ähnlicher Handlungsinteressen und -perspektiven und vermitteln Erfahrungen im Umgang mit individuellen Handlungsbefähigungen." (Grundmann, 2006, S. 130) Aufgrund des enormen Einflusses der Peergroup auf das Individuum und in Bezug auf das hier behandelte Thema der *Mädchengewalt* soll nun ein Einblick in das soziale Umfeld der gewalttätigen und gewaltbereiten Mädchen und jungen Frauen gewährt werden, und zwar mit dem Fokus auf den Freundeskreis.

Zunächst soll die Ausgestaltung des Freundeskreises der jeweiligen gewalttätigen Mädchen und jungen Frauen beschrieben werden. Bereits im ersten Interview, welches von der Forscherin durchgeführt wurde, ist deutlich hervorgetreten, dass die Mehrzahl der Befragten einen relativ großen Freundeskreis besitzt: *„Also ... der is' ziemlich groß. Ich würde sagen so 50 Leute sind das schon, wenn man alle zusammenzählt. Die kommen auch von überall her, es gibt da Türken, Marroks, Russen und Deutsche und so. Da wird kein Unterschied gemacht. Wir sind auch nicht alle gleich alt"* (Stefanie, 17 Jahre). Mit einer Anzahl von ca. 50 Mitgliedern innerhalb der Peergroup beschreibt diese Interviewpartnerin keinen Ausnahmefall, da einige empirische Studien Hinweise auf genau dieses Phänomen bei devianten, demnach auch bei gewalttätigen Jugendlichen geben (vgl. Uhlendorff, 2005, S. 132). Bei Jugendlichen, egal ob männlichen oder weiblichen Geschlechts, besitzt eine hohe Anzahl von Freunden fast immer einen wichtigen Stellenwert (vgl. Picot, 2011, S. 31). „Möglicherweise kann ein außerordentlich großer Freundeskreis bei manchen Jugendlichen als ein Merkmal „extremer Peerorientierung" angesehen werden, die [...] an deviante Gleichaltrige und deren Verhaltensgewohnheiten heranführt" (Uhlendorff, 2005, S. 132).

In Bezug auf die Geschlechterverteilung innerhalb der Peergroup kann allerdings keine eindeutige Zuordnung festgestellt werden. *„Oh ... gute Frage, da muss ich überlegen. Ich glaube etwas mehr Mädchen als Jungen, aber nicht viel. Das liegt vielleicht daran, dass Mädchen besser mit anderen Mädchen reden können"* (Stefanie, 17 Jahre). Stefanie erklärt, dass ihr Freundeskreis nicht ausschließlich aus Gleichaltrigen besteht, sondern die Altersspanne zwischen den Mitgliedern weiter auseinander geht. Auch in Bezug auf die Volkszugehörigkeit ist keine klare Differenzierung, sondern eher eine multikulturelle Linie zu erkennen. Der Fachliteratur nach zu urteilen, ist diese Konstellation einer Peergroup eher die Ausnahme. In der Regel sind die Mitglieder ähnlicher Abstammung, gleichgeschlechtlich und vor allem in Bezug auf das Alter relativ homogen (vgl. Mund, 2007, S. 696). In der Regel sind Peergroups „[...] nämlich im hohem Maße durch eine relative Gleichheit der Bezugspersonen gekennzeichnet, die sich nicht nur im gleichen Alter, sondern auch in entwicklungsbedingten ähnlichen Fähigkeiten äußert." (Grundmann, 2006, S. 130) Diese Gleichheit ist aber bei den Freundeskreisstrukturen gewalttätiger Mädchen überwiegend eben nicht vorhanden. *„Manche sind erst 14, andere schon über 20 Jahre. Wir sind ein ziemlicher bunter Haufen" (Stefanie, 17 Jahre).* Der Freundeskreis fällt hinsichtlich seiner Altersstruktur doch sehr heterogen aus. Auch wenn auf den ersten Blick der Altersunterschied von maximal fünf Jahren nicht als sehr hoch erscheint, so darf nicht vergessen werden, dass es sich um eine Phase im Sozialisationsprozess handelt, in der die Entwicklung des Menschen rasant voranschreitet und somit Jugendliche im Alter von 15 Jahren in der Regel einen ganz anderen Entwicklungsstand aufweisen als Heranwachsende im Alter von 20 Jahren (vgl. Biedermann, 2006, S. 148). Die Erstellung bzw. Bildung einer Peergroup basiert eigentlich auf einer gemeinsamen sozialen Lage, in der gleiche Interessen, gleiche Sichtweisen und gleiche Ziele verfolgt werden (vgl. Grundmann, 2006, S. 129 f.). In der Theorie wird darauf verwiesen, dass Menschen innerhalb dieser Altersspanne völlig unterschiedliche Interessen aufweisen, wodurch die Bildung einer Peergroup mit dieser Anzahl von altersunterschiedlichen Mitgliedern eher als Ausnahme betrachtet wird, allerdings ist dies (der Theorie zum Trotz) in der hier durchgeführten Studie sehr oft bei den interviewten Mädchen und jungen Frauen der Fall (vgl. Mund, 2007, S. 696).

Zum Thema geschlechtsspezifischer Gleichaltrigengruppe lässt sich auch hier keine eindeutige Aussage treffen. Die befragte *Marina* gibt zwar tendenziell an, dass innerhalb ihres Freundeskreises geringfügig mehr männliche Mitglieder vertreten sind, diese Tatsache lässt sich aber nicht zu 100 % bestätigen. *„Ein paar mehr Jungs meine ich. Bin mir aber nicht ganz sicher. Woran das liegen könnte ... keine Ahnung ... vielleicht weil die Jungs ihre Freunde ständig wechseln. Bei uns Mädels hält ja 'ne Freundschaft meistens länger als bei Jungs. Also, so seh' ich das" (Marina, 19 Jahre).* Es kann festgehalten werden, dass es sich im Allgemeinen um eine gemischtgeschlechtliche Gleichaltrigengruppe handelt.

Die Größe des Freundeskreises bei den interviewten Mädchen und jungen Frauen variiert sehr stark. Ca. die Hälfte verweist auf einen relativ großen Freundeskreis, der aus durchschnittlich 20-30 Personen besteht (siehe Interviews *Marina, Stefanie, Melanie, Nicole, Jule*).

Dieser enorm große Freundeskreis ist nicht bei allen befragten gewalttätigen und gewaltbereiten Mädchen und jungen Frauen vorhanden. Die Hälfte der Interviewpartnerinnen gibt an, einen relativ kleinen Freundeskreis zu besitzen, der aus ca. fünf Mitgliedern besteht. In diesen Fällen treffen die theoretischen Erkenntnisse, dass deviante Jugendliche in der Regel einen sehr großen Freundeskreis aufweisen, nicht zu (vgl. Uhlendorff, 2005, S. 132). *„Mhh, ich hab' nur fünf. Neee sechs, ein Junge und fünf Mädchen und mein Freund ... ja, die kommen auch alle so aus Paderborn. Eine Türkin, eine Kroatin, eine Polin, eine Russin, dann noch eine Russin, also die sind beides Schwestern, und ein Engländer" (Julia, 18 Jahre).* Anhand dieses Interviewausschnittes lässt sich deutlich ableiten, dass in diesem Fall der Freundeskreis eher gering gehalten wird, wobei die Anzahl der Freunde, die dem weiblichen Geschlecht angehören, klar im Verhältnis 1:5 überwiegt. Hier kann also der theoretische Aspekt, nämlich dass Mädchen eher mit Mädchen und Jungs eher mit Jungs befreundet sind, bestätigt werden (vgl. Geulen, 2007, S. 151). In der Regel haben Mädchen ein weitaus größeres Bedürfnis, eine engere Beziehung zu einer weiblichen Person aufzubauen, und halten sich deshalb vermehrt an Bindungen zum weiblichen Geschlecht (vgl. Conrads/Möller, 1998, S. 270). Dies ist zwar in zahlreichen empirischen Untersuchungen belegt worden, allerdings orientierten sich diese vorwiegend an verhaltensunauffälligen weiblichen Jugendlichen und können demnach nicht auf gewalttätige Mädchen und junge Frauen pauschal projiziert werden (vgl. Geulen, 2007, S. 152). So berichten einige der Mädchen, deren Freundeskreis eher kleiner ist, dass überwiegend das männliche Geschlecht vertreten ist. *„Also, ich hab' vor kurzem erst mit fast jedem Kontakt abgebrochen [...] Jetzt hab ich nur noch sechs, sieben männliche Freunde, die sind mein Leben lang für mich da gewesen und eine beste Freundin und drei ganz normale Freundinnen. Also mehr Männer, aber ich kam immer besser mit Männern zurecht [...] So, und seitdem ist das einfach so, ich hab' auf dieses Zickige und alles keine Lust, ich weiß, ich bin selber manchmal so, aber trotzdem, muss ich mir nicht noch täglich reinhauen" (Angelika, 18 Jahre).* Von insgesamt elf Personen, die zum Freundeskreis gezählt werden, sind sieben Mitglieder männlichen Geschlechts. Der Grund dafür ist, dass die Interviewteilnehmerin dem weiblichen Geschlecht eine besonders negative Eigenschaft bzw. einen Stereotypen zuordnet, mit dem sie nicht zurechtkommen will oder nicht zurechtkommen kann, nämlich *das Zickig-sein.* Was genau die Interviewpartnerin damit verbindet, ist nur schwer aus dem Interviewmaterial zu erahnen. *„Ich weiß nicht, weil bei Frauen ist das so, ich bin früher immer diejenige gewesen, die wurd ✓ inner Schule gemoppt [...] da waren halt immer die Weiber, die gemobbt haben" (Angelika, 18 Jahre).* Die Eigenschaft des *Zickigseins* wird mit der Anwendung psychischer Gewalt verbunden, ohne dies direkt und wortwörtlich anzusprechen. Durch negative Erfahrungen mit dem gleichen Geschlecht wird nun Anschluss bei den Jungen bzw. Männern gesucht, um die Lücke innerhalb des sozialen Netzwerkes zu schließen. Diese Einstellung zum eigenen Geschlecht und die damit verbundenen Verhaltensweisen sind bei ca. einem Drittel der befragten Mädchen und jungen Frauen vorzufinden. Das männliche Geschlecht wird als loyaler und fairer angesehen. Diese vermeintlich männlichen Eigenschaften werden von den gewalttätigen und gewaltbereiten Interviewteilnehmerinnen als positiv und wichtig erachtet, wodurch eine größere Anzahl von gemischtgeschlechtlichen Freundschaftsbeziehungen entsteht. *„Ähm, männliche. Zwei weibliche von allen. Ich kann mit denen besser reden so, dann ist nicht immer das Geläster danach. Bei Mädchen ist mir aufgefallen, die lästern so viel"* (Sylvia, 17 Jahre). Der Freundeskreis besteht auch bei dieser Befragten überwiegend aus männlichen Personen, und zwar ebenfalls mit der Begründung, dass Frauen und Mädchen die Eigenschaft besitzen, über andere Personen im negativen Sinne zu reden und dies wohl auch innerhalb des Freundeskreises tun, während Jungen bzw. Männer dieses Vorurteil nicht zugeschrieben wird. In Studien hat sich aber herausgestellt, dass Mädchen wie Jungen innerhalb des Schulalltags in relativ gleichem Maße lästern und auch Opfer von Läster-Attacken sind. Die Abweichungen sind als minimal zu betrachten (vgl. Fischer, 2009, S. 78).

Dennoch liegt nicht im jeden Fall der Grund für einen überwiegend männlichen Freundeskreis in den zugeordneten negativen Eigenschaften weiblicher Personen, sondern kann auch andere Faktoren beinhalten. *„Männlich. Das war schon immer so. Ich habe keine Ahnung woran das liegt, vielleicht weil wir die gleichen Interessen haben oder so ... keine Ahnung ... Auch mit Kollegen und so, ich rede mit denen über Frauen und so. Oder auch mit meinen Cousin, der redet mit mir über alles, so. Der sagt dann immer, der hat noch nie mit einem Mädchen über so was geredet, aber ich bin ja auch kein richtiges Mädchen"* (Melanie, 21 Jahre). Die Begründung für eine vorwiegend männlich besetzte Peergroup liegt hier nicht darin, dass Mädchen generell negative soziale Eigenschaften aufweisen (z. B. Lästern), sondern dass sich die Interviewpartnerin selbst gar nicht erst als typisches Mädchen betrachtet und sich eher dem anderen Geschlecht zuordnet.

Demnach gibt es unterschiedliche Faktoren, die auf die geschlechtsspezifische Ausgestaltung des Freundeskreises Einfluss nehmen, und müssen i. d. R. immer im Einzelfall betrachtet werden. Insgesamt kann aber erklärt werden, dass die Mehrzahl der interviewten gewalttätigen Mädchen und Frauen einen Freundeskreis besitzt, in dem der Großteil der Mitglieder dem männlichen Geschlecht angehört. Dieses Phänomen ist im weiblichen Sozialisationsprozess eher untypisch und gilt nicht für verhaltenskonforme weibliche Personen, also Mädchen, die nicht gewaltauffällig sind (vgl. Grundmann, 2006, S. 130). Hier lässt sich demnach die Hypothese aufstellen, dass gewaltauffällige Mädchen und Jugendliche ihre sozialen Netzwerke tendenziell häufiger mit Personen des männlichen Geschlechts aufbauen.

Ein weiterer Aspekt in Bezug auf das Thema „Freundschaft" ist die Differenzierung zwischen den einzelnen Freunden, und zwar in Bezug auf den Grad der Beziehungsbindung. Einige der Interviewpartnerinnen weisen auf eine Unterscheidung zwischen Freunden und Bekannten hin. Dabei weisen Freunde einen deutlich höheren Stellenwert auf, sind aber nicht im gleichen Ausmaß vorhanden wie die Mitglieder des Bekanntenkreises. Hierbei wird der Freundeskreis auf die Personen reduziert, die von der Untersuchungsgruppe als besonders wichtig beschrieben werden.

Bei den engeren Freunden muss das zuvor beschriebene Phänomen der überwiegend männlichen Struktur relativiert werden. Anhand des Datenmaterials der Interviews konnte analysiert werden, dass die meisten gewalttätigen und gewaltbereiten Mädchen und jungen Frauen bei der Frage nach einem *besten Freund* oder einer *besten Freundin* überwiegend das weibliche Geschlecht vorziehen. *„Ja, ich habe eine ganz beste Freundin" (Stefanie, 17 Jahre). „Also, meine beste Freundin zum Beispiel [...]" (Nicole, 17 Jahre).* Wenn es um das Geschlecht der besten Freundin oder des besten Freundes geht, so geben mehr als die Hälfte der befragten Mädchen und jungen Frauen an, dass es sich bei ihrer engsten Freundschaft um eine weibliche Person handelt. Was genau unter dem Begriff *beste Freundin* aus subjektiver Sicht der Befragten zu verstehen ist, wird anhand des folgenden Interviewausschnittes erläutert. Dieser steht exemplarisch für einen Großteil der Mädchen und jungen Frauen, die diesen Aspekt erwähnt haben: *„Die heißt Angelina. Ich weiß nicht ... das ist schwer zu beschreiben. Aber, wenn es mir z. B. richtig scheiße geht, dann kann ich mit ihr immer drüber reden. Ich weiß, dass sie nichts weitererzählt. Auch wenn es um Jungen geht oder so. Sie ist immer für mich da, auch nachts kann ich sie anrufen. Aber ich bin genauso für sie da. Wir vertrauen uns alles an" (Stefanie, 17 Jahre).* Innerhalb des Freundeskreises wird demnach nochmals eine Differenzierung in Bezug auf die Eigenschaften und Interessen der Personen vorgenommen. Damit ein Mädchen eine andere Person als *beste Freundin* bezeichnet, müssen einige wichtige Eigenschaften beim Gegenüber vorhanden sein wie beispielsweise Ehrlichkeit, Mitgefühl, Vertrauen, Offenheit und Wertschätzung in allen Bereichen. *„Den Dreien vertrau' ich mehr an und den anderen nicht so, weil das sind einfach nur mal welche, die kommen vielleicht mal zu uns und sind mal da, aber die anderen, wenn ich die anrufe und sag' „Ey, mir geht's* *voll scheiße!", dann kommen die auch vorbei und egal wie lange die fahren müssen. Dann kommen die einfach" (Sylvia, 17 Jahre).* Auch in anderen Studien hat sich herauskristallisiert, dass Mädchen ihre *beste Freundin* oder ihren *besten Freund* immer als vertrauensvoll und aufmerksam beschreiben und genau dies die Eigenschaften sind, die ausschlaggebend für eine enge freundschaftliche Bindung sind und beiderseits vorhanden sein müssen (vgl. Boos-Nünning/Karakaşoğlu, 2006, S. 151).

Lediglich bei einem Viertel der befragten Mädchen und jungen Frauen, die im Bereich des Gewalthandels auffällig geworden sind, wurde festgehalten, dass es sowohl weibliche als auch männliche Personen gibt, die zum engsten Freundeskreis gezählt werden. *„[...] meine beste Freundin und [...] mein bester Freund, ist sogar schon mal ähm ... nach Hannover gefahren, um mich abzuholen ... ja ... die sind halt immer da" (Julia, 18 Jahre).* In diesem Fall ist von einer *besten* Freundin und einem *besten* Freund die Rede, die beide bei der Interviewpartnerin den gleichen Stellenwert genießen. Dies ist kein ungewöhnlicher Trend. In der Sozialisationsphase der Adoleszenz kommt es im Zeitverlauf immer häufiger zu freundschaftlichen Beziehungen zwischen Mädchen und Jungen (vgl. Settertobulte, 2008, S. 219).

Ein hoher Stellenwert von engen Freunden bei der Untersuchungsgruppe ist demnach überall vorzufinden, dennoch weist ein Bruchteil der befragten gewalttätigen Mädchen und jungen Frauen darauf hin, dass sie keine enge freundschaftliche Beziehung zu irgendeiner Person besitzen, gleichzeitig aber den Wunsch nach einem derartigen zwischenmenschlichen Kontakt hegen. Dies wird vor allem deutlich, wenn nach der Wichtigkeit von Freundschaft gefragt wird. *„Einen zu haben ist wichtig ... wär' für mich wichtig, weil falls ich mal mit meiner Mama mal Stress haben sollte, dass ich zu meiner Freundin gehen kann und da reden kann, aber so was habe ich nicht" (Mia, 16 Jahre).* Im Jugend- und Heranwachsendenalter spielt eine enge freundschaftliche Beziehung eine beutende Rolle und wirkt sich stark auf die weitere Entwicklung des Individuums aus (vgl. Hermand, 2006, S. 6 f.). Mädchen und Frauen, die eine *gute Freundin* oder einen *guten Freund* besitzen, „verfügen über ein besseres Selbstkonzept, sie besitzen vermehrt Fähigkeiten zur kognitiven und affektiven Perspektivübernahme und befinden sich zumeist auf einem höheren Niveau der moralischen Urteilsfähigkeit." (Tupaika, 2003, S. 123) Wenn Mädchen (ebenso wie Jungen) keine freundschaftlichen Kontakte zu Gleichaltrigen besitzen oder diese nur oberflächlicher Natur sind, werden bestimmte soziale Fähigkeiten (z. B. Empathiefähigkeit) nicht weiter ausgebildet, was dazu führen kann, dass es zu Bindungsstörungen im weiteren Entwicklungsverlauf kommt (vgl. Blanz/Remschmidt/Schmidt/Warnke, 2006, S. 29). Zudem zeigen weibliche Jugendliche, die in keiner Freundschaftsgruppierung eingebunden sind, oftmals durchaus mehr negative und gewaltaffine Verhaltensmuster, weil sie sich abgelehnt und ausgeschlossen fühlen (vgl. Heeg, 2009, S. 45).

In der hier durchgeführten Studie bzw. bei der Analyse des gewonnen Datenmaterials sind besonders die Bedeutung und die Wichtigkeit von Freundschaft bei den Interviewteilnehmerinnen hervorgetreten. So halten 100 % der Mädchen und jungen Frauen *Freundschaft* für den wichtigsten oder zu mindestens für den zweitwichtigsten Lebensbereich. Diese Einstellung passt mit der pädagogischen und sozialwissenschaftlichen Sichtweise überein, dass Freundschaften eine ebenso unersetzliche Funktion im Sozialisationsprozess aufweisen wie die Familie, da beide Indikatoren soziale und emotionale Orientierungen und Hilfestellungen bieten, freudige Ereignisse mit sich bringen, aber auch Konflikte und Ängste bearbeiten (vgl. Reinders; in: www.familienhandbuch.de, abgerufen am 13.06.2012, 17:37 UTC).

Dieser enorm hohe Stellenwert kommt bei allen Interviewteilnehmerinnen zur Geltung und wird zudem fast immer besonders betont. *„Total wichtig. Die verstehen einen wenigstens. Erwachsene können das doch gar nicht verstehen, die wissen nicht wie das heutzutage ist, als Teenie. [...] Ich weiß wie scheiße es früher war, keine Freunde zu haben, und wie gut es tut zu wissen, dass man jederzeit einen zum Reden oder zum Chillen hat. [...] Ähm ... Familie ist auch schon wichtig [...] Familie ist genauso wichtig wie Freunde zu haben"* (Stefanie, 17 Jahre). Die Bedeutung von Freundschaft wird ebenso hoch eingeschätzt wie der Stellenwert von Familie. Es könnte interpretiert werden, dass Freunde den Gegenpol zur Familie darstellen, dennoch die gleiche Wichtigkeit besitzen. Nicht selten treffen Jugendliche während der Adoleszenz auf Konflikte im Dialog mit ihren Eltern oder anderen Erwachsenen, die es zu bewältigen gilt (vgl. Geulen, 2007, S. 152). Gerade die Peers spielen in der Adoleszenz eine immer zunehmend wichtigere Rolle, während die Eltern-Kind-Beziehungen etwas an Bedeutung verlieren, aber immer noch für die Jugendlichen relevant sind (vgl. King, 2007, S. 6).

Bei einer Interviewteilnehmerin wird der Bereich Freundschaft in Bezug auf deren Wichtigkeit sogar vor die Familie gestellt. *„Oh, eher wichtig natürlich. Es gibt quasi nichts Wichtigeres. Man brauch' Freunde, um draußen auf der Straße überleben zu können. Wenn du keinen hast, bist du am Arsch, denn bist du derjenige, auf den sich die anderen stürzen, auf den Schwächsten"* (Marina, 19 Jahre). Hier wird Freundschaft als wichtigstes Glied im Lebensprozess beschrieben, und zwar mit der Begründung, dass Freunde Sicherheit gegenüber anderen bieten. Demnach erstellt die Peergroup nicht nur einen Raum zur freien Entfaltung, sondern auch der Sicherheit, Geborgenheit und des Wohlbefindens (vgl. Blanz/Remschmidt/Schmidt

/Warnke, 2006, S. 29). Freunde zu haben wird hier (und auch in einigen anderen der durchgeführten Interviews) als *überlebenswichtig* gekennzeichnet, denn hier lernen die Mädchen und junge Frauen sich zu behaupten, ihre Meinung zu vertreten und Machtpositionen zu erlangen (vgl. Nörber, 2003, S. 80). In diesem konkreten Fall von *Marina* wird also das Motto vertreten: „Nur in der Gruppe bist du stark!"

In Bezug auf weitere soziale Netzwerke der gewalttätigen Mädchen und jungen Frauen wurden bei der Interviewdurchführung keine nennenswerten Übereinstimmungen gefunden. Keine der Befragten geht einem Hobby nach oder ist in irgendeiner Form in einem Verein tätig. Hauptbestandteil und der Bereich mit der größten subjektiven Bedeutung für die Jugendlichen und jungen Frauen ist die Peergroup und in einigen Fällen auch die Familie. Darüber hinaus ist die Spannweite des sozialen Netzes eher begrenzt.

4.6 Zukunftsperspektiven und Zukunftsvorstellungen gewalttätiger Mädchen und junger Frauen in Relation zur Umsetzbarkeit

Als letzten Aspekt der Lebenswelten von gewalttätigen und gewaltbereiten Mädchen und jungen Frauen wird nun auf das Thema „Zukunftsvorstellungen" eingegangen, und zwar mit dem Ziel, die individuellen Zukunftspläne der Untersuchungsgruppe in Bezug auf ihre Realisierbarkeit zu analysieren. Anhand der Ergebnisse soll also die Kompetenz des logischen Denkens und des realistischen Vorstellungsvermögens erörtert werden. Innerhalb der Interviews wurde dem Bereich „Zukunft" ein gesamter Themenblock gewidmet.

Auffällig bei der Interviewdurchführung zum Thema „Zukunft" waren die unrealistischen und überzogenen Vorstellungen der gewalttätigen Mädchen und jungen Frauen. Bei ca. der Hälfte der Befragten kam es nicht zu zukünftig realisierbaren Antworten, sondern es handelte sich eher um Wunschäußerungen, ohne darüber nachzudenken, was getan werden muss, damit diese Wünsche überhaupt in die Realität umgesetzt werden können. Diese Tatsache kommt besonders bei der Frage nach dem zukünftigen Selbstbild innerhalb einer Spanne von zehn Jahren zur Geltung. *„Boah, keine Ahnung. Wie alt bin ich denn dann. 27 Jahre, oder? Also, ich will auf jeden Fall viel Kohle haben. Am besten ich hab' dann 'nen Kerl, der voll viel Geld verdient, damit ich nicht arbeiten muss. Ansonsten könnte ich mir auch vorstellen, in einem anderen Land zu wohnen. Mallorca oder so. Das wäre geil. Kinder will ich erst mit 30 oder so haben. Ich will erst mal mein Leben genießen"* *(Stefanie, 17 Jahre).* Wie zu erkennen ist, sehen viele der Interviewteilnehmerinnen keine Auswirkungen ihres jetzigen Verhaltens auf ihre Zukunft. Es könnte sogar gewagt werden zu interpretieren, dass sie keinerlei realistische Vorstellungen vom Erwachsenenleben und dessen Verantwortungen besitzen. In dem beispielhaften Auszug von *Stefanie (17 Jahre)* passt das Selbstbild von der eigenen Zukunft mit der derzeitigen Situation nicht überein (vgl. Schubarth, 2000, S. 173). Zudem werden die Bereiche Schule und Beruf nicht einmal ansatzweise erwähnt. Auch lässt sich anhand der Aussage *„Das wäre geil. Kinder will ich erst mit 30 oder so haben. Ich will erst mal mein Leben genießen"* sagen, dass Familie bzw. Kinder zu haben eher als Belastung und nicht als Bereicherung angesehen wird, da ein kleiner Teil der Befragten die Meinung vertritt, dass ein Mensch ohne Kinder das Leben besser genießen kann. Kinder zu haben bedeutet Verantwortung zu übernehmen (vgl. Schneewind, 1995, S. 462 ff.). *Stefanie* scheint sich allerdings davor zu scheuen, selbst das Leben in die Hand zu nehmen und verantwortungsbewusst zu leben, so möchte sie auch ihre finanzielle Lage ihrem *zukünftigen Mann* überlassen und sich am liebsten aus allen Bereichen des Lebens, die mit Verantwortung verknüpft sind, heraushalten.

Andere der interviewten Mädchen und jungen Frauen sprechen zwar den beruflichen Aspekt des Erwachsenenlebens an, wählen aber solche Berufe, die nur sehr schwer oder sogar überhaupt nicht für diese Zielgruppe zu erreichen sind. *„Ich hoffe doch irgendwo als Model auf dem Laufsteg oder so. Kinder will ich da noch nicht haben, wenn dann erst so mit 30 oder so, wenn die Karriere vorbei ist, vielleicht dann"* *(Marina, 19 Jahre).* Der Aspekte einer beruflichen Ausbildung wird gar nicht erst genannt, genauso wenig wie der weitere schulische Werdegang. Hier wird sich lediglich auf eine Berufsbranche bezogen, deren Zugangsvoraussetzung und Arbeitsintensität der Interviewteilnehmerin völlig unbekannt ist. Natürlich besteht für jedes Mädchen eine gewisse Chance, in diese Branche hineinzukommen, allerdings gibt es dafür keine Garantie. Zudem handelt es sich um einen Beruf, der in der Regel im fortgeschrittenen Erwachsenenalter nicht mehr ausgeübt werden kann und vor allem Disziplin, Durchhaltevermögen und Belastbarkeit fordert (vgl. www.vogue.de, abgerufen am 17.06.2012, 19:09 UTC). Ob diese Eigenschaften bei einem Mädchen mit devianten Verhaltensmustern im hohen Maße vorhanden sind, lässt sich wohl eher verneinen, wenn der Blick auf die bisherigen Schulleistungen gelegt wird.

Etwas weniger als die Hälfte der Interviewteilnehmerinnen geht bei der Frage „Wo siehst du dich in 10 Jahren?" vor allem auf die Bereiche Familie und Arbeit ein, geben allerdings auch keine Anhaltspunkte darüber, wie genau sie diese Ziele erreichen wollen. *„Dass ich Arbeit habe und meine Tochter gesund ist und dass ich noch mit meiner Freundin zusammen bin. Aber auch, dass ich meine Schulden weg* *habe und nicht mehr dauernd vor Gericht muss und so" (Melanie, 21 Jahre).* Dieser Interviewausschnitt spiegelt grundlegende Bedürfnisse wider, die eigentlich jeder Mensch besitzt und befriedigen möchte (vgl. Banu, 2008, S. 46).

Die interviewte *Melanie* gibt mit ihrer Aussage zum Ausdruck, dass sie auch in Zukunft eine intakte Beziehung führen möchte und es keinem ihrer Familienangehörigen an Gesundheit mangelt. Hier kommt das Bedürfnis nach Sicherheit zum Ausdruck, ebenso wie soziale Bedürfnisse nach Liebe und Partnerschaft (vgl. Theilengerdes, 2012, S. 21 f.). Es scheint, als hätten diese Aspekte bei der befragten Person den höchsten Stellenwert, da sie diese auch als Erstes benennt. Diese Zukunftsvorstellungen gehören zu den realistischen Wünschen, da für ein intaktes Familienleben in der Regel keine enormen finanziellen Mittel vorhanden sein müssen, sondern eher soziale Kompetenzen seitens der Familienmitglieder (vgl. Jugert/Rehder/Notz/Petermann, 2007, S. 9).

Einige der gewalttätigen Mädchen hegen diesen Wunsch nach Familie und Liebe nicht zuletzt deshalb, weil sie selbst nicht innerhalb einer intakten familiären Situation aufgewachsen sind und diese „Mangelerscheinungen" durch die Schaffung einer eigenen Familie ausgleichen möchten. *„Äh ... Ich weiß es nicht, aber wünschen würde ich mir, eigene Familie, Arbeit, festen Job. Ordentlicher halt, nicht so wie meine Eltern das gemacht haben. Am besten schon verheiratet in zehn Jahren" (Virginia, 20 Jahre).* In diesem Falle wird direkt eine Abgrenzung zur ihrer derzeitigen familiären Situation gezogen, indem sie angibt, dass ihre Zukunftsvorstellungen von Familie quasi das genaue Gegenteil ihrer jetzigen Situation darstellen. Zudem stellt sich die Befragte ihre Zukunft mit einem festen Job vor, wie sie diesen allerdings erreichen möchte, wird nicht angeschnitten. Wünsche und Zukunftsvorstellungen beschreiben häufig das, was momentan für die individuelle Person nicht verfügbar ist, in diesem Fall also Struktur und Orientierung innerhalb eines sozialen Gefüges (vgl. Schälike, 2002, S. 16). Mindestens acht der zehn interviewten gewalttätigen und gewaltbereiten Mädchen und jungen Frauen fehlt es an Orientierungsankern, also Leitlinien, die befolgt werden können, um sich mit deren Hilfe in der komplexen, vielschichtigen Gesellschaft zurechtzufinden (vgl. Brazelton/Greenspan, 2008, S. 250 f.).

Der Wunsch nach einem geregelten und normenkonformen Leben ist bei ca. der Hälfte der Interviewteilnehmerinnen deutlich zu erkennen, wobei nur ein Bruchteil der Befragten ihre jetzige gewaltauffällige und delinquente Situation einbezieht. *„Dann bin ich 28, hab' ich gerade das Studium fertig... Also da seh ⁄ ich mich jetzt momentan auf der Arbeit ... Ne, so keine Ahnung so, so einfach geregeltes Leben, nichts mehr mit Polizei zu tun, nicht so wie jetzt (lach). Ja, weiß nicht ... Ne vernünftige Beziehung am Laufen, Geld haben, arbeiten ... Ich will nicht heiraten."*

Kinder erst so mit 30" (Angelika, 18 Jahre). In Bezug auf die Vorstellung bzw. den konkreten Wunsch, ein Studium zu beginnen, ist die Befragte noch weit entfernt, dennoch muss beigepflichtet werden, dass es sich hierbei immer noch um eine annährend realistische Vorstellung handelt, da die Voraussetzungen (Fachabitur und Ausbildung) vorhanden sind. Der Wunsch nach Orientierung und Sicherheit wird auch hier besonders deutlich sowie die Kennzeichnung ihrer derzeitigen Situation als *nicht zukunftstauglich*. Das Bewusstsein über die aktuelle deviante Situation ist also vorhanden, und zwar in dem Ausmaß, dass es sich nicht um ein normenkonformes Leben handelt und dringender Handlungsbedarf an der eigenen Person besteht, um überhaupt die Zukunftsziele zu erreichen.

Neben den *Standardbereichen* Familie und Beruf in Bezug auf die Betrachtung der individuellen Zukunftsvorstellungen werden von der Untersuchungsgruppe in wenigen Fällen auch aktuelle Problemaspekte mit eingebracht, die sie zukünftig lösen wollen. *„[...] Also ich möchte bis dahin meine Wohngeschichte fertig haben, meine Schule möchte ich bis dahin fertig haben, ein' Beruf möchte ich gerne auch haben und geheiratet möchte ich auch haben [...]. Kinder auch, zwei, ein Junge ein Mädchen"* (Julia, 18 Jahre). Um ein besseres Verständnis zu diesem Aussageausschnitt zu bekommen, muss festgehalten werden, dass sich die Befragte *Julia* momentan in einer unschlüssigen Wohnsituation befindet. Zwar ist sie noch bei ihrem Vater offiziell gemeldet, wohnt allerdings vorübergehend bei ihrem Freund und möchte eine eigene Wohnung. Es werden also aktuelle Problemsituationen in die konkrete Zukunftsvorstellung mit eingebracht, wodurch auch in diesem Fall zumindest gesagt werden kann, dass die Befragte aktuelle Probleme erkennt und sich darüber bewusst ist, dass diese gelöst werden müssen, um ein geregeltes Leben zu führen.

Insgesamt werden zwar einige Zukunftsvorstellungen und Wünsche von den gewalttätigen und gewaltbereiten Mädchen und jungen Frauen genannt, allerdings ist lediglich eine der Interviewpartnerinnen auf das kollektive Problem der Gewalt eingegangen. Die jüngste von der Forscherin befragte Jugendliche schätzt ihren zukünftigen Lebensweg sehr gut ein und kann gut zwischen ihrer jetzigen Situation und ihren gewünschten Zukunftsvorstellungen differenzieren. Das derzeitige Gewaltverhalten wird in die Zukunftsvorstellungen einbezogen und anhand dessen eine realistische Einschätzung des zukünftigen Selbstbildes vorgenommen.

„Ganz ehrlich, wenn ich so weitermache irgendwo in der Gosse. Wenn ich so weitermache wie ich jetzt weitermache, dann nicht nur in der Gosse, sondern irgendwann im Knast. Zehn Jahre, dann bin ich 26. Vielleicht ein Kind und ein geregeltes Leben" (Mia, 16 Jahre). Dieser Interviewauszug verrät viel über die Fähigkeit der Probandin, sich realistisch und kritisch mit der eigenen Zukunft auseinan-

derzusetzen. Sie analysiert ihre jetzige Situation und ihr aktuelles Verhalten und gibt klare Auskünfte darüber, wie ihre Zukunft aussicht, wenn sie an ihrem Verhalten nichts ändert. Demnach ist der Grundstein für eine Veränderung des devianten und delinquenten Verhaltens bei *Mia* schon gelegt, da sie die Einsicht besitzt, dass sie sich falsch bzw. nicht regel- und gesetzeskonform verhält (vgl. www.schulische-gewaltpraevention.de, abgerufen am 17.06.2012, 18:03 UTC). Denn auch das Sprichwort besagt: *„Einsicht ist der erste Schritt zur Besserung"* (Ruthe, 2006, S. 58).

Bei fast allen Interviewpartnerinnen sind Wünsche und Vorstellungen über ihre zukünftige Situation zu erkennen, die vor allem auf die Lebensbereiche Familie und Arbeit ausgerichtet sind. Im Durchschnitt scheinen sich die gewalttätigen und gewaltbereiten Mädchen und jungen Frauen „in ihren Zukunftsvorstellungen wieder an Weiblichkeitsentwürfen zu orientieren, die wenig mit Abgrenzung und Rebellion zu tun haben." (Kreuzer, 2009, S. 96) Hierzu zählen u. a. der Wunsch nach eigenen Kindern und einer intakten Beziehung (vgl. ebd.). Auffallend dabei ist, dass alle Wünsche zwar genau angesprochen werden, es jedoch keinen Hinweis auf Erreichungsstrategien gibt. Wünsche zu haben, die ein geregeltes normengerechtes Leben beschreiben, ist aber bei gewalttätigen Mädchen und jungen Frauen deshalb besonders wichtig, weil Vorstellungen bzw. Wünsche sehr oft mit Handlungen einhergehen, genau diese Ziele zu erreichen (vgl. Schälike, 2002, S. 17). Der Mensch ist darauf ausgelegt, seine Bedürfnisse, also auch seine Wünsche, zu befriedigen, indem er die passenden Handlungen dafür durchführt (vgl. Schälike, 2002, S. 17). D. h. die Mehrzahl der gewalttätigen und gewaltbereiten Mädchen und jungen Frauen hat nicht den Wunsch, ihr deviantes und delinquentes Verhalten fortzuführen, sondern ein geregeltes und orientierungsgebendes Leben zu führen. Lediglich das Wissen über die Umsetzung bzw. das Umdenken zur Erreichung dieses Lebenswechsels ist bei den Interviewteilnehmerinnen nur sporadisch vorhanden.

4.7 Zusammenfassung

Zusammenfassend kann gesagt werden, dass es innerhalb individueller Lebenswelten der gewalttätigen und gewaltbereiten Mädchen und jungen Frauen vor allem in den Bereichen Schule, Beruf und Familie einige Überschneidungen gibt, die zentrale, für diese Untersuchungsgruppe charakteristische Lebenstypen beschreiben.

In Bezug auf die Lebensdimension „schulischer Werdegang" kann gesagt werden, dass sich zum Zeitpunkt des Interviews lediglich zwei gewalttätige weibliche

Personen in einem Schulverhältnis befanden. Diese beiden Mädchen besuchen zurzeit die neunte Klasse einer Hauptschule *(Stefanie, 17 Jahre)* und die elfte Klasse einer Gesamtschule *(Angelika, 18 Jahre)*. Von allen befragten Mädchen und jungen Frauen besitzen demnach nur zwei den Status einer Schülerin. Die restlichen Interviewpartnerinnen können kein Schulverhältnis nachweisen und gehen auch sonst keiner schulischen oder beruflichen Tätigkeit nach. Die zuletzt besuchten Schulformen gehören alle dem mittleren oder unteren Bildungsniveau an und umfassen die Erziehungsschule, andere Sonderschulformen, die Hauptschule und die Gesamtschule, wobei erwähnt werden muss, dass häufig zuerst eine Schule des höheren Bildungsgrades besucht wurde, wie beispielsweise die Realschule oder das Gymnasium, und aufgrund verschiedener Ursachen erst im Zeitverlauf ein Wechsel stattfand.

Wird der Fokus auf die Anzahl und Höhe des erlangten Bildungsabschlusses gelegt, kann zusammenfassend erklärt werden, dass zum gegenwärtigen Zeitpunkt ausschließlich eine Person die Fachoberschulreife besitzt, zwei einen Hauptschulabschluss nach Klasse 9 vorweisen können und sieben der zehn befragten Mädchen und jungen Frauen nicht im Besitz eines Schulabschlusses sind.

Von den Mädchen, die zum Zeitpunkt des Interviews keine Schule besuchten, konnte auch keine Ausbildungsstelle oder ein anderweitiges Arbeitsverhältnis festgestellt werden. Demnach gehen mehr als die Hälfte der befragten gewalttätigen Mädchen und jungen Frauen keiner schulischen oder beruflichen Ausbildung nach und befinden sich auch nicht in einem anderen Arbeitsverhältnis.

Diese Tatsache untermauert die Hypothese, dass die Finanzierung des eigenen Lebensunterhalts entweder durch den Bezug von öffentlichen Mitteln oder in Form von Taschengeld seitens der Eltern oder des alleinerziehenden Elternteils bestritten wird. Zwei der befragten Interviewteilnehmerinnen leben bereits in ihrer eigenen Wohnung und von der öffentlichen Leistung des Arbeitslosengeldes II. Zusätzlich wird in diesen Fällen noch Geld durch Verpfändungen materieller Besitztümer oder durch Leihgaben oder Schenkungen von Familienmitgliedern eingenommen. Der restliche und höhere Anteil der Befragten wohnt noch im Haushalt der Eltern, wobei nur bei zwei Interviewteilnehmerinnen herausgefunden werden konnte, dass in diesen Fällen auch die Eltern Leistungen nach dem SGB II erhalten. In Bezug auf die Schichtzugehörigkeit kann in diesen vier Fällen, ausschließlich aus Sicht der materiellen Besitztümer, gesagt werden, dass es sich um gewalttätige und gewaltbereite Mädchen und junge Frauen handelt, die der sozialen Unterschicht der Gesellschaft angehören. Bei allen anderen Befragten muss die Zuschreibung der Schichtzugehörigkeit offen gelassen werden, da hier keine Angaben über die finanziellen Verhältnisse der Eltern oder des alleinerziehenden Elternteils gemacht wurden.

Zum Lebensbereich Familie und Familienstruktur kann rückblickend festgehalten werden, dass der größte Teil gewalttätiger und gewaltbereiter Mädchen und jungen Frauen geschiedene Eltern haben. Der Großteil der Mädchen lebt zum gegenwärtigen Zeitpunkt mit der alleinerziehenden Mutter oder dem alleinerziehenden Vater zusammen. Lediglich ein Drittel gibt an, noch im Haushalt des verheirateten Elternpaares zu leben. Das Verhältnis zu den Eltern gestaltet sich fast ohne Ausnahme schwierig, so wird seitens der interviewten Mädchen von ständigen Streitigkeiten und Kommunikationsproblemen gesprochen. Nur vereinzelt wird die Eltern-Kind-Beziehung als harmonisch und gut beschrieben.

Quasi entgegengesetzt der Sozialisationsinstanz Familie spielt in den Lebenswelten gewaltbereiter Mädchen und jungen Frauen vor allem die Peergroup eine zentrale und einflussreiche Rolle (vgl. Hofmann, 2011, S. 42 f.). Der Großteil der befragten weiblichen Untersuchungspersonen gibt an, einen relativ großen und altersunspezifischen Freundeskreis zu besitzen. Dieser Aspekt ist deshalb so ungewöhnlich, weil hier ein Altersunterschied zwischen den einzelnen Mitgliedern von bis zu sieben Jahren angegeben wurde. Peers bestehen in der Regel aus relativ gleichaltrigen Mitgliedern, da diese die Interessen und Vorstellungen der Gruppe teilen und auf einer ähnlichen Verhaltensbasis agieren (vgl. Schiling, 2002, S. 3 f.). Dies ist bei der Untersuchungsgruppe zum größten Teil nicht der Fall. Hier liegt die Altersspanne der Peers zwischen 14 und 21 Jahren. Zum Thema geschlechtsspezifische Gleichaltrigengruppe lässt sich analysieren, dass alle befragten Mädchen und junge Frauen sowohl männliche als auch weibliche Freunde haben und in den meisten Fällen die Anzahl der männlichen Freunde sogar überwiegt. Begründet wird dieser Sachverhalt damit, dass Mädchen viele negative Eigenschaften, wie z. B. „Lästern", besitzen, mit denen die Interviewteilnehmerinnen nicht gut zurechtkommen. Bei der Frage nach der besten Freundin oder dem besten Freund hat sich allerdings herausgestellt, dass dieser besondere Status meist von einer weiblichen befreundeten Person eingenommen wird.

Im Ganzen betrachtet sind sich alle Interviewteilnehmerinnen darüber einig, dass *Freundschaft* ein sehr wichtiger Lebensbereich ist. Durchschnittlich wird der Aspekt Freundschaft in Bezug auf die soziale Wichtigkeit und Bedeutung auf die gleiche Ebene mit dem Bereich der Familie gestellt.

Zuletzt wurden die Aspekte „Zukunft" und „Zukunftsvorstellungen" in Relation zur Umsetzbarkeit analysiert. Hier hat sich herausgestellt, dass lediglich eine der befragten Mädchen objektiv und realistisch ihr derzeitiges deviantes und delinquentes Verhalten in Bezug auf ihren Lebensverlauf einschätzen konnte: *„Ganz* *ehrlich, wenn ich so weitermache irgendwo in der Gosse. Wenn ich so weitermache wie ich jetzt weitermache, dann nicht nur in der Gosse, sondern irgendwann im Knast"* (Mia, 16 Jahre). Alle anderen gewalttätigen Mädchen konnten zwar konkret Zukunftswünsche, wie beispielsweise eine feste Arbeit zu haben, benennen, aber keine Möglichkeiten zur Zielerreichung angeben. Im Durchschnitt waren die Zukunftsvorstellungen auf die sozialen Bereiche Familie und Arbeit beschränkt. Auffällig dabei war, dass bei fast allen Jugendlichen der Wunsch nach Struktur und Orientierung, entweder wörtlich oder metaphorisch, geäußert wurde. Struktur und Ordnung geben einem Menschen Sicherheit, und zwar in allen Hinsichten. Es handelt sich um ein Grundbedürfnis, das anscheinend bei der Untersuchungsgruppe nicht befriedigt wird und sich somit als Wunsch äußert.

5. Gewaltverhalten von Mädchen und jungen Frauen in der heutigen Gesellschaft

In diesem Kapitel soll es nun um die zentralen und wichtigsten Themen dieser Studie gehen, das Verständnis über die Wahrnehmung des eigenen Gewaltverhaltens, die Ausprägung der Gewaltanwendung durch Mädchen und junge Frauen sowie das weibliche Provokationsverhalten und die Reaktionen auf verbale Attacken.

Die allgemeine Auffassung vom weiblichen Gewaltverhalten, welche auch durch die amtlichen Statistiken gestützt wird, ist, dass Mädchen und junge Frauen eher ihren Kopf als ihre Fäuste benutzen, um eine andere Person gewaltsam zu schädigen (vgl. Timmer, 2010, S. 21).

Im folgenden Kapitel soll nun die subjektive Ausfassung von Gewalt beschrieben sowie auf das Ausmaß der Gewaltanwendungen durch das weibliche Geschlecht eingegangen werden. Sowohl die Anwendung von physischer und psychischer Gewalt durch Mädchen und junger Frauen soll in diesem Kapitel behandelt werden als auch die individuellen Reaktionen der Befragten, wenn sie mit einer dieser Gewaltarten konfrontiert werden. Als Grundlage dafür dient das gewonnene Datenmaterial aus der hier durchgeführten empirischen Studie.

5.1 Gewalt bedeutet „schlagen"! Was Mädchen und junge Frauen unter dem Begriff verstehen.

Der Begriff „Gewalt" und die dazugehörigen Erklärungsansätze wurden im Kapitel 2 dieser Studie ausgiebig auf theoretischer Basis diskutiert und erklärt. Im Folgenden soll es allerdings nicht darum gehen, die wissenschaftliche und theoretische Sicht über den Gewaltbegriff zu diskutieren, sondern um die Analyse des subjektiven und individuellen Verständnisses von gewalttätigen Mädchen und jungen Frauen zu diesem Thema.

Vorweg kann schon gesagt werden, dass allein bei der ersten Frage des Themenblocks „Gewalt", nämlich der Frage, was genau die gewalttätigen Interviewpartnerinnen unter dem Gewaltbegriff verstehen, mehr als zwei Drittel ausschließlich körperliche Gewalt zu diesem Aspekt zählen. Die Begründungen für eine derartige Begriffsbezeichnung sind vielfältig, aber überschneiden sich auch in manchen Punkten. *„Gewalt ist für mich auf jeden Fall, wenn man jemanden schlägt. So*

Spaßkloppe meine ich nicht damit. Wenn es der Person, die geschlagen wird, rich-tig wehtut und die das nicht will, dann ist das eindeutig Gewalt. Also so richtig mit der Faust ins Gesicht oder so. Aber eigentlich gehört auch schon das „Schubsen" *dazu, weil wenn jemand meine Freundin oder einen Freund von mir schubst, kriegt der auch eins zurück, also ist das auch Gewalt" (Stefanie, 17 Jahre).* Gewalt wird hier lediglich mit körperlicher Gewalt in Zusammenhang gebracht. Auffallend dabei ist, dass innerhalb dieser subjektiven Definition nicht allen körperlichen Angriffen eine gleiche Gewichtung zugesprochen wird. Der Begriff der *Spaßkloppe*, welcher vor allem unter Jugendlichen oft gebraucht wird, wird dazu genutzt, körperliche Gewaltanwendungen zu bagatellisieren bzw. zu relativieren (vgl. Fuchs/Lamnek/ Luedtke/Baur, 2009, S. 24). In der Regel wird unter dem Begriff der *Spaßkloppe* spielerisches und verletzungsfreies Kräftemessen zwischen Kindern und Jugendli-chen bezeichnet, ohne dabei beabsichtigte Demütigungen oder anderweitige Ver-letzungen hervorzurufen, wobei diese Folgen nicht ausgeschlossen werden können (vgl. Schwind/Roitsch/Gielen, 2009, S. 99). Gewalthandlungen, die von einem ein-vernehmlichen Verständnis aller beteiligten Parteien ausgehen, werden demnach ausgeklammert und nicht als Gewalt deklariert.

Ein ausschlaggebender Faktor für die Erkennung einer Gewalthandlung aus Sicht der Untersuchungsgruppe ist sehr häufig die Härte der Verletzung des Opfers. Erst wenn eine Tätlichkeit dem Gegenüber Schmerzen zufügt, spricht die Proban-din von Gewalt: *„Wenn es der Person, die geschlagen wird, richtig wehtut [...]"(Stefanie, 17 Jahre).* Das Zufügen von Schmerzen oder körperlichen Leiden wird als Charakteristikum für Gewalt gewählt und muss vorhanden sein, wenn ge-walttätige Mädchen derartige Situationen als Gewalt wahrnehmen.

Insgesamt vertritt die Mehrzahl der Befragten die Meinung, dass Gewalt lediglich körperlicher Natur ist und in der Regel immer mit Schmerzen und Verletzun-gen des Gegenübers einhergeht. *„Ähm ... unter Gewalt ... Also, dass ich jemand anderes schlage oder trete oder so, also halt, dass ich ihm wehtue. [...] Zu Gewalt ... ähm ... gehört schlagen mit der Faust und treten oder auch Haare ziehen und so, auch wenn das meistens nur so Tussis machen, aber das tut auch weh" (Marina, 15 Jahre).* Körperlicher Schmerz ist auch in diesem Falle wieder das ausschlaggeben-de Kriterium, wenn es darum geht, den Gewaltbegriff zu definieren. Die ausgesag-ten Beispiele „schlagen", „treten" und „Haare ziehen" lassen darauf schließen, dass Gewalt ausschließlich in extremer physischer Form begriffen wird, wobei gleich-zeitig eine Geschlechtsdifferenzierung stattfindet, indem „Haare ziehen" als *tussig* bzw. *mädchenhaft* deklariert wird.

Auch wenn viele der Interviewteilnehmerinnen Verletzungen einer Person als Beschreibungspunkt für Gewalt benutzen, so unterscheidet sich das Verständnis über den Grad der verursachten Schäden doch sehr voneinander. Während einige der gewalttätigen Mädchen bereits „blaue Flecken" als Indiz für eine stattgefundene Gewalthandlung verstehen, so müssen die Verletzungen bei anderen Befragten schon gravierender ausfallen, um überhaupt von Gewalt zu sprechen. *„[...] Ja, dat man sich gegenseitig sozusagen schlägt, dass man schon beinahe im Krankenhaus geht, dat man blaue Flecken hat. Dat man sich so haut so, hier einmal zum Spaß so, dat wär für mich keine Gewalt so, aber richtig draufhauen, das wäre schon Gewalt. Was ich jetzt gemacht hab', weswegen ich jetzt hier sitze, das war Gewalt"* *(Mia, 16 Jahre).* Erst wenn sichtbare *Ergebnisse* durch physische Gewaltanwendung beim Gegenüber (oder bei sich selbst) festzustellen sind, wird in diesem Fall von Gewalt gesprochen. Interessant ist aber der letzte Teil des Interviewausschnittes: *„Was ich jetzt gemacht hab', weswegen ich jetzt hier sitze, das war Gewalt."* Interpretativ lässt sich analysieren, dass die Befragte *Mia* Gewalt auch zu ihren eigenen Handlungsspielräumen zählt und diese auch angewendet hat. Hier ist also direkt zu Beginn des Themenkomplexes Gewalt eine Einsicht vorhanden, dass das, was sie getan hat, nicht normenkonform und gesellschaftlich akzeptabel ist. Das eigene Verhalten wird also nicht wie erwartet neutralisiert bzw. von der Probandin gerechtfertigt, sondern als gezieltes gewalttätiges Verhalten verstanden (vgl. Schuhbarth, 2000, S. 173).

Lediglich ein Mädchen aus der Untersuchungsgruppe sieht körperliche Schmerzen nicht zwangsläufig als „Muss-Kriterium" an, um eine Handlung mit den Gewaltbegriff zu verbinden. *„[...] Gewalt ist, wenn mich jetzt jemand schlagen würde oder wenn ja ... schlagen, schubsen ... keine Ahnung (lach). Okay, wenn man jemanden jetzt gegen die Schulter schlägt, aber aus Spaß oder so, dann weiß ich das, aber so mal eben einfach eine rein bekommen ist nicht toll. Das versteh' ich unter Gewalt. Oder schubsen, Haare ziehen egal alles so. Muss nicht unbedingt wehtun, aber eigentlich schon"* *(Sylvia, 17 Jahre).* Wie auch schon bei einer Vielzahl der Interviewpartnerinnen wird auch in diesem Fall Gewalt zum einen über die Körperlichkeit und zum anderen über den Grad der Beabsichtigung, eine andere Person zu verletzen, definiert. Ein Schlag gegen die Schulter unter Freunden wird nicht mit Gewalt gleichgesetzt, aber wenn dieses nicht unter Freunden oder aus „Spaß" geschieht, handelt es sich um Gewalt. Dabei ist die Aussage *„Muss nicht unbedingt wehtun [...]"* besonders hervorzuheben. Der ausschlaggebende Faktor ist eben nicht der Grad der Verletzung einer Gewalthandlung, sondern es kommt bei dieser interviewten Jugendlichen vielmehr auf die Absicht an, einer anderen Person körperlichen Schaden zuzufügen.

Neben dem charakteristischen Merkmal des Verletzens durch Gewalt bezieht eine andere der interviewten gewalttätigen Mädchen und jungen Frauen noch einen weiteren Faktor in die subjektive Definition des Gewaltbegriffs mit ein, nämlich das sogenannte „Einverständnis". „... *Gewalt ... Wenn man geschlagen wird oder so. [...] Mhh-... ja boxen, Gesicht, treten, allgemein den Körper anzugreifen, wenn man das nicht will" (Julia, 18 Jahre).* Die Interviewteilnehmerin *Julia* spricht den Aspekt an, dass es sich erst um Gewalt handelt, wenn das Gegenüber nicht mit einer derartigen Behandlung der eigenen Person einverstanden ist. Die Erwähnung dieses Kriteriums ist deshalb wichtig, da aufgrund dieser Eigenschaft Gewaltanwendungen, die auf gegenseitigem Einverständnis beruhen (wie beispielweise in Kampfsportarten) ausgeklammert werden, wie es auch in der Fachliteratur getan wird (vgl. Heeg, 2009, S. 18 f.).

Durch die Interviews konnten genaue Beschreibungen über die Ausdrucksform und die verschiedenen Ausübungstechniken von Gewalt aus Sicht des weiblichen Geschlechts herausgearbeitet werden, die einen Überblick über das Ausmaß des Gewaltverständnisses geben. *„Schlägereien, mit Fäusten. Draufschlagen und treten, mit Waffen, alles eigentlich so. Mit der flachen Hand auch. Alles, womit man jemanden verletzt" (Nicole, 17 Jahre).* Die beschriebenen Arten körperlicher Gewalt sind nach dieser Aussage u. a. Schlagen, Boxen und Treten. Unter dem Begriff „Schlagen" verstehen Jugendliche in der Regel das Verletzen des Opfers durch Hiebe mit der geöffneten flachen Hand. Boxen hingegen bezeichnet die Zufügung von körperlicher Gewalt durch Faustschläge (vgl. Hilgers, 2011, S. 263). „Treten meint folglich mit dem Knie oder mit dem Fuß einer anderen Person einen Hieb zu versetzen" (www.dict.md, abgerufen am 21.06.2012, 17:35 UTC). Diese Unterscheidung ist deshalb von Bedeutung, weil die verschiedenen Schlagtechniken auch unterschiedlich schwere Verletzungen hervorbringen können – auch darüber sind sich die gewalttätigen Mädchen und jungen Frauen im Klaren.

Neben den zuvor bereits gehörten Ausübungspraktiken gewalttätigen Verhaltens wie Schlagen und Treten wird zusätzlich die Gewaltanwendung mit Waffen in die Definitionserklärung des Gewaltbegriffs aufgenommen. Ausschlaggebendes Kriterium ist auch in diesem Fall, dass die Gewalthandlung als Folge eine körperliche Verletzung des Opfers mit sich bringt.

Psychische Gewalt in jeglicher Form wird von der Mehrzahl der gewalttätigen Mädchen und jungen Frauen gar nicht erst mit dem Gewaltbegriff verbunden, sondern direkt aus der eigenen Begriffsdefinition ausgeschlossen. Vor allem, wenn es um die Dimension der verbalen Gewalt in Form von Beleidigungen geht, werden klare Aussagen sichtbar, die eine Abgrenzung zwischen physischer und psychischer nahelegen. *„Nein. Beleidigungen sind ja wie, wenn jemand sagt „Hurentoch-*

ter", *ich weiß, meine Mutter ist keine Hure. Ich hör' da gar nicht mehr drauf [...]"* *(Julia, 18 Jahre).* Beleidigungen werden also nicht mit dem Begriff der Gewalt assoziiert, sondern als ein anderes, weniger wirkungsvolles Handlungsmuster betrachtet, welches keine sichtbaren Verletzungen hervorruft und aus Sicht eines Teils der Untersuchungsgruppe genau aus diesem Grund nicht als Gewalt bezeichnet werden sollte. *„Ist doch keine Gewalt, der packt mich doch nicht an oder sperrt mich irgendwo ein oder so" Virginia, 20 Jahre).* Bei ca. der Hälfte der gewalttätigen Mädchen und jungen Frauen ist das Verständnis über den Gewaltbegriff lediglich auf die Körperlichkeit von Handlungen fokussiert, wodurch verbale Attacken abgewertet und bagatellisiert werden.

Lediglich eine der Interviewten erweitert den Gewaltbegriff um eine psychische Dimension und bringt folgende Handlungsweisen in ihre subjektive Definition mit ein: *„Gewalt? Gewalt ist für mich, wenn mich jemand anpackt. Festhält oder jetzt sagt: „Du bleibst jetzt hier! Ich lass' dich nicht mehr raus!", das zählt für mich auch schon zu Gewalt" (Virginia, 20 Jahre).* Neben körperlichen Übergriffen wird auch der Tatbestand der sogenannten Freiheitsberaubung[9] in Form von Einsperren zum Gewaltbegriff gezählt. Freiheitsberaubung ist zwar ein physisch ungefährliches Gewaltmittel, kann aber schwerwiegende psychische Schäden beim Opfer zur Folge haben, wie beispielsweise Depressionen und anhaltende Angstzustände (vgl. Schneider, 2003, S. 150). D. h. einige Formen psychischer Gewalt fallen bei diesem subjektiven und individuellen Erklärungsansatz der Interviewteilnehmerin schon unter den Gewaltbegriff.

Dass die Form der psychischen Gewalt in der Regel nicht als Gewalthandlung verstanden wird, ist kein ausschließlich weibliches Phänomen. In einer Studie aus Magdeburg, Jahr 1993, wurden Jugendliche an 60 verschiedenen Schulen mit der Frage „Was ist für dich Gewalt" konfrontiert. Die entstandenen Ergebnisse waren eindeutig, da ca. 97 % aller Teilnehmer körperliche Übergriffe als Gewalt bezeichneten und lediglich 23 % der Befragten auch Beleidigungen und Beschimpfungen hinzuzählten (vgl. Schmidt, 2002, S. 8 f.). Es gibt also Ausnahmen unter den Jugendlichen, die ihr eigenes Gewaltverständnis um den Aspekt der psychischen Gewalt erweitert haben. In der hier durchgeführten Studie hat ein Drittel der gewalttätigen und gewaltbereiten Mädchen und jungen Frauen genau dieses Verständnis bzw. diese Sichtweise ebenfalls vertreten, wobei die Ausprägungen allerdings unterschiedlich verlaufen. In einem Fall wird psychische Gewalt in Form von Belei-

---

[9] Freiheitsberaubung § 239 Strafgesetzbuch (StGB): Freiheitsberaubung meint u. a. das Einsperren eines Menschen in bestimmte Gebäude oder das Verbieten von bestimmten menschlichen Handlungsweisen und zwar immer dann, wenn diese Handlungen gegen den Willen des Opfers vorgenommen werden.

digungen mit dem Begriff der „indirekten Gewalt" beschrieben und erhält somit eine abgemilderte Bedeutung im Gegensatz zur physischen Gewalt. *„Ähm ... direkt nicht, aber manche Wörter verletzen einem im Inneren und das verheilt jetzt nicht so schnell, wie irgendwo eine offene Wunde, wie jetzt am Bein und so. Also das sieht man auch schon als indirekte Gewalt" (Jule, 17 Jahre).* Erst bei konkreter Nachfrage, inwieweit Beleidigungen bei diesem Thema eine Rolle spielen, gibt die Interviewte an, dass bestimmte verbale Äußerungen einer anderen Person auch Schaden zufügen und in manchen Fällen sogar zu tiefgreifenden und langanhaltenden emotionalen bzw. seelischen Verletzungen führen können. Der Begriff der *indirekten Gewalt*, wie er hier gewählt worden ist, um verbale Gewalt zu bezeichnen, ist inhaltlich nicht korrekt (vgl. Hochmuth/Pickel, 2009, S. 18). Indirekte Gewalt hat keinen bestimmten Akteur, sondern entsteht eher durch wirtschaftliche, soziale, gesellschaftliche und politische Benachteiligungen für unterschiedliche Bevölkerungsgruppen und schließt die strukturelle Gewalt mit ein (vgl. www.arbeitsblaetter.stangl-taller.at, abgerufen am 23.06.2012, 13:50 UTC). Die befragte *Jule (17 Jahre)* scheint mit diesem Begriff also nicht den konkreten wissenschaftlichen Inhalt zu meinen, sondern versteht Beleidigungen zwar als eine Gewaltform, die aber von der körperlichen Gewalt abzugrenzen ist.

Von allen befragten gewalttätigen und gewaltbereiten Mädchen und jungen Frauen zu der Frage „Was verstehst du unter dem Begriff Gewalt?" gibt es lediglich eine Heranwachsende, die zuerst die Form der psychischen Gewalt anspricht. *„Also Gewalt fängt bei mir schon beim Mobben an, eigentlich, weil damit wird auch eine Person angegriffen, sogar ohne körperliche Gewalt, aber da werden schon Personen angegriffen, was richtig weit ausarten kann" (Angelika, 18 Jahre).* Es wird deutlich, dass psychische Gewalt in Form von Beleidigungen als *Vorreiter* bzw. Entstehungsmechanismus für körperliche Übergriffe verstanden wird. Beispielsweise wird Mobbing ebenfalls als Gewalt verstanden, weil es genauso zu Verletzungen oder Schädigungen bei einer anderen Person führen kann wie durch Handlungen mit physischer Gewalteinwirkung. Zudem findet eine direkte Differenzierung zwischen *körperlichen Angriffen* (physischer Gewalt) und *seelischen Angriffen* (psychischer Gewalt) statt. *„Ja, körperliche Angriffe, seelische Angriffe ... Ja, so eben mobben oder zum Beispiel wir hatten mal eine in der Klasse, die hat ganz stolz erzählt, dass sie Juckpulver im Shampoo getan hat und so" (Angelika, 18 Jahre).* Dies zeugt nicht nur von einem guten theoretischen Verständnis, das bei der Befragten anscheinend vorhanden ist, sondern auch von der Kompetenz, sich in die Opfer hineinzufühlen. Nur durch Empathiefähigkeit, also die Fähigkeit, die Sichtweise und Gefühlswelt anderer Personen aufzunehmen, ist es möglich, auch verbale Gewalt als eine Form von Gewalt zu verstehen und deren hohen Stellen-wert zu begreifen (vgl. Toprak, 2006, S. 16).

Allerdings stellt dieses Verständnis über den Gewaltbegriff die Ausnahme in-nerhalb der Untersuchungsgruppe dar, weil lediglich ein kleiner Bruchteil aller befragten gewalttätigen und gewaltbereiten Mädchen und jungen Frauen diese Meinung vertritt.

5.2 Selbstwahrnehmung des eigenen Gewaltverhaltens versus objektiver Wahrnehmung

Nachdem auf das Begriffsverständnis von Gewalt aus subjektiver Sicht der Unter-suchungsgruppe eingegangen wurde, gilt es jetzt, die Wahrnehmung des eigenen Gewalthandelns der Gewalttäterinnen, vor allem in Bezug auf das subjektive Rechtsverständnis, zu analysieren. Es sollen u. a. die folgenden Fragen geklärt werden:

- Werden eigene Gewalthandlungen auch als solche wahrgenommen?
- Wie realistisch wird die Schwere der aggressiven Verhaltensweisen einge-schätzt?
- Worin unterscheidet sich die objektive von der subjektiven Sichtweise?

Um die letzte Frage zu verdeutlichen, ist es vonnöten, kurz die beiden Aspekte der subjektiven und objektiven Sichtweise zu erläutern. Die subjektive Sichtweise geht immer von den Einstellungen des Individuums aus und ist davon abhängig, welche Bedeutung die einzelne Person der entsprechenden Situation (in diesem Fall Ge-walthandlung) beimisst (vgl. Aust, 2009, S. 9). Im Gegensatz zur objektiven Be-trachtung spielen hier individuelle Emotionen, persönliche Betroffenheit sowie soziale und kulturelle Normen und Werte eine entscheidende Rolle, besonders wenn es darum geht, das eigene Verhalten zu reflektieren und zu bewerten (vgl. Fuchs, 2009, S. 35 f.). Demnach besteht das subjektive Verständnis immer aus der individuellen Sichtweise und der eigenen Perspektive des Menschen, sodass bei-spielweise objektiv betrachtet die gleiche Handlungssituation von jedem Indivi-duum anders interpretiert wird (vgl. Aust, 2009, S. 9). Die objektive Sichtweise orientiert sich an vorhandenen allgemeingültigen Gesetzen, an Maßstäben oder an ausgiebig belegten empirischen Daten bzw. Theorien. Eigene Emotionen und Ein-stellungen müssen weitgehend ausgeschaltet und in den Hintergrund gerückt werden (vgl. Köhler; in: www.rossleben2001.werner-knoben.de, abgerufen am 24.06.2012, 16:48 UTC). Genau wie männliche Gewalttäter besitzen die Mädchen und jungen Frauen auch unterschiedliche Selbstwahrnehmungsmuster und bewerten ihr eigenes Gewalthandeln anders (vgl. Heeg, 2009, S. 91). In der Fachliteratur wird zwischen den Wahrnehmungsmustern des sich als „Opfer" fühlen oder sich als „Täter" fühlen unterschieden und von dem Selbstbild des Täters mit Schuldgefühlen gesprochen (vgl. www.violence-prevention-network.de, abgerufen am 25.06.2012, 11:43 UTC). Welche dieser drei Wahrnehmungsmuster bei den gewalttätigen und gewaltbereiten Mädchen und jungen Frauen überwiegt bzw. vorhanden ist, soll in diesem Kapitel analysiert werden.

Im Folgenden geht es um die subjektive Einstellung der Untersuchungsgruppe, und zwar in Bezug darauf, inwieweit sich die Mädchen und jungen Frauen, die alle wegen verschiedenen Gewaltdelikten verurteilt worden sind, überhaupt selbst als gewalttätig einstufen. Ca. die Hälfte der Interviewten gibt an, sich selbst als gewalttätige Person zu betrachten, und gibt diese Selbsteinschätzung auch offen zu. *„Wenn ich ganz ehrlich bin .... dann ja. Ich schlage mich öfters mit anderen und leg' es auch manchmal darauf an" (Stefanie, 17 Jahre).* Diese Probandin schätzt sich selbst als gewalttätigen Menschen ein, ohne dabei zu bagatellisieren oder den Versuch, sich anderweitig zu rechtfertigen. Daraus kann geschlossen werden, dass *Stefanie* im Grunde weiß, dass ihr Verhalten nicht rechtens ist und vor allem auch nicht dem gesellschaftlichen Normen- und Wertesystem entspricht. Nicht selten besitzen Mädchen eine derartige Selbstwahrnehmung und fühlen sich ausschließlich als Täter (vgl. Heeg, 2009, S. 91). Diese Selbsteinschätzung resultiert aus der Reflektion der eigenen Handlungsmuster. Hierzu werden vergangene Ereignisse hervorgeholt und anhand dieser das eigene Verhalten bewertet. *„Weil ich mich oft schlage oder ich schlage jemand anderes ohne dass ich selbst angegriffen werde. Zum Beispiel wenn mich jemand zu sehr beleidigt hat oder so. Manchmal suche ich mir auch einfach jemanden aus, wo ich meine, der hätte mal was auf die Fresse verdient, ohne einen wirklichen Grund zu haben [...] Ich schlage mich auch nicht wie andere Mädchen. Also, so mit Kratzen und Beißen oder so. Ich kann schon mal richtig zuschlagen ... mit der Faust oder ich geb' jemanden einen Tritt, in den Magen. Es kommt immer drauf an, was derjenige gemacht hat und ob er sich wehrt" (Stefanie, 17 Jahre).* Häufige Schlägereien und Streitigkeiten führen dazu, dass sich ein Teil der gewalttätigen Mädchen auch als solche verstehen. Hinzu kommt der Faktor, dass wenn eine Streitsituation von der Täterin gezielt und ohne erkennbaren Grund provoziert wird, die Interviewteilnehmerinnen sich erst recht als gewaltbereit einschätzen, weil sie in solchen Fällen selbst die Gewaltsituation hervorrufen.

Dennoch wird das eigene Verhalten und auch die Selbstbeschreibung nicht als gewalttätig und im negativen Sinne betrachtet. „In diesen Fällen definieren sich die Mädchen positiv über ihre Gewaltausübung, sie sehen sich als die Starken an, welche sich nichts gefallen lassen und sich für ihre Bedürfnisse einsetzen." (Heeg, 2009, S. 91) Objektiv betrachtet, schätzt die Probandin ihr eigenes Gewalthandeln sehr genau ein. Versuche der Bagatellisierung oder der Rechtfertigung sind nicht vorhanden und auch die Brutalität der angewandten Gewaltform (Schlagen, Treten) wird von der interviewten Person angegeben. Ausgeblendet wird allerdings die Sicht der Opfer. Gewalt wird als positive Ressource betrachtet, die dem eigenem Ich-Erleben zugutekommt (vgl. Werth, 2010, S. 194). Die Folgen für die Opfer werden nicht betrachtet.

Die Erscheinungsform, Gewalt als positive Ressource oder Stärke zu betrachten, findet sich auch bei weiteren der interviewten Mädchen und jungen Frauen wieder. *„Ich kann gewalttätig werden. Wenn ich will dann kann ich dat ... Dann geht's richtig ab, dann hat sogar meine Mutter schon Angst vor mir gehabt ja. Also, ich bin einmal so ausgerastet, da hab ich die Tür bei meiner Mutter einmal fast eingetreten. Die wollte mich nicht rauslassen und dann hab ich die ganze Zeit getreten, getreten und dann bin ich fast aus dem Fenster gesprungen. Ich bin auf alles und jeden sauer. Man sollte mich einfach fünf Minuten in Ruhe lassen, dann geht das auch" (Mia, 16 Jahre).* Generell wird die Bezeichnung des „Gewalttätig- seins" eher abgewendet, vielmehr geht es darum, in gewissen Situation gewalttätiges Verhalten anwenden zu können und dies auch zu tun. Bei Betrachtung der Fachliteratur zu diesem Thema kann diese subjektiv geschilderte Tatsache dahingehend untermauert werden, dass Gewalttätigkeit nicht etwas Permanentes oder ein jeden Tag angewendetes Verhalten sein muss, sondern auch intervallgestützt oder lediglich in bestimmten Handlungssituationen zum Vorschein kommt (vgl. Fuchs/Lamnek/ Luedtke/Baur, 2009, S. 24). Es kommt nicht darauf an, wie regelmäßig und in welchem Ausmaß Gewalt von einer Person angewendet wird, um eben diese als gewalttätig zu kennzeichnen, sondern es geht eher darum, welche Intention hinter diesem Verhalten steckt und wie die individuelle Einstellung dazu aussieht (These der Verfasserin). Gewalttätig sind demnach nicht nur diejenigen Menschen, die permanent körperliche oder psychische Gewalt anwenden, sondern auch Menschen, die beispielsweise „nur" zweimal in ihrem gesamten Lebensweg eine andere Person vorsätzlich körperlich verletzt haben (vgl. www.labbe.de, abgerufen am 25.06.2012, 17:56 UTC).

Diese Vorsätzlichkeit, also das Bewusstsein darüber, gezielt Gewalt anzuwenden, ist demnach ein Indikator dafür, eine Person als gewalttätig zu stigmatisieren. *„Also, wenn ich will, kann ich schon ganz schön gewalttätig werden, ja. Es ist aber* *nicht so, dass ich jeden Tag irgendwelche Leute schlage, nur weil ich Bock drauf hab oder so. [...] Also, wenn ich ausraste ... boah ... dann seh' ich nichts mehr. Ich schlag einfach drauf ein, ohne zu gucken oder so. Ich trete auch oder nehme irgendwelche Sachen und schlage damit auf einen ein. Das ist aber nur, wenn ich völlig ausraste. Ansonsten, wenn ich nur ein bisschen sauer bin, dann schubs' ich manchmal und geb' ne Backpfeife oder so" (Marina, 19 Jahre).* Auch hier ist die Rede davon, dass das eigene Verhalten nicht generell als gewalttätig bezeichnet wird, sondern die Probandin im Falle von bestimmten, bis hierher nicht ersichtlichen, Faktoren gewalttätig werden kann und auch wird. Das Ausmaß des aggressiven Verhaltens wird deutlich, indem die Interviewte äußert, dass sie in einer solchen Situation nur noch „rot sieht" und quasi nicht mehr in der Lage ist, ihre eigenen Handlungen zu reflektieren. Das sogenannte „Rotsehen" liegt in der Regel dann vor, wenn sich die eigenen Emotionen (meist bestehend aus Wut, Trauer, Hass etc.) bis an ein bestimmtes Limit aufgestaut haben und eben dieser Emotionsstau aufgrund eines Schlüsselreizes aufbricht. Die Folge ist die Ausübung einer Gewalteinwirkung mit gleichzeitigem totalen Verlust von Selbstkontrolle (vgl. Geiger-Battermann/Kreuzer, 2008, S. 35). Sozial-psychologisch wird sogar davon gesprochen, dass die Täterin oder der Täter in einem derartigen *Gewaltexess* geradezu rauschhaft handelt und sich in dieser Situation von allen Bindungen, Selbstzweifeln, Normen, Werten und Ängsten löst bzw. diese völlig ausblendet, da die geballte Kraft angestauter Emotionen die gesamte Person einnimmt (vgl. Bloch, 2011, S. 65 f.). „Sie beurteilen ihre Aggressivität als übermäßig und fühlen sich in Konfliktsituationen ihren aggressiven Gefühlen ausgeliefert" (Heeg, 2009, S. 92). Dies ist kein seltenes Phänomen bei Gewalttäterinnen. *„Ja, weil ich weiß nicht ... Immer, wenn das gegen meine Mama geht, ich weiß nicht, dann leg' sich so ein Schalter in meinem Kopf um und dann ist das so von wegen, dass ich voll ausklinke ... ähm oder wenn einer über meine Freundin lästert, dann ist das so, dass ich mich aufrege und wenn ich mich aufrege, dann wächst immer die Wut weiter in mir so, anstatt, dass ich einfach drüber stehe oder sag: „„Ja, ich bin sowieso was Besseres als du!" Aber dann ist das trotzdem immer so, dass ich mich weiter aufrege und ... ja ..."* (Angelika, 18 Jahre). Anhand dieses Interviewausschnittes wird der Prozess des Emotionsstaus sehr gut verdeutlicht. Die Mädchen und jungen Frauen steigern sich in ihre Gefühle rein, bis diese in Form von Gewalt herausbrechen. Bei diesen gewalttätigen Mädchen, die immer wieder mit derartigen Wutausbrüchen zu kämpfen haben, kommt hinzu, dass im Nachhinein ein Verständnis über andere, nicht gewaltbehaftete Konfliktlösungsstrategien vorhanden ist. *„[...] anstatt, dass ich einfach drüber stehe oder sag „Ja, ich bin sowieso was Besseres als du!"* Es kann also nicht pauschal gesagt werden, dass bei den gewalttätigen Mädchen und jungen

Frauen ein extremer Mangel an Handlungsoptionen vorhanden ist, sondern dass ihre Emotionen bzw. Aggressionen zu lange angestaut werden, sodass im Falle eines Ausbruchs andere erlernte Lösungsstrategien kurzzeitig nicht mehr ins Gedächtnis gerufen werden (vgl. Kreuzer, 2009, S. 82. f.). Diese *Emotions- und Wutausbrüche* führen dazu, dass sich die gewalttätigen Mädchen und jungen Frauen nicht wirklich darüber im Klaren sind, warum sie überhaupt in den konkreten Situationen Gewalt anwenden. Wenn erst mal eine derartige Situation zustande kommt, berichten die Mädchen häufig davon, dass sie sich selbst nicht mehr unter Kontrolle haben und quasi einfach nur agieren ohne darüber nachzudenken. *„[...] Wenn man mich einmal auf die Palme bringt, dann hör' ich so schnell nicht auf. Also, ich geh' da nicht hin und schlag' dann einmal ins Gesicht, sondern dann bin ich auch brutal und egal ob das Mädchen oder Junge, ja das Mädchen meistens, rumschreit: „Lass mich los, bitte bitte!", dann ist mir das egal, dann schleudre ich sie darum oder trete sie oder weiß ich nicht" (Sylvia, 17 Jahre).* Diese Tatsache der „Dampfkesseltheorie"[10] darf aber nicht als Verharmlosung oder Legitimierung von Gewaltanwendung genutzt werden, sondern soll lediglich der Ursachenforschung dienen. Wichtig ist es hier festzuhalten, dass die Gewalttäterinnen sich selbst als gewalttätig bezeichnen und somit ihr eigenes Verhalten realistisch und objektiv einschätzen. Bei der Beschreibung des Gewaltverhaltens werden keine Rechtfertigungsgründe oder Bagatellisierungsversuche vorgenommen, sondern gänzlich „unverschönert" die Realität dargestellt. Die Mädchen sehen sich selbst als Täterinnen und geben dies offen zu.

Eine Hälfte der Interviewpartnerinnen sieht ihr Gewaltverhalten, im Gegensatz zur anderen Hälfte, als falsch bzw. nicht richtig an. *„Obwohl's mir dann ja, also zwei Minuten danach ... Ich seh' dann oh Gott sie liegt da und blutet ... dann glaub' ich das nicht, dass ich das war und dann entschuldige ich mich und ich weiß nicht. Damit hat es sich ja dann auch nicht. Versteh' ich auch, wenn die mich anzeigen. Würd ich genauso machen" (Sylvia, 17 Jahre).* Der Aussage ist zu entnehmen, dass die interviewte *Sylvia* mit Schuldgefühlen gegenüber ihren Opfern zu kämpfen hat (vgl. www.violence-prevention-network.de, abgerufen am 26.06.2012, 14:19 UTC). Hierbei handelt es sich also um das Wahrnehmungsmuster der Täterin mit Schuldgefühlen gegenüber dem Opfer (vgl. www.violence-prevention-network.de, abgerufen am 25.06.2012, 11:43 UTC).

---

[10] Das sogenannte Dampfkesselmodell beschreibt den Prozess des unkontrollierten Ausbruchs angestauter Aggressionen, und zwar in Form von Gewalthandlungen. Dabei wird das eigene Aggressionspotential durch verschiedene Einflüsse und Umweltfaktoren immer weiter aufgestaut, und zwar so lange, bis bestimmte Schlüsselreize die angesammelten Emotionen zur unkontrollierten Entladung bringen(vgl. www.psychophilo.at, abgerufen am 05.07.2012, 18:38 UTC).

Insgesamt schätzt sich mehr als die Hälfte der befragten Mädchen und jungen Frauen als gewalttätig ein und ist sich im Durchschnitt deutlich darüber bewusst, dass ein solches Verhalten nicht der gesellschaftlichen Norm entspricht.

Eine Jugendliche aus der Untersuchungsgruppe gibt an, sich zum gegenwärtigen Zeitpunkt nicht mehr als gewalttätig zu betrachten und dass diese Kategorisierung allerdings auf ihr früheres Verhalten sehr gut zutrifft. *„Nicht mehr. Ja ich versuche es jetzt eigentlich mit Worten zu klären, aber wenn's hart auf hart kommt, dann kann man es meistens nicht verhindern, aber meistens funktioniert das so" (Jule, 17 Jahre).* Aus subjektiver Sicht der Befragten wird das eigene Verhalten nicht bzw. nicht mehr als gewalttätig angesehen. Gewalt wird nicht mehr als erste Handlungsoption genutzt, sondern kommt *nur* in bestimmten Situationen zum Einsatz. Objektiv betrachtet ist das Verhalten der interviewten Jugendlichen dennoch als gewalttätig einzustufen, da sie immer noch Gewalt anwendet (vgl. Kersting, 2010, S. 2). Zusätzlich muss aber gesagt werden, dass zumindest ein deutlicher Wille zu erkennen ist, das eigene Gewaltverhalten durch andere normenorientierte Verhaltensweisen zu ersetzen. Sich verbal zu artikulieren und Gewalt nicht mehr als Handlungsoption zu betrachten, ist die Basis, sich gesellschaftlich normenkonform zu verhalten (vgl. Toprak, 2001, S. 88-89).

Der Grund der Befragten, sich selbst nicht mehr als gewalttätig einzuschätzen, könnte mit der Tatsache verbunden sein, dass sich das eigene Gewaltverhalten geändert bzw. reduziert hat und das damalige Verhalten als Maßstab für die Definition der „Gewalttätigkeit" gilt. *„Ich wurde zu schnell wütend und das hat sich einfach alles gesteigert, bis ich dann direkt zugeschlagen habe, ohne was zu sagen irgendwie vorher. Ich hab einfach draufgehauen" (Jule, 17 Jahre).* Als Messlatte für die Kategorisierung des eigenen Gewalthandelns wird in diesem Fall das frühere Verhaltensmuster, also das „direkte Draufschlagen", mit den gegenwärtigen Verhaltensweisen verglichen. Dies ist abermals ein Indiz dafür, dass Definitionen immer und in jeder Form subjektive Bestandteile aufweisen (vgl. Aust, 2009, S. 9).

Gewalttätigkeit wird von den Mädchen und jungen Frauen mit dem Ausmaß von Gewalthandlungen und dessen Einsatzfaktoren in Verbindung gebracht, sodass regelmäßiges, extremes und sofortiges Zuschlagen als gewalttätig beschrieben, aber gelegentliche Gewaltanwendung mit vorheriger Androhung als legitim und *nicht-gewalttätig* betrachtet wird.

Rückblickend kann demnach festgehalten werden, dass über die Hälfte der Untersuchungsgruppe ihr derzeitiges oder früheres Verhalten als gewalttätig bezeichnen und dies auch aus objektiver Sicht gerechtfertigt ist. Nur ein kleinerer Teil der interviewten gewalttätigen und gewaltbereiten weiblichen Personen beschreibt sich selbst nicht als gewalttätig und begründet diese Selbsteinschätzung mit unterschiedlichen Sichtweisen. *„... Nicht wirklich. Also, ich sitz' ja hier wegen Körperverletzung drin, aber es kam so einfach. Diese Situation ... sonst eigentlich gar nicht. Ich bin eher ruhig und lieb und alles. Auch zu Hause, ich würde auch nie meine Mutter schlagen, wie das manche machen. Könnt' ich nicht"* (Nicole, 17 Jahre). Auffällig bei dieser Aussage ist, dass sich *Nicole (17 Jahre)* nicht als gewalttätige Person sieht, obwohl sie sich zum Zeitpunkt der Interviewdurchführung aufgrund eines Körperverletzungsdeliktes in einer Jugendarrestanstalt befand. Die Befragte wurde demnach aufgrund einer Gewaltstraftat rechtlich verurteilt und sieht sich dennoch als ruhige und gelassene Person an, die *eigentlich* keine Gewalt anwendet. Diese Aussage passt vor allem nicht mit dem Ausmaß des angewendeten Gewaltverhaltens zusammen, welches ein hohes Maß an Aggressionspotential aufweist. *„Also, damals da war ich glaub' ich gerade 14. Da war das halt nur mit den Backpfeifen, aber auch nicht wirklich fest, aber da waren auch schon mehrere bei, da waren auch schon Jungs bei. Komischerweise umso älter ich wurde, desto mehr wurde mir immer gesagt: „„Ja, schlag' mit Faust zu und tret' rein!" Ich hab's aber nicht gemacht, aber das war immer so im Hinterkopf und dann war ich glaub' ich gerade 17 ... ja das war letztes Jahr im Oktober ... dann war da nicht nur Backpfeife oder Haare ziehen, sondern Faust und reintreten, alles, was man so gehört hat"* (Nicole, 17 Jahre). Vor allem das Verweisen auf andere härtere Gewalttaten deutet auf eine Bagatellisierung, d. h. auf eine Verharmlosung des eigenen Gewalthandelns hin. Da in diesem Fall die eigene Person nicht als gewalttätig betrachtet und versucht wird, die Gewalttaten zu bagatellisieren, indem die Ausprägung und die Folgen der Auseinandersetzungen runtergespielt werden, kann hier von einer subjektiven Fehleinschätzung gesprochen werden (vgl. Skepenat, 2000, S. 29). Objektiv geurteilt, weist die Interviewpartnerin einige Eigenschaften gewalttätiger Menschen auf und fällt demnach ebenfalls unter diese Kategorie.

Bis jetzt lässt sich erkennen, dass die subjektive Wahrnehmung des eigenen Gewaltverhaltens immer an unterschiedlichen Faktoren gemessen wird, die für die jeweilige Person als wichtig erscheinen (vgl. Heeg, 2009, S. 90 f.). Ein Indikator für die subjektive Selbstwahrnehmung der Handlungsweisen ist u. a. die Häufigkeit der angewendeten Gewalt. *„[...] Ich weiß nicht, ich selber hab' mich jetzt nicht so oft geschlagen"* (Julia, 18 Jahre). Anhand einer weiteren Aussage der Interviewpartnerin lässt sich das Charakteristikum der Häufigkeit in Bezug auf Gewalttätigkeit genauer analysieren, und zwar bei der Frage, ab wann eine Person als gewalttätig bezeichnet wird. *„Ja, also wenn ich höre, der hat sich schon öfter geschlagen oder ähm ... getreten oder war wegen Körperverletzung im Knast oder hat wegen Körperverletzung Sozialstunden bekommen. Ja, dann ist der für mich gewalttätig"*

(Julia, 18 Jahre). Gewalttätigkeit wird lediglich anhand der Häufigkeit und in Bezug auf das folgende Strafmaß gemessen. Da sich die Befragte *Julia* nicht in regelmäßigen Abständen schlägt bzw. an einer physischen Gewaltsituation beteiligt ist, erkennt sie ihre Gewaltausbrüche nicht als Unrecht oder schlimm an. Diese Auffassung der Selbstbeschreibung wird auch von zwei anderen gewalttätigen und gewaltbereiten Mädchen und jungen Frauen geteilt, wodurch die eigenen Gewalthandlungen in ihrem Ausmaß gemildert werden sollen. Hier sollte noch einmal hervorgerufen werden, dass alle weiblichen Personen, die in dieser Studie interviewt wurden, wegen eines Gewaltdeliktes strafrechtlich belangt worden sind und zum größten Teil zu der Gruppe der Mehrfachtäterinnen gehören. Dennoch versucht ein Drittel der Befragten, ihr Gewaltverhalten nicht als solches darzustellen oder es zumindest zu rechtfertigen mit dem Ziel, nicht als gewalttätig und gewaltbereit zu gelten. Dieser Konsens zwischen Verhalten und subjektiver Wahrnehmung kann anhand des folgenden Interviewausschnittes, stellvertretend für die anderen Gleichgesinnten, sehr gut dargestellt werden. *„Früher habe ich mich gerne geboxt. Ich sag' mal so, wenn es drauf ankommen würde, könnte ich direkt ... aber muss ja nicht unbedingt sein [...] Ausgetickt bin ich oft, wo ich bei meinem Papa gelebt hab'. Halt wegen den Umständen und alles. Wenn der dann mich scheiße behandelt oder so oder ungerecht behandelt hat, hab' ich ihm mal einen Aschenbescher entgegengeworfen und so. Oder bin den am Hals gegangen und hab' den so aus meinen Zimmer rausgeschoben"* (Virginia, 20 Jahre). Es ist verwirrend und schwer zu erklären, weshalb einige der gewalttätigen Mädchen und jungen Frauen sich in ihrer derzeitigen Situation nicht als gewalttätig bezeichnen, aber das gleiche Verhalten, welches sie selbst an den Tag legen (oder gelegt haben), bei Dritten als solches deklarieren. Die eigene Gewaltanwendung wird nicht als solche betrachtet, wodurch eine Verkennung des Verhaltensproblems der Gewalthandlungen zustande kommt und die Fähigkeit für ein Umdenken der gewalttätigen Mädchen und jungen Frauen hin zu einer kritischen Selbsreflektion ohne gezielte Präventionsarbeit quasi unmöglich ist (vgl. Wetzel, 1995, S. 80).

Zusammenfassend lässt sich erklären, dass ca. die Hälfte und damit der größte Teil der interviewten Mädchen und jungen Frauen ihr eigenes Verhalten und somit sich selbst als gewalttätig beschreibt. Hier kann von einer realistischen Selbsteinschätzung gesprochen werden, wobei sich die Gründe für diese Kategorisierung individuell unterscheiden. Die restlichen Probandinnen der Untersuchungsgruppe lehnen die Bezeichnung, gewalttätig zu sein, ab, indem sie ihre Verhaltensweisen verharmlosen, bagatellisieren oder neutralisieren.

5.3 Die Bedeutung der Gewalt für eine positive Selbstwahrnehmung aus Sicht der Zielgruppe

Im Folgenden soll die Beeinflussung von Gewaltanwendung auf die eigene subjektive Selbstwahrnehmung analysiert werden. Es ist zu klären, inwieweit sich gewalttätiges Verhalten entweder positiv oder negativ auf das eigene Wohlbefinden auswirkt. Anders gefragt: Fühlen sich die Mädchen und jungen Frauen durch Anwendung von Gewalt besser oder schlechter? „Das Bild, was wir von uns selbst haben, entscheidet darüber, ob wir uns ungeliebt oder geliebt fühlen, [...] ob wir glücklich oder unglücklich sind." (Merkle; In: www.psychotipps.com, abgerufen am 30.06.2012, 15:48 UTC) Eine negative Selbstwahrnehmung, also sich selbst als schlecht, nicht gut genug oder wertlos fühlen, kann zu Angst, Wut, Unsicherheit und Aggressionen führen. Der Mensch versucht, dieses „schlechte" Selbstbild mit verschiedenen Verhaltensweisen (darunter auch Gewalt) zu verbessern (vgl. ebd.)

Für eine positive Selbstwahrnehmung strebt der Mensch und demnach auch junge Frauen und Mädchen u. a. nach sozialer Anerkennung (vgl. Krieger, 2007, S. 133). Soziale Anerkennung meint die Wertschätzung einer Person durch andere Mitmenschen aufgrund des sozialen Ansehens oder des sozialen Status innerhalb einer Gruppe (vgl. Küster/Thole, 2005, S. 1010). Bei der Untersuchungsgruppe wird dieser Aspekt häufig mit dem Wort „Respekt" beschrieben. Respekt zu bekommen, steigert bei den delinquenten Mädchen und jungen Frauen das Selbstbewusstsein und somit auch die Selbstwahrnehmung. *„Mhhh .... ich glaube, das liegt an meiner Art. Ich sage immer was ich will und verschaffe mir Respekt. Jeder weiß, dass wenn man sich mit mir anlegt, mit Schmerzen rechnen muss. Ich brauche keine Angst vor niemanden zu haben und meine Freunde halten immer zu mir"* (Stefanie, 17 Jahre). Respekt wird als eine Einstellung des Menschen verstanden „einem Anderen gegenüber, bei welcher er in diesem einen Grund erkennt, der es aus sich heraus rechtfertigt, ihn zu beachten und auf solche Weise zu agieren, dass bei ihm über Resonanz das Gefühl entsteht, in seiner Bedeutung und seinem Wert (an)erkannt zu sein." (www.respectresearchgroup.org, abgerufen am 28.06.2012, 14:47 UTC) Gewalt dient hier in erster Linie der augenscheinlichen Respektverschaffung, d. h. die gewaltanwendende Person zielt darauf ab, ihre Stärke mittels physischer oder psychischer Gewalteinwirkung zu präsentieren, um Angst und Furcht zu verbreiten und bestimmte Reaktionen beim Gegenüber hervorzurufen (vgl. Hilgers, 2011, S. 246). Diese Hypothese wird deutlicher, wenn das Augenmerk auf den letzten Abschnitt des Interviewausschnittes gelegt wird: *„Ich brauche keine Angst vor niemanden zu haben [...]"* (Stefanie, 17 Jahre). Daraus lässt sich ableiten, dass die eigene Angst vor anderen, durch die Verbreitung von Angst bei

anderen für die eigene Person gemildert werden soll. In der Regel ist es den gewalttätigen und gewaltbereiten Mädchen und jungen Frauen nicht bewusst, dass Gewaltanwendung nicht zur Erlangung von Respekt aufgrund von positiven Eigenschaften führt, sondern eher Angst und Schrecken verbreitet. D. h. die gewaltbereite-
te Person wird ggf. zwar von anderen Gleichaltrigen in Ruhe gelassen, allerdings
nicht aus dem Ursprung eines respektvollen Verhältnisses heraus.

Dennoch handelt es sich um eine Form von Respekt, die sich positiv auf den
Gemütszustand und die Selbstwahrnehmung gewalttätiger Mädchen und jungen
Frauen auswirkt, weil dadurch eine *Schutzmauer* erstellt werden kann, die es erlaubt, angstfreier durchs Leben zu gehen (vgl. Kersting, 2010, S. 7). Mit Angst
wird immer etwas Negatives verbunden (vgl. Straube, 2010, S. 8). Im Umkehr-
schluss bedeutet keine Angst haben zu müssen eine positive Entlastung der Selbstwahrnehmung, da das eigene Wohlbefinden gesteigert wird. Auch eine weitere
Interviewteilnehmerin lässt anhand folgender Aussage erahnen, dass Gewalt als
respektverschaffender Faktor verstanden und dadurch die eigene Selbstwahrnehmung positiv beeinflusst wird. *„[...] Dass sie mich auch mal respektvoll behandeln" (Julia, 18 Jahre).* In Bezug auf die Erlangung von Respekt und sozialer Anerkennung kommt Gewalt in zwei Varianten ins Spiel. Erstens wird Gewalt eingesetzt, um das Respektverhältnis wieder herzustellen, und zweitens, um Respekt neu
zu erschaffen bzw. sich einen Namen innerhalb der sozialen Gruppe zu machen
(vgl. Hilgers, 2011, S. 246). Wenn eine Person Respekt oder soziale Anerkennung
in irgendeiner Form erhält, so führt dies in der Regel zu einer Stärkung des Selbst-
bewusstseins, die Angst vor feindlichen Angriffen wird vermindert und die eigene
Person wird als stark empfunden (vgl. Kersting, 2010, S. 7).

Die Beschaffung von sozialem Ansehen durch Gewalt hat allerdings nicht immer das Ziel, als Einzelperson stark zu sein, sondern kann auch mit dem gewünschten Ergebnis verbunden werden, das Zugehörigkeitsgefühl innerhalb eines sozialen
Netzwerkes zu steigern (vgl. Hilgers, 2011, S. 246 f). So lässt sich anhand des Pro-
vokationsverhaltens einiger Interviewteilnehmerinnen erkennen, dass dieses mit
dem Ziel verbunden ist, innerhalb eines sozialen Gefüges anerkannt zu werden und
dazuzugehören. *„Gibt's verschiedenste Sachen. Bei einer aus meiner Klasse
brauch' ich nur „Kurdistan" zu sagen oder „heul", die dreht total durch (lach).
Die dreht so durch. Das machen auch alle. In unserer ganzen Klasse, auf unserer
alten Schule haben das alle gemacht" (Mia, 16 Jahre).* Die Aussage „[...] *auf unserer alten Schule haben das alle gemacht"* deutet darauf hin, dass in diesem Fall die
psychische Gewaltanwendung das Ziel hat, sich an eine Gruppe anzugleichen.
Nicht selten wird Gewalt dazu genutzt, mehr Akzeptanz und Zugehörigkeit in der
Gruppe zu bekommen und Anerkennung zu erreichen (vgl. Zirk, 1999, S. 98). Ak-

zeptanz und Zugehörigkeit bilden soziale Anerkennung, gleichsam bedeutet soziale Anerkennung die Steigerung des Wohlbefindens und somit eine positive Einstellung gegenüber sich selbst. Die Anerkennung durch andere Mitmenschen zählt nicht ohne Grund zu den Grundbedürfnissen des Menschen. Wenn dieses Bedürfnis also gestillt ist, kommt es zu einer Stärkung des Selbstwertgefühls und demnach auch zu einer positiveren Selbstwahrnehmung (vgl. Banu, 2008, S. 46).

Neben den subjektiven positiven Effekten von Gewaltanwendung, in Form von sozialer Anerkennung und Zugehörigkeitsgefühl, setzen zwei Interviewpartnerinnen die Fähigkeit des Durchsetzungsvermögens mit Gewalt gleich. *„Ja ... doch ... ich kann mich durchsetzen. Also, ich dreh' mich nicht um, wenn mich einer anmacht. Ich geh' nicht einfach weg und sag' meine Meinung. Wenn mich jemand blöd anmacht, von der Seite oder so, dann ... weiß ich nicht ... dann denk' ich mir dann so, wenn du jetzt nicht auf'n Tisch haust und dich jetzt umdrehst, dann wirst du als Opfer abgestempelt. Dann wirst'e richtig als Opfer nachher gemacht so. Das ist aber auch meistens so. Ein Opfer wird meistens immer selber zum Opfer. [...] Ich denk' mir dann so, bevor ich einen krieg' so, pass' ich lieber auf und dann kriegt der andere einen"* (Melanie, 21 Jahre). Zunächst wird Gewalt hier mit Durchsetzungsvermögen verbunden. „Durchsetzungsvermögen kann bedeuten, aus einem breiten Repertoire an Verhaltensmöglichkeiten diejenige zu wählen, die dem eigenen Standpunkt am meisten nützt und gleichzeitig das Gegenüber am wenigsten schädigt bzw. einschränkt." (Korn/Mücke, 2011, S. 83) Wird allerdings von Durchsetzungsvermögen im Sinne von Gewalt gesprochen, beschreibt dies eher die Herrschafts- und Machtbeziehungen einer Person und lässt demnach das Verständnis über den Gewaltbegriff eher positiv erscheinen (vgl. Reimann, 2012, S. 22), da die Fähigkeit, sich durchsetzen zu können, im heutigen gesellschaftlichen Verständnis als Ressource betrachtet wird, um die eigenen Interessen sicherstellen und die eigenen Ansichten vertreten zu können (vgl. Niermeyer, 2006, S. 19). Nach dieser Definition sind also auch Gewalthandlungen als eine Form von Durchsetzungsvermögen zu verstehen, wenn damit das Ziel erreicht werden soll, eigene Interessen und Ansichten anderen aufzuzwingen (vgl. Korn/Mücke, 2011, S. 83). Bei der Interviewteilnehmerin *Melanie (21 Jahre)* handelt es sich um eben jene Form des Durchsetzungsvermögens: *„[...] Ein Opfer wird meistens immer selber zum Opfer. [...] Ich denk' mir dann so, bevor ich einen krieg' so, pass ich lieber auf und dann kriegt der andere einen."* Das zu vertretende Interesse lautet in diesem Fall mittels Gewalt zu verhindern, als sogenanntes „Opfer" abgestempelt zu werden.

Aus dem gewonnenen Interviewmaterial konnten demnach einige Aspekte des Gewaltverhaltens herausgearbeitet werden, die einen positiven Effekt auf die Selbstwahrnehmung der Untersuchungsgruppe erzielen. So wird Gewalt in manchen Fällen auch als Gerechtigkeitsausgleich genutzt. *„Nö. Das liegt an meiner Figur. Ich hab' ja jahrelang gelernt zu überspielen. Wenn ich mal Gewalt angewendet habe, hat mich das halt beruhigt, sonst nichts ...“ (Virginia, 20 Jahre).* Zum besseren Verständnis muss dazu gesagt werden, dass die interviewte junge Frau eine etwas korpulentere Statur besitzt und über Jahre hinweg aufgrund dessen von ihren Mitmenschen gehänselt wurde. Gerade im Bereich des Mobbings werden Opfer schnell zu Tätern oder sind beides gleichzeitig (vgl. Deichmann, 2009, S. 19 f.). Bei der gewalttätigen Befragten ist eben dies der Fall. Langanhaltendes Mobbing führt bei der betroffenen Person nicht selten zu starken Minderwertigkeitsgefühlen, Anspannung, Gereiztheit, Unruhe und Wut (vgl. Esser/Wolmerath, 2011, S. 47). Die Anwendung von Gewalt als Antwort auf Mobbingattacken entlastet die negativen Gefühle und steigert das Bild der Selbstwahrnehmung durch die Schaffung eines vermeintlichen Gerechtigkeitsausgleichs, und zwar im Sinne von „Wie du mir, so ich dir!“ (vgl. ebd., S. 48). Die Befragte *Virginia (29 Jahre)* lässt anhand ihrer Aussage, dass sie sich nach einer Gewaltanwendung besser bzw. beruhigt fühlt, eben genau auf dieses Muster schließen. Die negativen Gefühle aufgrund des Mobbings und der eigenen Körperwahrnehmung werden mittels Gewalt besänftigt.

Das „Rauslassen“ von negativen Gefühlen durch unbewusste oder bewusste Gewaltanwendung ist sehr häufig als Muster bei den gewalttätigen und gewaltbereiten Mädchen und jungen Frauen zu erkennen. *„Also, wenn bei mir ist das so, das hab' ich auch zu Hause gemacht, wenn ich meine ganze Wut ins Kissen schreie oder so, weil zu Hause, wenn ich auch wütend bin und dann das ins Kissen schreie, bin ich wieder der fröhliche Mensch, bin wieder hilfsbereit und wenn ich dann halt, auch wenn ich dann davor stehe und nichts mache, dass ich dann den ganzen Tag schlecht gelaunt bin, andere anmache ...“ (Angelika, 18 Jahre).* Angestaute Emotionen werden in diesem Fall u. a. durch „das Schreien ins Kissen“ neutralisiert, wodurch sich die Interviewteilnehmerin im Anschluss besser, ausgeglichener und fröhlicher fühlt. Der Gemütszustand verbessert sich, wodurch die gesamte Selbstwahrnehmung logischerweise positiv beeinflusst wird (vgl. Micus, 2002, S. 181).

Insgesamt gibt mehr als die Hälfte aus der Untersuchungsgruppe an, dass sie mithilfe von Gewalt ihr Selbstwertgefühl auf unterschiedlichen Ebenen steigern und sich damit besser, angesehener oder beschützter fühlen.

Bei einem Drittel der interviewten gewalttätigen und gewaltbereiten Mädchen und jungen Frauen lassen sich hingegen keine positiven Aspekte in Bezug auf das Gewaltverhalten und die Folgen für die individuelle Selbstwahrnehmung erkennen. Hier wird die Gewaltanwendung eher als sinnlos und ohne positiven Einflusseffekt beschrieben. Bei der Frage nach den Vorteilen von Gewalt gibt eben diese Gruppe der Befragten keine Vorzüge in Bezug auf ihr Gewaltverhalten an, sondern beschreibt es eher mit negativen Eigenschaften. *„Jetzt gar nicht mehr. Früher hab' ich gedacht man kriegt dadurch Respekt und keiner packt einen mehr an, keiner sagt mehr was, aber jetzt ... sinnlos. Immer redet einer über jemanden" (Nicole, 17 Jahre).* Anhand dieser Aussage lässt sich erkennen, dass die Befragte zum Zeitpunkt des Interviews sich darüber im Klaren ist, dass Gewalt eben keine gesellschaftlich anerkannte Form von Respekt verschafft, sondern lediglich und auch nur in bestimmten Situationen gezielte und auf die eigene Person abgesehene Angriffe vermeiden kann. Respekt wird hier als eine klare Einstellung gegenüber anderen Personen verstanden, die auch dann vertreten wird, wenn die zu respektierende Person nicht unmittelbar dabei ist. Vorteile im eigenen Gewaltverhalten werden nicht gesehen.

Auch die anderen Interviewpartnerinnen unterscheiden zwischen der Verbreitung von Angst durch gewalttätige Übergriffe und der Erlangung von respektvollem Verhalten. *„Also, ich wollte Respekt dadurch erreichen, aber ich weiß, dadurch kriegt man kein Respekt. Dadurch kriegen die vielleicht Angst oder so, aber Respekt so, ne. Das kann man mit Reden, aber nicht mit Schlägen" (Sylvia, 17 Jahre).* Deviantes und delinquentes Verhalten stiftet Angst und Unwohlsein und führt eben nicht zur Erlangung von Respekt. Genau diese Tatsache ist den Interviewteilnehmerinnen bewusst, die Gewalt nicht mit etwas Positivem verbinden. Die Frage, inwiefern sich Gewalt auf ihre Selbstwahrnehmung auswirkt, ist damit allerdings nicht beantwortet. Erst der nächste Interviewausschnitt lässt erahnen, wie sich die eigenen Gewalthandlungen auf das Wohlbefinden auswirken. *„Ich weiß nicht, ich bin ... Wenn man mich einmal auf die Palme bringt, dann hör' ich so schnell nicht auf. Also, ich geh' da nicht hin und schlag' dann einmal ins Gesicht, sondern dann bin ich auch brutal und egal ob das Mädchen oder Junge, ja das Mädchen meistens, rumschreit: „Lass mich los, bitte bitte!", dann ist mir das egal, dann schleuder ich sie darum oder trete sie oder weiß ich nicht. Obwohl's mir dann ja, also zwei Minuten danach ... Ich seh' dann oh Gott sie liegt da und blutet ... dann glaub' ich das nicht, dass ich das war und dann entschuldige ich mich und ich weiß nicht. Damit hat es sich ja dann auch nicht. Versteh' ich auch, wenn die mich anzeigen. Würd' ich genauso machen" (Sylvia, 17 Jahre).* Die Gefühle nach einer Schlägerei oder einem gewalttätigen Aufeinandertreffen werden in diesem Fall als negativ empfunden. Ein schlechtes Gewissen und Schuldgefühle überkommen die Täterin (vgl. www.violence-prevention-network.de, abgerufen am 25.06.2012, 11:43 UTC). Negative Gefühle schlagen sich auch in negativer Sicht auf die Selbstwahrnehmung nieder. Die Selbstwahrnehmung wird durch die Ansicht des selbstverursachten Schadens dahingehend beeinflusst, dass sich die gewaltdurchführende Person schuldig und beschämt fühlt (vgl. Schaller, 2005, S. 54).

Zusammenfassend kann erklärt werden, dass bei mehr als der Hälfte der interviewten gewalttätigen und gewaltbereiten Mädchen und jungen Frauen die Gewaltanwendungen einen positiven Einfluss auf die subjektive Selbstwahrnehmung ausüben. Welche Selbstwahrnehmungsfaktoren beeinflusst werden, ist vom Einzelfall abhängig und sollte demnach immer individuell betrachtet werden.

Bei einem Drittel der Befragten konnte keine genaue Bedeutung des gewalttätigen Handelns auf das eigene Selbstbild analysiert werden. Eine genaue Festlegung, ob die ausgeübte Gewalt sich ausschließlich positiv auf den Akteur bzw. die Akteurin auswirkt, kann nicht belegt werden, weil im Rahmen der Interviews ebenso von negativen Einflussfaktoren wie Schuldgefühle etc. berichtet wurde.

5.4 Das Ausmaß weiblicher Gewaltanwendung und ihre Ausprägung

Das folgende Kapitel und dessen Unterpunkte sollen nun einen Einblick in die Entwicklung des Gewaltverhaltens von Mädchen und jungen Frauen geben. Hierzu werden die individuellen „Gewaltkarrieren" von allen weiblichen Personen der Untersuchungsgruppe analysiert, um anhand dieser Ergebnisse den aktuellen Ausprägungsgrad der Gewalthandlungen zu ermitteln. Der Fokus wird hauptsächlich auf den Bereich der körperlichen bzw. physischen und auf die psychische Dimension der Gewalt gelegt.

Wie bereits im Kapitel 4. *Theoretische Überlegungen zur „Mädchengewalt"* verdeutlicht wurde, ist es eine Tatsache, dass Mädchen und Frauen durchschnittlich betrachtet weniger physische Gewalt anwenden als das männliche Geschlecht (vgl. Lütkes, 2002, S. 4). Dieses Faktum muss aber nicht bedeuten, „dass Mädchen weniger aggressive Handlungen ausüben als Jungen" (Heeg, 2009, S. 25). Welches Ausmaß das Gewaltverhalten des weiblichen Geschlechts annehmen kann, wird ebenfalls in der nachfolgenden Analyse dargestellt.

5.4.1 Beginn des Gewaltverhaltens und Prozessverlauf

Für die folgende Analyse muss vorab der Begriff „Gewaltkarriere" geklärt werden. Die Autorin und wissenschaftliche Mitarbeiterin am Lehrstuhl für allgemeine Erziehungswissenschaften an der technischen Universität Dortmund Claudia Equit definiert den Terminus der Gewaltkarriere wie folgt:

> „Der Terminus Gewaltkarriere lehnt an den Karrierebegriff an, der für eine Entwicklung, eine Laufbahn oder einen Werdegang steht. Die Gewaltkarriere umfasst die Entstehung und den Verlauf jugendlicher Gewaltausübung. In Anlehnung an den Terminus Suchtkarriere, der die Entstehung, Steigerung und Ausstieg aus konsumierenden Handlungs- und Denkweisen umfasst, lässt sich die Gewaltkarriere durch ihre Entstehung und Expansion des Gewalthandelns sowie ihre biografischen Phasen des Ausstiegs charakterisieren. [...] Die Wahl des Karrierebegriffs begründet sich darin, da im Lebenslauf aller gewaltaktiver Mädchen eine Expansion des Gewalthandelns zu einem bestimmten biografischen Zeitpunkt sowie daraus weitere negative Entwicklungen und Leidensprozesse im Leben der Betroffenen rekonstruiert wurde."
>
> (Equit, 2011, S. 163 f.)

Demnach ist die Gewaltkarriere eines Menschen mit dem Lebenslauf bzw. Werdegang der gewalttätigen Handlungen gleichzusetzen und beschreibt die Weiterentwicklungsphänomene (vgl. Sutterlüty, 2008, S. 208). Es handelt sich also um einen biografischen Leitfaden, der die Entstehung, den Anstieg oder Abstieg und den Ausstieg gewalttätiger Verhaltensweisen bei Mädchen (aber auch bei Jungen) verdeutlicht (vgl. Equit, 2011, S. 164). Dabei darf auf keinen Fall davon ausgegangen werden, dass Gewaltkarrieren ebenso wie Berufskarrieren in der Regel bewusst, zielgerichtet und strategisch geplant durch den Akteur beeinflusst werden. Jugendliche Gewalttäter und Gewalttäterinnen planen ihre eigenen Karrieren nämlich nicht strategisch auf einen Aufstieg hin, sondern durchlaufen ebenso Phasen, in denen das eigene Gewalthandeln als unkontrollierbar und negativ betrachtet wird (vgl. Sutterlüty, 2008, S. 208). Es handelt sich also um einen Prozess, der nicht zwangsläufig immer in die gleiche Richtung gelenkt, sondern von individuellen voneinander abweichenden Phasen begleitet wird. Eben dieser Prozess der Gewaltkarriere, also die Veränderungen des Gewaltverhaltens, soll nun im Folgendem für die Zielgruppe gewalttätiger und gewaltbereiter Mädchen und junger Frauen analysiert werden. Hierbei geht es darum, inwiefern sich die Verhaltensweisen der Untersuchungsgruppe im Zeitverlauf verändern, mildern oder steigern.

Bei ca. der Hälfte lässt sich der Beginn der Gewaltanwendung im Lebensverlauf relativ spät ansetzen und ist etwa ab dem Alter von elf Jahren zu verzeichnen. *„Früher habe ich gar keine Gewalt angewendet, erst seitdem ich hier auf der Schule bin, da hab' ich mir geschworen, dass ich nie wieder als Außenseiter dastehen will. Ich hab's bei anderen gesehen, wie die das machen und hab's dann nachgemacht... Musste mir ja auch erst mal einen Namen machen"* (Stefanie, 17 Jahre). Gewalt hat sich erst sehr spät, und zwar mit Beginn des Wechsels auf eine weiterführende Schule als Handlungsalternative etabliert. Augenscheinlich sieht es so aus, dass die Befragte während ihrer Kleinkindheit nicht oder zumindest nicht bewusst Gewalt gegenüber anderen angewendet hat. Demnach liegt der Beginn des Prozesses dieser „Gewaltkarriere" ca. zwischen zehn bis zwölf Jahren. Dieses Alter ist typisch für das Phänomen der Jugenddelinquenz, bei der das dissoziale und deviante Verhalten in der Regel erst zu Beginn der Adoleszenz anfängt und im Erwachsenenalter wieder nachlässt bzw. versiegt (vgl. Schick, 2011, S. 21).

Neben diesem Aspekt wird in der Aussage von *Stefanie* auch deutlich, wie eine derartige Gewaltkarriere zustande kommt. Häufig weist der Verlaufsprozess gewalttätigen Verhaltens zwei Pole auf. Zum einen gibt es ein früh beginnendes Erleben von Gewalt durch andere an der eigenen Person, die einhergeht mit Missachtung, Ohnmachtsgefühlen und Erniedrigungen (vgl. Sutterlüty, 2008, S. 209). *„Die Grundschule fand ich nicht so gut, weil ich oft gehänselt wurde, wegen meiner Brille"* (Stefanie, 17 Jahre). Nach dieser Aussage hat die Betroffene, wie auch zahlreiche andere gewalttätige Mädchen, selbst Gewalt erlebt und wurde dieser in ihrer Kindheit immer wieder ausgesetzt (vgl. Tillmann/Holler-Nowitzki/Holtappels/Meier/Popp, 2007, S. 124 f.). Diese Gewalterfahrungen wurden nicht nur in der Schule oder durch andere Altersgenossen gemacht, sondern auch innerhalb der Familie erlebt: *„[...]Doch früher, als ich klein war, hab' ich manchmal einen auf den Arsch bekommen"* (Stefanie, 17 Jahre). Auf derartige Erfahrungen des Gewalterleidens folgt in manchen Fällen eine Phase der Gewaltausübung, um die soziale Anerkennung wiederherzustellen oder aufzubauen und verloren geglaubte Handlungsmacht gegenüber anderen zu gewinnen (vgl. Sutterlüty, 2008, S. 209). „Bei Gewaltkarrieren wird [...] eine „Verlaufskurve des Erleidens" familiärer Gewalt und Missachtung von einem Handlungsschema der Gewaltausübung abgelöst, auch wenn, [...] beide Phasen gewisse Momente der jeweils anderen in sich bergen." (Sutterlüty, 2008, S. 209) Diese Verlaufskurve ist bei einigen Mädchen aus der Forschungsgruppe sehr gut erkennbar. *„Heute lass' ich mir halt nichts mehr gefallen. Ich bin jetzt diejenige, der alles nachgemacht wird. Ich muss zugeben ...*

mhhh ... ich bin schon echt krass geworden. Manchmal tut es mir auch leid, für diejenigen die meine Gewalt abkriegen, aber es gibt ja einen Grund dafür. Klar ich schlage drauf... auch mit der Faust und treten tue ich auch, aber mit Messern und so mache ich nichts, das ist unfair" (Stefanie, 17 Jahre). Um die Verwandlung des Gewaltverhaltens in einfachen Worten zu beschreiben, kann die Floskel verwendet werden, dass die Jugendlichen „den Spieß umgedreht" und sich nun mehr vom Opfer zur Täterin gewandelt haben (vgl. Tillmann/Holler-Nowitzki/Holtappels/Meier /Popp, 2007, S. 124 f.). Hier gab es demnach einen *krassen* Umbruch von scheinbarer Gewaltabstinenz hin zu einem hohen Maß an gewalttätigen Verhaltensweisen in Form von Schlägen (mit den geballten Fäusten) und Treten. Es handelt sich in diesem Fall also eher nicht um einen langsamen, sich steigernden Verlauf der Gewalttätigkeit, sondern um eine plötzliche 360-Grad-Wendung des eigenen Handlungsrepertoires.

Diesen Wechsel vom Opfer zum Täter beschreibt auch die Aussage einer anderen Teilnehmerin aus der Untersuchungsgruppe. *„Das allererste Mal? Richtig, dass wir irgendwie was hatten, oder wie? [...] Inne Schule, ja mit meinen Krücken. [...] Die hat mich früher nämlich auch immer geärgert mit der Hüfte. Ich war so Profi auf den Krücken. Ich konnte ja richtig rennen damit und alles. Und die sind dann auf einen Baum gegangen und haben gesagt: „Hähähä, du Krücke, du fette Sau, du kriegst mich nicht!" Hab' ich die Krücke komplett ausgefahren und dann hab' ich die so gehauen. Daran konnte ich mich dran erinnern. In der Grundschule noch"* (Virginia, 20 Jahre). Der Richtungswechsel vom Opfer zur Täterin ist auch bei dieser Befragten zu erkennen, allerdings mit dem Unterschied, dass der Beginn des Gewaltverhaltens schon weitaus früher, nämlich im Grundschulalter anzusiedeln ist (vgl. Klosinski, 2012, S. 72). An diesem Punkt ist es wichtig zu erwähnen, dass der Altersunterschied zum Beginn des Verhaltenswechsels nicht zwangsläufig etwas damit zu hat, dass diejenigen weiblichen Gewalttäterinnen, die bereits früh ein derartiges Verhalten an den Tag legen, auch in der Gewaltausübung und -ausprägung härter oder brutaler vorgehen (vgl. Zirk, 1999, S. 14).

Der nächste vorgestellte Prozessverlauf des Gewaltverhaltens weiblicher Täterinnen soll stellvertretend für die Hälfte der gewalttätigen und gewaltbereiten Mädchen und jungen Frauen analysiert werden, und zwar mit der Begründung, dass sich der Verlauf der jeweiligen Gewaltkarrieren bei diesem prozentualen Anteil im hohen Maße ähnelt und somit zusammengefasst werden kann. Als Exempel wird das durchgeführte Interview der *21-jährigen Melanie* hinzugezogen. Um ein besseres Verständnis über den Prozessverlauf und dessen Hintergründe zu bekommen, wird nun schemenhaft der Lebensverlauf der Befragten vorgestellt: Melanie ist in sehr schwierigen Familienverhältnissen aufgewachsen. Bis zum Alter von drei Jahren lebte sie im ehelichen Elternhaus zusammen mit ihrem drei Jahre älteren Bruder. In dieser Zeit musste Melanie immer wieder miterleben, wie ihr Vater gegenüber der Mutter Gewalt angewendet hat und dies wohl in einem höherem Ausmaß. Zudem war ihr Vater starker Alkoholiker und hat auch bis heute noch mit dieser Sucht zu kämpfen. Im Alter von drei Jahren trennten sich ihre Eltern. Melanie selbst kam in die Obhut ihrer Mutter. Ihr Bruder musste beim Vater leben. Die Trennung von ihrem Geschwisterteil war für Melanie eine schreckliche Situation, da sie eine sehr enge und vertrauensvolle Bindung zu ihrem Bruder besaß. Das Leben bei ihrer Mutter verbindet Melanie ebenfalls mit überwiegend negativen Erinnerungen. Aufgrund von Arbeit und gleichzeitigem Nebenjob der Mutter war Melanie sehr oft alleine zu Hause, hat früh lernen müssen, auf sich Acht zu geben und für sich selbst zu sorgen, hatte aber auch gleichzeitig keine Möglichkeit, mit ihrer Mutter über Probleme oder Lasten zu sprechen. Wenn Melanie versucht hat, Kontakt zu ihrer Mutter aufzubauen, stieß sie sehr oft auf Ablehnung und Desinteresse. Aus diesem Grund suchte sie außerhalb der Familie nach Anerkennung, Wertschätzung und Geborgenheit, und zwar bei anderen Gleichaltrigen. Im Alter von 16 Jahren wurde Melanie dann in einem Heim untergebracht, in dem sie mit Drogen und Alkohol in Kontakt kam. Kurze Zeit darauf lebte sie auf der Straße und suchte den Anschluss an Gleichaltrige, die das gleiche Schicksal teilten, allerdings auch viel mit Gewalt und Gewaltanwendung zu tun hatten. Im Alter von 19 Jahren hat sie die Straße verlassen und konnte eine eigene Wohnung beziehen, den Kontakt zu ihrer alten „Straßengang" hat sie aber nicht abgebrochen. Heute ist Melanie 21 Jahre alt, lebt in einer Beziehung, die ebenfalls von Gewaltsituationen geprägt ist, und hat eine 3-jährige Tochter.

Der Beginn der Gewaltanwendung von Melanie liegt innerhalb der Spanne des Überganges von der Kindheit zur Adoleszenz. *„Keine Ahnung. Neun oder zehn. Irgendwie so. Da hab' ich mit ein paar Freunden so 'ne andere Clique, mit denen wir Stress hatten, geschlagen. Wir haben aber nicht so richtig draufgeschlagen damals. Weißt'e da war noch so Haare ziehen und spucken und schubsen und so was. Harmlos!"* *(Melanie, 21 Jahre)* Es handelt sich nicht wie bei manchen anderen Interviewteilnehmerinnen bei der ersten Rauferei um eine Eins-zu-Eins-Situation, sondern eher um Machtkämpfe der Peergroup, die ihr Revier gegenüber anderen, vermutlich feindlich angesehenen Cliquen verteidigt (vgl. Vogelgesang, 2006, S. 120). Melanie nimmt dabei eine aktive Rolle ein, beteiligt sich an der Auseinandersetzung und setzt ebenfalls körperliche Gewalt ein, um ihre Loyalität zu beweisen und das Zugehörigkeitsgefühl zu stärken (vgl. Toprak, 2006, S. 70).

Wie der oben angegebenen Aussage zu entnehmen ist, kann die Ausprägung der physischen Gewaltanwendung dahingehend beschrieben werden, dass es sich zu Beginn der *Gewaltkarriere,* wie es die Befragte äußert, um „harmlose" körperliche Beeinträchtigungseinwirkungen handelt. Haare ziehen, Schubsen und Schläge mit der flachen Hand gehören dazu. Objektiv betrachtet, würde natürlich nicht von harmlosen Streitigkeiten gesprochen werden, da es sich schon hier um den Tatbestand einer Körperverletzung handelt (vgl. Herold, 2011, S. 3). In der Folge des Lebensverlaufs hat sich das eigene Gewaltverhalten verstärkt, nicht nur die Schläge und die Formen der devianten Handlungsweisen haben sich verändert, sondern auch die Häufigkeit, „sich schlagen zu müssen", hat zugenommen. *„Heute schlag' ich mit Fäusten und so was alles. Ich hab' das halt so gelernt von anderen. Wenn, dann schlag' ich richtig drauf und treten und so. Anders kann' ich das gar nicht mehr [...]" (Melanie, 21 Jahre).* Dieser Interviewausschnitt zeigt deutlich eine Steigerung gegenüber dem anfänglichen Gewaltverhalten. Aus Schubsen und Backpfeifen sind harte Faustschläge und gezielte Tritte entstanden, die logischerweise in der Regel zu mehr Schaden beim Opfer führen. In dem oberen Zitat grenzt sich Melanie „von Mädchen ab, die in der Ausdrucksform von Aggression und Gewalt an Klischees von kratzenden, beißenden Mädchen erinnern und setzt ihren eigenen Härte betonenden Entwurf dagegen." (Silkenbeumer, 2007, S. 283 f.) Diese Selbstdarstellung und Abgrenzung vom klischeehaften Mädchenbild fällt auch bei der Aussage einer anderen Interviewteilnehmerin ins Auge, vor allem bei der Frage, mit welchem Geschlecht die meisten Auseinandersetzungen stattfinden. *„Mit Jungs. Ja, weil mit den kann man sich besser schlagen, weil die halt besser zuschlagen und Mädchen halt immer nur Haare ziehen und so" (Julia, 18 Jahre).* Das eigene Gewaltverhalten wird dem des männlichen Geschlechts angeglichen und wahrscheinlich auch an diesem ausgerichtet (vgl. Althoff, 2010, S. 56 f.). Das als zuvor typisch mädchenhafte deviante Verhalten, wie beispielsweise „Haare ziehen" wurde abgelegt und durch harte, vorwiegend dem männlichen Geschlecht zugeordnete Gewaltaktivitäten ersetzt (vgl. Silkenbeumer, 2007, S. 78 f.). Dies soll nicht heißen, dass Mädchen und junge Frauen sich das männliche Geschlecht und dessen Gewaltverhalten als Vorbildmodell nehmen, sondern sie wollen damit erreichen, auf gleicher Augenhöhe mit den Jungen zu sein und wollen nicht als schwaches Geschlecht angesehen werden (vgl. Kreuzer, 2009, S. 90).

Zum Zeitpunkt der Interviewdurchführung gibt die Befragte *Melanie (21 Jahre)* an, ihr massives und zerstörerisches Gewaltverhalten beibehalten zu haben. Lediglich die Häufigkeit von Auseinandersetzungen und Schlägereien hat abgenommen, in ihrer Ausprägung sind sie allerdings gleichbleibend. *„Ne, eigentlich keine Unterschiede, aber es kommt nicht mehr so oft vor, weil ich nicht mehr so mit den*

Leuten abhänge oder so" (Melanie, 21 Jahre). Hier findet demnach noch kein Ausstieg aus der eigenen „Gewaltkarriere" statt, vielmehr nimmt die Anzahl der durchlebten und selbst durchgeführten Gewalthandlungen ab, weil sich die Befragte nicht mehr gezielt in solche Situationen begibt. Das Handlungsmuster der Gewaltanwendung hat sich während des gesamten mit Gewalt besetzten Lebensverlaufs verfestigt und ist zu einer konstanten Verhaltensweise geworden, die bis ins hohe heranwachsende Alter zum Verhaltensrepertoire der weiblichen Person gehört.

Neben diesem eben beschriebenen Prozessverlauf des Gewaltverhaltens und dessen Ausprägungsgrad, der auf den Durchschnittsanteil aller befragten gewalttätigen und gewaltbereiten Mädchen und jungen Frauen zutrifft, sind während der Interviewphase dieser Studie noch zwei weitere Verhaltensprozesse in den Vordergrund getreten, die einige Abweichungen und Unterschiede zu den anderen aufweisen.

Wie in einigen Studien belegt und auch in dieser Untersuchung kenntlich gemacht wurde, beginnt das Gewaltverhalten von Mädchen und jungen Frauen während der letzten Phase der Grundschulzeit und zum Übergang von der Kindheit in die Adoleszenz (vgl. www.starke-eltern.de, abgerufen am 07.07.2012, 15:58 UTC). *„Da war ich elf, nein, da war ich neun. Das war auf'n Spielplatz, da ging's um meine Barbie-Puppe. Die wollte meine Barbie-Puppe klauen und dann wollte ich die schlagen, an den Haaren gerissen und den Kopf in Sand reingedrückt oder so" (Sylvia, 17 Jahre).* Diese exemplarische Aussage macht deutlich, dass der Zeitpunkt des Beginns gewalttätigen Verhaltens eben nicht pauschalisiert, sondern einzelfallbezogen betrachtet werden muss. Es wird sichtbar, dass in einigen Fällen bereits im Kleinkindalter deviante Verhaltensmuster bei den gewalttätigen Mädchen zu erkennen sind. Damit ist nicht das normale bei allen Kindern vorkommende Konkurrenzverhalten gemeint, sondern dissoziale Verhaltensweisen, die in Bezug auf ihre Ausprägung über das gesellschaftlich anerkannte Maß hinausschießen (vgl. Schick, 2011, S. 20). Hierzu zählt sicherlich auch, einem anderen Kind den Kopf in den Sand zu drücken, sodass damit gerechnet werden kann, dem betroffenen Kind erheblichen Schaden zuzufügen. Ein derartiges dissoziales Verhalten zieht sich bei einem Bruchteil der Untersuchungsgruppe durch den gesamten Lebensverlauf und weist ebenfalls mit zunehmendem Alter immer stärker werdende Gewalthandlungen auf. *„Also früher, da haben nur irgendwelche gelästert und ich bin dann dahin gegangen und hab' dann, ja keine Ahnung, hab' dann vielleicht mal eine geknallt oder so, dann bin ich einfach weggegangen und hab' dann geweint, weil mir das dann wieder leid tat und ich gemerkt habe, ich hab' Scheiße gebaut, aber heute ... keine Ahnung ... Ich geh' hin, ich knall' der nicht einfach eine, ich tret' die direkt zusammen oder so und das will ich gar nicht. Dann will ich am liebsten nur eine knallen, weil das ist weniger, als wenn ich hier jemanden zusam-*

mentrete oder so. Ja und dann geh' ich nicht weg und weine, sondern ich geh' weg und bin so sauer, dass mein ganzer Körper zittert und am liebsten noch mich selber verprügeln würde, weil ich wieder Scheiße gebaut hab'. Ja, also auf jeden Fall ein bisschen anders als früher" (Sylvia, 17 Jahre). Unverkennbar ist auch in diesem Fall die Tatsache, dass sich ein Prozess vollzogen hat, der mit einer erheblichen und negativen Veränderung des Gewaltverhaltens einhergeht. Von anfänglichen Lästerattacken und dem Anwenden psychischer Gewalt ist deutlich der Übergang zur erheblichen, verletzungsrisikoreichen und körperlichen Gewaltformen zu sehen. Bei allen interviewten gewalttätigen und gewaltbereiten Mädchen und jungen Frauen ist eine derartige Steigerung des Gewaltpotentials vorzufinden, das sich auch in ihrer Ausprägung ähnelt. Dennoch weist der zuletzt erwähnte Interviewausschnitt auf eine wichtige Besonderheit hin, die es in Bezug auf das Thema der Mädchengewalt zu berücksichtigen gilt. *„[...] weil mir das dann wieder leid tat und ich gemerkt habe, ich hab' Scheiße gebaut, aber heute ... keine Ahnung ... Ich geh' hin, ich knall der nicht einfach eine, ich tret' die direkt zusammen [...]. Ja und dann geh' ich nicht weg und weine, sondern ich geh' weg und bin so sauer, dass mein ganzer Körper zittert und am liebsten noch mich selber verprügeln würde, weil ich wieder Scheiße gebaut hab'" (Sylvia, 17 Jahre).* Die Opferempathie, also das sich Hineinfühlen in den Geschädigten oder in die Geschädigte, ist zu Beginn der Gewaltkarriere insofern vorhanden, dass die Gewalttaten der Jugendlichen immer mit Schuldgefühlen und Mitleid einhergegangen sind (vgl. Vgl. www.violence-prevention-network.de, abgerufen am 25.06.2012, 11:43 UTC). Diese Gefühle gegenüber den Opfern der eigenen Gewaltanwendung haben sich aber gleichermaßen wie die Ausprägung und Anwendung des dissozialen Verhaltens verändert. Aus dem „schlechten Gewissen" ist Wut gegenüber sich selbst geworden, sich selbst nicht unter Kontrolle zu haben, sodass ein Gefühl von Ohnmacht vermittelt wird (vgl. Bruhns, 2010, S. 14). Die Opfer fallen quasi aus der Wahrnehmung der gewalttätigen Mädchen heraus, werden nicht mehr beachtet oder zumindest nur oberflächlich wahrgenommen und die eigene Person wird in den Fokus gestellt.

Bei fast allen befragten gewalttätigen und gewaltbereiten Mädchen und jungen Frauen ist eine tendenzielle und permanente Steigerung des Gewaltverhaltens während des individuellen Lebenswerdegangs zu verzeichnen. Die Ausprägung kann insofern als dramatisch bezeichnet werden, weil lediglich die letzte Stufe gewalttätiger Verhaltensweisen, nämlich die Benutzung von Waffen, in der überwiegenden Zahl der Fälle nicht oder noch nicht erreicht wurde (vgl. Ostheimer, 2002, S. 180).

Der zweite *„aus der Reihe tanzende"* Gewaltkarriereprozess berichtet von einem sehr späten Beginn des Gewaltverhaltens, zumindest aus Sicht der Interviewteilnehmerin. Natürlich kann gemutmaßt werden, dass die Aussagen lediglich die subjektive Sicht des Gewaltverhaltens widerspiegeln und ggf. nicht der Realität entsprechen. Allerdings geht es nicht vornehmlich darum, bewusst objektive Schlüsse zu ziehen, sondern die eigene Wahrnehmung der Untersuchungsgruppe wiederzugeben, da diese zum Beispiel für genderorientierte Präventionsarbeit von enormer Bedeutung ist (vgl. Hofmann, 2011, S. 75). Deshalb wird der folgende exemplarische Gewaltkarriereverlauf als eine weitere Variante der Bildung und Weiterbildung gewalttätigen Verhaltens verstanden. *„Erst mal richtig drauf geschlagen, war wo ich hier sitze. Ne, gar nicht wahr, vorletztes Jahr Silvester hab' ich meiner damaligen besten Freundin so richtig ein paar reingehauen. Die kam total besoffen auf mich drauf und sagte zu mir, ich soll mich aus der Stadt verpissen ... dann hat die versucht, mich zu treten und dann hab' ich ihr erst mal so richtig einen gegeben ... Wo ich so richtig drauf geschlagen hab'"* (Mia, 16 Jahre). Der Beginn des gewalttätigen Verhaltens wird relativ spät, in der Mitte der Adoleszenz angesetzt, und zwar im Alter von 14 Jahren. Allerdings ist das Gewaltverhalten schon sehr stark ausgeprägt. Das erstmalige *„richtig draufschlagen"* wird als Messlatte bzw. Ankerpunkt des Anfangs des gewalttätigen und gewaltbereiten Verhaltens genutzt. Demnach kann die These vertreten werden, dass die Interviewteilnehmerinnen bzw. in diesem Fall die Befragte *Mia* bereits zuvor Gewalt in einem anderen Ausmaß angewendet hat, und zwar wahrscheinlich in „milderen" Variationen, die eine Deklaration der damaligen devianten Handlungen mit dem Begriff Gewalt aus subjektiver Sicht nicht zulässt. Diese Überlegung wird durch eine weitere Aussage der Interviewteilnehmerin gestützt, die auf die Frage des früheren Gewaltverhaltens basiert. *„Hat sich geändert, hat sich gemildert, weil damals hatte ich Wutausbrüche, war gar nicht mehr auszuhalten. Also hat meine Mutter mir gesagt, da waren wirklich Wutausbrüche dabei, die sind gar nicht mehr auszuhalten gewesen. Ich hab' Schränke auseinandergenommen. Ich war elf Jahre alt und hab' schon alles kurz und klein geschlagen. Mit elf hat das angefangen"* (Mia, 16 Jahre). Auffällig ist, dass in diesem Zusammenhang von extremen Wutausbrüchen und Gewalthandlungen in der Kindheit gesprochen wird, die zuvor nicht thematisiert wurden. Stellvertretend für die gesamte Untersuchungsgruppe kann gesagt werden, dass der exakte und wirklichkeitsgetreue Beginn der Gewaltkarriere nicht eindeutig feststellbar ist, allerdings wohl weit hinter den angegebenen Zeiträumen der befragten Mädchen und jungen Frauen liegt.

Angesichts der Dynamik von derartigen Gewaltverhaltensprozessen kann die Frage geäußert werden, ob ein Ausstieg bzw. eine Kehrtwende des eigenen Gewaltverhaltens hin zu normenkonformen und gewaltfreien Handlungsalternativen möglich ist. Die Autorin Claudia Equit erklärt, dass sich die Gewaltkarrieren „als Zusammenspiel von einer Veränderung habitualisierter gewaltaffiner Handlungsmuster, der Aufhebung erfahrener institutioneller Anerkennungsverluste und einer Veränderung des Selbstbildes als Siegerin im Kampf von Ehre rekonstruieren" (Equit, 2011, S. 168) lassen. Demnach können Ausstiege aus diesem Gewaltverhalten nur dann erfolgen, wenn sich die Lebenssituationen von Mädchen und jungen Frauen verändern sowie eine gesicherte und zukunftsorientierte Integration ins Erwerbsleben bzw. ins Erwachsenenleben stattfindet, um Anerkennung zu schaffen mit dem Ziel, alternative und gewaltfreie Selbstbilder in die Wahrnehmung der Mädchen zu installieren (vgl. ebd.). Zum Zeitpunkt der Interviewdurchführung befinden sich alle befragten gewalttätigen und gewaltbereiten Mädchen und jungen Frauen noch innerhalb einer solchen Gewaltkarriere, ein totaler Ausstieg kann zu keinem Zeitpunkt festgestellt werden.

5.4.2 Einordnung und Reaktionen auf verbale Provokation

Provokationen haben immer das Ziel, eine andere Person anzugreifen, und zwar dadurch, dass der Provokateur/die Provokateurin geltende Regeln, die von den Betroffenen als wichtig erachtet, gebrochen oder verletzt werden (vgl. Merkel, 2007, S. 4). Diese Normenbrüche werden i. d. R. gezielt, bewusst und beabsichtigt herbeigeführt (vgl. ebd., S. 5). Die Ausdrucksformen von Provokationen sind unterschiedlich und nicht konkret zu definieren; dabei kann es sich um ein Grinsen, Kopfschütteln oder verbale Äußerungen handeln, die die Zielperson verletzen bzw. stören sollen (vgl. Seite „Leitz"; in: www.leitz.com, abgerufen am 06.05.2012, 17:06 UTC).

Innerhalb des Forschungsthemas der „Mädchengewalt" wurden die gewalttätigen Mädchen und jungen Frauen befragt, inwieweit sie Provokationen mit dem Begriff der Gewalt in Verbindung bringen. Vorab muss allerdings festgehalten werden, dass fast alle der Befragten Provokationen ausschließlich mit verbalen Beleidigungsäußerungen, Lästern und leichten körperlichen Handlungen am Gegenüber (wie z. B. das Anrempeln einer Person) gleichsetzen. Der Definitionsansatz ist immer abhängig von der eigenen subjektiven Wahrnehmung, d. h. es werden nur diejenigen Handlungsmuster als Provokationen verstanden, bei denen sich die jeweilige Person selbst provoziert fühlen würde. „[...] Natürlich immer dann, wenn mich jemand doof anlabert. Manchmal auch, wenn ich denke irgendjemand redet über mich schlechte Sachen, so was kann ich auch nicht haben. Kennst'e das, wenn man auf'n Schulhof steht und man sieht so ein paar Mädels, die tuscheln und dann immer rübergucken ... boah ... so was kann ich nicht ab. [...] Klar, wenn *mich jemand richtig mit Wörtern beleidigt fühl' ich mich natürlich erst recht provoziert"* *(Stefanie, 17 Jahre)*. Beispielhaft lässt sich erkennen, dass vor allem beleidigende Äußerungen und das „schlecht Reden" über die eigene Person als provozierendes Verhalten verstanden wird. In manchen Fällen reicht sogar schon die Vermutung aus, dass andere Personen oder Gleichaltrige lästern, ohne konkrete Hinweise dafür zu haben, um sich provoziert zu fühlen. Demnach muss es sich nicht um direkt ausgesprochene oder ausgeführte Handlungsweisen handeln, sondern diese können auch nur vermeintlich und ggf. real vorhanden sein.

Insgesamt gibt ca. die Hälfte der interviewten Mädchen und jungen Frauen an, dass Provokationen nichts mit dem Gewaltbegriff zu tun haben und getrennt betrachtet werden müssen. *„Als Gewalt? Nein ... nein" (Julia, 18 Jahre)*. *„Würde ich nicht direkt so als Gewalt sehen" (Jule, 17 Jahre)*. Mehr als die Hälfte der Untersuchungsgruppe vertritt diese Ansicht. Eine derartige Denkweise lässt sich u. a. damit untermauern, dass vor allem diejenigen, die psychische Gewalt auch nicht als solche betrachten, ebenso wenig die Handlungsmuster von Provokation mit Gewalt gleichsetzen. Eine der Interviewteilnehmerinnen betont besonders, dass Gewalt und Provokation nicht vermischt werden sollten, sondern völlig voneinander abweichen. Auf die Frage, ob die Befragte verbale Provokationen als Gewalt bezeichnen würde, hat die Forscherin eine rigide und strikte Aussage als Antwort erhalten. *„Nein, niemals" (Mia, 16 Jahre)*. Das benutze Wort „niemals" unterstreicht die Haltung zum Thema Provokation und sagt aus, dass alle Formen von Provokationsverhalten, egal wie schwer diese ausfallen und welche Ziele damit verfolgt werden, nicht als gewalttätige Handlung verstanden werden.

Neben dem Großteil der gewalttätigen und gewaltbereiten Mädchen und jungen Frauen, die provokantes Verhalten nicht als Gewalt empfinden, kommt bei einem Drittel der Befragten genau das gegenteilige Verständnis zum Vorschein. *„Ja. Man will ja jemanden, der will mich ja auf 180 bringen und der will, dass ich ausraste und dass ich ihm irgendwie eine knalle und der mich anzeigen kann und darum denke ich mal ja" (Sylvia, 17 Jahre)*. Provokationen, die das Ziel aufweisen, eine andere Person zu reizen und zu bestimmten Reaktionen zu bewegen, werden anteilig als Gewalt verstanden, da es sich um Handlungsweisen handelt, die auf eine Eskalation von Konflikten abzielen (vgl. www.oliveira-online.at, abgerufen am 08.07.2012, 13:32 UTC). Dabei wird das Gegenüber so lange provoziert und gereizt, bis eine Reaktion zum Vorschein kommt, die in der Regel vom Provokateur/von der Provokateurin auch so erwünscht wird. Es handelt sich also um gezielte Herausforderungen, andere aus der Reserve zu locken und zu verunsichern, sodass ein spezifisches Verhalten, in diesen Fällen ein Gewaltverhalten, zum Vorschein gebracht wird (vgl. Sielert, 2010, S. 128). Auffallend ist, dass die Mädchen und jungen Frauen sich bei einer derartigen Aufforderung die Verbindung von Provokationen zur Gewalt zu beschreiben äußerst schwertun, vor allem dann, wenn ein potentielles Verhältnis vorhanden ist. Zögerliche und fragende Aussagen sind die Folge. *„Ja, aber Gewalt heißt eigentlich für mich, wenn man es anwendet körperlich. Das andere ist so ein anderes Verletzen halt"* (Virginia, 20 Jahre). Anhand dieser exemplarischen Aussage ist sehr gut erkennbar, dass Provokationen zwar eigentlich als Teilgebiet von Gewalt verstanden, aber gleichzeitig relativiert werden, indem der körperlichen Gewalt einen höheren Stellenwert zugeschrieben wird. Es handelt sich zwar um ein gezieltes, beabsichtigtes und in manchen Fällen auch verletzendes Verhalten, das allerdings nicht immer Folgen für die betroffene Person und den Provokateur nach sich zieht (vgl. Merkel, 2007, S. 4 f.).

Die Reaktionen der gewalttätigen und gewaltbereiten Mädchen und jungen Frauen auf provokative Handlungsoptionen weisen sowohl Gemeinsamkeiten als auch Unterschiede auf. So führen mehr als die Hälfte aller Befragten die gleichen Handlungsweisen durch, denen sie selbst ausgesetzt werden, und reagieren mit weiteren Provokationen auf ein derartiges Verhalten. *„Leichte Frage. Ich provoziere natürlich zurück. Meinst'e ich lass' die machen, was die wollen? Ne, Leute, nicht mir, das geht gar nicht"* (Marina, 19 Jahre). Das „Zurückprovozieren" ist ein gängiges Mittel, das bei einem Großteil gewalttätiger Jugendlicher als einzige und richtige Maßnahme verstanden wird, um mit derartigen Sticheleien umzugehen (vgl. Sofsky, 2010, S. 180). Dabei wird versucht, das eigene Gesicht nicht zu verlieren und die eigene Stärke zu beweisen. *„Ich provoziere zurück. Ich frag' meist nach, wo das Problem liegt. Alter, manchmal sind das auch Hirnis. Dann wollen die einen provozieren, aber wenn die merken, dass man keine Angst hat, versuchen die, einen auf nett zu machen und das alles nicht so gemeint gewesen ist. Wenn mich jemand richtig provoziert, also beleidigt und so, dann kann ich ganz schnell ausflippen und ich klatsch' dem eine. Wenn man's zu weit treibt, dann muss man halt mit den Konsequenzen rechnen. So läuft das Leben halt"* (Stefanie, 17 Jahre). Im Vordergrund steht also, den anderen zu beweisen, keine Angst zu haben und sich wehren zu können. Handelt es sich allerdings um Provokationen, die eine gewisse Schwelle bei den gewalttätigen Mädchen überschreiten, kann es passieren, dass auf vermeintlich harmlose Sticheleien direkt mit Gewalt geantwortet wird und eine Überreaktion des Provokationsopfers zu Tage kommt. Wenn die Mädchen und jungen Frauen als Erstes mit gewalttätigem Verhalten auf Provokationen eingehen, so verlieren sie ihre Legitimität und laden die gesamte Schuld der Eskalation auf sich (vgl. Sofsky, 2010, S. 180).

Ausschließlich ein kleinerer, aber nicht weniger bedeutender Teil der interviewten Mädchen und jungen Frauen gibt an, verbale Provokationen zu überhören. Sie versuchen, mit Missachtung den Provokateur oder die Provokateurin daran zu hindern weiterzumachen und somit das provokative Verhalten zu beenden. *„Ja ich hör' einfach weg. [...] Weiß ich nicht. Ich höre da gar nicht hin. Wenn einer zu mir sagt Hurentochter oder so ... ich weiß ja, dass meine Mutter nicht als Hure arbeitet" (Julia, 18 Jahre).* Verbale Attacken werden von einem kleinen Teil der Untersuchungsgruppe nicht ernst genommen und bei Seite geschoben. „Ein Ignorieren der Provokation ist unmöglich, denn sie erzwingt Aufmerksamkeit. Allerdings kann gezielte Ignoranz eine Strategie sein, auf Provokationen zu reagieren" (Merkel, 2007, S. 5). Aber auch eine „Nicht-Reaktion" oder der Versuch des Nicht-Reagierens ist eine Handlungsweise, die ebenfalls als provokativ betrachtet werden kann (vgl. ebd., S. 8). Allerdings besteht in diesem Fall die fünfzigprozentige Chance, dass der nicht beachtete Provokateur zurücksteckt und aufgibt oder versucht, mit weiteren, in den meisten Fällen mit gesteigerten, Provokationsweisen weiterzumachen, und zwar so lange, bis die gewünschte Reaktion beim Gegenüber herausbricht (vgl. Sielert, 2010, S. 128 f.). „Reagiert der andere weiterhin nicht, kann sich eine Provokationsspirale entwickeln, bei der die Nicht-Reaktion des einen immer aggressivere Reaktionen des anderen provoziert." (Merkel, 2007, S. 8) *„Meistens Mädchen. Ich weiß nicht, die haben so eine provokante Art irgendwie. Wenn die was provozieren, dann provozieren die richtig ... keine Ahnung ... Mädchen sagt: „Guck dich doch mal an! Du kriegst eh keinen ab du Hässliche!", und so. Dann provozieren die so lange ... ja ... Irgendwann reicht's mir dann" (Sylvia, 17 Jahre).* Exemplarisch kann hier eben diese Spirale verdeutlicht werden. Wenn auf provozierende Handlungsweisen nicht reagiert wird, so führt dies beim Provokateur/bei der Provokateurin in manchen Fällen zu Missgunst und spornt zu weiteren Sticheleien an, bis die gewünschte Überreaktion beim Provokationsopfer erreicht wird (vgl. Sofsky, 2002, S. 180).

Rückblickend kann zusammengefasst werden, dass ein Drittel der gewalttätigen und gewaltbereiten Mädchen und jungen Frauen direkt auf Provokationen eingeht und auf diese meist mit weiteren Provokationsmethoden antwortet. Das letzte Drittel gibt an, tendenziell eher nicht auf provokative Verhaltensweisen zu reagieren, um ein Ende herbeizuführen. Die Umsetzung sieht dabei meist anders aus, da eine Nicht-Reaktion auf provokatives Verhalten in einigen Situationen zu einer Verschärfung der reizenden Verhaltensweisen beim Provokateur führt (vgl. Merkel, 2007, S. 8).

Eine fast hundertprozentige Übereinstimmung lässt sich in Bezug auf das Provokationsverhalten der Forschungsgruppe feststellen, wenn der Fokus auf das Thema Familie gelegt wird. Beleidigungen und andere Äußerungen über die Familie stellen wohl die wirkungsvollste Form der Provokation dar, weil diese dem Gegenüber kaum Zeit zum Nachdenken lassen und unmittelbare Reaktionen des Provokationsopfers hervorrufen (vgl. Sofsky, 2002, S. 180).

„Ähm, ja .... Direkt zuhauen! Meine Familie ... ich liebe meine Familie, auch wenn es schwierig manchmal ist, aber das geht gar nicht. Da ist Ende im Schacht. Ähm, ich sag' mal so, wenn man mich beleidigt, hab' ich kein Problem damit, aber meine Eltern können nichts dafür, wenn mich jetzt irgendjemand beleidigt, deshalb sollte man die Eltern immer raushalten. Die meisten kennen meine Eltern nicht und dann können die nicht zur meiner Mutter sagen „Hure" oder „Schlampe" oder sonst was. Das find' ich geht gar nicht" (Jule, 17 Jahre). Die Reaktion auf provozierende Verhaltensweisen anderer, die sich auf die eigene Familie beziehen, sind in fast allen Fällen gleich: „Drauf schlagen!" Verbale Verteidigungstechniken oder Missachtung stellen in diesen konkreten Fällen keine Handlungsoptionen für die Mädchen mehr dar. Dieses Phänomen ist nicht ausschließlich bei gewaltbereiten weiblichen Personen vorzufinden, sondern zieht sich durch alle Gruppen die delinquentes Verhalten zeigen. Bekannt ist diese radikale Herangehensweise als Konsequenz auf familiäre Beleidigungen bei muslimischen oder anderen ausländischen Jugendlichen, die zur Gruppe der Gewaltdelinquenten gehören (vgl. Toprak, 2001, S. 46). Bis heute ist es nicht deutlich geworden, dass auch Mädchen über einen familiären Ehrbegriff verfügen, der ebenfalls die bedingungslose Verteidigung aller Familienmitglieder einschließt. *„Wie bereits gesagt, dann raste ich aus. Dann kann man auch nicht mehr mit mir reden, dann gib's einen aufs Maul. Selbst Schuld, wer sich so was rausnimmt, hat mit den Konsequenzen zu leben. Da kann der sich so oft entschuldigen, wie er will. Familie ist wichtig und keiner hat etwas Schlimmes über die zu sagen. Wenn dann nur ich selber, weil ich kenn' ja meine Familie, die kennen die aber nicht, also müssen die sich raushalten. Ganz einfach"* (Marina, 19 Jahre). Wird etwas Negatives über die eigene Familie geäußert, fühlen sich die Mädchen nicht nur persönlich betroffen, sondern empfinden derartige Äußerungen als durchaus schlimmer gegenüber Provokationen, die die eigene Person betreffen. So wird z. B. die Beleidigung als „Hure" weniger schlimm aufgefasst als die Äußerung „Hurentochter". Die Mädchen stellen ihr Handeln in den „Verteidigungsmodus" um und versuchen, die Ehre der Familie wiederherzustellen. Demnach besitzt der „Ehrbegriff" nicht nur für muslimische männliche Jugendliche eine entscheidende Rolle, wie es bislang belegt worden ist (vgl. Toprak, 2006, S. 72), sondern ist auch für gewalttätige Mädchen und junge Frauen von enormer Wichtigkeit. Dabei steht der Ehrbegriff nicht zwangsläufig im Zusammenhang mit religiösen Werten oder kulturellen Eigenschaften, sondern bezieht sich eher auf die Unantastbarkeit von Familienmitgliedern, die in der Regel an derartigen Auseinandersetzungen nicht beteiligt sind. *„Aggressiv direkt, weil so was kann ich gar nicht leiden, weil*

sie redet mit mir auch und dann soll sie mich beleidigen. Mich interessiert das nicht, wenn mich einer irgendwie hässlich, fett oder sonstiges nennt, aber nicht gegen meine Familie, weil was hat die Familie damit zu tun?" (Nicole, 17 Jahre) Die eigene Familie soll aus persönlichen Streitigkeiten herausgelassen werden. Ist dies nicht der Fall, so wird ein subjektiver Gerechtigkeitsausgleich vollzogen, indem die gewalttätigen Mädchen und jungen Frauen versuchen, mittels körperlicher Gewalt das Gegenüber dafür zu bestrafen und dadurch weitere beleidigende Äußerungen gegen die Familie zu vermeiden.

5.4.3 Eigenes Provokationsverhalten der Mädchen und jungen Frauen

Das vorherige Unterkapitel hat sich ausgiebig mit der Einordnung und den Reaktionsweisen auf Provokationen gegen gewalttätige und gewaltbereite Mädchen und jungen Frauen beschäftigt. Nun soll das Augenmerk auf das eigene Provokationsverhalten der Untersuchungsgruppe gelegt werden.

Es ist nicht verwunderlich, dass fast alle Befragten Provokationstechniken ebenfalls zu ihren Verhaltensmustern zählen, nicht nur, weil sie selbst häufig durch andere provoziert werden, sondern auch, weil über die Hälfte der weiblichen Jugendlichen provokatives Verhalten als sinnvoll und nicht „schlimm" empfinden. Demnach sind gewalttätige und gewaltbereite Mädchen und junge Frauen nicht ausschließlich Opfer von Provokationen, sondern auch Täter bzw. Akteure.

Zunächst soll der Fokus auf die Intention provokanten Verhaltens gelegt werden bzw. soll geklärt werden, ob es den Mädchen und jungen Frauen Spaß macht, andere zu provozieren oder anzusticheln. So geben immerhin mehr als die Hälfte der Befragten an, sich an den Reaktionen der anderen durch eigens durchgeführte Provokationsweisen zu erfreuen. *„Wenn die dat nötig haben (lach), wenn die dat wirklich nötig haben, dann mach' ich das schon gerne. Aber nur aus Spaß dann und wenn die sich dann aufregen, dann lach' ich mich kaputt und dann regen die mich auf, dann beleidigen die mich und dann sag' ich auch: „Ja, was willst du?" Wenn man schon beklatscht in der Birne ist. Wie mein Kollege, den provozieren wir gerne. Der ist einfach nur dumm, der ist einfach so dämlich in der Birne. Wir provozieren den alle. Der regt sich richtig auf und wir lachen den aus"* (Mia, 16 Jahre). Provokationen werden u. a. als belustigende Zeitvertreibe angewendet, um eine interessante oder aus subjektiver Sicht auch witzige Situation zu erschaffen, in der die Möglichkeit entsteht, sich über andere zu amüsieren. Diese Intention provokativen Verhaltens weist häufig auf eine negative Selbstwahrnehmung bzw. mangelndes Selbstbewusstsein hin, weil durch gezielte z. B. psychisch verletzende Attacken versucht wird, das Selbstwertgefühl des „Opfers" zu verringern, um dadurch das eigene zu steigern (vgl. www.oliveira-online.at, abgerufen am 08.07.2012, 13:32 UTC). Das Auslachen oder „Lächerlichmachen" anderer Personen erfordert weniger Selbstvertrauen und Selbstbewusstsein, als es nicht zu tun und sich eventuell sogar dagegenzustellen (vgl. Stagl, 2009, S. 92).

Eine weitere Intention für gewalttätige und gewaltbereite Mädchen und junge Frauen, Provokationen als Handlungsmuster anzuwenden, ist der Abbau eigener Aggressionen. *„Ich provoziere schon ab und zu andere Menschen, vor allem wenn ich irgendeinen Hass auf die hab'. Wenn ich genervt bin, mach' ich das öfters mal. Damit kann man sich abreagieren. Ich provoziere aber selten mit der Absicht, in eine Schlägerei zu geraten. [...] Also wenn ja, mache ich das schon öfters, aber wirklich Spaß macht das nicht immer"* (Stefanie, 17 Jahre). In diesen Fällen steht also nicht der Spaß im Vordergrund, sondern das Rauslassen angestauter Emotionen. Dabei wird nicht zwangsläufig auf eine körperliche Auseinandersetzung hingearbeitet, sondern eher wird ein solches Ergebnis als kleines Übel hingenommen, sollte es denn dazu kommen. Provokationen dienen also der Ausbalancierung der eigenen Gefühlswelt und werden als wirkungsvolle Handlungsoption angenommen, negative Gefühle loszuwerden. Diese negativen Gefühle können entweder durch das Provokationsopfer selbst hervorgerufen werden oder aufgrund anderer Faktoren entstehen. *„Ohh ähm ... unterschiedlich. Also, wenn mich jemand stört, dann schikaniere ich die Person damit und die meisten regen sich darüber auf und deshalb gibt es oft Auseinandersetzungen"* (Jule, 17 Jahre). Dieses Beispiel zeigt exemplarisch auf, dass Provokationen genau bei den Personen angewendet werden, die nach Auffassung der Befragten für die negative innerliche Stimmung bei den gewalttätigen und gewaltbereiten Mädchen verantwortlich sind. Sie fühlen sich von einer anderen Person durch unterschiedliche Gründe in ihrem Dasein oder in ihrer Gefühlswelt gestört. Also muss dieser Störfaktor ausgeschaltet oder zumindest neutralisiert werden, indem der vermeintliche Feind ebenfalls auf der emotionalen Ebene durch verbale Provokationen verletzt oder getroffen wird. Es könnte sogar nahegelegt werden, dass in diesen Fällen ein subjektiver Gerechtigkeitsausgleich geschaffen werden soll, damit die eigene Gefühlslage wieder positiv gestärkt wird.

Nun soll ein Beispiel für die Ausprägung und den Prozess einer Provokationsspirale beleuchtet werden, welches auf einen Großteil der Verhaltensweisen gewalttätiger und gewaltbereiter Mädchen zu trifft. *„Wie soll ich das beschreiben. Also wenn ich es drauf anlege, Stress zu bekommen, fang' ich eigentlich immer mit so kleinen Sticheleien an, wie z. B. „Ey, heute mal in den Spiegel geguckt?" ... Und dann geht das immer so weiter, bis ich richtig mit Beleidigungen anfange. Das können alle möglichen Beleidigungen sein, z. B. „du Schlampe", „Arschloch",*

„Hure", „Pisser" und so weiter. Es kommt aber immer drauf an, ob die andere Person darauf eingeht oder nicht. Wenn das jemand ignoriert, hör' ich meist auf, außer ich will mich unbedingt mit dem schlagen, dann lass' ich den nicht los. Ich versuche immer durch Provozieren, dass der andere anfängt, mich anzupacken, weil dann hab' ich einen Grund zurückzuschlagen, sonst bin ich ja wieder die Gearschte" (Stefanie, 17 Jahre). Nicht immer sollen Provokationen also eine körperliche Auseinandersetzung zur Folge haben, sondern können auch lediglich der Selbstbestätigung oder des kurzen Frustabbaus dienen (vgl. www.oliveira-online.at, abgerufen am 08.07.2012, 13:32 UTC). Allerdings werden Provokationstechniken von den gewalttätigen und gewaltbereiten Mädchen auch dazu angewendet, einen Konflikt hervorzurufen, und zwar so gezielt, dass derartige Herausforderungen auch sehr oft funktionieren. Die Mädchen und jungen Frauen gehen in den meisten Fällen einem zuvor erstellten und in der Regel schon oft angewendeten Schema nach und arbeiten dieses im Geiste Stück für Stück ab. Zuerst wird versucht, das gezielte oder zufällig ausgewählte Opfer mit kleinen Sticheleien zu locken, die in diesem Fall auf das Aussehen des Opfers gerichtet sind. Die verbalen Attacken steigern sich hin zu schweren Beleidigungen, die so weit in die Gefühlsebene des Gegenübers eindringen sollen, dass es zu einer Bloßstellung der betroffenen Person kommt. Provokationen haben nur dann Erfolg, wenn sie zu Aufregung und Wut führen, und diese Emotionen steigen mit der Massivität und Intensität der Provokationen an (vgl. Merkel, 2007, S. 5). *„Oh meistens so gegen das Aussehen oder mit welchen Kerl die zuletzt zusammen war. Irgendwie immer anfangen so zu sticheln. Dann geht das immer so hin und her und irgendwann rastet einer aus und dann gibt's Stress" (Nicole, 17 Jahre).* Der Provokateur oder in diesem Fall die Provokateurin befindet sich nun in einer stark aufgeladenen Konfliktsituation, in der auch das Gegenüber versucht, mit verschiedenen Provokationstechniken sein eigenes Gesicht zu wahren. Es handelt sich also um eine stark emotional aufgeladene Situation, in der die Provokateurin in der Regel immer noch den Plan verfolgt, eine „Schlägerei" anzuzetteln, aber nur über den Weg, dass das Provokationsopfer zuerst zuschlägt. *„[...] dass der andere anfängt mich anzupacken, weil dann hab' ich einen Grund zurückzuschlagen, sonst bin ich ja wieder die Gearschte" (Stefanie, 17 Jahre).* Diese vielleicht zunächst absurd klingende und auch aufwendige Methode, nur um das Ziel der körperlichen Auseinandersetzung zu erreichen, steht vor einem moralischen und normenorientierten Sinn (vgl. Koch, 2009, S. 6). „Anstatt den anderen offensiv anzugreifen, provoziert man den Angriff des anderen, man kann sich als Opfer des anderen darstellen" (www.oliveira-online.at, abgerufen am 08.07.2012, 13:32 UTC). Dies bedeutet, dass die gewalttätigen und gewaltbereiten Mädchen mittels Provokation bei anderen Personen zwar als Erstes subjektiv gel-

tende Normen (z. B. durch gezielte Beleidigungen) verletzen, dies aber lediglich dazu nutzen, einen körperlichen Angriff des Gegenüber hervorzurufen, sodass dieser anschließend als „Normenbrecher" bzw. „Schuldperson" abgestempelt werden kann (vgl. Merkel, 2007, S. 5). Sind Mädchen auf eine Schlägerei aus, so gehen sie in der Regel den geschickteren (aber nicht wenig dissozialeren) Weg über bestimmte Provokationsschemata, die es ihnen erlauben, am Ende der Auseinandersetzung ihr eigenes Verhalten zu rechtfertigen *(„Ich habe ja dann nicht angefangen!")* und das Gegenüber als Schuldigen dastehen zu lassen (vgl. www.oliveiraonline.at, abgerufen am 08.07.2012, 13:32 UTC). Wenn das potentielle Opfer so sehr gereizt wird, dass es zum „ersten Schlag" oder zur ersten Handgreiflichkeit ansetzt, so tritt es in die Rolle des Angreifers und legitimiert die Reaktion des Provokateurs/der Provokateurin (vgl. Stagl, 2009, S. 94).

In Bezug auf das Geschlechterverhältnis bzw. welches Geschlecht das Ziel provokanter Verhaltensweisen aufweist, kann zusammenfassend gesagt werden, dass alle befragten Mädchen und junge Frauen ihre Provokationen häufiger an andere gleichgeschlechtliche Mitmenschen richten. Aber auch das männliche Geschlecht wird nicht völlig außen vor gelassen, sondern eine provokative Auseinandersetzung kommt zwischen beiden Geschlechtern in diesen Fällen seltener vor.

Die gewalttätigen und gewaltbereiten Mädchen und jungen Frauen halten ihr eigenes Geschlecht für das Provokativere und begründen anhand dessen ihre Neigung, eher andere Mädchen als männliche Personen zu provozieren. *„Die Mädchen, finde ich immer, die sticheln sich immer so gegenseitig auf, bis dann irgendeiner ausrastet und dann richtig Stress gibt" (Nicole, 17 Jahre).* Es wird deutlich, dass dem weiblichen Geschlecht eine höhere Motivations- und Handlungsebene in diesem Bereich zugeschrieben wird. Mädchen seien geradezu prädestiniert, andere mit ihrem Verhalten zu provozieren, und können hartnäckig die individuellen Provokationsschemata durchsetzen. *„Meistens Mädchen. Ich weiß nicht, die haben so eine provokante [...]. Dann provozieren die so lange ... ja ... Irgendwann reicht es mir dann" (Sylvia, 17 Jahre).* Wie zuvor schon analysiert wurde, werden dem weiblichen Geschlecht negative Eigenschaften zugeschrieben, die dazu führen, dass sich gewalttätige weibliche Person durchschnittlich öfters in gleichgeschlechtlichen Konfliktsituationen wiederfinden, da sie mit dem männlichen Geschlecht besser zurechtkommen. Mädchen werden als provokativ, hinterlistig, arrogant und „tussig" dargestellt. *„Mhh ... Eher Mädchen auf jeden Fall, weil die immer so tussig sind, weißt'e was ich meine. Die meinen immer, die wären die Schönsten und Coolsten [...] Ich mag so was nicht, kann ich nicht ab" (Marina, 19 Jahre).* In dieser Studie konnte herausgearbeitet werden, dass unter den Mädchen ein großer

Konkurrenzkampf herrscht und somit jedes vermeintlich weibliche Wesen eine potenzielle Gefährdung des eigenen Status ist. Solange es sich dabei um weibliche Personen handelt, die nicht in irgendeiner Form einen besonderen sozialen Status bei den gewalttätigen Mädchen und jungen Frauen genießen (z. B. durch Freundschaft und familiäre Abstammung), müssen diese bekämpft oder zumindest zurechtgewiesen werden, um das eigene Ansehen zu halten und zu fördern.

Neben dem Großteil der Befragten, die ihr provokatives Verhalten eher an dem weiblichen Geschlecht auslassen, geben etwas weniger als die Hälfte der gewalttätigen und gewaltbereiten Mädchen und jungen Frauen an, dieses eher an Jungen und Männer zu richten. Die Begründung dafür liegt in allen Fällen darin, dass das weibliche Geschlecht nicht als würdiger Gegner betrachtet wird und die Herausforderung, sich mit einem Jungen anzulegen, mehr Mut und Stärke erfordert.

„Mit Jungs. Ja, weil mit den kann man sich besser schlagen, weil die halt besser zuschlagen und Mädchen halt immer nur Haare ziehen und so. Nee, mit Mädchen hatten wir gar nichts zu tun" *(Julia, 18 Jahre).* Dieser Interviewausschnitt soll exemplarisch erläutern, dass fast die Hälfte der Befragten unbewusst das weibliche Geschlecht (und demnach auch ihr eigenes Geschlecht) als das Schwächere bezeichnet. Männer können besser und härter zuschlagen. Mit dem provokanten Verhalten der Mädchen und Frauen gegenüber Männern sollen also gezielte Konfliktsituationen entstehen, in denen die gewalttätigen Jugendlichen beweisen können, dass sie über dem männlichen Geschlecht stehen oder zumindest ebenbürtig erscheinen. *„[...] Ich bin auch so, wenn ich einen sehe, der mir überlegener aussieht ... mir ist das egal ... ich stell' mich dahin und sag': „Was willst du?" Das ist vollkommen egal. [...] Meistens finden die einen dann noch korrekt, weil man dann wenigstens 'n Arsch in der Hose hat, wenn man sich dagegenstellt"* *(Melanie, 21 Jahre).* Das gezielte Aussuchen augenscheinlich überlegener Gegner wird mit dem männlichen Geschlecht in Verbindung gebracht und soll zum Ziel der Respektverschaffung dienen. Anhand der letzten Aussage von Melanie ist zudem erkennbar, dass Provokationen gegenüber Männer nicht immer und ausschließlich das Ziel einer Eskalation verfolgen, sondern auch genutzt werden, um sich zu beweisen und um von dem anderen Geschlecht als „korrekt", stark und gleichgesinnt betrachtet zu werden.

Insgesamt lässt sich also eine minimale Abweichung in Bezug auf das Provokationsverhalten von gewalttätigen und gewaltbereiten Mädchen und jungen Frauen erkennen. Durchschnittlich gehören die Zielpersonen provokativer Attacken häufiger (wenn auch nur minimal mehr) dem weiblichen Geschlecht an. Wichtig ist jedoch festzuhalten, dass sich die Motive grob unterscheiden. Bei Provokationen, die

gegen das eigene, also weibliche Geschlecht gerichtet sind, steht sehr oft ein Konkurrenzdenken dahinter, während provokatives Verhalten gegen Männer nicht selten sogar mit Zugehörigkeitsfindung zu tun hat.

5.4.4 Anzahl der Strafanzeigen, Gerichtsverhandlungen und juristischen Urteile aufgrund von Gewaltdelikten

Wie bereits eingangs erklärt worden ist, sind alle Interviewpartnerinnen dieser Studie bereits im Vorfeld strafrechtlich in Erscheinung getreten. Ausschlaggebendes
Kriterium für die Aufnahme der Probandinnen in diese Studie war das Vorhandensein eines Gewaltdeliktes, welches zu einer gerichtlichen Verurteilung geführt hat.

Ca. die Hälfte der Befragten befinden sich zum Zeitpunkt der Interviewdurchführung in der Jugendarrestanstalt Wetter, die andere Hälfte der Untersuchungsgruppe auf *freiem Fuß*. Die Gründe des Aufenthalts in der Jugendarrestanstalt sind
unterschiedlich. Ca. die Hälfte muss aufgrund eines schweren Körperverletzungsdeliktes einen Jugendarrest von bis zu vier Wochen Dauer absitzen, andere sind
aufgrund von nicht eingehaltenen Auflagen, wie beispielsweise das Nichtableisten
von Sozialstunden, in die Jugendarrestanstalt eingefahren. In den meisten Fällen
sind die Sozialstunden wegen eines Köperverletzungsdeliktes verhängt worden.

Bei zwei der Befragten ist eine Verurteilung wegen gefährlicher Köperverlet-
zung vorzufinden. *„[...] als das damals mit Juana passiert ist, wo wir dem älteren
Mann die Bierflasche über den Kopf gezogen haben [...]"* (Virginia, 20 Jahre).
Dieses Beispiel verdeutlicht den Tatbestand einer gefährlichen Körperverletzung.
Das Zuschlagen mit einer Flasche wird im juristischen Verständnis als Angriff mit
einer Waffe bzw. einem gefährlichen Werkzeug gewertet und innerhalb der Ge-
waltdelikte höher eingestuft als die „normale" Körperverletzung (vgl. Zöller, 2008,
S. 104).

Der Tatbestand der schweren Körperverletzung ist ebenfalls bei zwei interviewten gewalttätigen Mädchen und jungen Frauen vorzufinden. *„Ja, eine angebliche
schwere Körperverletzung, obwohl ich nicht mit der Tasche ... also da war ich zu
Unrecht verurteilt worden früher. Also, da hab' ich geklaut vier Hannesse Flaschen
in meiner Tasche ... ja und die Tasche ist mir runtergefallen, angeblich auf den
Fuß, obwohl das gar nicht auf den Fuß war, sonst wäre die Flasche bestimmt nicht
kaputtgegangen, und dafür wurde ich dann als schwere Körperverletzung angezeigt"* (Marina, 19 Jahre). Zum besseren Verständnis muss dazu gesagt werden,
dass die Jugendliche Marina bei einem Diebstahl erwischt wurde und daraufhin
ihren mit Glasflaschen gefüllten Rucksack auf den Fuß einer anderen Person fallen

gelassen hat. Der Geschädigte/die Geschädigte erlitt mehrere Knochenbrüche am Fuß und ist seitdem leicht in seiner/ihrer Beweglichkeit eingeschränkt. Über die Absichtlichkeit der Tatbegehung kann lediglich spekuliert werden. Ausschlaggebend ist hier, dass das Gericht dies als eine absichtliche Tat zur Kenntnis genommen hat, welche aufgrund der entstandenen Folgen für das Opfer als schwere Körperverletzung geahndet wurde (vgl. Zöller, 2008, S. 116). Die Täterin, die diesen Tatbestand erfüllt hat, ist auch die Einzige innerhalb der Untersuchungsgruppe, die zum Zeitpunkt des Interviews eine Bewährungsstrafe[11] zu verbüßen hat.

Alle anderen Interviewteilnehmerinnen sind entweder einfach oder mehrfach wegen Körperverletzung verurteilt worden. Die Anzahl der Körperverletzungsdelikte liegen zwischen einer und fünfmaliger Begehung dieses Tatbestandes. Innerhalb dieser Gruppe ist auch die Straftat der räuberischen Erpressung (§ 255 StGB) bei einem Mädchen vorzufinden. *„Eine wegen Köperverletzung und eine wegen räuberischer Erpressung und Flucht. Nein, ich bin beim Raub abgehauen"* *(Mia, 16 Jahre).* Die räuberische Erpressung stellt eine Kombination aus zwei Tatbeständen dar, nämlich zum einen die Nötigung einer Person in Form von Gewalt und das gleichzeitige Herbeiführen eines Vermögensschadens beim Opfer z. B. durch Diebstahl (vgl. Heghmanns, 2009, S. 428 f.).

Lediglich bei einer Interviewpartnerin kam es bis zum Zeitpunkt des Interviews noch nicht zu einer rechtskräftigen Verurteilung aufgrund eines Gewaltdeliktes, allerdings befand sich diese innerhalb eines Verfahrens wegen gefährlicher Körperverletzung und konnte somit ebenfalls zur Zielgruppe gewalttätiger Mädchen und junger Frauen gezählt werden. *„Nein. Ich hab meine Sozialstunden nicht gemacht. Ähm Schule schwänzen und Schwarzfahren. Fünf oder sechs Gerichtsverhandlungen. Diebstahl war für mich das Schlimmste. Am Montag bin ich drei Wochen hier und dann noch drei Wochen. [...] Ich wurde nicht angezeigt. Hatte Glück, genau"* *(Jule, 17 Jahre).* Die Interviewteilnehmerin Jule gibt an, noch keine Anzeige wegen Körperverletzung oder eines anderen Gewaltdeliktes vorzuweisen und beschreibt diesen Zustand aber eher als Glück im Unglück, da sie sich schon öfters

---

[11] Die Strafaussetzung zur Bewährung ist gesetzlich in den §§ 453 ff. Strafprozessordnung (StPO), sowie im Bereich des Jugendstrafrechts in den §§ 20 ff. Jugendgerichtsgesetz (JGG) geregelt. Die Entscheidung darüber, ob eine Freiheits- oder Jugendstrafe zur Bewährung ausgesetzt wird, trifft das Gericht durch Beschluss. Um eine Freiheits- oder Jugendstrafe zur Bewährung auszusetzen, darf diese nicht die Länge von zwei Jahren übersteigen. Der Bewährung liegt zugrunde, dass der Verurteilte oder die Verurteilte in der Zeit seine/ihre Bereitschaft und Fähigkeiten bereitstellt, um ein Leben ohne Straftaten zu führen. Die maximale Dauer einer Strafaussetzung zur Bewährung beträgt fünf Jahre und kann einmalig verlängert werden (vgl. www.heinrich.rewi.hu-bernin.de, abgerufen am 09.07.2012, 17: 52 UTC).

mit anderen Personen geschlagen hat und dabei in manchen Fällen die treibende Kraft gewesen ist.

In diesem konkreten Einzelfall kann allerdings die pauschale Aussage belegt werden, dass die meisten gewalttätigen und gewaltbereiten Mädchen in der Regel einige Vordelikte aufweisen, die von der Freifahrterschleichung[12] bis hin zur schweren Körperverletzung reichen. *„Ja, einige. Ich weiß es aber nicht. Neun, zehn, elf ... Schwere Körperverletzung ähm ja. Im Arrest war ich beides Mal wegen den Sozialstunden. Mit 14 habe ich die bekommen, dann war ich letztes Jahr im Februar oder so hier, dann hab' ich zwei Wochen bekommen, dann hatte ich noch 100 Sozialstunden, dann hab' ich die gemacht bis zum Sommer, dann hatte ich halt noch 30 und dann hatte ich keine Lust mehr und jetzt bin ich wieder hier"* (Sylvia, 17 Jahre). Alle Interviewteilnehmerinnen sind strafrechtlich schon mehrmals in Erscheinung getreten, sodass in manchen Fällen die betroffene Person die einzelnen Gerichtsverfahren und Anzeigen schon gar nicht mehr zählen und nur eine tendenzielle Aussage treffen kann.

Die Rechtsfolgen, also die gerichtlichen Sanktionierungen dieser Straftatbestände, reichen bei der Untersuchungsgruppe von Sozialstunden, über Soziale Trainingskurse[13], Jugendarrest und Jugendstrafe, die zur Bewährung ausgesetzt wurde.

5.5 Männer schlagen keine Frauen?! Und umgekehrt?

In diesem Kapitel wird analytisch dargestellt, gegenüber welchem Geschlecht die interviewten Mädchen und jungen Frauen ihr Gewaltverhalten (am häufigsten) anwenden. Der Fachliteratur zu urteilen, üben gewalttätige und gewaltbereite weibliche Personen aggressive Verhaltensweisen in der Regel eher gegen das gleiche Geschlecht, d. h. gegen Mädchen und Frauen, aus (vgl. Ittel/Bergann/Scheithauer, 2008, S. 117). Hier bleibt nun die Frage zu klären, inwieweit die theoretischen Erkenntnisse mit der Realität innerhalb des Untersuchungsfeldes zusammenpassen oder ob nennenswerte Unterschiede vorhanden sind.

---

[12] Freifahrterschleichung
Hiermit ist das umgangssprachliche „Schwarzfahren", also das Fahren mit einem öffentlichen Verkehrsmittel ohne entsprechenden Fahrschein gemeint. Ein derartiges Verhalten wird juristisch sanktioniert (vgl. Litschko; In: www.taz.de, abgerufen am 08.07.2012, 17:52 UTC)
[13] „Das Soziale Training richtet sich an der Lebenswelt der Jugendlichen aus, den gerade hier kommen diese immer wieder an ihre Grenzen" (http://www.antigewaltkurse.de/html/sozialer _trainingskurs.html, abgerufen, 10.12.2010) und beinhaltet das Ziel, die Jugendlichen innerhalb ihrer sozialen Kompetenzen zu fördern.

Ca. ein Drittel der befragten gewalttätigen und gewaltbereiten Mädchen und jungen Frauen wenden Gewalt in physischer und psychischer Form ausschließlich gegen das gleiche Geschlecht an. *„Mädchen, immer Mädchen" (Nicole, 17 Jahre).* Auseinandersetzungen mit Jungen oder Männern werden entweder vermieden oder entstehen gar nicht erst, weil es dafür keinen Anlass gibt. Potenzielle Gegnerinnen sind demnach gleichgeschlechtlich und i. d. R. gleichaltrig. Jungen und ältere Mädchen werden nicht angegriffen, sondern die Interviewteilnehmerinnen üben sich in Zurückhaltung (vgl. Ittel/Bergann/Scheithauer, 2008, S. 11). In der Regel geben die Interviewpartnerinnen an, dass sie mit Jungen und Männern besser zurechtkommen und bestimmte Verhaltensweisen, die sie beim weiblichen Geschlecht als negativ und provokant empfinden, eben beim männlichen Geschlecht nicht vorhanden sind. *„Ich weiß nicht, die haben so eine provokante Art irgendwie. Wenn die was provozieren, dann provozieren die richtig ... keine Ahnung ... Mädchen sagt: „Guck dich doch mal an! Du kriegst eh keinen ab du Hässliche!", und so. Dann provozieren die so lange ... ja ... Irgendwann reicht's mir dann" (Sylvia, 17 Jahre).* Das weibliche Geschlecht wird als provokativ und hinterhältig beschrieben, wodurch sich die gewaltbereiten Interviewpartnerinnen angesprochen und bedroht fühlen (vgl. Hoffmann, 2011, S. 27). Wie in vielen Studien zum Thema weibliche Gewaltanwendung argumentiert wird, entstehen die Anlässe aggressiven Verhaltens von Mädchen und jungen Frauen gegenüber dem eigenem Geschlecht häufig aus Eifersucht, Neid und Konkurrenzkampf (vgl. Ittel/Bergann/Steithauer, 2008, S. 117). In der hier durchgeführten Studie kann diese These allerdings nicht untermauert werden, vielmehr handelt es sich bei den aggressiven physischen Übergriffen um Konfliktlösungsstrategien, genauso wie beim männlichen Geschlecht (vgl. ebd.).

Hinzu kommt der Faktor, dass Gewaltanwendungen gegenüber Mädchen häufig aufgrund der emotionalen Beziehungsebene untereinander zustande kommen. Es handelt sich um ein spezielles Beziehungsgeflecht, welches sich zwischen Mädchen in Form von Freundschaft entwickelt (vgl. Azmitia/Ittel, 2002, S. 107). Um diesen Ursachenfaktor für die Gewaltanwendung durch Mädchen gegenüber dem eigenen Geschlecht zu verdeutlichen, wird der folgende Interviewausschnitt genutzt. *„Ich hatte 'ne beste Freundin, die hat mir .... der habe ich 100 € geliehen, vorletztes Jahr Weihnachten und bis heute habe ich die immer noch nicht wieder. Daran sieht man halt, was Freunde sind. Die hat mich dann auch noch fertig gemacht, dass ich ne schlechte Mutter sei und so. Obwohl sie die Schuld bei mir hatte. Die sagte, ich bin irgendwie drogenabhängig und so und würde mein Geld nur für Drogen ausgeben. [...] Und dann hab ich auch die Freundschaft gekündigt. Da hab ich der gesagt, so eine Freundin brauch ich nicht. Das hat sehr wehgetan und* *ich hab immer auf die gezählt. Das war immer so eine, wo ich gesagt habe, das ist meine beste Freundin so. Und jetzt steh' ich alleine da. Ich habe gar keinen mehr, wo ich sagen kann, das ist meine beste Freundin oder so" (Melanie, 21 Jahre).* Die Intrigen von Freundinnen führen zu einer enormen Kränkung und Entäuschung bei den Befragten. In der Regel gehen Mädchen Freundschaften mit einem höheren Anspruch an Intimität und Loyalität ein als Jungen (vgl. Azmitia/Ittel, 2002, S. 107). Wird diese Intimität und Loyalität verletzt, so wird dies als Normenbruch verstanden, der bei den Interviewteilnehmerinnen zu einer emotionalen Verletzung führt. Eine derartige Verletzung der Beziehung muss in irgendeiner Form sanktioniert werden, auch wenn dies bedeutet, Gewalt anzuwenden. „Direkte Gewalt richtet sich in erster Linie auf andere Mädchen und junge Frauen. Hierbei kommt eine besondere Dynamik zur Geltung, die darin besteht, dass die Mädchen in den gewaltbereiten Gruppen verstärkt das Vertrauen und die kommunikative Nähe zu Mädchen suchen und dabei äußerst sensibel und empfindlich auf alle Anzeichen achten, die nach „Vertrauensbruch" aussehen, und dann durch Schläge geahndet werden." (Kreuzer, 2009, S. 90)

Natürlich spielen auch die Faktoren wie Konkurrenzkampf und Neid eine zentrale Rolle und geben einen Hinweis darauf, weshalb einige Mädchen nur gegenüber dem gleichem Geschlecht gewalttätig werden, allerdings herrscht ein solches Konkurrenzdenken auch zwischen dem männlichen Geschlecht und kann demnach nicht als Differenzkriterium angesehen werden (vgl. Popp, 2002, S. 137). Bei einer Befragten kommt sogar ganz deutlich das Thema der Konkurrenz als Ursachenfaktor für entstehende Auseinandersetzungen mit Mädchen zur Geltung. *„[...] Ich weiß nicht, ob ich das sagen soll ... aber das sind halt meine Gedanken ... Andere Mädchen sind ja auch so was wie ... wie heißt das Wort ... Konkurrenten, genau. Da muss man aufpassen, dass man die Oberhand behält" (Stefanie, 21 Jahre).* Einige der Mädchen sehen die Mitglieder des eigenen Geschlechts als potenzielle Rivalinnen an, die es zu besiegen gilt. Dennoch kann das Konkurrenzdenken nicht als ausschließlicher und alleiniger Faktor für die These genutzt werden, dass gewalttätige Mädchen ihr Verhalten eher an anderen weiblichen Personen auslassen, sondern kann lediglich als zutreibendes Indiz dafür gesehen werden. Wenn die Mädchen und jungen Frauen ihre Gewalthandlungen nur am gleichen Geschlecht anwenden würden, könnten die Faktoren Neid, Konkurrenz und Eifersucht als zutreffend bezeichnet werden, allerdings hat sich in dieser Studie herausgestellt, dass eben nur ein Bruchteil aller Befragten Gewalt ohne Ausnahme gegenüber anderen Mädchen und weiblichen Jugendlichen anwendet. Alle anderen geben entweder an, sich mit beiden Geschlechtern von Zeit zur Zeit zu prügeln, oder es sogar öfters zu körperli-

154

chen Übergriffen und Auseinandersetzungen mit dem männlichen Geschlecht kommt.

Fast die Hälfte aller befragten Mädchen und jungen Frauen gibt an, psychische und physische Auseinandersetzungen bereits mit beiden Geschlechtern ausgefochten zu haben, wobei deutlich hervorgehoben wird, dass es durchschnittlich zu weit mehr Prügeleien mit anderen Mädchen kommt und Übergriffe auf das männliche Geschlecht eher die Seltenheit darstellen. *„Eigentlich nur mit Mädchen, nur mit Mädchen habe ich mich geschlagen. Doch mit einem Typen ... Lustig war das. Wir haben uns haben uns auf den Boden, wir haben Wrestling gespielt. Da war es schon keine Schlägerei mehr, sondern wir haben Wrestling gespielt. Ich wurd' aber von einem Jungen schon mal richtig zusammengeschlagen. Ich komm' mit vielen Mädchen nicht klar. Deshalb bin ich auch immer mit Jungs, weil mit Jungs komm' ich am besser klar"* (Mia, 16 Jahre). Anhand dieses exemplarischen Interviewausschnittes lässt sich eindeutig erkennen, dass es zwar ab und an zu Auseinandersetzungen mit dem männlichen Geschlecht kommt, aber nicht das dominierende Gewaltausübungsbild darstellt. Die Aussage *„ich komm' mit vielen Mädchen nicht klar"* beschreibt ein eindeutig vorhandenes Spannungsverhältnis innerhalb des weiblichen Geschlechts. So wird dieses Spannungsverhältnis auch von weiterer Interviewteilnehmerinnen betont und als Ursache für die häufigere Gewaltanwendung gegenüber dem weiblichen Geschlecht deklariert. *„Also ... ähm eher mit Mädchen, weil so eingebildete Mädchen, da kann ich gar nicht drauf"* (Julia, 18 Jahre). Die Ursachen dafür können vielfältig sein. Zum einen entsprechen gewalttätige Mädchen nicht dem gesellschaftlichen Bild von Weiblichkeit, wodurch sie bei anderen weniger gewaltbereiten Mädchen auf Unverständnis und Respektlosigkeit stoßen (vgl. Heeg, 2009, S. 9). Zum anderen versuchen sich die Mädchen gezielt vom Weiblichkeitskonzept abzugrenzen und sich den Stereotypen der Männer anzupassen, indem sie in die männerdominierende Dimension der Gewalt eintreten (vgl. Braun, 2005, S. 11). Nicht selten sehen gewalttätige Mädchen sich selbst nicht mehr als typisches Mädchen an und wollen dies auch gar nicht. Dafür müssen sie sich von den anderen „normalen" Mädchen, die eben nicht ein derartiges dissoziales Verhalten aufweisen, distanzieren. Das gleichgeschlechtliche Umfeld wird nicht akzeptiert und viele der gewalttätigen Mädchen und jungen Frauen fühlen sich eher zum männlichen Geschlecht hingezogen, da sie dessen Verhaltens- und Sichtweisen teilen.

Die meisten gewalttätigen Auseinandersetzungen finden demnach mit dem weiblichen Geschlecht statt, dennoch muss dazu gesagt werden, dass sich die Mädchen und junge Frauen nicht vor dem Einsatz körperlicher Gewaltanwendung gegenüber dem männlichen Geschlecht scheuen (vgl. Kreuzer, 2009, S. 90). *„Mir ist das eigentlich egal, wer vor mir steht, ob Junge oder Mädchen, aber meistens sind das Mädchen, weil die mehr Stress machen als Jungen. [...] Klar ... ähm ... aber meistens wenn sich mehrere geboxt haben. Also ich, meine Kollegen mit anderen aus anderen Gruppen. Da hab ich mich dann auch mit Jungs geboxt"* (Marina, 19 Jahre). Steht ein Junge oder Mann den eigenen Interessen im Weg oder fühlt sich eines der Mädchen von einer männlichen Person angegriffen, so wird sich auch hier mit Gewalt in Form von Schlägen, Tritten etc. gewehrt. Die Interviewteilnehmerinnen unterscheiden nicht, ob es sich beim Gegenüber um eine weibliche oder männliche Person handelt bzw. ist es ihnen egal und es werden die gleichen Verhaltensweisen angewendet, wie sie auch bei körperlichen Auseinandersetzungen mit anderen Mädchen eingesetzt werden. *„Also, das kann Junge sowie auch Mädchen sein. Also, das ist nicht so, dass ich jetzt schon 50 Leute zusammengeschlagen habe, das waren nur so sechs, sieben Stück und das war so irgendwie ausgeglichen. [...] Mädchen sind eher so, die zicken richtig, dann schreien die voll, dann beleidigen die und wenn die dann nicht mehr weiterwissen, dann schlagen die drauf. Also, ist eigentlich fast genauso wie bei Jungs, aber bei Jungs ist es dann so die reden halt dann nicht mehr so viel vorher"* (Angelika, 18 Jahre). Genau wie einige andere Mädchen und jungen Frauen aus der Untersuchungsgruppe wendet die Befragte Angelika Gewalt auch gegenüber männlichen Personen an. Dabei wird lediglich die Art des Vorgehens differenziert. Eine gewaltsame Auseinandersetzung mit anderen Mädchen beginnt i. d. R. mit verbaler Gewalt und steigert sich hin zu aggressiven körperlichen Übergriffen. Geraten die Interviewteilnehmerinnen allerdings mit dem männlichen Geschlecht aneinander, so wird von sofortiger handgreiflicher Gewalt gesprochen, ohne dass zuvor viel „geredet" worden ist.

Die Ausübung von Gewalt ist demnach nicht geschlechtsbezogen, sondern richtet sich häufig sowohl gegen weibliche als auch gegen männliche Personen. Die Mädchen und jungen Frauen zeigen keine Angst vor dem männlichen Geschlecht, auch dann nicht, wenn das Gegenüber wissentlich überlegen scheint. Werden die gewalttätigen Mädchen von anderen Personen in irgendeiner Weise verletzt, blamiert oder bloßgestellt, so reagieren sie mit Aggressivität und Gewalt auf ein derartiges Verhalten. Dabei ist es egal, ob es sich um ein Mädchen oder einen Jungen handelt. *„Mhh ... Mit beiden hab' ich mich schon geboxt. Ich mach' da keine Unterschiede, wenn mich jemand nervt oder mich anmacht, gibt's eine drauf. Egal ob das jetzt Junge oder Mädchen ist"* (Stefanie, 17 Jahre). Das Geschlecht des Gegenübers entscheidet also bei der Mehrzahl der Befragten nicht darüber, ob in bestimmten Situationen Gewalt angewendet wird. Vielmehr kommt es darauf an, welcher subjektive Regelverstoß vorliegt und wie sehr sich die Interviewteilnehmerinnen davon angegriffen fühlen. Es macht demnach keinen Unterschied, ob ein anderer Junge oder ein anderes Mädchen beispielsweise eine beleidigende Äußerung gegen die Familien der Befragten ausspricht. In beiden Fällen wird ein derartiges Verhalten seitens der Untersuchungsgruppe mit Schlägen geahndet.

Einige der befragten Mädchen und jungen Frauen geben sogar an, einen gewissen „Kick" zu erhalten, wenn sie sich mit einem Jungen prügeln, und sehen dieses als eine Art Herausforderung an, in der sie ihre Stärke beweisen können. *„„Ja klar. Einmal hab' ich mich mit so 'nen Jungen geboxt. Das war so ... Der hat zu mir gesagt ich sei voll eingebildet und so. Und überleg' mal, meine ganzen Freunde waren dabei und der sagt so was. Dann bin ich dahin und bin direkt auf den drauf gesprungen ... hab ihm direkt 'ne Faust in die Fresse gegeben. Klar, der hat mich auch geboxt und ich hatte auch Schmerzen und so, aber das war es wert. Jetzt wissen auch die Jungs, dass ich stark bin und mir nichts gefallen lasse, weißte. So muss das sein"* (Stefanie, 17 Jahre). Wie die Befragte Stefanie erklärt, wird ein ungleichgeschlechtlicher Schlagabtausch als Chance angesehen, sich als Mädchen in der Männerdomäne der Gewalt durchzusetzen und zu behaupten. Die entstehenden Folgen an Verletzungen und Schäden werden bagatellisiert und nicht als wichtig erachtet. Vielmehr zählt es, dass sich die Mädchen gegen die Jungs behaupten und gleiche Stärke zeigen können. Dies lässt darauf schließen, dass Gewalthandlungen gegenüber dem männlichen Geschlecht in erster Linie der Gleichbehandlung und Gleichberechtigung dienen. Die gewalttätigen Mädchen und jungen Frauen verlangen dadurch einen gleichwertigen Stellenwert und fordern Respekt von den Jungs.

Diese Forderung von Respekt seitens der Jungen gegenüber den Mädchen wird auch in dem folgenden Interviewausschnitt einer anderen Befragten deutlich: *„Gewalt ... Eigentlich gleich so, aber ich glaub' eigentlich eher mit Jungs so. Ja, ich hab ja erzählt, es gab zwei Mädchen so, mit denen ich mich richtig gehabt hab' oder drei. Doch so mehr mit Jungs, da wird das schon mehr so. Ich bin auch so, wenn ich einen sehe, der mir überlegender aussieht ... mir ist das egal ... ich stell' mich dahin und sag': „Was willst du?" Das ist vollkommen egal. Früher war mir das nochmal egal, jetzt geht's einigermaßen so. Meistens finden die einen dann noch korrekt, weil man dann wenigstens n Arsch in der Hose hat, wenn man sich dagegenstellt"* (Melanie, 21 Jahre). Die Befragte wendet Gewalt sogar häufiger gegenüber dem männlichen Geschlecht an und sieht ebenfalls einen bestimmten Sinn in diesem Verhalten. Stellen sich weibliche Personen dem männlichen Geschlecht und wenden dabei noch Gewalt an, so heißt das Ziel, dem Gegenüber zumindest als ebenbürtig zu erscheinen und die klassischen weiblichen Stereotypen des „braven Mädchens" abzulegen. Die Mädchen versuchen somit, einen Weg bzw.

einen Anknüpfungspunkt zum anderen Geschlecht zu erlangen, sich einen Standpunkt innerhalb der männerdominierenden Gewaltwelt zu schaffen und darin auch als „Mädchen" oder sogar als gleichgeschlechtlich wahrgenommen zu werden. *„Also, bei Mädchen ist es ... Kollege hat gesagt, als ich mich da geboxt hab mit meiner besten Freundin, da hat der gesagt: „Du schlägst wie ein Junge drauf." Der sagt, ich bin wie 'n Junge. Mädchen ziehen sich ja so und wenn ich haue, dann hau' ich immer richtig auf die Fresse so" (Jule, 17 Jahre).* Während der Interviewdurchführung konnte an der Befragten Jule eine Körperhaltung und ein gewisser Tonfall erkannt werden, der diese Aussage unterstreicht. In dieser verbalen und nonverbalen Äußerung liegt ein großes Quantum an Stolz und Eigenlob. Bekommen die Mädchen von anderem Geschlecht gesagt, sie kämpfen und benehmen sich wie Jungs, so wird dies nicht als Beleidigung oder Kränkung verstanden, sondern als Lob und Anerkennung.

In Bezug auf das Ausmaß bei der Anwendung von Gewalt gegenüber männlichen Jugendlichen kann eindeutig belegt werden, dass die Mädchen dem männlichen Geschlecht in nichts nachstehen. Es werden sämtliche Ausübungstechniken wie z. B. Schlagen, Treten und Boxen genutzt, um das ungleichgeschlechtliche Gegenüber zu besiegen (vgl. Hilgers, 2011, S. 263). *„Du schlägst wie ein Junge drauf" (Jule, 17 Jahre).* Diese exemplarische Äußerung macht deutlich, dass sich die Mädchen und jungen Frauen gezielt an den gewalttätigen Verhaltensweisen des männlichen Geschlechts orientieren, diese übernehmen und auch mit voller Härte umsetzen. Es ist allseits bekannt, wie brutal männliche Gewalttäter in ihrem Vorgehen werden können, dass aber bei einigen der gewaltbereiten Mädchen und jungen Frauen das gleiche Ausmaß vorzufinden ist, ist bisher noch nicht ausreichend diskutiert und analysiert worden.

Um dieses Ausmaß Brutalität und die verschiedenen Handlungsmethoden besser zu beleuchten, wird im Folgenden der Interviewausschnitt einer Befragten bereitgestellt, sie sich selbst generell nur mit dem männlichen Geschlecht in handgreifliche Auseinandersetzungen begibt. *„„Da hab' ich mich mit so 'n Typen geboxt. Aber so richtig. Der hat irgendwas über meine Mutter gesagt. Weiß aber nicht mehr genau was und warum. Auf jeden Fall bin ich dann zu dem dahin und hab ihm direkt eine ins Gesicht geschlagen. Aber erst mal mit der flachen Hand und so. Dann hat der mich voll herbe weggeschubst. Bin auf den Boden geflogen, aber direkt wieder aufgestanden. Dann bin ich auf den drauf gesprungen, hab mit Fäusten geschlagen, getreten alles. Der hat sich aber auch krass gewehrt und so. Irgendwie waren wir auf einmal an so 'ner Wand, dann hab' ich versucht, seinen Kopf gegen die Wand zu schlagen. Einmal hat es dann geklappt, der hatte 'ne Platzwunde am*

Hinterkopf und ist zu Boden gegangen, dann hab' ich nochmal drauf getreten. Also nicht auf sein Kopf, sondern so in die Rippen. Ich sah' aber auch kaputt aus. Zwei blaue Augen und so, aber egal, das ging ja wieder weg" (Melanie, 21 Jahre). Dieses Fallbeispiel kann exemplarisch für einen großen Teil der Untersuchungsgruppe angesehen werden. Die Mädchen und Frauen besitzen ein sehr großes Repertoire an aggressiven Handlungsoptionen, das sie innerhalb eines Kampfes anwenden. Allerdings soll es in diesem Kapitel nicht direkt um den Ausprägungsgrad des weiblichen Gewaltverhaltens gehen, sondern vielmehr die Vorgehensweise betrachtet werden, und zwar wenn die Mädchen und jungen Frauen sich in einem Schlagabtausch mit einem männlichen Gegner befinden. Hier ist deutlich zu erkennen, dass zunächst versucht wird, mit „leichten" Mitteln (Schubsen, Schlagen mit der flachen Hand etc.) den Gegner einzuschüchtern oder zu besiegen. Gelingt dies nicht, so werden härtere Geschütze aufgefahren und es kommt zu massiven Faustschlägen und Tritten. Wichtig ist es noch zu erwähnen, dass die Mädchen und jungen Frauen innerhalb einer gewalttätigen Auseinandersetzung mit einer männlichen Person gezielt nach bestimmten Stellen am Körper des Gegners suchen, die potenziell eine größeres Verletzungsrisiko aufweisen und schwere Folgen nach sich ziehen können, wenn dieser Bereich ungünstig getroffen wird. *„[...] dann hab' ich versucht, seinen Kopf gegen die Wand zu schlagen. Einmal hat es dann geklappt, der hatte 'ne Platzwunde am Hinterkopf und ist zu Boden gegangen [...]" (Melanie, 21 Jahre).* Es ist kein Geheimnis, dass Faustschläge gegen den Kopf oder das Schlagen des Kopfes gegen einen anderen Gegenstand zu schlimmen, lebensgefährlichen Verletzungen führen können (vgl. Stern, 2005, S. 81). Auch wenn diese Tatsache einigen Jugendlichen vielleicht nicht so deutlich bewusst ist, so besteht das Wissen darüber, dass gezielte Schläge zum Kopf das Gegenüber „ausknocken"[14] können (vgl. ebd., S. 81 f.). Die Mädchen und jungen Frauen wissen, dass Schläge gegen den Kopf eine erhebliche Wirkung aufweisen können, und nutzen dieses Wissen, um sich gegen vermeidlich körperlich überlegende Feinde zu wehren mit dem Ziel, den Kampf zu gewinnen.

Natürlich findet man derartige Verhaltensweisen nicht nur beim weiblichen Geschlecht, auch männliche Gewalttäter weisen dieselben Handlungsmuster auf (vgl. Weidner/Malzahn, 1997, S. 43 ff.). Demnach ist es gar nicht verwunderlich, dass sich Mädchen mit Jungen schlagen und keine Angst vor dem anderen Geschlecht aufweisen. Sie wollen das gleiche Ansehen und die gleiche Stellung wie gewalttätige Jungen erlangen oder sogar darüber stehen. Dies geht nach Meinung der Inter-

---

[14] Ausknocken:
Umgangssprachlich für die Beschreibung, einen Gegner, Rivalen oder Feind niederzuschlagen und ihn aufgrund dessen außer Gefecht zu setzen.

viewpartnerinnen allerdings nur über den Weg, dem männlichen Geschlecht deutlich zu machen, dass sie es mit starken (weiblichen) Persönlichkeiten zu tun bekommen, die bereit sind, sich körperlich mit ihnen auseinanderzusetzen und im besten Fall auch als Siegerinnen aus diesem Kampf hervorgehen (vgl. Equit, 2011, S. 192). Mit einem Sieg aus einem ungleichgeschlechtlichen Kampf stellen die Mädchen den Status der männlichen Rivalen in Frage, kratzen an dessen Männlichkeitsbild und können somit beweisen, dass sie als „Mädchen" es geschafft haben, sich gegen das andere Geschlecht mittels Kraft und Gewalt durchzusetzen (vgl. ebd., S. 194).

Eine weitere Frage innerhalb der Interviews lautete, ob die Mädchen im Allgemeinen die Aussage treffen würden, dass sich Mädchen öfters mit dem anderen Geschlecht, also den Jungen, anlegen und wie dieses Phänomen innerhalb ihrer Lebenswelt aussieht. In Bezug auf die Anwendung körperlicher Gewalt gegen das männliche Geschlecht berichtet ein kleiner Teil der Untersuchungsgruppe, dass Schlägereien und dergleichen zwischen Mädchen und Jungen nicht so häufig vorkommen wie Auseinandersetzungen mit dem gleichen Geschlecht. *„Nein, selten, sehr selten" (Jule, 17 Jahre).* Innerhalb der eigenen Lebenswirklichkeit des individuellen sozialen Umfeldes der Befragten handelt es sich eher um Ausnahmeerscheinungen, wenn es zu einer körperlichen Auseinandersetzung zwischen Mädchen und Jungen kommt. Wenn Einzelfälle berichtet werden, so erklären die Befragten, dass es sich meistens um Schlägereien handele, in denen die weibliche Person eigentlich aufgrund ihres krassen Gewaltverhaltens als männlich verstanden werden müsste. *„Okay einmal hab ich gesehen, da hat sich auf'nen Stadtfest ein Junge mit einem Mädchen geprügelt und die sind beide aufeinander losgegangen. Ich dachte, ich hätte zwei Männer vor mir stehen" (Nicole, 17 Jahre).* Die Befragte Nicole kann demnach keinen Unterschied in Bezug auf das Ausmaß und die Ausprägung der Gewalthandlungen erkennen und sieht alles als männliches Verhalten an. Die gesellschaftliche, stereotypische Sichtweise, dass Gewalt männlicher Natur sei, stellt sich bei einem Teil der gewalttätigen und gewaltbereiten Mädchen als die gleiche dar, obwohl sie selbst diejenigen sind, die gegen dieses Klischee verstoßen (vgl. Bär, 2010, S. 3).

Zusammenfassend kann festgehalten haben, dass mehr als die Hälfte der befragten Mädchen und jungen Frauen Gewalt sowohl gegenüber dem weiblichen als auch gegenüber dem männlichen Geschlecht ausüben. Hierbei überwiegt allerdings die gleichgeschlechtliche Auseinandersetzungsquote. Gewalt, die durch das weibliche Geschlecht verübt wird, wird demnach auch öfters an anderen Mädchen ausgelebt. Dennoch kommt es immer zu (nicht selten brutalen) Prügeleien zwischen den gewalttätigen Mädchen und dem männlichen Geschlecht. Es kommt nicht darauf an, ob das Opfer weiblich oder männlich ist, sondern lediglich darauf, gegen welche Regeln verstoßen wurde, die es aus subjektiver Sicht zu sanktionieren gilt. Es kann sogar gesagt werden, dass Mädchen zum Teil gezielt Männer als Gegner suchen, weil sie sich dadurch mit dem männlichen Geschlecht auf die gleiche Ebene stellen können und sich in der Männerdomäne „Gewalt" profilieren.

5.6 Rechtfertigungsgründe und subjektive Erklärungsversuche der Probandinnen für die Anwendung von Gewalt

Nachdem über die Ausprägung und das Ausmaß weiblichen Gewaltverhaltens gesprochen wurde, ist es nun an der Zeit zu klären, inwieweit das eigene Gewaltverhalten als legitim und gerechtfertigt betrachtet wird. Es geht darum abzuklären, ob die gewalttätigen und gewaltbereiten jungen Frauen einen Sinn in ihrem Handeln sehen, das Handeln dementsprechend rechtfertigen, um anschließend die Folgen der Gewaltanwendung zu neutralisieren oder zu legitimieren (vgl. Meyer-Bothling, 2004, S. 13). Rechtfertigungsgründe beschreiben das „Erfinden" oder die Überzeugung, klare und gesellschaftsfähige Gründe für das gewalttätige Fehlverhalten vorzuweisen, um somit die Selbstverantwortung zurückzugeben und Schuldgefühle abzubauen oder gar nicht erst entstehen zu lassen (vgl. Burschky/Sames/Weidner, 1997, S. 83 ff.). Dabei gibt es zahllose vermeintliche Rechtfertigungsmuster wie beispielsweise Rache, Selbstverteidigung, Gerechtigkeitsausgleich usw. (vgl. Kunczik/Zipfel, 2006, S. 162). Die von der Untersuchungsgruppe genannten Gründe für die subjektive Legitimierung, anderen Personen durch Gewalt Schaden zuzufügen, stehen hier im Vordergrund und spiegeln die Denkweisen über die *Richtigkeit* oder die *Falschheit* des eigenen Gewaltverhaltens wider.

Vorweg kann gesagt werden, dass fast alle Interviewteilnehmerinnen sich nicht direkt und vehement dafür einsetzen, einen Grund für ihr Verhalten hervorzubringen. Vielmehr wird ein Großteil der Schuld auf die eigene Person bezogen und das gewalttätige Verhalten „eigentlich" nicht als gut, positiv oder normenkonform gesehen. *„Eigentlich gar keiner. Gar keiner hat das Recht jemanden zu schlagen. Körperliche Gewalt ist ... ne ... Kann ich gar nichts zu sagen, das sollte eigentlich keiner machen" (Nicole, 17 Jahre).* Obwohl körperliche Gewalt angewendet wird, wird diese nicht als Vorteil oder positives Verhalten beschrieben, sondern eher als Zwangshandlung betrachtet, die u. a. angewendet werden muss. Hier liegt ein großer Unterschied zwischen gewalttätigen Jungen und gewalttätigen Mädchen vor. Während das männliche Geschlecht nicht selten Gewalt als positives Handlungsmuster begreift und diese Haltung auch so vertritt (vgl. Büchele/Munz, 1999, S. 77), besitzen gewalttätige Mädchen oftmals die entgegengesetzte Meinung. Während des Interviews wurde von der Forscherin gezielt danach gefragt, ob es aus Sicht der Probandinnen Personen gibt, die das Recht haben, andere Mitmenschen anzugreifen, und zwar in jeglicher Form. *„[...] Gewalt ist schlecht, weil das erzeugt Gegengewalt. [...] Keiner hat das Recht, jemanden anderes etwas anzutun"* (Virginia, 20 Jahre). Fast einstimmig wurde die Auffassung kundgegeben, dass kein Mensch das Recht oder die Erlaubnis besitzt, einem anderen zu schaden oder ihn zu verletzen. Ein gewisses Maß an Rechtsverständnis ist demnach bei den gewalttätigen Mädchen und jungen Frauen vorhanden, allerdings stellt sich dabei die Frage, inwieweit diese generelle und pauschale Sichtweise mit dem eigenen Gewaltverhalten verbunden wird. *„Puh, ich hab' gar kein Ziel in diesem Moment vor Augen, weil ich weiß selber, Gewalt bringt gar nichts und man verletzt ein nur und nach Wochen ist das auch wieder weg. Von daher bringt das gar nichts"* (Jule, 17 Jahre). Die Gewalttäterinnen geben zwar an, Gewalt als nicht legitim und sinnlos zu betrachten, finden aber dennoch Gründe, ihre eigenen Handlungsweisen zu rechtfertigen bzw. zu entschuldigen.

Ein ganz prägnanter Rechtfertigungsgrund der Mädchen und jungen Frauen bezieht sich auf die Ebene der Freundschaft. Bei einem Drittel der Befragten stellt sich heraus, dass die Verteidigung von Freunden der Grund für die begangenen Gewalttaten war. *„Also, bei dem hab' ich ja meiner Freundin vertraut, dass sie die Wahrheit sagt. [...] Da hat meine ehemalige Freundin mir dann gesagt, der Junge mit dem wir abgehangen haben an dem Tag, hätte sie vergewaltigt. [...] Dann hat sie mir das halt erzählt, dann bin ich zu den Jungen gegangen, dann haben wir uns halt geschlagen. [...] Bei den anderen weiß ich gar nicht. Ich hab' ja fast nie geschlagen gehabt, das waren ja immer die anderen"* (Julia, 18 Jahre). Dieses Fallbeispiel soll exemplarisch für die Bedeutung der Gewalt in Bezug auf die Verteidigung von Freunden gesehen werden. Die Interviewteilnehmerin Julia hat erfahren, dass ihre Freundin von einem Jungen angegriffen wurde. Als unmittelbare Reaktion darauf kam es zu einer Schlägerei zwischen dem vermeintlichen Angreifer und der Befragten. Dabei spielt es keine Rolle, wie hoch der Wahrheitsgehalt in der Erzählung ihrer Freundin ist, die körperliche und/oder verbale Verletzung eines Freundes muss gerächt oder ausgeglichen werden.

Nicht selten sehen sich die Mädchen als Beschützerinnen mit der Aufgabe, ihre Freunde oder Freundinnen vor feindlichen Übergriffen oder anderen schädlichen Einflüssen zu schützen. *„Für meine Freunde würde ich eigentlich alles tun. Egal was es ist. Wenn ich sehe, dass einer mein' Kollegen anpackt, dann kriegt der von mir eine auf die Fresse, egal ob die Polizei kommt oder ich 'ne Anzeige bekomme.*

Keiner packt meine Freunde an. Für meine beste Freundin würde ich sogar sterben, wenn's sein müsste" (Stefanie, 17 Jahre). Solidarität, Loyalität, Vertrauen, Hingabe und Schutz sind die zentralen Elemente von Freundschaft, die mit allen erdenklichen Mitteln durchgesetzt werden. „Bedingungslose Solidarität heißt auch, dem Freund, wenn er Unterstützung braucht, ohne weitere Gegenfragen Hilfe zu leisten." (Toprak, 2001, S. 51 f.) Es werden auch keine Überlegungen angestellt, wie hoch die Chance ist, den Kampf zu gewinnen bzw. ob der potenzielle Gegner überlegen ist. Es kann also vorkommen, dass ein derartiges Verhalten mit erheblichen Verletzungen einhergeht, die billigend in Kauf genommen werden (vgl. Sitzer, 2009, S. 96 f.). „[...] *Dann hatte ich Jochbeinbruch und hier meine Hüfte war alles blau und das am Finger halt und der hatte das auch, der hatte auch alles verletzt" (Julia, 18 Jahre).* Das Inkaufnehmen derartiger Verletzungen und daraus resultierender Schmerzen zeugt von einer enormen Solidarität innerhalb des Freundeskreises; sprich für die Freunde wird alles getan und zwar ohne, dass an die eigene Person gedacht wird (vgl. Toprak, 2001, S. 51). Die eigene Unversehrtheit wird in den Hintergrund gestellt und lediglich die Verteidigung des Freundes steht im Vordergrund. Dies wird nicht als pauschale Ausrede der Mädchen für gewalttätiges Verhalten vorgeschoben, sondern es handelt sich um eine Sichtweise, von der die Befragten überzeugt sind und die sie zu ihren Werten zählt.

Ein anderer Bereich der Erklärungsversuche von gewalttätigen und gewaltbereiten Mädchen und jungen Frauen, das eigene delinquente Verhalten zu begründen, bezieht sich ebenfalls auf den Bereich der Peergroup, allerdings wird hier nicht von Verteidigung oder Solidarität, sondern eher von Zwangshandlungen gesprochen. „*[...] Mich nicht provozieren lassen, vielmehr drüber reden und nicht gleich „Ich hau dich kaputt!" und solche Sätze komm' dann ja immer und eigentlich gar nicht mehr und vielleicht mal erwachsenere Freunde suchen. Mein Freundeskreis wieder ... weil manche bleiben ja immer an der Stelle hängen und manche wollen auch weitergehen, dass ich mich eher zu denen so orientiere" (Nicole, 17 Jahre).* In diesen Fällen wird die Schuld für das eigene Verhalten im Freundeskreis gesucht. Hier findet quasi eine Zurückweisung der Verantwortung des eigenen Handelns statt, indem sich die Befragte (insgesamt ein Drittel der Interviewteilnehmerinnen) als Opfer kollektiv-normativer Werte beschreibt und als Mitläuferin darstellt. Dieser Erklärungsansatz ist damit begründet, dass innerhalb gewaltbereiter Peergroups „bestimmte „Kampfregeln" und „normative Übereinkünfte" [...], wie der „gute Ruf" der Gruppe oder Einzelner zu verteidigen" (Equit, 2011, S. 56) vorhanden und von allen Mitgliedern einzuhalten sind. Verstößt ein Mitglied gegen diese kollektiven Regeln, so hat er oder sie mit Sanktionen zu rechnen, die den Ausschluss aus dem Freundeskreis bedeuten können (vgl. ebd.). Der Rechtfertigungsgrund weiblicher Gewaltanwendung wird in diesen Fällen also mit dem Normen- und Regelsystem der Gruppe begründet, nach dem sich die Mädchen richten müssen. Ein anderer Rechtfertigungsgrund für die Anwendung von Gewalt ist die Verschiebung des Schuldverhältnisses auf das Opfer. So werden bestimmte Verhaltensweisen des Opfers als Erklärungsversuche angegeben, die die Anwendung von Gewalt durch die Mädchen relativieren, bagatellisieren und neutralisieren sollen. *„Wenn ich sag' mich soll keiner anpacken und der macht es trotzdem noch und provoziert mich damit, dann ist man selber Schuld. Ich sag': „Fass mich nicht an!", und die machen es trotzdem, ja dann ... kann's mal sein, dass ich ein bisschen ausraste (lach)"* *(Sylvia, 17 Jahre)*. Die Rechtfertigungstaktik, das Opfer als Schuldigen hinzustellen, ist innerhalb der wissenschaftlichen Erkenntnisse zum Thema Jugendgewalt keine neue Errungenschaft, allerdings wurde dies in der Regel sehr oft bei männlichen Jugendlichen festgestellt (vgl. Kilb, 2011, S. 45). Bei gewalttätigen Mädchen und jungen Frauen ist diese Art von Rechtfertigungsstrategie, wenn auch nicht im gleichen Maße, ebenfalls vorhanden. So werden nicht selten Provokationen und Drohungen seitens der Opfer als Begründung genommen, zugeschlagen zu haben (vgl. Geiger-Battermann/Kreuzer, 2008, S. 39). Wenn das Gegenüber z. B. provokante Andeutungen macht und daraufhin von den gewalttätigen Mädchen ermahnt bzw. gewarnt wird, dies zu unterlassen und dennoch nicht damit aufhört, so wird ein derartiges Verhalten quasi als „Freischein" genutzt, Gewalt anzuwenden. Hierbei lautet das Motto: *„Ich habe ihn ja gewarnt!"*

Es handelt sich um eine Denkweise, die es den Mädchen und jungen Frauen (aus ihrer Sicht) erlaubt, Gewalt anzuwenden, um sich zu behaupten und sich gegen verbale oder leichte körperliche Angriffe zu wehren. In einigen Fällen wird auch die Behauptung aufgestellt, dass es Situationen gibt, in denen keine andere Verhaltensweise als physische Gewalt in Frage kommt, da alle anderen Optionen beim vermeintlichen Gegner keinen Schaden anrichten und somit kein Gerechtigkeitsausgleich stattfindet. *„Solche Menschen kann man nicht anders verletzen als mit Schlägen, denk' ich mir"* *(Melanie, 21 Jahre)*. Fühlen sich die Mädchen und jungen Frauen durch andere verletzt und versuchen, diese Verletzung beispielsweise durch Beleidigungen zu lindern, kommen aber zu keinem Ergebnis, weil die andere Person darauf nicht anspringt, so wird körperliche Gewalt angewendet, um den Schaden wieder auszugleichen. Demnach ist ein weiterer Rechtfertigungsgrund der subjektive Schadensausgleich.

Der nächste Erklärungsansatz für die Anwendung von Gewalt kann eigentlich exemplarisch für ca. die Hälfte der interviewten Gewalttäterinnen genommen werden. *„Also, bei mir ist das so, ich schlag' mich nicht so einfach aus Langeweile, sondern einfach um meine Wut los zu werden. Ja diese Aggressionen so weg, so* *halt so" (Angelika, 18 Jahre).* Die Begründung für das aggressive Verhalten wird auf den eigenen Emotionszustand zurückgeführt. Die Anwendung von Gewalt dient als Ablassventil für negative Gefühle und wird von den Mädchen und jungen Frauen als unkontrollierbar beschrieben. Diese expressive Sichtweise der Gewaltanwendung soll das Verhalten der Interviewteilnehmerinnen als unbeabsichtigt und unbewusst erscheinen lassen, um die verletzenden und zerstörenden Folgen fälschlicherweise zu verharmlosen (vgl. Micus, 2002, S. 182). Nicht selten behaupten die Mädchen, dass sie aufgrund des unkontrollierbaren Emotionsausbruchs, der meist von früheren Gewaltopfererfahrungen herrührt, keine oder nur geringfügige Schuld in ihrem Verhalten sehen.

Bei allen Rechtfertigungsgründen und Erklärungsversuchen der gewalttätigen und gewaltbereiten Mädchen und jungen Frauen ist durchgehend eine Abwertung des Opfers zu verzeichnen (vgl. ebd). Größtenteils wird versucht, dem Opfer einen Teil des Schuldbegriffs zuzuschreiben, sodass das eigene delinquente und deviante Verhalten harmloser bzw. gerechter erscheint.

5.7 Zusammenfassung

Rückblickend kann zusammengefasst werden, dass fast alle der befragten Mädchen und jungen Frauen ausschließlich die physische Gewalt unter dem Gewaltbegriff definieren und lediglich vereinzelt auch der Aspekt der psychischen mit einbezogen wird. Allerdings wird nicht jede Art körperlicher Tätlichkeit als Gewalt verstanden. Es müssen bestimmte Indikatoren vorhanden sein, damit die Mädchen ein solches Verhalten auch als Gewalt betrachten. So spielen Faktoren wie Absicht und der Grad der Verletzungen eine entscheidende Rolle. Hinzu kommt, dass körperliche Übergriffe, die z. B. auf gegenseitigem Einverständnis beruhen (Spaßkloppe), von dem Gewaltbegriff abgegrenzt werden.

In Bezug auf die Ausdrucksformen körperlicher Gewaltanwendung werden von den Interviewten vor allem harte und verletzungsreiche Ausübungstechniken beschrieben, die sie auch selbst anwenden. *„Schlägereien, mit Fäusten. Draufschlagen und treten, mit Waffen, alles eigentlich so. Mit der flachen Hand auch. Alles womit man jemanden verletzt" (Nicole, 17 Jahre).* Schlagen, Boxen und Treten (unter anderem) werden als Gewalt deklariert. Die verschiedenen Schlag- und Hiebtechniken können unterschiedlich schwere Verletzungen hervorbringen, worüber sich auch die gewalttätigen Mädchen und jungen Frauen im Klaren sind.

In Bezug auf die Kategorisierung, inwieweit sich die Untersuchungsgruppe selbst als gewalttätig einschätzt, kann erstaunlicherweise resümiert werden, dass mehr als die Hälfte der interviewten Mädchen und jungen Frauen ihr eigenes Verhalten und somit sich selbst als gewalttätig beschreiben würden. Bei der Mehrzahl der Befragten kann demnach von einer realistischen und objektiven Selbsteinschätzung gesprochen werden. Die Beweggründe für eine derartige Selbstkategorisierung unterscheiden sich allerdings voneinander.

Dennoch hat die Anwendung von Gewalt bei weiblichen Jugendlichen und Heranwachsenden in der Regel immer einen positiven Effekt auf deren Selbstwahrnehmung bzw. auf das eigene Selbstbild. Bei zwei Dritteln der gewalttätigen und gewaltbereiten Mädchen und jungen Frauen kommt es zu einem positiven Einfluss auf die subjektive Selbstwahrnehmung durch die Anwendung gewalttätigen Verhaltens. Welche Selbstwahrnehmungsfaktoren beeinflusst werden, ist vom Einzelfall abhängig und sollte demnach immer individuell betrachtet werden; so dient die Anwendung von Gewalt u. a. der Respektverschaffung gegenüber Gleichaltrigen und Erwachsenen. In diesem Fall wird Respekt mit der Verbreitung von Angst vor der eigenen Person verbunden, wodurch sich die Mädchen in ihrem Dasein sicherer und stärker fühlen (vgl. Kersting, 2010, S. 7). Wenn die Mädchen keine Angst vor feindlichen Übergriffen mehr haben müssen, führt dies zu einer positive Entlastung der Selbstwahrnehmung, da das eigene Wohlbefinden gesteigert wird. Weitere Faktoren bzw. Gegebenheiten, die durch Gewalt entstehen und für ein positiveres Selbstbild sorgen, sind eine Steigerung der Durchsetzungsfähigkeit eigener Interessen und Ansichten sowie die Erlangung eines subjektiven Gerechtigkeitsausgleiches.

Das Ausmaß und die Ausprägung gewalttätigen Verhaltens von Mädchen und jungen Frauen lässt sich sehr gut mithilfe des Begriffs der „Gewaltkarriere" verdeutlichen. Dabei handelt es sich um eine Art biografischen Leitfaden, der die Entstehung, den Anstieg oder Abstieg und den Ausstieg gewalttätiger Verhaltensweisen bei Mädchen (aber auch bei Jungen) verdeutlicht (vgl. Equit, 2011, S. 164). Anhand des gewonnenen Datenmaterials lässt sich erkennen, dass der Beginn des Prozesses einer „Gewaltkarriere" ca. zwischen dem 10. und 13. Lebensjahr liegt. Es handelt sich also um ein typisches Alter in dem Jugendliche erstmals delinquente Verhaltensweisen aufweisen (vgl. Schick, 2011, S. 21). Sehr häufig liegt die Ursache für den Beginn des Gewaltverhaltens in einem früh beginnenden Erleben von Gewalt durch andere an der eigenen Person (vgl. Sutterlüty, 2008, S. 209) und diese Erlebnisse schlagen dann in eine Phase der Gewaltausübung um mit dem Ziel, die soziale Anerkennung wiederherzustellen oder aufzubauen und verloren geglaubte Handlungsmacht gegenüber anderen zu produzieren. In der Regel wenden die Mädchen zum ersten Mal Gewalt innerhalb eines sozialen Kontextes, d. h. innerhalb einer Gruppe an und agieren zu Beginn nicht als alleinige Akteure (vgl. Heeg, 2009, S. 31). Der Prozessverlauf innerhalb der Untersuchungsgruppe weist eindeutige Übereinstimmung auf; so beginnt das Gewaltverhalten mit verbalen, beleidigenden Äußerungen und „leichten" körperlichen Angriffen (z. B. Schubsen) und steigert sich bis hin zu der Anwendung massiver physischer Gewalt in Form von Treten, Boxen und Schlagen. Pauschal kann zusammengefasst werden, dass eine tendenzielle und permanente Steigerung des Gewaltverhaltens bei den interviewten Mädchen und jungen Frauen während des individuellen Lebenswerdeganges zu verzeichnen ist. Die letztendlichen und zum Zeitpunkt der Interviewdurchführung vorhandenen Ausprägungserscheinungen sind als dramatisch zu bezeichnen, weil in allen Fällen bereits die zweithöchste Stufe gewalttätigen Verhaltens erreicht wird und lediglich die Anwendung von Gewalt mit Waffen nicht vorhanden scheint (vgl. Ostheimer, 2002, S. 180).

Im Bereich der verbalen Gewalt mit dem Fokus auf die Einordnung von Provokationen kann resümiert werden, dass ein Großteil der befragten Mädchen und jungen Frauen diese nicht als gewalttätiges Verhalten einstuft, vielmehr sehen sie es als eine Art „Vorreiter", der in einigen Fällen zur Anwendung von Gewalt führen kann. Nur vereinzelt wird die Überzeugung deutlich, dass auch Provokationen verletzend sein können und somit unter dem Gewaltbegriff zu verstehen sind. Die Reaktionen auf provokatives Verhalten der Untersuchungsgruppe sind unterschiedlich, so geht ein Drittel der gewalttätigen und gewaltbereiten Mädchen und jungen Frauen direkt auf Provokationen ein und antwortet ebenfalls mit provokativen Handlungsmustern. Daneben gibt die gleiche Anzahl der Interviewten an, Provokationen aus dem Weg zu gehen und mit Nichtbeachtung darauf zu reagieren. Dabei wird allerdings nicht berücksichtigt, dass auch eine Missachtung auf provozierendes Verhalten in einigen Situationen zu einer Verschärfung der (negativ) reizenden Verhaltensweisen beim Provokateur führen kann (vgl. Merkel, 2007, S. 8). Das wichtigste und bedeutendste Faktum im Themenkomplex „Provokation" ist die Tatsache, dass alle, also 100 % der Befragten, mit Gewalt auf Provokationen reagieren, wenn sich diese auf die Familie beziehen. Es hat sich herausgestellt, dass die Gewalttäterinnen über einen bestimmten Ehrbegriff verfügen, der es ihnen erlaubt oder sie sogar dazu zwingt, auf Beleidigungen oder sonstige Äußerungen über die eigene Familie immer mit massivem gewalttätigem Verhalten zu antworten.

Das eigene Provokationsverhalten wird durchwachsen beschrieben. Tendenziell geben die meisten weiblichen Jugendlichen an, auch selbst andere Mitmenschen, vor allem Gleichaltrige, zu provozieren. Dabei werden die Provokationen häufiger an andere gleichgeschlechtliche Mitmenschen gerichtet. Eine provokative Auseinandersetzung zwischen beiden Geschlechtern kommt seltener vor. Begründet wird dieser Sachverhalt damit, dass Mädchen generell viele negative Eigenschaften wie beispielsweise „Lästern" aufweisen, die dazu führen, dass provokative Situationen eher mit dem gleichen Geschlecht zustande kommen.

In Bezug auf die Frage und Aussage „Männer schlagen keine Frauen?! Und umgekehrt? kann festgehalten werden, dass mehr als die Hälfte der befragten Mädchen und jungen Frauen sowohl gegenüber dem weiblichen als auch gegenüber dem männlichen Geschlecht gewalttätig werden. Hierbei überwiegt allerdings die gleichgeschlechtliche Auseinandersetzungsquote. Gewalt, die durch das weibliche Geschlecht verübt wird, wird demnach auch öfters an anderen Mädchen ausgelebt. Dennoch kommt es immer zu (nicht selten brutalen) Prügeleien zwischen den gewalttätigen Mädchen und dem männlichen Geschlecht. Es kommt nicht darauf an, ob das Opfer weiblich oder männlich ist, sondern lediglich darauf, welche Regelverstöße gemacht worden sind, die es aus subjektiver Sicht zu sanktionieren gilt. Es kann sogar gesagt werden, dass Mädchen zum Teil gezielt Männer als Gegner suchen, weil sie sich dadurch mit dem männlichen Geschlecht auf die gleiche Ebene stellen können und sich in der Männerdomäne „Gewalt" profilieren. Zudem steigert sich durch die körperlichen Auseinandersetzungen mit dem weiblichen Geschlecht das subjektive Ansehen der Interviewteilnehmerinnen innerhalb ihrer Peergroups.

Anhand dieser Ausganglage wurde das gesamte Interviewmaterial in Bezug auf Rechtfertigungsgründe und Erklärungsansätze analysiert. Die angegebenen Rechtfertigungsgründe umfassen u. a. die bedingungslose Verteidigung von Freunden, das Herstellen von Gerechtigkeit und Gruppenzwang. Einige der Interviewpartnerinnen versuchen, die Selbstverantwortung für das eigene Gewaltverhalten dahingehend abzugeben, indem das delinquente Verhalten als unkontrollierbarer Emotionsausbruch beschrieben wird. „Frauen sehen Aggressionen *(in Form von Gewalt)* primär als expressives Mittel an, um lang aufgestaute Wut oder lang angesammelte Frustration auszudrücken." (Micus, 2002, S. 182) Sehr häufig verbinden sie Gewalthandlungen mit einem Kontrollverlust, der durch ein Übermaß an Emotionen verursacht wird und in einigen Fällen mit anschließenden Schuldgefühlen einhergeht (vgl. ebd.) Angestaute Wut oder Hass werden als Motiv für die Gewaltausbrüche genutzt, wodurch das eigene Verhalten bagatellisiert bzw. gerechtfertigt werden soll. Diese expressive Sichtweise der Gewaltanwendung führt schnell dazu, dass das aggressive und gewalttätige Verhalten von weiblichen Personen oft als unbeabsichtigt und unbewusst interpretiert wird und die verletzenden und zerstörenden Folgen fälschlicherweise verharmlost werden (vgl. Micus, 2002, S. 182).

6. Dimensionen und Ziele von Gewaltanwendung weiblicher Personen

In diesem sechsten Kapitel werden die Beweggründe und Ziele des gewalttätigen Verhaltens von Mädchen und jungen Frauen analysiert. Dies soll nicht nur Aufschluss über die Motive des Gewaltverhaltens geben, sondern auch als Grundlage für genderorientierte Präventionsarbeit dienen. Gewaltpräventive Maßnahmen können nur dann erfolgreich sein, wenn ein spezifisches Wissen über die Dimensionen der zu erreichenden Ziele vorhanden ist. Präventionsprogramme speziell für das weibliche Geschlecht können nicht einfach von allgemeinen Gewaltpräventionsmethoden (die eher vom männlichen Geschlecht ausgehen) abgeleitet werden, sondern müssen speziell und in Bezug auf die geschlechtsspezifischen Interventionsziele abgestimmt werden (vgl. Fröhlich-Gildhoff, 2006, S. 82).

In der Regel geben gewalttätige Mädchen „an, auch andere Lösungsmuster für Konflikte zu kennen, finden jedoch immer wieder Gründe, um einen umgänglichen Einsatz von Gewalt zu rechtfertigen." (Siewert, 2004, S. 12) Deshalb ist es von enormer Wichtigkeit, das Augenmerk auf die Zielsetzung gewalttätigen Verhaltens zu legen. In diesem Kapitel werden u. a. die folgenden Dimensionen und Intentionen weiblichen Gewaltverhaltens beleuchtet: die Zielerreichung, der Statuserhalt und die Positionierung innerhalb der Peergroup, die Zugehörigkeit und Gewalt als Kommunikationsmittel.

6.1 Gewalt als einfaches Mittel zur Zielerreichung

Zunächst wird auf die Dimension der Gewalt als Zielerreichungsmittel eingegangen. Hiermit ist gemeint, dass gewalttätige Handlungsweisen auf ein gesetztes Ziel fokussiert sind. Mögliche Hindernisse, die diesem Ziel im Wege stehen, werden aus dem Weg geschafft und mögliche Verletzungen oder Schäden am Gegenüber werden dabei in Kauf genommen (vgl. Hofmann, 2011, S. 3).

Wenn Gewalt als zielgerichtete Handlungsweise genutzt wird, handelt es sich um eine bewusste Entscheidung, Gewalt als Wahlmethode einzusetzen, um die eigenen Interessen und Ansichten durchzusetzen (vgl. www.frauenprojekte-bora.de, angerufen am 14.07.2012, 18:45 UTC). Ebenso wie Jungen geben gewalttätige Mädchen und junge Frauen an, Gewalt als eine effektive und leicht durchzuführende Handlungsoption zu verstehen, um ein bestimmtes anvisiertes Ziel zu erreichen (vgl. Kunczik/Zipfel, 2006, S. 45). Aus objektiver Sicht wird die Anwendung von Gewalt als negatives und unsoziales Mittel zur Zielerreichung gesehen (vgl. Sinn, 2007, S. 174); aus Sicht einiger Interviewteilnehmerinnen wird diese Art der Zielerreichung allerdings mit positiven Eigenschaften in Verbindung gebracht. *„ Man erreicht sein Ziel! ... Nur so raffen es manche, dass sie die Schnauze halten müssen. Klar, es tut denen wahrscheinlich weh, ich hab' ja auch schon mal ein aufs Maul bekommen, aber daraus lernt man, was man falsch gemacht hat. Dieses ewige Gerede mit „Hör' doch bitte auf" bla bla bla, bringt doch nichts. Ich seh' das doch an meinen Eltern, die reden auch nur und was ist? Nix!" (Marina, 19 Jahre)* Diese Aussage kann exemplarisch für einen kleineren Teil der Untersuchungsgruppe betrachtet werden. Gewalt wird hier als einfache und erfolgreiche Handlungsmethode verstanden, um bestimmte und oftmals persönliche Ziele zu erreichen. Sogar die Folgen dieser Art von Verhalten werden verharmlost und im Vergleich zum persönlichen Nutzen heruntergespielt. Es ist den Mädchen durchaus bewusst, dass körperliche Gewalt zu Schmerzen und Verletzungen beim Opfer führen kann, allerdings wird dies in Kauf genommen, und zwar mit der Begründung, dass es einem selbst ja auch schon wiederfahren ist und das „Leben nun mal so spielt". Es handelt sich also um die Anwendung instrumenteller Gewalt, mit dem Fokus, ein gesetztes Ziel zu erreichen, auch mit dem Risiko oder sogar der Absicht, dass andere Personen dabei zu Schaden kommen (vgl. Heeg, 2009, S. 17).

Konfliktlösungsstrategien auf verbalem Wege werden als wenig effektiv und aufwendig dargestellt. Konfliktsituationen auf einer verbalen und kommunikativen Ebene zu lösen, verlangt von allen beteiligten Parteien ein gewisses Maß an Geduld, Aufmerksamkeit und vor allem Empathiefähigkeit (vgl. Maus/Nodes/Röh, 2008, S. 79 f.). Oftmals besitzen die gewalttätigen und gewaltbereiten Mädchen und jungen Frauen diese sozialen Kompetenzen nicht oder sie werden als zu anstrengend und aufwendig erachtet. Es braucht mehr Zeit, einen Konflikt auszudiskutieren, als ihn mittels Gewalt zu beenden.

In der Regel wird diese Sichtweise damit begründet, dass z. B. das Ausdiskutieren von Problemen, die die eigene Person betreffen, nur sehr wenig bewirkt oder gar keine Wirkung erzielt. Wenn beispielsweise familiäre Konfliktsituationen entstehen, die die Mädchen und jungen Frauen betreffen, und die Eltern versuchen, diesen Konflikt mittels „Reden" zu lösen, gehen die Mädchen nicht darauf ein und sehen auch keinen Sinn darin, sich in eine verbale und vor allem gesellschaftsfähige Diskussion zu begeben. *„Gar nicht ... ähm ... ich lass' sie labern und dann mach' ich weiter wie immer. Die droht immer mit Sachen wie Hausarrest, aber die zieht das eh nicht durch, wenn ich dann frage, ob ich raus kann oder rumschreie,* *ich glaub', die ist dann froh wenn sie Ruhe hat. Ich mach' das immer so, was soll ich da reden stundenlang ist doch Zeitverschwendung" (Stefanie, 17 Jahre).* Auseinandersetzungen, die auf einer kultivierten und normenkonformen Basis stattfinden, werden als „Zeitverschwendung" und erfolglos erachtet. Die gewalttätigen Mädchen und jungen Frauen projizieren diese selbst erarbeitete Denkweise auf alle Mitmenschen und kommen dadurch zu dem Ergebnis, dass die Erreichung eines gesetzten Zieles nur mittels körperlicher Gewaltanwendung funktioniert.

Welche Ziele genau mit diesem devianten und delinquenten Verhalten erreicht werden sollen, ist i. d. R. immer vom Einzelfall abhängig und demnach individuell zu betrachten. Dennoch können einige Beispiele anhand des gewonnenen Datenmaterials aus der Untersuchungsgruppe gegeben werden.

Eine der Interviewteilnehmerinnen erklärt, dass Gewalt mit dem persönlichen Ziel verbunden ist, vor den anderen Mitmenschen „Ruhe" zu haben. *„Für mich ja. Also, wenn ich nicht will, dass mich andere ärgern oder Scheiße über mich reden und ich box' die, dann hab' ich Ruhe. Ansonsten, weiß ich nicht. Geht bestimmt auch anders, aber die meisten raffen das halt nur so" (Stefanie, 17 Jahre).* „Aggressives Verhalten wird vielfach eher deshalb angewandt, weil es gewünschte Ergebnisse bewirkt, die mit nicht aggressiven Mitteln nicht so leicht erzielt werden können, als einfach nur deshalb, weil sie den Ausdruck von Leiden hervorrufen wollen. Gewalt ist für Jugendliche zunächst die einfachste Form der Konfliktlösung!" (Geschäftsbericht der Brücke Dortmund e.V., 2006, S. 8) Sinn und Zweck von Gewaltanwendung ist es also nicht vorrangig, einer anderen Person erheblichen physischen oder psychischen Schaden zuzufügen, sondern vermeintlich *feindliche* Mitmenschen auf Abstand zu halten, Ruhe vor *feindlichen* Übergriffe zu haben und Respekt aus der Gleichaltrigengruppe zu erlangen. Durch die körperlich-verletzende Demonstration von Stärke und Überlegenheit soll also ein Zustand von Unantastbarkeit geschaffen werden. *„Dass der andere nicht denkt, ich wäre ein Opfer oder ich hätte Angst. Die sollen mich danach in Ruhe lassen" (Melanie, 21 Jahre).* Primäres Ziel ist eher eine Schadensbegrenzung bei der eigenen Person. Das gewalttätige Verhalten soll verhindern, in die Opferrolle gedrängt zu werden. Demnach ist das zu erreichende Ziel in diesem Fall, in die Rolle des Täters zu gelangen und den Opferstatus anderen zuzuschreiben.

Lediglich körperliche Gewalt anzuwenden, erfordert zwar auch gewisse Ressourcen wie z. B. Stärke und Mut, allerdings immer in einem geringeren Maße als andere Konfliktlösungsstrategien. Die Interviewteilnehmerinnen wissen genau, dass handgreifliche Verhaltensmethoden schneller zum gewünschten Erfolg führen als gesellschaftlich akzeptable Verhaltensweisen, mit denen zwar auch das gesetzte Ziel erreicht werden kann, es aber keine hundertprozentige Sicherheit dafür gibt.

Sicherheit, Orientierung, Anerkennung und Positionierung innerhalb eines sozialen Gefüges gehören aber zu den Bedürfnissen weiblicher Jugendlicher und wollen demnach auch befriedigt werden. Haben die Mädchen und jungen Frauen erstmals die Erfahrung gemacht, dass sie diese Ziele durch Gewaltanwendung schnell und zudem mit wenig Aufwand erreichen und diese Ziele ggf. mit Hilfe anderer Verhaltensweisen eben nicht erlangen, so wird und ist Gewalt ein einfaches Mittel, unruhige oder subjektiv unbehagliche Situationen zu klären und die eigenen Interessen durchzusetzen (vgl. Heitmeyer, 1995, S. 405).

6.2 Gewalt als Hilfe zum Statuserhalt und zur Positionierung innerhalb der Peergroup

Neben dem Faktor für die Anwendung gewalttätigen Verhaltens, der sich auf die Zielerreichung beschränkt, gibt es noch zahlreiche andere Dimensionen von Gewalthandlungen durch das weibliche Geschlecht. In diesem Unterkapitel soll es nun darum gehen, Gewalt als Hilfsmittel oder Durchsetzungsmittel zu betrachten mit dem Ziel, sich einen sozialen Status aufzubauen, zu erhalten oder zu verbessern. Der „Status bezeichnet in den Sozialwissenschaften die Rangordnung, die ein Mensch innerhalb eines sozialen Systems einnimmt." (Senger, 2007, S. 936) Der Status einer Person ist gleichzusetzen mit der Position innerhalb eines sozialen Gefüges, welche über den Einflussfaktor sowie über die Macht- und Handlungsbefugnisse des Individuums entscheidet (vgl. Weymann, 2007, S. 135). In der Regel hängt der soziale Status einer Person aus gesellschaftlicher Sicht von bestimmten Merkmalen ab wie z. B. dem persönlichen materiellen Besitz, der Höhe des Einkommens, der Art des vorhandenen Berufes und der Herkunft (vgl. Senger, 2007, S. 936).

Innerhalb dieser Studie konnte bisher festgestellt werden, dass die Mehrzahl der gewalttätigen Mädchen und jungen Frauen keine dieser gesellschaftlich anerkannten hohen Ressourcen nachweist und demnach auch nicht die Möglichkeiten hat, sich durch positiv erbrachte Leistungen soziales Ansehen zu verschaffen. Aufgrund dessen versuchen sie, sich mittels Gewalt einen Status und eine feste Position innerhalb ihrer sozialen Umgebung zu sichern, und zwar mit dem Ziel, den eigenen Status immer weiter auszubauen und höher zu setzen (vgl. Sitzer, 2009, S. 105). Gewalt eignet sich vor allem innerhalb des Gleichaltrigengeflechtes besonders dazu, das eigene Ansehen, den Grad der Einflussnahme und der Autorität herzustellen (vgl. Heeg, 2009, S. 189). So kann es sich also für das weibliche Geschlecht als lohnenswert erweisen, durch Gewalt den sozialen Status aufzubessern, da dies aus

172

subjektiver Sicht die einzige Methode ist, sozial anerkannt zu werden, da andere Ressourcen als nicht vorhanden betrachtet werden (vgl. Kaiser, 2012, S. 120). Innerhalb gewaltorientierter Jugendgruppen, in denen sich fast alle Interviewpartnerinnen befinden, wird vor allem den gewalttätigen Mädchen eine hohe soziale Rolle bzw. ein hoher sozialen Status zugeschrieben (vgl. Näf/Kraus, 2008, S. 41). Besonders gut lässt sich dieses Phänomen erklären, wenn das Augenmerk auf die interne soziale Rangordnung innerhalb der Peergroup gelegt wird, die sich auf das Gewaltverhalten der Mädchen und jungen Frauen auswirkt. Gerade in gewaltbereiten Cliquen werden den Mitgliedern oftmals unterschiedliche Macht- und Handlungspositionen zugeschrieben, nach denen gehandelt werden soll (vgl. Näf/Kraus, 2008, S. 41). Ca. die Hälfte der befragten Mädchen und jungen Frauen gibt an, dass innerhalb ihres Freundeskreises eine derartige Rangordnung vorzufinden ist. *„Ja, das war bei uns auch so. Bei der Früheren war das so. Ja, also da gab's eine, die hatte das Sagen ja und dann halt ich und die anderen drei und danach die anderen"* (Julia, 18 Jahre). Dieses exemplarische Beispiel kann für einen großen Teil der Untersuchungsgruppe als Ausgangspunkt gesehen werden. Ein *Gesetz* der Gruppendynamik (wie sie Battergay im Jahre 1986 formulierte) besagt, dass die Erstellung einer Gruppe, demnach auch einer jeden Peergroup, immer auf die Bildung einer Rangordnung basiert, die in Bezug auf das stärkste, aggressivste Verhalten den Anführer oder die Anführerin bestimmt, während sich die anderen je nach Stärke, Mut und anderen Indikatoren unterordnen müssen (vgl. Klosinski, 2012, S. 72). In der Peegroup-Hierarchie hat häufig die Person mit dem größten Gewaltpotential den höchsten Status. Diese Personen genießen in der Regel auch den höchsten Status und damit die meiste Anerkennung der ganzen Gruppe. *„ [...] Es ist klar, dass diejenigen die länger dabei sind, auch mehr zu sagen haben, wenn es z. B. darum geht, was am Wochenende gemacht wird oder so. Aber es ist jetzt nicht so, dass sich da einer hinstellt und sagt „Ich bin hier der Boss" oder so. Klar von manchen hat man mehr Respekt, vor anderen weniger"* (Marina, 19 Jahre). Diese Aussage lässt darauf schließen, dass sich die gewalttätigen Mädchen und jungen Frauen zwar im Klaren darüber sind, dass es innerhalb ihrer Clique Personen gibt, denen mehr Respekt gezollt wird als anderen, allerdings können sie nur schwer beschreiben, was genau die Ursache dafür ist. Die Länge des Aufenthalts in der Gruppe wird als Indikator gesehen, danach haben die, die sich am längsten in der Gruppe befinden, auch mehr zu sagen. In der weiteren Analyse des Interviewmaterials stellt sich allerdings heraus, dass es sich dabei nicht um den ausschlaggebenden Faktor handelt. In der Regel erhalten die Mitglieder einer Gruppe den meisten Respekt und damit auch das meiste Ansehen, indem sie immer wieder ihre Stärke und Überlegenheit gegenüber den anderen demonstrieren (vgl. Schimank, 2007, S. 222 f.).

Dass sich die Machtstrukturen innerhalb gewaltbereiter Jugendgruppen ändern können und dies auch permanent tun, zeigt der folgende Interviewausschnitt. *„Ich war einmal diejenige, die oben stand. Komisch, immer wenn die was hatten, kamen die zu mir und das wollte ich gar nicht sein"* *(Sylvia, 17 Jahre).* Das Sprechen in der Vergangenheitsform deutet daraufhin, dass die Befragte sich zu einem früheren Zeitpunkt bereits einmal an der Spitze der Rangordnung befand, dies aber zum gegenwärtigen Zeitpunkt nicht mehr der Fall ist. Bis vor Kurzem wurde in der Wissenschaft die Meinung vertreten, dass Mädchen innerhalb gewaltbereiter Peergroups keine entscheidenden und einflussreichen Rollen einnehmen und nichts für ihre Positionierung innerhalb des sozialen Gefüges tun müssen (vgl. Berger, 2009, S. 10). Diese Sichtweise erweist sich allerdings als Trugschluss. Genauso wie männliche Mitglieder müssen Mädchen und junge Frauen für ihre Positionierung innerhalb der Gruppe kämpfen. Je gewalttätiger und aggressiver sich ein Mädchen in ihrem Verhalten zeigt, desto häufiger verfügen sie über einen hohen anerkannten sozialen Status, der durchaus auch denen der Jungen übertreffen kann. *„Ja manchmal wurde auch Gewalt angewendet. Manchmal schon. Ich hab' mich nur einmal geschlagen mit der Anführerin und dann hab' ich die geschlagen und dann hatte die halt Respekt vor mir"* *(Julia, 18 Jahre).* Dieser Interviewausschnitt macht deutlich, wie durch massives gewalttätiges Verhalten die eigene Stellung innerhalb der Peergroup beeinflusst werden kann. Die Position einer Anführerin oder eines Anführers kann auch durch andere Mitglieder eingenommen werden (wie es bei der Befragten Julia der Fall ist), indem sie beweisen, dass sie stärker sind und somit die Person mit dem meisten Macht- und Handlungsbefugnissen *vom Thron* schmeißen und deren Platz einnehmen. Die gewalttätigen Mädchen und jungen Frauen befinden sich demnach in einem Zwangskontext, in dem sie durch die Fähigkeit der Gewaltausübung beweisen müssen oder wollen, dass sie eine höhere Position innerhalb der Gruppe verdient haben und somit ihr eigenes Anerkennungsbedürfnis stillen können (vgl. Silkenbeumer, 2007, S. 284). Gewalttätige Mädchen übernehmen keine minimale und zurückhaltende Rolle, sondern teilweise eine wichtige gruppenstärkende Stellung. Sie lassen sich vom anderen Geschlecht nichts vorschreiben, vertreten ihre Meinung und setzen sich, wenn es sein muss, auch mit dem männlichen Geschlecht körperlich auseinander, um ihren eigenen Platz in der Gruppe zu verteidigen oder zu verbessern (vgl. Kreuzer, 2009, S. 90 f.). *„Gewalt ... Eigentlich gleich so, aber ich glaub' eigentlich eher mit Jungs so. [...] Doch so mehr mit Jungs, da wird das schon mehr so. Ich bin auch so, wenn ich einen sehe, der mir überlegener aussieht ... mir ist das egal ... ich stell' mich dahin und sag' „Was willst du?"* *(Melanie, 21 Jahre)* Einige der Interviewpartnerinnen stellen sich also ganz bewusst auch dem männlichen Geschlecht mit gewaltbereiter

Intention entgegen. Dies macht insofern Sinn, dass Männer oder Jungs i. d. R. immer ein höheres Ansehen innerhalb des sozialen Gefüges genießen als die Mädchen (vgl. Raithel, 2005, S. 181). D. h. ein gewonnener Kampf gegen das männliche Geschlecht nimmt auf die soziale Stellung des jeweiligen Mädchen einen positiveren und stärkeren Einfluss als eine (subjektiv betrachtet) erfolgreiche Auseinandersetzung mit einem anderen Mädchen, da in diesem Fällen mehr Mut, Stärke und Kampfbereitschaft erforderlich ist. „Weibliche Motive für Gewaltausübung unter Peers sind Konkurrenz und eine Suche nach Respekt, Statusgewinn und Anerkennung." (Heeg, 2009, S. 47)

Die gewalttätigen und gewaltbereiten Mädchen und jungen Frauen klammern sich förmlich an ihren selbst erstellten und eigens erarbeiteten Status als „badgirl" und versuchen immer wieder, diesen zu verteidigen und aufrechtzuerhalten. Sie sehen keine andere Möglichkeit, ihre soziale Position zu verteidigen, weil Mädchen, die sich als schwach, ängstlich und nicht mutig erweisen, schnell zu Außenseitern oder gar zu potenziellen Opfern werden (vgl. Töltsch, 2002, S. 106). Hinzu kommt, dass die Mädchen ihr Ansehen und ihren Status durchaus genießen; sie sind stolz darauf, Macht zu besitzen und Respekt von anderen zu bekommen.

Es bleibt allerdings die Frage zu klären, warum die gewalttätigen und gewaltbereiten Mädchen sich so sehr für eine hohe Position innerhalb des sozialen Gefüges einsetzen und keinen anderen Weg für sich sehen, als diese mit Gewalt zu erlangen. *„Nur so kann man sich Respekt verschaffen, alles andere funktioniert nun mal nicht. Ich sehe es ja bei den Außenseitern, egal wie nett und freundlich man ist, es gibt immer welche, die einen fertig machen, und das will ich nicht, das ist schrecklich. Dann lieber ab und zu eine Faust kassieren, Hauptsache, die wissen, dass man das mit mir nicht machen kann. Wenn ich versuchen würde, mit jemandem zu reden, der mich provoziert, macht der das doch immer weiter ... man wird doch ausgelacht ... Ich will und werde keine Angst haben vor irgendjemandem und ich will mir meinen Status behalten, das kann ich nur, wenn ich so weitermache" (Stefanie, 17 Jahre).* Diese Aussage der Interviewpartnerin kann stellvertretend für einen Großteil der Untersuchungsgruppe betrachtet werden. Die Intention ist hier deutlich zu erkennen. Die aggressiven weiblichen Jugendlichen vertreten die Ansicht, sich ihren Status ausschließlich durch Gewalt schaffen und erhalten zu können, und zwar mit der Begründung, dass andere Verhaltensweisen wie z. B. verbale Kommunikation nicht zum gewünschten Ergebnis führen und von den anderen Mitgliedern des sozialen Netzwerkes als Schwäche interpretiert werden. Mädchen und junge Frauen werden in ihrem Handeln häufig nicht im gleichen Maße ernst genommen wie die Männer, deshalb versuchen sie, sich mit radikaleren und gewalttätigeren Verhaltensweisen bemerkbar zu machen. *„Ich weiß aber nicht, das* *gehört nicht dazu, das ist einfach nur Art Hilfeschrei so zu zeigen: „Ja, ich bin auch noch da, ich existiere auch noch!"" (Angelika, 18 Jahre)* Um soziale Anerkennung und eine „gute" Position innerhalb des sozialen Gefüges zu erlangen, muss die Person von den anderen wahrgenommen und ihr Handeln respektiert werden. „Die über die Demonstration von Stärke und Härte zum Ausdruck gebrachte Botschaft lautet damit: „Nehmt mich ernst!"" (Silkenbeumer, 2007, S. 284)

6.3 Schaffung von Zugehörigkeit

Eine weitere Dimension von Gewalt bzw. von der Anwendung gewalttätigen Verhaltens ist die Schaffung von Zugehörigkeit (vgl. Pollich, 2010, S. 175). Zugehörigkeit meint in diesem Sinne, sich einen Kreis aus gleichgesinnten Menschen zu schaffen oder sich in ein vorhandenes soziales Netz einzuarbeiten, in dem sich das Individuum wohl und anerkannt fühlt, weil die eigenen Werte und Normen und relativ gleiche Interessen vertreten werden (vgl. Liebsch, 2001, S. 53). Es beschreibt die emotionale Verbundenheit zwischen Individuen und ist immer ein Merkmal der eigenen Identität (vgl. Schoor, 2008, S. 57). Mädchen, die Gewalt in massiver Form ausüben und diese Handlungsoption für erfolgversprechend und sogar gerechtfertigt auffassen, brauchen ein soziales Umfeld, in dem dieselben Werte und dieselbe Sichtweise zu diesem Thema vertreten wird (vgl. Equit, 2011, S. 55 f.). Das Zugehörigkeitsgefühl innerhalb von Peergroups, die besonders destruktive Formen der Gewaltausübung als positiv bewerten, nimmt insofern bei den gewalttätigen Mädchen und jungen Frauen zu, weil sie selbst diese Meinung vertreten (vgl. Korn/Mücke, 2000, S. 19).

Diese Dimension oder dieses Ziel gewalttätigen Verhaltens durch Mädchen und junge Frauen anhand der empirischen Forschungsergebnisse festzumachen, ist äußerst schwierig, weil keine direkten klaren und eindeutigen Aussagen zu diesem Thema von der Forschungsgruppe gemacht wurden. Vielmehr kann anhand verschiedener Erzählungsabschnitte die These aufgestellt werden, dass die interviewten Personen den Wunsch nach Zugehörigkeit in sich tragen und versuchen, diesen durch ihre aggressiven Verhaltensweisen zu erlangen. Bei fast der Hälfte aller befragten Mädchen und jungen Frauen konnte Datenmaterial gewonnen werden, das die Dimension und den Wunsch nach Zugehörigkeit beinhaltet. *„Weil es wichtig ist, viele Leute zu kennen, sonst ist man doch ein Außenseiter und wird nur fertig gemacht. Ich seh' das ja an der Schule. O. k. wir machen die auch ab und zu fertig, aber das härtet nur ab, ich hab es ja bei mir gesehen" (Stefanie, 17 Jahre).* Exemplarisch kann durch diesen Interviewausschnitt die These beleuchtet werden, dass

Gewalt als Mittel genutzt wird, sich in eine Gruppe mit bestimmten Eigenschaften einzufügen. Dabei ist ausschlaggebend, dass es sich um eine Gruppe handelt, die ihre Position mit Stärke und Gewalt vertritt und dadurch den Mädchen Sicherheit und Angstfreiheit garantiert. Die Mädchen und jungen Frauen suchen sich ihr soziales Umfeld gezielt nach dem Kriterium aus, nicht zur Gruppe der sogenannten Außenseiter zu gehören. In der Regel werden als „Außenseiter" immer diejenigen Personen betrachtet, die auf körperlicher und emotionaler Ebene nicht stark genug sind, sich gegen andere zur Wehr zu setzen, und demnach häufig in die Opferrolle gedrängt werden (vgl. Krüger, 2003, S. 18). *„Früher habe ich gar keine Gewalt angewendet, erst seitdem ich hier auf der Schule bin, da hab' ich mir geschworen, dass ich nie wieder als Außenseiter dastehen will. Ich hab's bei anderen gesehen, wie die das machen und hab's dann nachgemacht... Musste mir ja auch erst mal einen Namen machen"* (Stefanie, 17 Jahre). Die Interviewpartnerin Stefanie erklärt deutlich, dass sie Gewalt aus dem einfachen Grund anwendet, um zur Tätergruppe zu gehören, und auf gar keinen Fall (wieder) in die Opferrolle wechseln möchte. Das Zugehörigkeitsgefühl, also das *Verbundensein* mit anderen Gleichaltrigen entsteht also i. d. R. über den Terminus der Gewaltanwendung. Es ist das zentrale und ausschlaggebende Merkmal innerhalb des Beziehungsgefüges (vgl. Korn/Mücke, 2000, S. 19). Das Kollektiv teilt bestimmte Normen und Werte und jedes Mitglied handelt ähnlich wie die anderen, wodurch ein Identifikationsmuster entsteht, anhand dessen die Verbundenheit ablesbar ist (vgl. Equit, 2011, S. 56). Vor allem für Mädchen ist es schwer, sich in derartige Gruppen zu integrieren und voll anerkannt zu werden, weil das weibliche Geschlecht immer noch als „schwach" und weniger aggressiv wie das männliche Geschlecht betrachtet wird (vgl. Küchler, 1997, S. 13). Um die gleiche soziale Anerkennung zu erlangen wie die Jungen, müssen die Mädchen ggf. noch aggressiveres und gewaltauffälligeres Verhalten an den Tag legen. *„[...] das ist einfach nur eine Art Hilfeschrei so zu zeigen „Ja, ich bin auch noch da, ich existiere auch noch!"* (Angelika, 18 Jahre) Diese Aussage kann exemplarisch darauf hinweisen, dass sich die gewalttätigen Mädchen und jungen Frauen ihre Zugehörigkeit und eben auch das Gefühl von Verbundenheit selbst erarbeiten müssen, und zwar mittels Gewalt. Die Aussage der Interviewteilnehmerin Angelika, die Gewalt als Hilferuf deklariert, um die eigene Existenz zu begründen und dazuzugehören, unterstützt diese These.

Sehr häufig wird die Schaffung von Zugehörigkeit von den Befragten als unerlässliches Muss angesehen, das vorhanden sein muss, um ein erfülltes und vor allem angstfreies Leben zu führen. *„Man brauch' Freunde, um draußen auf der Straße überleben zu können. Wenn du keinen hast, bist du am Arsch, dann bist du derjeni-*

ge, auf den sich die anderen stürzen, auf den Schwächsten. Früher in der 5. Klasse auf der Realschule hatte ich so gut wie gar keine Freunde, außer zwei andere Stre-ber, aber die konnten einem auch nicht helfen, sich gegen die anderen zu wehren, weil die selbst Schiss hatten. Nur wenn man die richtigen Freunde hat, kann man sich Respekt verschaffen" (Marina, 19 Jahre). Die Suche nach Gleichgesinnten, also nach Personen, die in etwa die gleichen Einstellungen und Werte teilen, näm-lich sich nicht von anderen angreifen zu lassen und die eigenen Ansichten mit allen Mitteln vertreten, wird von den interviewten Mädchen und jungen Frauen als „überlebenswichtig" beschrieben. Es könnte die These aufgestellt werden, dass die Bindung an Personen, die ebenfalls Gewalt anwenden, nicht zwingend die Schaf-fung von Zugehörigkeit bewirken soll, sondern vielmehr dem Schutz vor feindli-chen Übergriffen dient. Gewalt dient demnach als Selbstschutz vor möglichen An-greifern. Durch die Anwendung von Gewalt wird versucht, das Gegenüber einzu-schüchtern und Angst zu bereiten. Dadurch schützen sich die Mädchen und jungen Frauen selbst und beugen idealerweise sogar möglichen Konsequenzen vor, weil sie ihrem Opfer so viel Angst einjagen, dass diese sehr häufig von polizeilichen Anzeigen oder dergleichen ablassen (vgl. Hofmann, 2011, S. 27). Die Anwendung von Gewalt soll also ein Erleben in der Rolle des Opfers vermeiden (vgl. Hofmann, 2011, S. 27).

Zusammenfassend kann gesagt werden, dass sich die gewalttätigen und gewalt-bereiten Mädchen und jungen Frauen i. d. R. eher zu gewaltorientierten Gruppen hingezogen fühlen als zu sozialen Netzwerken, in denen Gewalt als negative und normenverletzende Handlungsweise betrachtet wird (vgl. Eqiut, 2011, S. 56 f.). Die Mädchen haben auch in der Regel keine Chance, sich in eine gewaltfreie Umge-bung zu integrieren, solange sie ihr eigenes aggressives Verhalten nicht ablegen. Gewaltbereite Menschen werden von anderen sozialen Netzwerken, in denen Ge-walt verpönt wird, nicht akzeptiert oder gar ausgeschlossen (vgl. Heeg, 2009, S. 33 f.). Die Interviewteilnehmerinnen definieren sich aber über ihr aggressives Verhal-ten und müssen sich demnach Netzwerke schaffen, in denen genau diese Eigen-schaft als etwas Besonderes, etwas das, sich gegen andere Gruppen abgrenzt, ver-standen wird (vgl. Hofmann, 2011, S. 26). Das Zugehörigkeitsgefühl kann sich nur dann entwickeln und erweitern, wenn das Umfeld die Eigenschaften, Interessen und Handlungsintentionen der Person als richtig und konstruktiv erkennt. *„Die ver-stehen einen wenigstens. Erwachsene können das doch gar nicht verstehen, die wissen nicht, wie das heutzutage ist, als Teenie. Die kommen immer mit alten Ka-mellen „früher war das so und so"... toll ... wir leben aber nicht mehr im „Frü-her"" (Stefanie, 17 Jahre).* Anhand dieser Aussage wird deutlich, dass sich die gewalttätigen Mädchen und jungen Frauen von Gruppen, die Gewalt als nicht legitimierte Handlungsweise betrachten, auch nicht verstanden fühlen, und sich diesen Gruppen aufgrund dessen auch nicht anschließen.

Dies liegt nicht zuletzt an der Tatsache, dass die Mädchen innerhalb ihres gewaltbereiten Netzwerkes auf Sicherheit und Halt stoßen, sie können sich auf die Mitglieder ihrer Peergroup verlassen. Genau dieser Aspekt führt zu einer Stärkung des Zugehörigkeitsgefühls, da sich die Befragten verstanden und in ihrer individuellen Person wahrgenommen fühlen (vgl. Hofmann, 2011, S. 26). Eine Interviewpartnerin beschreibt sehr deutlich, was für sie das Gefühl von Zugehörigkeit ausmacht. *„Freundschaft heißt für mich, dass man sich aufeinander verlassen kann und keiner hinter'm Rücken Mist über andere erzählt. Richtige Freunde sind immer für einen da und man kann sich auch über alles unterhalten. Wenn's einem Freund nicht gut geht, helfen die anderen ... oder wenn einer Stress mit jemandem hat, dann sind Freunde da, um zu helfen"* (Stefanie, 17 Jahre). In gewaltbereiten Gruppen fühlen sich die Mädchen und jungen Frauen verstanden, wertgeschätzt und sie erhalten Vertrauen, Sicherheit und Rückhalt (vgl. Kreuzer, 2009, S. 90 f.). Potenzielle Konflikte sind untrennbar mit der Gruppe und demnach auch mit dem Zugehörigkeitsgefühl verbunden (vgl. Heeg, 2009, S. 181). Gerät ein Gruppenmitglied in eine verbale oder körperliche Auseinandersetzung oder fängt eine Prügelei an, so formiert sich in der Regel die gesamte Gruppe zu einem Ganzen und gibt der betroffenen Person Unterstützung und Rückhalt (vgl. ebd., S. 182).

6.4 Gewalt als Kommunikationstechnik

Dieses Kapitel befasst sich mit der These, dass Gewalt von vielen gewalttätigen Jugendlichen und auch von weiblichen Jugendlichen als Kommunikationstechnik genutzt wird. Um dieses Phänomen genauer zu beschreiben, soll eine kurze Einführung in die Thematik der Kommunikation gegeben werden.

Gesellschaftlich wird unter Kommunikation das „Miteinanderreden" verstanden (vgl. Wildner, 2010, S. 6). Kommunikation ist Grundlage für den Austausch von Mitteilungen zwischen zwei oder mehreren Menschen. Dabei besteht Kommunikation nicht nur aus Sprache, sondern auch aus nonverbalen Kommunikationsformen wie Gestik, Mimik und Berührungen (vgl. Haberstroh/Neumeyer/Pantel, 2011, S. 28). In einer Kommunikation zwischen zwei Personen gibt es immer zwei Rollen, die des Senders einer Information und die des Empfängers. Während einer Konversation wechseln diese Rollen zwischen den Gesprächspartnern (vgl. Mund, 2007, S. 568). „Kommunikation ist der Austausch von Mitteilungen zwischen Individuen. Hierzu gehört, dass ein sogenannter Sender ganz gezielt Informationen an einen sogenannten Empfänger weitergibt" (Haberstroh/Neumeyer/Pantel, 2011, S. 28). Die Art und Weise der Kommunikation einer Person bestimmt in den meisten Fällen die Kommunikationsweise des Gegenübers und umgekehrt (vgl. Simon, 2004, S. 22 f.). Allerdings gibt es auch zahlreiche kommunikative Störungen, die dazu führen, dass zwischenmenschlicher Austausch von Informationen beeinträchtigt wird und zahlreiche Missverständnisse entstehen (vgl. ebd., S. 22). Dies passiert z. B. immer dann, wenn Personen unterschiedliche, einander fremde Kommunikationsmethoden anwenden, die das Gegenüber nicht einschätzen und analysieren kann (vgl. Lang, 2003, S. 10).

Die Anwendung von Gewalt ist ebenfalls eine Methode von Kommunikation, denn wenn Gewalt als Handlungsweise begriffen wird, was sie definitiv ist, so ist Gewalt gleichbedeutend mit Kommunikation, weil diese beiden Faktoren fest aneinandergekoppelt sind (vgl. Baun/Herberichs, 2005, S. 18). Durch jede gewalttätige (oder auch nicht gewalttätige) Handlung werden dem Gegenüber Informationen gesendet, die aufgenommen und interpretiert werden. Es handelt sich also bei der Anwendung von Gewalt immer um eine Art der Kommunikation (vgl. ebd.). „Gewalt ist eine (extreme) Form der Kommunikation, die auf die Entwürdigung, Verletzung oder Ausschaltung des anderen abzielt." (Klemm, 2006, S. 81)

Die interviewten Mädchen und jungen Frauen gehören nicht zu der Kategorie Jugendlicher, die einmalig oder aus dem Affekt heraus gewalttätig werden und sonst gesellschaftlich angemessenes Verhalten aufweisen, sondern Gewalt als alltagstaugliches Interaktionsmittel verstehen (vgl. Weidner/Malzahn, 1997, S. 46). Sie sehen Gewalt als eine normale und allgegenwärtige Kommunikationsmethode an, die zum Leben dazugehört (vgl. Bannenberg/Rössner, 2006, S. 26). Diese These lässt sich anhand des folgenden Interviewausschnittes, auf die Frage, ob Gewalt zum Leben dazugehört, belegen. „Gehört dazu, also man kann das nicht abschaffen. So wie man raucht oder kifft, das gehört auch mittlerweile schon dazu" (Mia, 16 Jahre). Die Befragte Mia (16 Jahre) zeigt deutlich die Sichtweise der gewalttätigen Mädchen und jungen Frauen auf, dass Gewalt kein einmaliges oder vorübergehendes Phänomen, sondern Bestandteil der Lebensführung ist und niemals gänzlich ausgemerzt werden kann. Diese Denkweise führt nicht nur einfach zu einer Verharmlosung und Bagatellisierung von Gewalt, sondern legitimiert diese sogar auf subjektive Weise.

Die Mädchen und jungen Frauen sind in ihrem normalen und normenkonformen Kommunikationsverhalten (z. B. in Form von verbalen Diskussionen) beeinträchtigt, fühlen sich darin nicht sicher genug, um diese erfolgreich anzuwenden, und greifen deshalb immer wieder auf die gewaltaffine Kommunikationsmethode zurück (vgl. Martin/Martin, 2003, 114). *„Wenn ich versuchen würde, mit jemandem zu reden, der mich provoziert, macht der das doch immer weiter ... man wird doch ausgelacht ... Ich will und werde keine Angst haben vor irgendjemandem und ich will mir meinen Status behalten, das kann ich nur, wenn ich so weitermache. Und ehrlich gesagt ... ich find's auch gut, dass ist was ich kann"* (Stefanie, 17 Jahre). Dieses exemplarische Beispiel zeigt auf, dass die Befragten andere Formen der Kommunikation, wie beispielweise das Miteinanderreden, als erfolglos und wenig effektiv erachten. Nicht selten begründetet sich diese Meinung dadurch, dass die Mädchen und jungen Frauen bereits versucht haben, Konflikte gewaltfrei zu lösen, aber immer wieder daran gescheitert sind und als Folge im schlimmsten Fall selbst zum Opfer von Gewalt, Ausgrenzung oder Mobbing wurden. Erfahrungen von Desintegration[15] aufgrund der Anwendung von gewaltfreier Kommunikation können dazu führen, dass die Mädchen und jungen Frauen diese Formen der Interaktion gezielt meiden und gewalttätiges Verhalten vorziehen, um eben diese Erfahrungen nicht (nochmals) machen zu müssen (vgl. Klemm, 2006, S. 81). Im Gegenzug wissen die Interviewteilnehmerinnen genau, dass wenn sie in Form von Gewalt kommunizieren, in der Regel ihr gewünschtes Ziel auch erreichen, und sehen ihre Erfolgschancen als höher an. *„Also, wenn ich nicht will, dass mich andere ärgern oder Scheiße über mich reden und ich box' die, dann hab' ich Ruhe. Ansonsten, weiß ich nicht. Geht bestimmt auch anders, aber die meisten raffen das halt nur so. Und dieses ewige Reden bringt doch auch nichts, dann sagen die: „Ja ist gut!", und labern dann trotzdem weiter und so"* (Stefanie, 17 Jahre). Durch den Einsatz von physischer und psychischer Gewalt sollen die zu vermittelnden Botschaften, wie *„Lass mich in Ruhe!"* oder *„Lass das sein, sonst bekommst du noch mehr Probleme mit mir!"* unterstrichen und verstärkt werden. Würden die gewalttätigen Mädchen und jungen Frauen diese Botschaften gewaltfrei und auf einer normenkonformen Kommunikationsebene versenden, ist die Gefahr (aus subjektiver Sicht) größer, dass die vermittelten Botschaften vom Gegenüber nicht ernst genommen und nicht umgesetzt werden. Mehrheitlich wird von der Untersuchungsgruppe die Meinung vertreten, dass Konflikte nicht durch konstruktive Diskussionen gelöst werden können. *„Diskutieren bringt manchmal aber einfach nichts"* (Melanie, 21 Jahre). Natürlich gibt es Situationen bzw. Konflikte, die auf gesellschaftlich ange-

---

[15] Nach der Desintegrationstheorie kommt zu einem Wachstum des Gewaltpotentials von Menschen, die aufgrund unterschiedlicher Ursachen von gesellschaftlichen und sozialen Beziehungen ausgeschlossen und ausgegrenzt werden (vgl. Heeg, 2009, S. 33 f.) „Je desintegrierter eine Person ist, desto mehr nehmen nach diesem Theorieansatz das Ausmaß und die Intensität von Gewalt, Rechtsextremismus und ethnisch-kulturellen Konflikten zu und ihre Regelungsfähigkeit ab" (Heeg, 2009, S. 34).

messener verbaler Ebene nicht gelöst oder besprochen werden können. Die Möglichkeit, Konflikte einfach stehen zu lassen und nicht zu lösen, kommt bei den gewalttätigen Mädchen und jungen Frauen allerdings nicht in Frage. Konflikte *müssen* nach ihrer Auffassung immer gewalt-kommunikativ gelöst werden. Eine konfliktgeladene Stresssituation offen stehen zu lassen, ist für die Interviewpartnerinnen gleichbedeutend mit einer Niederlage und Niederlagen sollen unbedingt vermieden werden. Dieses Phänomen der unbedingten und unumgänglichen Reaktion wird von einer der Interviewteilnehmerinnen besonders deutlich hervorgehoben. *„Ich weiß nicht, ich kann das dann in dem Moment nicht, mich umdrehen oder so. Wenn mich jemand blöd anmacht, von der Seite oder so, dann ... weiß ich nicht ... dann denk' ich mir dann so, wenn du jetzt nicht auf'n Tisch haust und dich jetzt umdrehst, dann wirst du als Opfer abgestempelt. Dann wirst'e richtig als Opfer nachher gemacht so. Das ist aber auch meistens so. Ein Opfer wird meistens immer selber zum Opfer. Indem es so, sich irgendwie umdreht und dann ... von hinten kommen sie auf dich drauf. Ich würde mich niemals umdrehen"* (Melanie, 21 Jahre). Die gewalttätigen Mädchen und jungen Frauen sind der Ansicht, dass ein strategischer Rückzug aus einer Konfliktsituation gleichbedeutend mit einer Niederlage ist. Derjenige, der sich aus einer solchen Situation herauszieht, sich umdreht und geht, versetzt sich damit selbst in die Opferrolle und muss mit Konsequenzen rechnen. Dabei ist den Befragten gar nicht bewusst, dass auch ein Rückzug eine Form der Kommunikation ist (vgl. Mentzel, 2007, S. 2), allerdings eher auf der nonverbalen, also körpersprachlichen Ebene (vgl. Hoof-Leistner/Balk, 2008, S. 81). Das Weggehen oder Umdrehen innerhalb einer Konfliktsituation kann z. B. die Nachricht für das Gegenüber beinhalten *„Lass mich in Ruhe!"* oder *„Ich werde diese Diskussion jetzt beenden!"*. Die gewalttätigen Mädchen und jungen Frauen allerdings verbinden mit einem „Weggehen" die Botschaft *„Ich gebe mich geschlagen und du hast gewonnen!"*; es handelt sich also um eine Fehlinterpretation von Kommunikationsmechanismen, die dazu führt, dass für die Befragten ein Rückzug nicht in Frage kommt und in der Regel immer gewaltbereite Reaktionen innerhalb konfliktgeladener Situationen angewendet werden.

Der Zeitaufwand ist ein weiterer Indikator, weshalb die Mädchen und jungen Frauen Gewalt als Kommunikationsmittel nutzen und nicht auf andere Formen der Verständigung ausweichen. So erklärt ein Drittel der Befragten, dass Reden und Diskutieren zu viel Zeit in Anspruch nimmt. *„[...] Ne, ich muss denen zeigen, dass man bei mir aufpassen muss und ja keine Scheiße abziehen sollte, denn dann gib's halt auf's Maul. So raffen die das doch sofort, wenn ich da anfange zu reden, dauert das ja Stunden und ich hab' nicht ewig Zeit"* (Marina, 19 Jahre). Ein gewaltaffiner

Kommunikationsstil wird also nicht nur als erfolgreiche Methode zur Zielerreichung angesehen, sondern ist darüber hinaus auch noch zeitsparender. Durch das Einsetzen von körperlicher Gewalt soll die zu vermittelnde Botschaft schneller und klarer ankommen. Der vermeintliche Feind soll dadurch direkt und ohne Verzögerung die gewünschten Informationen erhalten. Die Effektivität von verhaltensangemessener und gewaltaffiner Kommunikation wird von den Interviewteilnehmerinnen auch aufgrund der Wirkungsweise an der eigenen Person gemessen. *„Dieses ewige Gerede mit „Hör' doch bitte auf" bla bla bla, bringt doch nichts. Ich seh' das doch an meinen Eltern, die reden auch nur und was ist? Nix!" (Marina, 19 Jahre)* Weil Eltern oder andere Personen aus dem sozialen Umfeld auf angemessener Kommunikationsbasis (sprich mit „Reden") bei den gewalttätigen weiblichen Jugendlichen nicht weiterkommen und keine gewünschten Reaktionen erreichen, gehen die Interviewteilnehmerinnen davon aus, dass wenn Diskutieren bei ihnen selbst nichts bringt, es auch bei anderen Menschen zu keinem Erfolg führt.

Ein weiterer Aspekt der Anwendung von Gewalt als Kommunikationstechnik ist, dass die Mädchen und jungen Frauen sehr häufig nicht gelernt haben, Konflikte und Stresssituationen auf angemessene kommunikative Weise zu lösen. Wie bisher analysiert werden konnte, befinden sich die Interviewpartnerinnen in einem gewalttätigen und gewaltbereiten Umfeld und können ihre Kommunikationsfähigkeit nur anhand dieses Umfeldes weiterentwickeln. Wenn aber in der Familie und innerhalb der Peergroup Gewalt als Kommunikationstechnik angewendet wird und die Mädchen und jungen Frauen ausschließlich an diesen Personen lernen können, so führt dies dazu, dass andere Formen der Kommunikation nicht ausreichend eingeübt und erprobt werden bzw. werden können. Nicht selten wissen die Befragten genau, dass die fehlende Kommunikationskompetenz eine Lücke in ihrem Verhaltensrepertoire darstellt. Der Wunsch nach Veränderung des Kommunikationsverhaltens ist ebenfalls vorhanden.

„[...] Mich nicht provozieren lassen, vielmehr drüber reden und nicht gleich „Ich hau ' dich kaputt!" und solche Sätze komm' dann ja immer [...]" (Nicole, 17 Jahre). Exemplarisch wird deutlich, dass viele der gewalttätigen Mädchen und jungen Frauen sich darüber im Klaren sind, dass sie keine sozial anerkannte Konversation während einer Konfliktsituation führen können, dieses aber gerne wollen. Sie trauen es sich nicht zu und stehen sich und ihrem Verhalten damit selbst im Weg. Bei einer weiteren Interviewteilnehmerin ist das Bewusstsein über alternative Kommunikationsmethoden ebenfalls vorhanden (wie bei fast allen Mädchen aus der Untersuchungsgruppe), sie weist aber die gleichen Hemmungen auf, diese auch anzuwenden. *„Also, ich finde, man hätte mit Wörtern so reden können, aber für*

manche, manche sind so über Gewalt besessen so, wenn man versucht zu reden, die
dann direkt draufschlagen und ich war bis vor kurzem auch so. Also, ich hab nicht
vernünftig geredet, ich hab' direkt losgeschrien" (Mia, 16 Jahre). Die gewalttätigen Mädchen und jungen Frauen besitzen bereits das grundlegende Wissen gesellschaftlich angepasster Kommunikation, sind aber dahingehend gehemmt, diese
auszuprobieren, weil in ihrem sozialen Umfeld alle auf der gewalttätigen Kommunikationsbasis agieren.

6.5 Kompensation fehlender sozialer Kompetenzen

Die Mädchen und jungen Frauen wenden Gewalt als Form der Konfliktlösung an
und sind insofern in ihrem Verhaltensrepertoire beschränkt, dass für sie keine oder
nur eine geringe Möglichkeit besteht, andere (normenkonforme) Handlungsweisen
anzuwenden (vgl. Korn/Mücke, 2000, S. 34/45). Entweder haben die Interviewteilnehmerinnen schlicht in ihrem Sozialisationsprozess keine oder nur wenig Handlungsalternativen erlernt oder aber sie werden als nicht nützlich und erfolglos angesehen und demnach nicht genutzt. Dieser Aspekt der Handlungsalternativen ist eng
verbunden mit einem Mangel sozialer Fähigkeiten. „Wenn Gewalt in diesem Rahmen durch einen Mangel an sozialen Fertigkeiten begründet ist" (Klemm, 2006,
S. 81), dann haben die Mädchen und jungen Frauen in ihrem Handlungsrepertoire
keine Alternativen zur Verfügung, um Konflikte anderweitig und gewaltfrei zu
lösen. Diese Fähigkeiten werden hier als „soziale Kompetenzen" beschrieben, welche im Folgendem definiert und erklärt werden.
Kompetenz kann mit den Worten Fähigkeit, Vermögen, Zuständigkeit oder Be-
fugnis erklärt werden (vgl. Dudenredaktion, 2009, S. 544). In dieser Ausarbeitung
wird der Schwerpunkt auf die sozialen Fähigkeiten eines Menschen gelegt, die
vonnöten sind, um normen- und gesellschaftskonforme zwischenmenschliche Beziehungen einzugehen. Mit sozialen Kompetenzen sind hier grundlegende Fertig-
und Fähigkeiten gemeint, welche die Grundlage für ein gewaltfreies und demokratisches Miteinander bilden (vgl. Büttner, 2007, S. 743). Soziale Kompetenzen sind
zentrale Schlüsselqualifikationen zur Bewältigung alltäglicher Anforderungen (vgl.
Mund, 2007, S. 856). Im weiteren Verlauf werden die einzelnen sozialen Kompetenzen, die für die Erweiterung des eigenen Handlungsrepertoires gewalttätiger und
gewaltbereiter Mädchen und junger Frauen wichtig sind und vorhanden sein sollten, erläutert.
a) Strategische Kompetenz: Eine Strategie ist der genaue Plan eines Vorgehens, um
ein anvisiertes Ziel zu erreichen (vgl. Dudenredaktion, 2009, S. 944). Mit strategi-

scher Kompetenz ist das zielgerichtete, geplante, systematische und überlegte Vorgehen gemeint. Dies befähigt den Menschen, auftragsbezogen nachvollziehbar und zielorientiert zu handeln. Um eine überlegte und gesellschaftlich angemessene Strategie zur Konfliktlösung zu entwickeln, müssen die Mädchen und jungen Frauen in der Lage sein, das benötigte Wissen aus den verschiedenen sozialen Kompetenzen für die Problemlösung zusammenzustellen und dieses Wissen auch anzuwenden. Erst das ermöglicht ihr/ihm, „Problemsituationen zu analysieren und zu diagnostizieren" (Maus/Nodes/Röh/, 2008, S. 45). Innerhalb dieser Studie ist aufgefallen, dass einige der befragten Mädchen und jungen Frauen über ein Basislevel dieser Kompetenz bereits verfügen, dieses aber nicht in jeder Konfliktsituation abrufen können. „*Also, zum Beispiel mein Ex-Freund hat gesagt: „Ich fick' deine Mutter, du Hurentochter!*", da hab' ich ... ich bin nicht ausgerastet, da hab' ich nur gesagt: „Ja, nur weil sich deine Mutter vier Jahre nicht um dich gekümmert hat, kann ich doch nichts für!*" (Mia, 16 Jahre)* Anhand dieser exemplarischen Aussage einer Interviewteilnehmerin lässt sich erkennen, dass wenn z. B. Beleidigungen gegen die Mutter im Spiel sind, nicht jedes Mal direkt mit körperlicher Gewalt geantwortet wird, sondern in manchen (wenn auch wenigen Fällen) versucht wird, das Gegenüber mit verbaler, nicht-beleidigender Kommunikation aus der Reserve zu locken bzw. der in der Aussage des Gegenübers beinhalteten Provokation den Wind aus den Segeln zu nehmen. Es handelt sich also um ein strategisch geplantes und zuvor überlegtes Vorgehen. Es könnte demnach davon ausgegangen werden, dass die strategische Kompetenz bei den gewalttätigen und gewaltbereiten weiblichen Personen bis zu einem gewissen Grad vorhanden, aber nicht ausgereift ist und demnach in bestimmten Situationen auch nicht darauf zurückgegriffen wird. „*Schubst mich jemand, dann hat der mich angegriffen so. Dann werd' ich wütend so, weißte? Da kann ich auch gar nichts gegen machen. Das klingt dann aus und dann seh' ich dann rot"* (Melanie, 21 Jahre). Hier ist deutlich zu sehen, dass bei der Mehrzahl der Personen aus der Untersuchungsgruppe die strategische Kompetenz in bestimmten stark konfliktgeladenen Situationen nicht abgerufen oder nicht verwendet wird. Werden die Mädchen und jungen Frauen in irgendeiner Form körperlich von einer anderen Person angegangen, so steigern sich die individuellen Gefühle (z. B. Zorn, Wut) bis zu einem Maße, in dem die Person nicht mehr in der Lage ist, einen bestimmten Vorgehensplan zu erstellen, um die Stresssituation anderweitig zu klären. Das Einzige, was den Täterinnen dann noch zur Verfügung steht, ist die Gewaltanwendung. Natürlich kann Gewalt auch als eine Form des strategischen Vorgehens angesehen werden, wenn dies kontrolliert, überlegt, reflektiert und zielorientiert erfolgt (vgl. Brand, 2011, S. 6). In den meisten Fällen wenden die Mädchen Gewalt aber nicht als zuvor reflektierte und überlegte Strategiemethode an, sondern lediglich aufgrund von Mangel an Lösungsansätzen. Wie bereits in Punkt 5.6 eingehend geschildert worden ist, geht die Anwendung von Gewalt bei den Interviewteilnehmerinnen sehr oft mit einem Kontrollverlust einher, d. h. in dem Moment, in dem die Mädchen „rotsehen" reflektieren sie ihr eigenes Verhalten nicht mehr, können es nicht mehr steuern und sind auch nicht mehr in der Lage, das weitere Vorgehen zu planen (vgl. Micus, 2002, S. 182). Demnach hat die Gewaltanwendung in diesen Fällen nichts oder nur sehr gering noch etwas mit strategischer Kompetenz zu tun, da die charakteristischen Kriterien dieser Kompetenzart Reflektions- und Kontrollvermögen beinhalten (vgl. Maus/Nodes/ Röh, 2008, S. 45). Den gewalttätigen Mädchen fehlt also dieser Aspekt der sozialen Kompetenz oder er ist zu gering ausgebildet, um zielgerichtet angewendet zu werden. Die strategische Kompetenz bildet allerdings das Kettenglied zwischen allen sozialen Kompetenzen und ist die zentrale Voraussetzung, um konfliktlösungstechnisch vorgehen zu können (vgl. Maus/Nodes/Röh, 2008, S. 46-47).

b) Methodenkompetenz: Eine Methode ist ein Plan zum Vorgehen einer Handlung, die sich an vorhergegangenen Erfahrungen orientiert (vgl. Hoffman, 1963, S. 81; in: Galuske, 1998, S. 35). Die Methodenkompetenz bezeichnet die Fähigkeit, planmäßig, reflektierend zu handeln sowie Vorgehensweisen und Techniken zu erkennen bzw. zuzuordnen (vgl. Maus/Nodes/Röh, 2008, S. 50). Genau an diesem Punkt kann der Mangel an methodischer Kompetenz bei der Untersuchungsgruppe festgemacht werden. Die Methodenkompetenz ist erforderlich, um einen bestimmten Weg einzuschlagen und beschreiten zu können. Diese Fähigkeit kann aber nur genutzt werden, wenn die Person gleichermaßen dazu in der Lage ist, das methodische Vorgehen anderer Menschen zu erkennen und anhand dieser Erkenntnis das eigene Handeln abzustimmen (vgl. Steig, 2000, S. 10). Gewalttätige Mädchen und junge Frauen sind aber oftmals nicht in der Lage, die Intentionen der Methodik von Vorgehensweisen ihrer Mitmenschen richtig zu deuten. *„Heute kann es passieren, dass wenn mich einer falsch anguckt, ich mich provoziert fühle und ihn beleidige oder frage „„was guckst du so scheiße". Ehrlich gesagt, lass' ich mich sehr schnell provozieren" (Stefanie, 17 Jahre).* Dieser Interviewausschnitt soll das Phänomen der Falschzuordnung von Methoden, die von anderen Personen angewendet werden, beleuchten. Die gewalttätigen Mädchen und jungen Frauen fühlen sich von ihrem Mitmenschen permanent in irgendeiner Art und Weise angegriffen. Ein „falscher Blick" vom Gegenüber wird als persönlicher Angriff interpretiert, auch wenn dies nicht die Intention des vermeintlichen Angreifers war. So kann das Angucken von Mitmenschen zahlreiche andere methodische Ursachen haben als die, das Gegenüber zu provozieren. Da die Mädchen und jungen Frauen allerdings i. d. R. immer auf Aggressionskurs sind, besitzen sie nur ein eingeschränktes Sichtfeld, um die Handlungen und die damit verbundenen methodischen Vorgehensweisen des anderen zu erkennen und zu deuten. Werden die methodischen Techniken und Vorgehensweisen anderer immer mit Gewalt verbunden, so ist es eigentlich nicht verwunderlich, dass die Mädchen und jungen Frauen ebenfalls die Anwendung von Gewalt als Handlungsmethode wählen. Die Methodenkompetenz der Untersuchungsgruppe ist demnach dahingehend gestört, dass sie nicht die Fähigkeit besitzen, zwischen verschiedenen Methoden zu unterscheiden und die Techniken der Menschen dadurch falsch einschätzen.

Ein weiterer Aspekt, der dazu beiträgt, die fehlende Methodenkompetenz, die die Mädchen und jungen Frauen aufweisen, zu verdeutlichen, ist die Tatsache, dass das Kernstück dieser Kompetenz die Fähigkeit ist, aus einem breiten Spektrum an Methoden für jede Situation und jedes Handlungsgeschehen die richtige Vorgehensweise herauszufiltern (vgl. Fischer/Asen/Tiberius, 2004, S. 150). Die Interviewteilnehmerinnen verfügen aber sehr häufig erst gar nicht über ein großes Spektrum an Methoden, die sie dazu nutzen können, Konfliktsituationen (auch ohne Gewalt) zu lösen. Aufgrund der unterschiedlichen Lebensbedingungen, Probleme und Lebenslagen von Mädchen und jungen Frauen gibt es keine alleinige und allgemeingültige Methode. Vielmehr existiert ein Meer aus verschiedensten Methoden, welche je nach Situation oder Problemlage angewendet werden können (vgl. Galuske, 1998, S. 53). Zu der Methodenkompetenz gehören ganz alltägliche Dinge wie z. B. auf welche Art und Weise ich eine Konservendose öffne; aber auch das Beherrschen von Techniken und Methoden von Problemlösungen in den einzelnen Bereichen (Bsp. Konfliktlösungsstrategien) gehört dazu (vgl. Maus/Nodes/Röh, 2008, S. 57). Eine der Interviewpartnerinnen erklärt deutlich, dass sie selbst keine anderen methodischen Vorgehensweisen kennt, um Konfliktsituationen anderweitig zu lösen. *„Ich weiß nicht, ich kann das dann in dem Moment nicht, mich umdrehen oder so. [...] Ich kenn' das nicht anders. Es gab immer Gewalt, auch bei meinen Eltern. Ich musste mich ja auch durchsetzen auf der Straße, um kein Opfer zu sein"* (Melanie, 21 Jahre). Viele der befragten Mädchen und jungen Frauen lassen eindeutig erkennen, dass sie aufgrund der permanenten Präsenz von Gewalt in ihrem Leben zu wenig alternative Methoden kennengelernt und erlernt haben und bei ihnen aufgrund dessen ein deutliches Defizit innerhalb der Methodenkompetenz zu verzeichnen ist.

Wenn die Mädchen einem persönlichen Angriff ausgesetzt werden, sind die Stärke und Intensität des Angriffs nicht ausschlaggebend für die Anwendung von Gewalt. *„Ich schlag' einfach drauf ein, ohne zu gucken oder so. Ich trete auch oder nehme irgendwelche Sachen und schlage damit auf einen ein. Das ist aber nur,* *wenn ich völlig ausraste. Ansonsten, wenn ich nur ein bisschen sauer bin, dann schubs' ich manchmal und geb' ne Backpfeife oder so" (Marina, 19 Jahre).* Es ist egal, inwieweit und wie stark sich die Interviewteilnehmerinnen durch die Handlung des Gegenübers verletzt fühlen, es wird immer mit der gleichen Methode, nämlich dem Einsatz physischer Gewalt, reagiert. Eine andere Methode, die vielleicht der Situation angepasster wäre, kommt für die meisten Mädchen entweder nicht in Frage oder ihr Wissenspool über alternative handlungsmethodische Vorgehensweisen ist einfach zu gering ausgeprägt. Es kommt sogar nicht selten vor, dass die Methode der Gewaltanwendung auch in anderen Bereichen eingesetzt wird, die im eigentlichen Sinne nichts mit zwischenmenschlichen Konfliktsituationen zu tun haben. *„So zum Beispiel wenn ich Langeweile hab', dann weiß ich nicht, was ich anstellen soll, dann fang' ich an zu lesen und dann werd' ich so aggressiv, weil ich kein Bock mehr auf Lesen hab'. [...] Ja, das äußert sich so, dass ich anfange pampig zu werden [...], dann bin ich richtig zickig, [...], ich bin immer richtig pampig geworden, dann sind alle anderen auch natürlich pampig geworden, warum sollten die dann auch freundlich sein? Und das ist so weit gegangen, dass es zu einer Schlägerei kam meistens" (Julia, 18 Jahre).* Dieses exemplarische Beispiel verdeutlicht, dass die Mädchen und jungen Frauen Gewalt auch bei alltäglichen Dingen als Handlungsmethode nutzen, um z. B. Langeweile zu vertreiben. Anstatt sich mit anderweitigen Sachen zu beschäftigen, nutzen diese Mädchen ihr Gewaltpotential, um alle möglichen lebensalltäglichen Probleme zu lösen. Dies beweist abermals die These, dass die Mädchen Gewalt bereits als „Generalmethode" verstehen, die immer und in jeder Situation angewendet werden kann.

c) Kommunikative Kompetenz: Die kommunikative Kompetenz ist die „Fähigkeit [neue] Redesituationen zu bewältigen" (Dudenredaktion, 2009, S. 542). Hierzu gehört auch das Können, die eigene Gesprächsführung und den Redestil dem Gegenüber anzupassen. Zudem beinhaltet diese Kompetenz die Fähigkeit, positive wie auch negative Kritik zu formulieren (vgl. Maus/Nodes/Röh, 2008, S. 80). Die gewalttätigen Mädchen und jungen Frauen kommunizieren mittels Gewalt, weil sie entweder keine gesellschaftlich angemessenen Kommunikationsmethoden erlernt oder diese bisher nicht zu den gewünschten Erfolgszielen geführt haben (vgl. Klemm, 2006, S. 81). Zudem ist die Fähigkeit, konstruktive Kritik zu formulieren, sehr stark eingeschränkt. *„ [...] dann noch am besten irgendwas über mich gesagt, dann bin ich richtig ausgerastet, dann bin ich dahin, hab' erst mal gefragt ja, was äh du für ein Problem hast und so" (Angelika, 18 Jahre).* Hier wird deutlich, dass die Befragten auf subjektiv empfundene persönliche Angriffe nicht mit konstruktiver Kritik reagieren und z. B. den vermeintlichen Angreifer mündlich und sozial

188

angepasst darauf hinweisen, dass sein Verhalten nicht angemessen ist, sondern sie steigen direkt auf aggressive Weise in das Geschehen ein. Genauso verhält es sich, wenn die gewalttätigen Mädchen und jungen Frauen auf konstruktive Kritik stoßen, die gegen sie selbst gerichtet ist. *„Also, wenn ich nicht will, dass mich andere ärgern oder Scheiße über mich reden und ich box' die, dann hab' ich Ruhe" (Stefanie, 17 Jahre).* Es wird nicht danach gefragt, was das Gegenüber mit einem Spruch oder einer mündlichen Aussage erreichen will oder aus welchen Grund sie/er dies getan hat und ob es sich nicht vielleicht dabei um eine berechtigte Kritik handelt. Die Interviewteilnehmerinnen können genauso wenig mit Kritik umgehen, die auf sie selbst gerichtet ist, wie es auch für sie nur eingeschränkt möglich ist, konstruktive Kritik zu formulieren. Hier besteht also ebenfalls eine Lücke im Bereich der sozialen Kompetenzen, die es zu füllen gilt, um das gewalttätige Verhalten zu reduzieren.

d.) Personale Kompetenz: Zu der personalen Kompetenz gehört das Balancehalten von Nähe und Distanz zwischen Menschen, der Aufbau von zwischenmenschlichen Beziehungen, Selbstreflexion, Empathiefähigkeit, Grenzsetzung und Erkennen eigener Grenzen sowie eine humanistische Grundhaltung (vgl. Maus/Nodes/Röh, 2008, S. 79-80). Vor allem in diesem Bereich weisen die gewalttätigen Mädchen und jungen Frauen zahlreiche Defizite auf.

Im Bereich der Fähigkeit des Balancehaltens von Nähe und Distanz kommt es für das Individuum darauf an, zu erkennen, wieweit es sich in den persönlichen Raum eines Mitmenschen einfügen kann, ohne dass die Intimsphäre beider Parteien negativ beeinflusst wird (vgl. Charlier, 2007, S. 397). Fakt ist, dass jeder Mensch seine persönliche räumliche Grenze aufweist, ab welcher er die Berührung oder die bloße Erscheinung einer Person als unbehaglich oder störend empfindet (vgl. Charlier, 2007, S. 387 f.). In Bezug auf die Untersuchungsgruppe kann einheitlich die These vertreten werden, dass das gewalttätige Verhalten der Mädchen und jungen Frauen immer mit einem unausgeglichenen Nähe-Distanz-Verhalten einhergeht. *„Ich wurde zu schnell wütend und das hat sich einfach alles gesteigert, bis ich dann direkt zugeschlagen habe, ohne was zu sagen irgendwie vorher. Ich hab' einfach draufgehauen" (Jule, 17 Jahre).* Eine andere Person zu schlagen, zu treten oder in einer sonstigen Form körperlich anzugreifen, bedeutet immer eine Verletzung des persönlichen Nahraumes des Gegenübers. Eigentlich könnte sogar die Hypothese erstellt werden, dass physische Gewalt die krasseste Form ist, einen Menschen in seinem Nähe- und Distanzverständnis zu stören. Viele der Interviewteilnehmerinnen sind nicht in der Lage, die Balance zwischen diesen beiden Faktoren zu halten, da sie häufig ihre eigenen Grenzen nicht kennen und es ihnen damit schwerfällt, die Grenzen anderer zu analysieren.

Neben der Fähigkeit, die Balance zwischen Nähe und Distanz zu halten, spielt auch die Kompetenz der Grenzziehung und das Erkennen eigener Grenzen in Bezug auf die soziale Kompetenz eines Menschen eine wichtige Rolle (vgl. Maus/ Nodes/Röh, 2008, S. 79-80). Die gewalttätigen Mädchen und jungen Frauen sind oftmals nicht gewillt oder nicht in der Lage, Grenzen zu erkennen und an diesen ihr Handeln auszurichten. Wie auch männliche gewalttätige Jugendliche, setzen sie sich über vorgegebene Grenzen hinweg oder verletzen diese sogar mit Absicht (vgl. Weidner, 1997, S. 66). Dies wird vor allem immer dann deutlich, wenn der Fokus auf die Regeln und Grenzen gelegt wird, die innerhalb der Familie herrschen und von den Eltern festgesetzt werden. „[...] O. k. ich sollte das nicht machen aber ich mach's einfach und wirklich Ärger gib's auch nicht, die drohen mir das zwar immer an, aber wenn ich dann ständig nachfrage und so geben die klein bei. Nur das Anschreien nervt mich manchmal, dann schrei' ich natürlich zurück" (Marina, 19 Jahre). Dies ist ein exemplarisches Beispiel, welches auf das Verhalten der Hälfte der befragten Mädchen und jungen Frauen zutrifft. Die Grenzen und Regeln, die von Eltern aufgestellt werden, werden nicht eingehalten, sondern von den Befragten übergangen oder gezielt verletzt. Dies ist eigentlich ein ganz natürlicher Prozess während der Adoleszenz mit dem Unterschied, dass es bei den gewalttätigen Jugendlichen zu Grenzüberschreitungen kommt, die sehr häufig mit körperlichen oder seelischen Verletzungen des Gegenübers einhergehen (vgl. Streeck-Fischer, 2006, S. 44). Die Mädchen und jungen Frauen haben kein Gefühl dafür, wie weit eine Grenze überschritten werden darf. Sie stellen ihre eigenen Interessen in den Vordergrund. Stehen diesen Interessen soziale, gesellschaftliche oder familiäre Grenzen im Weg, so werden diese zerstört oder übergangen, und zwar ohne Rücksicht auf Verluste. „[...] wenn mir was nicht passt, dann mache ich es mir halt passend [...]" (Stefanie, 17 Jahre). Dadurch, dass die Interviewteilnehmerin zum größten Teil mit diesem grenzverletzenden Verhalten Erfolg haben und ihre Belange durchsetzen, fällt es ihnen natürlich schwer, sich an Regeln und Vereinbarungen zu halten (vgl. Toprak, 2001, S. 79 f.).

Zuletzt soll der Blick in Bezug auf die personale Kompetenz der gewalttätigen Mädchen und jungen Frauen auf die Empathiefähigkeit, also das sich Hineinfühlen in andere Personen, gelegt werden. Da dieser Aspekt bereits im Vorfeld angesprochen und in anderen Kapitel dieser empirischen Studie analysiert wurde, kann zusammengefasst gesagt werden, dass die Opfer der Täterinnen quasi aus der Wahrnehmung der gewalttätigen Mädchen herausfallen oder zumindest nur oberflächlich wahrgenommen werden (vgl. Bruhns, 2010, S. 14). Gerade in Bezug auf das Gewaltverhalten fällt der Untersuchungsgruppe schwer, sich die Folgen ihrer Taten in Bezug auf ihre Opfer vorzustellen. Sie wollen dies oftmals auch gar nicht! Vereinzelt kann bei den Interviewteilnehmerinnen ein Ansatz emphatischer Wahrnehmungsmuster erkannt werden, in denen sie Schuldgefühle zugeben und die Folgen für das Gegenüber benennen. Dennoch kann gesagt werden, dass gewalttätige und gewaltbereite Mädchen und junge Frauen in der Regel immer Defizite in der Empathiefähigkeit aufweisen, die aus wissenschaftlicher Sicht sehr oft mit Aggressivität, der Ausübung von Gewalthandlungen und niedriger Affektkontrolle in Verbindung gebracht werden (vgl. Hosser/Beckurts, 2005, S. 2).

Insgesamt kann zusammengefasst werden, dass ein Faktor, weshalb Mädchen und junge Frauen überhaupt gewalttätig werden, fehlende soziale Kompetenzen sind. Um Konflikte und Stresssituationen gewaltfrei lösen zu können, müssen <u>ausreichend</u> soziale Kompetenzen vorhanden sein (vgl. Meier, 2003, S. 292). Je mehr ein Mensch über soziale Fähigkeiten und Fertigkeiten verfügt und diese einsetzen kann, desto seltener muss dieser Gewalt anwenden, um seine eigenen Interessen durchzusetzen. Das Fördern von sozialen Kompetenzen ermöglicht die Erschließung alternativer und gesellschaftlich angemessener Handlungsmöglichkeiten (vgl. Markowski, 2010,S. 43). Demnach könnte eine präventiv gerichtete Arbeit mit gewalttätigen und gewaltbereiten Mädchen und jungen Frauen erfolgversprechend sein, wenn ein zentraler Teil dieser Arbeit aus der Erweiterung und dem Erlernen sozialer Kompetenzen besteht.

6.6 Zusammenfassung

Rückblickend kann zusammengefasst werden, dass es unterschiedliche Dimensionen von Gewalt und deren Anwendung gibt, die gleichermaßen mit individuellen Zielen und Intentionen verknüpft sind. Anhand des gewonnenen Datenmaterials dieser Studie konnten folgende Ziele und Dimensionen des Gewaltverhalten von Mädchen und jungen Frauen erfasst werden: Zielerreichung, Statuserhalt und Positionierung innerhalb der Peergroup, Schaffung von Zugehörigkeit, Gewalt als Kommunikationstechnik und Kompensation fehlender sozialer Kompetenzen. Diese Aspekte spielen vor allem bei weiblichen Gewalttätern eine zentrale und bedeutende Rolle.

Wie bereits bei männlichen Gewaltverhalten zahlreich wissenschaftlich belegt wurde, versteht die Mehrzahl der befragten Mädchen und jungen Frauen unter Gewalt eine effektive und leicht durchzuführende Handlungsoption, um ein bestimmtes anvisiertes Ziel zu erreichen (vgl. Kunczik/Zipfel, 2006, S. 45). Jede Gewaltanwendung wird einer Kosten-Nutzen-Analyse unterzogen, wobei die Kosten in der Regel mit eventuellen Konsequenzen für die eigene Person in Verbindung gebracht werden und die Folgen für das jeweilige Opfer eher als Randerscheinungen unter dem Motto *„Ein bisschen Schwund gib's immer!"* angesehen werden. Der Nutzen-Faktor spiegelt das zu erreichende Ziel wider und bekommt eine höhere Bedeutung zugesprochen als der Kostenfaktor. Der Fokus wird bei dieser Dimension der Gewaltanwendung also auf die Zielerreichung gerichtet (instrumentelle Gewalt), und zwar mit der Inkaufnahme oder sogar der Beabsichtigung, dass andere Personen dabei zu Schaden kommen oder anderweitig verletzt werden (vgl. Heeg, 2009, S. 17). Andere Konfliktlösungsstrategien z. B. auf verbalem Wege werden von den gewalttätigen Mädchen und jungen Frauen als wenig effektiv und aufwendig verstanden, weil derartige Konfliktbewältigungsstrategien ein gewisses Maß an Geduld, Aufmerksamkeit und vor allem Empathiefähigkeit fordern und diese Kompetenzen bei den Befragten oftmals nur sehr niederschwellig ausgebildet sind (vgl. Maus/Nodes/Röh, 2008, S. 79 f.). Es braucht mehr Zeit, einen Konflikt auszudiskutieren, und die Erfolgschance, seine persönlichen Ziele damit zu erreichen, sind nicht so hoch, als ihn mittels Gewalt zu beenden.

Eine weitere wichtige Dimension *weiblichen* gewalttätigen Verhaltens bildet das Ziel des Statuserhalts und der Positionierung innerhalb der Peergroup. Der Status oder die soziale Position der Mädchen und jungen Frauen innerhalb ihres sozialen Gefüges entscheidet über das Ausmaß der persönlichen Einflussfaktoren sowie über die Macht- und Handlungsbefugnisse (vgl. Weymann, 2007, S. 135). Die Interviewteilnehmerinnen besitzen zum größten Teil keine gesellschaftlich anerkannten hohen Ressourcen (wie z. B. materiellen Besitz, hohes Einkommen, gutes Bildungsniveau), um sich aufgrund positiv erbrachter Leistungen Ansehen und soziale Anerkennung zu verschaffen (vgl. Senger, 2007, S. 936). Stattdessen versuchen sie, sich mittels Gewalt einen Status und eine feste Position innerhalb ihrer sozialen Umgebung zu schaffen, und zwar mit dem Ziel, den eigenen Status immer weiter auszubauen und höher zu setzen (vgl. Sitzer, 2009, S. 105). Da sich die gewalttätigen und gewaltbereiten Mädchen in der Regel sowieso in gewaltaffinen Gleichaltrigengruppen bewegen, eignet sich der Einsatz von Gewalt besonders dazu, das eigene Ansehen, den Grad der Einflussnahme und der Autorität herzustellen (vgl. Heeg, 2009, S. 189). Innerhalb dieser Studie konnte sogar analysiert werden, dass den gewalttätigen Mädchen innerhalb ihrer gewaltorientierten Jugendgruppen eine hohe soziale Rolle bzw. ein hoher sozialer Status zugeschrieben wird, der in einigen Fällen sogar über die Position männlicher Gruppenmitglieder gestellt wird (vgl. Näf/Kraus, 2008, S. 41). Ein hohes aggressives und gewalttätiges Verhalten ist also gleichbedeutend mit einer hohen Position innerhalb der Gruppe, die mit

Ansehen und Macht einhergeht. Die interviewten Mädchen und jungen Frauen sehnen sich nach einer derartigen Position und richten dementsprechend ihr Gewaltverhalten daran aus.

Eine andere, aber nicht minder bedeutende Dimension von Gewaltanwendung ist die Schaffung des Zugehörigkeitsgefühls. Wenn Mädchen Gewalt als erfolgversprechende, gerechtfertigte Handlungsoption verstehen und in massiver Form ausleben, suchen sie sich ein soziales Umfeld, in dem dieselben Werte und dieselbe Sichtweise zu diesem Thema vertreten wird, da sie sich erst dann als zugehöriges Mitglied empfinden (vgl. Equit, 2011, S. 55 f.). Gleichzeitig wird durch eine zunehmende Integration in gewalttätigen Peergroups die Akzeptanz des gewalttätigen Verhaltens immer mehr gesteigert, was zur Folge hat, dass sich das eigene soziale Gefüge aufgrund des normenverletzenden Verhaltens immer weiter von der Gesellschaft abgrenzt und gleichzeitig das Zugehörigkeitsgefühl innerhalb der Gruppe verstärkt wird (vgl. Schröder, 2003, S. 101). Das zentrale Merkmal der Zugehörigkeit in diesen devianten Jugendgruppen ist die Gewalt, d. h. dass sich die Mädchen und jungen Frauen genauso gewaltbereit zeigen müssen wie die Jungen, um anerkannt zu werden (vgl. Korn/Mücke, 2000, S. 19). Die Forschungsergebnisse haben sogar aufgezeigt, dass aufgrund des immer noch vorhandenen traditionellen Weiblichkeitsbildes, das Frauen als das schwache Geschlecht beschreibt, die Mädchen und jungen Frauen noch aggressiver und gewalttätiger als die männlichen Gruppenmitglieder sein müssen, um die gleiche Anerkennung und somit den gleichen Zugehörigkeitsstatus zu erlangen. Zudem fühlen sich die Interviewteilnehmerinnen in ihren gewaltbereiten Gruppen verstanden, wertgeschätzt und sie erhalten Vertrauen, Sicherheit und Rückhalt (vgl. Kreuzer, 2009, S. 90 f.). Ein gewalttätiger und gewaltbereiter Freundeskreis und das Zugehörigkeitsgefühl zu diesem nimmt also erheblichen Einfluss auf das Verhalten seiner Mitglieder und somit auch auf das Verhalten der Mädchen und jungen Frauen. Dies geschieht zum einen durch die gewalttätigen Handlungsweisen untereinander und zum anderen durch das aggressive Verhalten, welches an Personen außerhalb der eigenen Clique gerichtet ist.

Sehr oft wird Gewalt von den Mädchen und jungen Frauen auch als Kommunikationstechnik angewandt, um dem Gegenüber bestimmte Informationen zu übermitteln, die mit einem enormen Wirkungsmechanismus einhergehen sollen. Wie aggressive männliche Jugendliche wenden auch Mädchen Gewalt als eine extreme Form der Kommunikation und der Informationsvermittlung an, die in der Regel auf Verletzung, Ausschaltung oder der Erniedrigung des Gegenübers abzielt (vgl. Klemm, 2006, S. 81). Die Mädchen und jungen Frauen wenden Gewalt so häufig an, dass das eigene aggressive Verhalten als alltägliche und normale Handlungsoption verstanden wird, was zu einer Verharmlosung und Bagatellisierung und Legitimierung führt. Zudem sind die Interviewteilnehmerinnen in ihrer normalen und normenkonformen Kommunikationskompetenz (z. B. in Form von verbalen Diskussionen) beeinträchtigt und fühlen sich oftmals nicht in der Lage dazu, diese erfolgreich anzuwenden. Sie greifen deshalb immer wieder auf die gewaltaffine Kommunikationsmethode zurück (vgl. Martin/Martin, 2003, S. 114). Oftmals haben die Mädchen und jungen Frauen schlechte Erfahrungen damit gemacht, Konflikte durch Reden oder Diskutieren zu lösen, empfinden diese Formen der Kommunikation als wenig erfolgversprechend und zeitaufwendig. Im Gegenzug wissen die Mädchen, dass durch den Einsatz von Gewalt die zu vermittelnde Botschaft meist schneller und nachhaltiger beim Gegenüber ankommt, da diese Form der Kommunikation immer den Beigeschmack der körperlichen oder seelischen Verletzung mit sich bringt. Die Mädchen und jungen Frauen wissen also, dass Gewalt als Kommunikationstechnik sehr oft das gewünschte Ziel erreicht, und greifen demnach immer wieder auf diese zurück.

Die letzte hier zu bearbeitende Dimension des Gewaltverhaltens weiblicher Jugendlicher und Heranwachsender ist die Kompensation fehlender sozialer Kompetenzen. Bei der Mehrzahl der Interviewteilnehmerinnen liegt eine Beschränkung des Verhaltensrepertoires vor, dass sich dahingehend äußert, dass sie keine oder nur eine geringe Möglichkeit haben, andere (normenkonforme) Handlungsweisen, außer in Form von Gewalt, anzuwenden (vgl. Korn/Mücke, 2000, S. 34/45). Dieser Aspekt der fehlenden Handlungsalternativen steht im klaren Zusammenhang mit einem Mangel sozialer Fähigkeiten. Alle interviewten gewalttätigen Mädchen und jungen Frauen weisen ausschlaggebende Defizite innerhalb sozialer Kompetenzen auf. Eben diese Defizite können als treibende Faktoren für die Ausbildung und Ausprägung des Gewaltverhaltens verstanden werden. So sind die Interviewteilnehmerinnen z. B. größtenteils nicht in der Lage, zielgerichtete, geplante, systematische und überlegte Vorgehensweisen zu erstellen, die es ihnen erlauben, gesellschaftlich angepasst zu handeln. Zudem besitzen die Mädchen einen eingeschränkten Methodenpool, der in der Regel lediglich aus aggressiven und gewalttätigen Handlungsweisen besteht, um Konfliktsituationen zu lösen. Hinzu kommt ein Mangel an Empathiefähigkeit und Selbstreflektion, Fehleinschätzungen von Grenzsetzung und des Erkennens eigener Grenzen sowie die Schwierigkeit, die richtige Balance von Nähe und Distanz zwischen Menschen zu halten (vgl. Maus/Nodes/ Röh, 2008, S. 79-80). Damit Konflikte und andere Anforderungen des alltäglichen Lebens gewaltfrei gelöst werden können, müssen ausreichend soziale Kompetenzen vorhanden sein (vgl. Meier, 2003, S. 292). Je mehr ein Mensch über soziale Fähigkeiten und Fertigkeiten verfügt und diese einsetzen kann, desto seltener muss dieser Gewalt anwenden, um seine eigenen Interessen durchzusetzen.

7. Mögliche Risikofaktoren im weiblichen Sozialisationsprozess

In Bezug auf die spezifischen Motive, Voraussetzungen und Eigenheiten weiblichen Gewalthandelns gibt es leider nur sehr wenige Informationen. Diese fehlenden Informationen stellen nicht nur eine Lücke in der Wissenschaft dar, sondern behindern ebenfalls die Schaffung geschlechtsorientierter Gewaltprävention, weil das fehlende Wissen dazu führt, dass die Präventionsarbeit nicht oder nur in geringem Maße in der Lage, ist ein zurecht geschnittenes und abgestimmtes Interventionsangebot zu liefern (vgl. Heeg, 2009, S. 28).

Einheitliche und konkrete Ursachen, weshalb Mädchen und junge Frauen Gewalt anwenden gibt es nicht. Es hängt immer vom individuellen Einzelfall ab und muss spezifisch betrachtet werden. Dennoch gibt es einige Risikofaktoren, die gewalttätiges Verhalten beeinflussen und ggf. auch fördern (vgl. Zirk, 1999, S. 88 f.).

„Eine Übersicht einschlägiger Befunde deutet darauf hin, dass die Gewalt fördernden Bedingungskonstellationen und identifizierten Risikofaktoren für Gewaltausübung bei männlichen und weiblichen Jugendlichen, die als »hoch aggressiv« oder »mehrfach gewalttätig« eingestuft werden, zahlreiche Ähnlichkeiten aufweisen." (Silkenbeumer, 2011, S. 321) Dennoch sind Unterschiede in Bezug auf die Gewichtung der Risikofaktoren zu erkennen (vgl. Hofmann, 2011, S. 25 f.). Während z. B. bei Mädchen familiäre und psychische Belastungen und Opfererfahrungen innerhalb der Familie die Entwicklung der Gewaltbereitschaft stark zu beeinflussen scheinen, ist bei den Jungen die Peergroup der größte und schwerwiegendste Einflussfaktor (vgl. Heeg, 2009, S. 33).

Fakt ist, dass Gewaltanwendung immer durch ein Zusammenspiel unterschiedlicher, teilweise geschlechtsspezifischer Faktoren entsteht und in der Regel erst in bestimmten Situationen in konkrete Gewalthandlungen umschlägt (vgl. Heeg, 2009, S. 31). Nicht selten tragen familiäre Gewalt, jahrelanges Mobbing, Missachtung, Vernachlässigung, Stigmatisierungen in unterschiedlichen Formen und schulische Überforderung dazu bei, dass Mädchen und junge Frauen gewalttätig werden (vgl. Equit, 2011, S. 168).

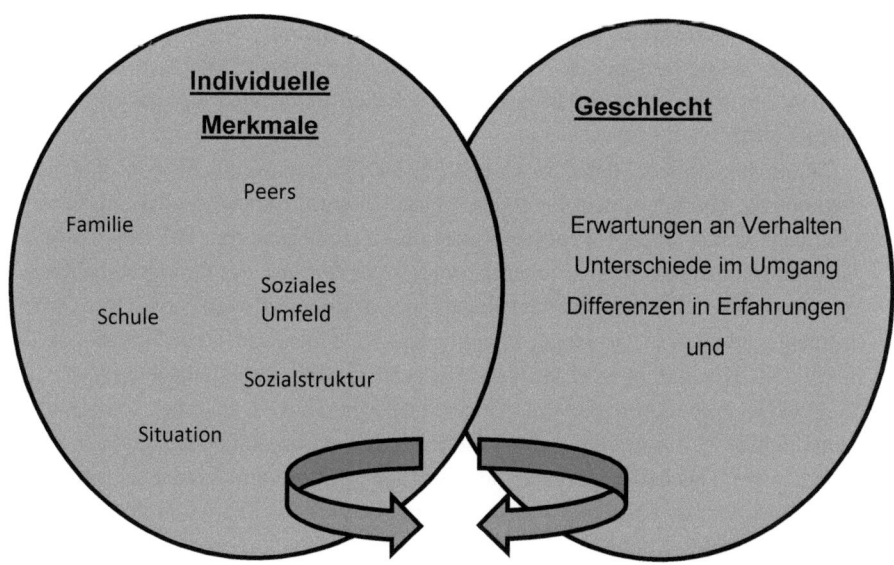

Abb. 8: Risikofaktoren und Zusammenhänge
(Quelle: Bruhns, Gewaltbereitschaft von Mädchen und jungen Frauen. Zahlen, Fakten, Hintergründe. 2010)

Dieses Kapitel befasst sich mit den Risikofaktoren innerhalb der Familie, dem Erziehungsverhalten seitens der Eltern, der Fremdunterbringung und der Chancenungleichheit zwischen den Geschlechtern, die das Gewaltverhalten von Mädchen und jungen Frauen fördern bzw. fördern können.

7.1 Gewalterfahrungen innerhalb der Familie

Es ist keine neu entwickelte These, sondern eine längst wissenschaftlich belegte Tatsache, dass ein ungünstiges familiäres Klima einen sehr hohen Risikofaktor für Gewalt und Delinquenz darstellt und einen enormen Einfluss auf die Ausprägung und Weiterentwicklung des Gewaltverhaltens von Kindern und Jugendlichen mit sich bringt (vgl. Heeg, 2009, S. 40).

Gewalterfahrungen in der Familie sind nicht nur zwischen Eltern und Kind prägend, sondern auch zwischen Geschwistern oder bei den Eltern untereinander, sodass das Kind oder die Jugendliche nicht unbedingt aktiv an solchen Situationen teilhaben muss. Ist eine Jugendliche oder ein Jugendlicher als Zuschauerin/Zu-schauer an Auseinandersetzungen zwischen Familienmitgliedern beteiligt, so hat diese Konstellation einen ebenso großen Einfluss auf die Mädchen und jungen Frauen, als wenn sie aktiv an diesem Geschehen teilnehmen würden (vgl. Heeg, 2009, S. 40).

Wenn Jugendliche, dabei ist es egal, ob es sich um weibliche oder männliche Jugendliche handelt, durch die eigenen Familienmitglieder körperlich misshandelt oder grob vernachlässigt werden, so kann dies dazu führen, dass das Depressionsrisiko enorm ansteigt, Aggressionen gesteigert werden und das Gewaltverhalten gegenüber anderen Personen dadurch negativ beeinflusst wird (vgl. Nave-Herz/Onnen, Isemann, 2007, S. 329). Hinzu kommt, dass Mädchen und junge Frauen, die im familiären Kontakt immer wieder Opfer von Gewaltanwendungen werden, eine Sichtweise entwickeln, die die Anwendung von Gewalt zu einer erfolgreichen Handlungsform macht, die eigenen Ziele und Interessen durchzusetzen (vgl. Heeg, 2009, S. 43). Das heißt, „je öfter und je intensiver Eltern ihre Kinder schlagen, um-so so eher hat das Kind später Kontakt zu gewaltaffinen Peers und übt selbst Gewalt aus." (ebd.)

Im Folgenden soll nun das Augenmerk auf die Gewalterfahrungen von Mädchen und jungen Frauen innerhalb des individuellen Familiensystems gelegt werden. Die Analyse des gewonnenen Datenmaterials dieser Studie hat ergeben, dass zwei Drittel aller Befragten mit Gewalt in ihrem familiären Umfeld konfrontiert wurden oder dass bis heute noch ein gewalttätiges Interaktionsmodell zwischen den Familienmitgliedern herrscht. Diese hohe Anzahl lässt darauf schließen, dass gewaltbereite Mädchen und Jugendliche sehr oft unter Gewalteinwirkungen seitens der Eltern oder der Geschwister leiden. In einer Interviewstudie von Max Kreuzer und Bernd Geiger-Battermann wurden Mädchen und junge Frauen im Alter zwischen 15 und 24 Jahren, die allesamt wegen eines Gewaltdeliktes gerichtlich verurteilt worden sind, bezüglich ihrer Gewalterfahrungen innerhalb der Familie befragt. Das Ergebnis dieser Befragung zeigte, dass zwei Drittel der Interviewpartnerinnen häusliche Gewalt entweder zwischen den Erziehungsberechtigten, zwischen den Erziehungsberechtigten und den gewalttätigen Mädchen oder aber zwischen den Geschwistern erlebt haben (vgl. Timmer, 2010, S. 23).

Am häufigsten wird die familiäre Gewalt von den Eltern oder des alleinerziehenden Elternteils angewendet. Welches Ausmaß dieses Verhalten der Eltern annimmt und wie die Sichtweise der Interviewpartnerinnen dazu ist, kann anhand des folgenden exemplarischen Interviewausschnittes erläutert werden: *„Ja [...] aber fand' ich jetzt nicht so schlimm (lach). Mein Stiefvater hat mich mal die Treppe runtergeschmissen und ja, mein Papa hat mich auch schon mal geschlagen ... Ja,* *mein Bruder hat mich auch schon mal geschlagen ... keine Ahnung, ich fand' das aber nicht so schlimm damals. Also eigentlich war das schon schlimm, aber ist ja Familie, da kann man das ja auch mal verzeihen" (Julia, 18 Jahre).* Wie zu erkennen ist, wird hier deutlich von massiver physischer Gewalt gesprochen, der die Mädchen ausgesetzt sind. Schläge durch die Eltern oder durch Geschwister gehören zum alltäglichen Leben dieser Interviewpartnerin. Hinzu kommen zahlreiche andere Formen körperlicher Gewaltanwendungen wie beispielsweise Schubsen, Treten, Haare ziehen etc. Auch das Schlagen mit Gegenständen wird von den Interviewteilnehmerinnen deutlich hervorgehoben. *„Und wo meine Mama noch da war und mein Papa im Krankenhaus war, einmal, da hab' ich richtig Schläge von ihr gekriegt, mit 'nem Kochlöffel und so" (Virginia, 20 Jahre).* Es handelt sich somit nicht um gelegentliche leichte Züchtigungsmethoden, sondern um mehrfache körperverletzende Gewaltanwendungen, die in der Regel auch mit schweren körperlichen und seelischen Verletzungen einhergehen. Die oben angeführte Aussage von Julia (18 Jahre) lässt den Eindruck erwecken, dass die ihr zugeführten gewalttätigen Leiden als nicht „schlimm" angesehen werden. Es hört sich fast so an, als hätten Familienmitglieder ein besonderes Recht dazu, Gewalt untereinander anzuwenden, und wenn sie dies tun, so sind diese Handlungen i. d. R. verzeihbar oder gerechtfertigt. *„Meine Mutter sagt auch manchmal, sie muss mir auf die Fresse hauen, damit ich funktionier', also aus Spaß (lach). Das ist aber auch manchmal so" (Mia, 16 Jahre).* Die gewalttätigen Mädchen und jungen Frauen nehmen ihre Eltern in Schutz und sind der Auffassung, dass sie mit Recht so behandelt werden. Hier liegt die Vermutung nahe, dass die Interviewteilnehmerinnen während ihres bisherigen Sozialisationsprozesses so oft familiärer Gewalt zum Opfer fielen, dass sie glauben, selbst schuld daran zu sein und ihre „Strafen" verdient zu haben. Die Aussage *„[...]damit ich funktionier' [...]" (Mia, 16 Jahre)* weist auf eine Überzeugung der Untersuchungsgruppe hin, dass Gewalt das einzige Mittel ist, damit eine andere Person das macht, was von ihr verlangt wird. Zumindest haben sie diese Einstellung aufgrund der permanent erlittenen Gewaltanwendung durch ihre Eltern entwickelt und rechtfertigen dadurch nicht nur das Gewaltverhalten der Familie, sondern auch das eigene. „Wenn Mädchen in ihrer eigenen Familie viel aggressive Gewalt erleben, kopieren sie auch ein solches Abwehrverhalten [...]" (Struck, 2007, S. 39). Wachsen Mädchen in einem Elternhaus auf, wo Gewalt eine anerkannte und respektierte Erziehungsform darstellt, so eignen sie sich diese Verhaltensweisen an und lernen am Modell ihrer Eltern. Die gewalttätigen und gewaltbereiten Mädchen und jungen Frauen haben erlebt (oder erleben es immer noch), dass die angewendete Gewalt der Eltern in der Regel immer das Ziel erreicht hat, die Mädchen zu bestimmten Handlungen zu bewegen. Mit der Zeit kopieren sie das elterliche Verhalten, um nun ihre eigenen Interessen und Ziele erreichen zu können.

Neben der physischen familiären Gewalt, der die meisten Mädchen und jungen Frauen aus der Untersuchungsgruppe ausgesetzt sind, kommen auch noch die Erfahrungen verbaler Gewalt durch Familienangehörige hinzu, die ebenfalls einen enormen Einfluss auf das eigene Gewaltverhalten mit sich bringen kann. *„Zu meiner Mama? Ist nicht gut. [...] Ja, sie ist kein gutes Vorbild würde ich sagen. Sie trinkt viel Alkohol, sie ... weiß nicht ... Manchmal, wenn sie einfach Lust hat, mich zu schlagen, dann macht die das. Ja. Gewalt, nicht gerade wenig. [...] Ich glaub' das mit den Aggressionen, also dass ich so Aggressionen manchmal habe, das hab' ich von meiner Mutter irgendwie, weil ich mir das abgeguckt hab'. [...] Die ging eigentlich immer direkt los. Die hat mich angeschrien, hat mich beleidigt „Du Fotze" oder sonst was oder „Du kleine Hure, geh weiter rumhuren" und so. Ja und dann hat das so angefangen, dann hab' ich eine geknallt bekommen, die hat mich an 'ne Haare gerissen. Ich bin auch schon mal weggerannt auf Socken durchs Feld, aber dann kam sie mit dem Auto über den Feldweg und hat mich da reingeschliffen" (Sylvia, 17 Jahre).* Diese exemplarische Aussage kann als Musterfall angesehen werden, der zwar in seinen Inhalt an einen krassen Einzelfall erinnert, allerdings für das Verständnis, wie weit familiäre Gewalt ausarten kann, sehr gut geeignet ist. Zunächst sollte darauf hingewiesen werden, dass wie in dem zuvor geschilderten Fall nicht der Vater, also kein männliches Familienmitglied in die Täterrolle schlüpft, sondern in beiden Fällen von der Mutter gesprochen wird. Es ist erkennbar, dass nicht nur männliche Familienmitglieder gewalttätig werden, sondern dass auch Frauen, d. h. Schwestern und Mütter gleiche Gewalthandlungen aufweisen und dieses Phänomen weit über Ausnahmefälle hinausläuft (vgl. Kury/Obergfell-Fuchs, 2005, S. 9).

Die Mädchen und jungen Frauen sind nicht nur regelmäßiger, massiver körperlicher Gewalt durch die Eltern oder einen Elternteil ausgesetzt, sondern müssen auch verbale Erniedrigungen und Beleidigungen über sich ergehen lassen. Von der eigenen Mutter als *„Hure"*, *„Schlampe"* oder *„Miststück"* betitelt zu werden, führt dazu, dass das Selbstwertgefühl der gewalttätigen Mädchen und jungen Frauen erheblich an Gewichtung verliert. Die Bindung zwischen Mutter und Tochter kann nicht mit der freundschaftlichen Beziehung unter Gleichaltrigen gleichgesetzt werden, da der eigenen Mutter in der Regel mehr Respekt und mehr Wichtigkeit zugeschrieben wird, sodass Erniedrigungen, die von den eigenen Eltern bzw. der Mutter gegen das Kind gerichtet sind, auf emotionaler Ebene erhebliche und dauerhafte Schäden herbeiführen können. Diese Erniedrigungen und Beleidigungen führen nicht selten zu der Schlussfolgerung der Mädchen, dass es wohl besser wäre, wenn sie gar nicht existieren würden. Eine solche vermittelte Botschaft durch die Eltern kann katastrophale Folgen für die betroffenen Mädchen und jungen Frauen mit sich bringen (vgl. Omer/von Schlippe, 2010, S. 123). Von der eigenen Familie als wertlos, nutzlos oder Störenfried begriffen zu werden, führt nicht selten zu Trauer, Wut, Zorn und Hass. Diese negativen Gefühle bzw. Aggressionen können so sehr ansteigen, dass die Mädchen und jungen Frauen keine andere Wahl mehr haben, als mittels Gewalt diese emotionale Last für einen bestimmten Zeitraum zu erleichtern. Dieses Erleichtern der eigenen Gefühle mit der Anwendung von Gewalt wird in der Regel gegen außerfamiliäre Personen gerichtet, wird aber auch in einigen Fällen in der Familie angewendet. *„Als ich klein war, hat mein Papa ja auch meine Mama geschlagen. [...] Ich hab' mich ja auch schon oft mit meinen Papa geschlagen. Ich hab' ja auch mal bei ihm gewohnt so und dann haben wir uns ja auch oft geschlagen" (Melanie, 21 Jahre).* Wie gut zu erkennen ist, sind die körperlichen Übergriffe innerhalb der Familie von gewalttätigen und gewaltbereiten Mädchen und jungen Frauen nicht immer nur eindimensional, sondern die Befragten beteiligen sich vereinzelt auch aktiv an solchen Auseinandersetzungen und werden ebenfalls gewalttätig gegenüber ihren Eltern oder ihren Geschwistern. Das Erleiden von Gewalt und die Anwendung gewalttätiger Handlungen gehört bei der Mehrzahl der Untersuchungsgruppe zum Familienleben dazu und sind ein zentraler Bestandteil der Interaktions- und Kommunikationstechniken zwischen den Familienmitgliedern. Bei mehr als der Hälfte der Befragten wird Gewalt in der Familie als „Normalzustand" betrachtet und als alltägliches Interaktionsmittel zwischen den Familienmitgliedern gesehen. „Wenn Gewalt eine Form von „Normalisierungshandeln" ist, kann das Gewalthandeln Selbstwert und soziale Aufmerksamkeit schaffen." (Heeg, 2009, S. 40) Das Risiko dabei ist, dass Gewalt mit zu vielen positiven Eigenschaften, wie z. B. Durchsetzungsfähigkeit, Interessenvertretung und Aufmerksamkeitsgewinnung assoziiert wird und sich als erfolgversprechende, festverankerte Handlungsoption in den Wissensstand der Mädchen und jungen Frauen einnistet.

Neben den Gewalterfahrungen, die die Interviewteilnehmerinnen durch ihre Eltern oder einen der Elternteile erfahren haben und denen sie zum Teil bis heute immer noch ausgesetzt sind, muss der Fokus zusätzlich auf die gewaltaffinen Beziehungen zwischen den Mädchen und ihren Geschwistern gerichtet werden. Die Gewaltanwendung unter Geschwistern ist bis heute die meistverbreitete Form familiärer Gewalt und wird nicht selten als normal und Bestandteil des Erwachsenwerdens verstanden (vgl. Schneider, 2001, S. 212). So gibt ein Drittel der Untersuchungsgruppe an, häufiger gewalttätige Auseinandersetzungen mit einem Geschwisterteil zu haben oder von einem Geschwisterteil tätlich angegriffen zu werden. Im

Folgenden soll ein Beispiel für die vorhandenen gewalttätigen Übergriffe zwischen den Befragten und ihren Geschwistern gegeben werden, damit das Ausmaß und die Folgen besser analysiert werden können. *„Das Härteste bei uns zwischen war, dass ich der wirklich eine gefegt habe und sie Nasenbluten hatte und sie ins Krankenhaus durfte und dann hatten wir früher mal so ein riesengroßen Elefanten als Stofftier und hab' ich kaputt gemacht oben und dieses Schaumstoff daraus genommen und dann haben wir dann so Sackhüpfen gespielt in ihrem Zimmer und weil ich dann dran war und voll zickig war und sie aber noch weiterhüpfen wollte, habe ich sie weggestoßen. Sie ist mit dem Knie komplett auf ein Teeglas gefallen, das ganze Teeglas reingerammt, jetzt hat die so (zeigt mit den Fingern eine Spanne von ca. 10 cm) 'ne Narbe und ja das war so das Äußerste"* (Angelika, 18 Jahre). Auffällig an dieser exemplarischen Aussage (genauso wie bei der Gewaltanwendung durch die Eltern) ist, dass weder von Reue noch von schlechtem oder negativem Verhalten gesprochen wird. Körperliche und verbale Attacken unter Geschwistern werden als normal angesehen und in einigen Fällen sogar als Muss-Handlung betrachtet. Die Verwendung von Gegenständen bei physischen Auseinandersetzungen zwischen Geschwistern ist keine Seltenheit. Sehr häufig werden Sachen genutzt, die eventuell gerade zur Hand liegen und erfolgversprechend erscheinen, um den Kampf zu gewinnen (vgl. Omer/von Schlippe, 2010, S. 122). Daneben gibt es noch weitaus erschreckendere Formen wie beispielsweise das Würgen eines Geschwisterteiles mit den bloßen Händen oder mithilfe von anderen Sachgegenständen (vgl. ebd.). *„ Wo ich mich mit meiner Schwester gekloppt hab', weil ich glaub' die Haustür war auf. Dann ist die einfach reingekommen in die Wohnung und wir haben uns richtig gekloppt. Meine Schwester hat mir das Kopfkissen auch auf's Gesicht gehalten. Da krieg' ich immer voll die Panik oder hat mir den Mund zugehalten"* (Virginia, 20 Jahre). Die gewalttätigen Auseinandersetzungen zwischen Brüdern und Schwestern können also Formen annehmen, die jeglicher Normalität widersprechen, da sie in erheblichem Maße lebensbedrohlich sind.

Die Gewalt unter Geschwistern wird von der Gesellschaft dahingehend unterschätzt, dass geglaubt wird, das Geschwister-Konflikte lediglich ein gutes Trainingsfeld darstellen, die eigenen Grenzen zu erforschen und die persönliche Durchsetzungsfähigkeit zu stärken (vgl. Schneider, 2001, S. 212). Diese Einstellung der Gesellschaft und die damit verbundene hohe Akzeptanz dieses Phänomens führt bei den Eltern zu Verwirrung, weil sie nicht wissen, ob gewalttätige Auseinandersetzungen zwischen einem Geschwisterpaar verhindert und sanktioniert werden sollte (vgl. Omer/von Schlippe, 2010, S. 122). Dabei wird nicht beachtet, dass die Kinder und Jugendlichen aufgrund der Nicht-Sanktionierung dieser devianten Verhaltensweisen Gewalt als angemessene Form der Konfliktlösung interpretieren und diese Sichtweise auch beibehalten (vgl. Schneider, 2001, S. 212). Zudem verstärkt sich das Leid des Kindes, das Opfer von Gewalt und Unterdrückung durch ein Geschwisterteil wird, da es den Eindruck erhält, dass die eigenen Eltern lediglich tatenlos dabei zusehen oder sogar weggehen, ohne Hilfestellung oder Konfliktlösungsmöglichkeiten anzubieten (vgl. Lohre, 2007, S. 29).

Zusammenfassend kann gesagt werden, dass deutlich mehr als die Hälfte der Interviewten zahlreiche Gewalterfahrungen innerhalb der Familie machen mussten und diesen teilweise bis heute immer noch ausgesetzt sind. In der Regel handelt es sich dabei um gewalttätige Angriffe durch die Eltern oder ein Elternteil. Hinzu kommt allerdings noch das Gewaltverhalten zwischen den Geschwistern, das ebenfalls Einfluss auf die Gewaltbereitschaft der Untersuchungsgruppe nimmt. Gewalt innerhalb der Familie ist einer der bedeutsamsten Risikofaktoren, wenn es um die Entstehung von Gewaltverhalten bei Mädchen und jungen Frauen geht. Albrecht (2002) beschreibt einen Zyklus von Gewalt im Zusammenhang mit den Sozialisationsinstanzen. Dieser lautet wie folgt: „Gewalterfahrung erhöht die Wahrscheinlichkeit von Delinquenz, und Delinquenz erhöht die Wahrscheinlichkeit von Gewalt in Beziehungen, in denen typischerweise Sozialisation erfolgt" (Albrecht, 2002, S. 789). In dieser Studie hat sich herausgestellt, dass mehr als die Hälfte (ca. zwei Drittel) der interviewten gewalttätigen Mädchen und jungen Frauen familiäre Gewalt erleben und dieser ausgesetzt sind. Dieses Ergebnis passt mit anderen empirischen Studien zusammen, die ebenfalls belegen, dass bei einem großen Teil gewalttätiger Mädchen auch ein problembehafteter, prekärer und gewaltaffiner Familienhintergrund vorzufinden ist (vgl. Heeg, 2009, S. 44).

7.2 Schädigendes und gewaltförderndes Erziehungsverhalten der Eltern

Neben dem gewaltfördernden Faktor, dass Kinder und Jugendliche innerhalb ihrer Familie selbst mit physischer Gewalt konfrontiert werden und diese in einigen Fällen auch erleiden, gibt es noch einen weiteren Einflussfaktor, der sich auf die Familie, also die primäre Sozialisationsinstanz bezieht. Hiermit ist das individuelle Erziehungsverhalten der Eltern gemeint, welches sich entweder positiv oder negativ auf das Aggressivitäts- und Gewaltpotential der Mädchen und jungen Frauen auswirken kann.

Um ein besseres Verständnis für diese Thematik zu erhalten, wird zunächst auf die Begriffsdefinition von Erziehung eingegangen. Der Begriff *Erziehung* ist sehr weitläufig. Er beschreibt die Summe aller bewussten Reaktionen und Einflüsse des

202

Entwicklungsprozesses eines Menschen und kann somit nicht durch eine kurze Definition erklärt werden (vgl. Thole/Pfaffenberger, 2007, S. 271). Die Erziehung als Stütze der Persönlichkeitsbildung wird von allen Familien unterschiedlich ausgelebt. Es gibt verschiedene Arten von Erziehungsstilen, die nicht immer sauber voneinander getrennt werden können, sondern sich in einigen Fällen anteilig überschneiden (vgl. Bründler/Bürgisser/Lämmli/Bornand, 2004, S. 189). Insgesamt wird in der Sozialwissenschaft von drei Arten oder Formen der Erziehung gesprochen, die als *laissez-faire*[16], *autoritär*[17] und *demokratisch*[18] bezeichnet werden. Diese drei Erziehungsstile „üben bis heute einen dominierenden Einfluss auf die Sichtweise von Erziehung aus." (Langfeldt/Nothdurft, 2007, S. 121) In Bezug auf die hier durchgeführte Studie gilt es nun die Fragen zu klären, welche Erziehungsformen bei gewalttätigen und gewaltbereiten Mädchen und jungen Frauen häufiger vorzufinden sind und wie sich diese auf das individuelle Gewaltverhalten der Untersuchungsgruppe auswirken.

Zunächst wird das Augenmerk auf die *laissez-faire* Erziehungsmethode gelegt, die bei der Hälfte und demnach dem Großteil der Befragten vorzufinden ist. Die Erziehungsberechtigten versetzen sich in eine passive Rolle und nehmen keinerlei oder nur ganz geringfügigen Einfluss auf die Steuerung des Lebensalltags des Kindes (vgl. Langfeldt/Nothdurft, 2007, S. 121). Die Interviewteilnehmerinnen geben an, völlige Entscheidungsfreiheit zu besitzen und keine Regeln durch die Eltern vorzufinden. Um den Lebensalltag dieser Mädchen innerhalb der heimischen Erziehung zu verdeutlichen, kann diese Situation exemplarisch anhand der Aussage einer Interviewteilnehmerin erläutert werden.

---

[16] *laissez-faire* meint folglich einen Erziehungsstil der völligen Selbstüberlassung. Die Kinder werden nicht durch irgendwelche Regeln oder Anweisungen der Erziehungsberechtigen gelenkt, sondern können und müssen immer ihre eigenen Entscheidungen treffen. Unbegrenzte Freiheiten und Eigenbestimmung des Kindes zeichnen diesen Erziehungsstil aus. In einigen Fachrichtungen wird in solchen Fällen gar nicht erst von Erziehung gesprochen, sondern von zwischenmenschlicher Verwahrlosung des Kindes (vgl. Andersch, 2009, S. 59).
[17] Die *autoritäre* Form von Erziehung beschreibt die bewusste Formung des Kindes durch die Eltern und zwar nicht hin zu einer eigenständigen Persönlichkeit, die die Interessen und Neigungen des Kindes berücksichtigt, sondern zur Schaffung von Folgsamkeit und Unterordnung. Strenge Kontrollen und Strafandrohung oder Strafausführung bei nicht erwünschtem Verhalten bilden das zentrale Merkmal dieses Erziehungsstils (vgl. Andersch, 2009, S. 57).
[18] Der *demokratische* Erziehungsstil (auch sozial-integrativer Erziehungsstil genannt) ist durch ein wechselseitiges Geben und Nehmen zwischen den Kindern und den Erziehungspersonen gekennzeichnet. Die Kinder müssen keine strengen Regeln befolgen und bekommen ein großes Maß an Eigeninitiative zugesprochen, allerdings immer dem Alter angemessen. Die Eltern geben dem Kind Orientierungshilfen und beziehen das eigene Kind in alle Entscheidungen ein. Ziel ist es, das Kind zur Selbstständigkeit zu erziehen und es in seinen Interessen und Neigungen weitgehend zu fördern (vgl. Andersch, 2009, S. 60).

In einem Fall wurde die eindeutige und klare Aussage gemacht, dass sich die gewalttätige junge Frau eigentlich als „nicht erzogen" beschreiben würde, da sie ihre Eltern weder als streng noch als freiheitsbetonende Erziehungsberechtigte ansieht, sondern davon überzeugt ist, dass gar keine Erziehung vorhanden zu sein schien. Der Erziehungsstil wird mit dem Begriff des Desinteresses beschrieben. *„Ich kann mich daran erinnern, dass ich überhaupt nicht erzogen wurde. Alles hab' ich mir selber beigebracht. Ich war früher viel draußen" (Virginia, 20 Jahre).* Hierbei muss erwähnt werden, dass ein derartiges Verhalten von Eltern zwar nicht nach Erziehung aussieht, es sich aber dennoch um einen so genannten „krassen" Fall des *laissez-faire* Erziehungsstils handelt (vgl. Andersch, 2009, S. 59). Bei dieser Art von Erziehung gibt es keine Regeln, die befolgt werden müssen. Die Erziehungsberechtigten haben ein eher zurückhaltendes und unklares Auftreten gegenüber ihren Kindern, sie fordern keinerlei Leistungen und es werden so gut wie keine Verbote oder Richtlinien erstellt, die von den Kindern eingehalten werden müssen (vgl. Sammel, 2004, S. 6). In der Regel gibt es kein sichtbares Konzept der Eltern in Bezug auf die Förderung des Kindes, wodurch das Kind auf sich allein gestellt ist (vgl. Zippel, 2009, S. 11). Die Mädchen und jungen Frauen fühlen sich nicht als Teil der Familie, sondern eher als vorhandenes Objekt, welchem keinerlei Aufmerksamkeit geschenkt wird. *„Der Nachteil ist, dass man sich halt fühlt, als wenn die Eltern sich für das Kind nicht interessieren. Sehr oft" (Jule, 17 Jahre).* Das Bedürfnis eines Heranwachsenden oder eines Kindes nach Sicherheit und Ordnung wird durch einen solchen Erziehungsstil nicht gedeckt und dieser kann im engeren Sinne auch als psychische Gewalt angesehen werden, da das Kind keine oder nur geringe elterliche Liebe bekommt und sich die Eltern ihrer eigenen Verantwortung entziehen (vgl. Andersch, 2009, S. 60). Ein solches Erziehungsverhalten führt dazu, dass Kinder sich allein gelassen, einsam und unwichtig fühlen (vgl. Andersch, 2009, S. 59). *„[...] Papa hat immer Desinteresse gezeigt die ganze Zeit, egal ob ich mit 'ner guten Note nach Hause kam. [...] Es hat alles gar keinen interessiert, außer jetzt halt, wo ich jetzt bei meinem Papa gewohnt habe, die letzten Jahre, hat es keinen interessiert [...] Ich konnte machen was ich wollte" (Virginia, 20 Jahre).* Dieser Erziehungsstil kann einen Hinweis darauf geben, weshalb sich einige der gewalttätigen Mädchen und jungen Frauen nicht als *typisch Mädchen* erzogen fühlen. Viele Freiheiten während der Kindheit und konsequenzfreies Handeln bedeuten auch gleichzeitig, keine Regeln befolgen zu müssen und somit orientierungslos zu sein. Ein solches regelarmes Verhalten wird eher den männlichen Geschlecht zugeschrieben (vgl. Küchler, 1997, S. 13). Der Fall von Virginia sieht auf den ersten Blick nach einem krassen Vorzeigefall für den *laissez-faire* Erziehungsstil aus, kann aber (mit kleinen Abweichungen) als Beispiel für die gesamte Gruppe gewalttätiger und gewaltbereiter Mädchen und junger Frauen angesehen werden. Die Interviewteilnehmerinnen fühlen sich allein gelassen und in ihrer Existenz nicht wahrgenommen. Diese Gefühle sind eine charakteristische Folge dieses Erziehungsstils. „Dieses "laissez faire" Verhalten der Erwachsenen ist doch ein Zeichen der Gleichgültigkeit und auch Lieblosigkeit aus Mangel an Verantwortungsbereitschaft." (Fiedler, 2003, S. 308)

Ausschlaggebend ist wohl in diesen Fällen, dass die Befragten keinerlei Konsequenzen in Bezug auf ihr deviantes und delinquentes Verhalten aufgezeigt bekommen und es demnach durch die Eltern auch zu keiner Wertung des Verhaltens kommt. *„Der war zu locker. Ja, meine Mama hat immer zu mir gesagt, wenn du mal kiffen willst, dann rauchen wir den Ersten zusammen. Dann, ich hab' nie Hausarrest gekriegt, durfte immer raus, ich konnte machen was ich will. Meine Mama hat gesagt: „Ja, wenn du mit 'ner Anzeige nach Hause kommst, bist du diejenige, die die Konsequenzen trägt." Vorher fand' ich das ja immer voll cool und so, konnte machen was ich will, konnte rausbleiben solange ich will. Ja, nachdem die erste Anzeige reingeflattert ist, konnte ich sagen, so voll angeben, so he guck' ma', ich hab' ne Anzeige und ich brauch' nicht mal Angst haben, dass ich Stress krieg' und jetzt, wo ich hier sitze, überleg' ich erstmals so, warum das überhaupt alles passiert ist, so. Jetzt fällt mir erst mal so auf, dass meine Mama damit nicht viel erreicht hat, außer dass sie mich jetzt hier drinne sitzen hat"* (Angelika, 18 Jahre). Die begangenen Straftaten der Mädchen wurden und werden von den Eltern oder dem sorgeberechtigten Elternteil überhaupt nicht geahndet, nicht einmal als positiv oder negativ bewertet. Derartige Reaktionen oder besser gesagt „Nicht-Reaktionen" führen dazu, dass die Mädchen und jungen Frauen in ihrem eigenen Rechtsverständnis nicht beeinflusst werden, sie bekommen kein Gefühl dafür, inwieweit ihr Verhalten angemessen ist, und ordnen deswegen ihre devianten und delinquenten Handlungsmuster ggf. sogar als richtig bzw. nicht schlimm ein. In einigen Fällen kann die Folge einer solchen Erziehungsmethode bei gewalttätigen weiblichen Personen sein, dass die Gewaltbereitschaft immer mehr an Dynamik gewinnt und als alltägliches Handlungsverhalten genutzt wird. Es ist bereits wissenschaftlich belegt worden, dass die *laissez-faire* Erziehung eines Kindes oder eines Jugendlichen als Mitursache für aggressives Verhalten verstanden werden muss. Die Mädchen und jungen Frauen erleben ihre Eltern als schwach, desinteressiert und manipulierbar und versuchen durch aggressives und gewalttätiges Verhalten das Interesse der Erziehungsberechtigten zu wecken und die persönlichen Grenzen auszutesten (vgl. Schneider, 2005, S. 74). In Bezug auf das Gewaltverhalten der Untersuchungsgruppe ist hier ausschlaggebend, dass die Befragten aufgrund des Verhaltens der Eltern schnell erfahren, dass gewalttätiges Handeln im sozialen Umfeld nicht bestraft wird und es damit von familiärer Seite keinen Grund gibt, das aggressive Verhalten zu ändern (vgl. Süßmann, 2006, S. 58).

Bei den Mädchen und jungen Frauen, die einen *laissez-faire* Erziehungsstil genießen, muss allerdings berücksichtigt werden, dass die Ausgestaltung dieser Methode nicht immer deckungsgleich ist und in manchen Fällen mit geringen Anteilen des *autoritären* oder *demokratischen* Erziehungsverhaltens einhergeht. Diese Vermischung der elterlichen Erziehungsmethodik kann anhand des folgenden Interviewausschnittes gezeigt werden. *„Ich durfte eigentlich schon immer alles. [...] Auch hinterher, wenn ich was haben will, frag' ich meine Eltern und die kaufen es mir. [...] Nur jetzt mittlerweile machen die Stress, wenn ich länger wegbleib' und so, weil ich nicht immer Bescheid gebe, wo ich bin. Aber wenn ich vorher Bescheid gebe und so darf ich sowieso weggehen, wann ich will. Ich musste auch nie wie die anderen zu Hause helfen bei irgendwas"(Marina, 19 Jahre).* In einigen Fällen handelt es sich zwar auch um einen *laissez-faire* Erziehungsstil, in dem die Mädchen und jungen Frauen viele Freiheiten genießen, sich kaum an Regeln halten müssen und in ihren Verhaltensweisen nicht beeinflusst werden, allerdings versuchen die Eltern gelegentlich, ihren Kindern Regeln zu vermitteln und drohen mit Sanktionen auf abweichendes Verhalten, welche für einen ausschließlichen *laissez-faire* Erziehungsstil eigentlich untypisch sind (vgl. Andersch, 2009, S. 59). Wie oben in der beispielhaften Aussage zu erkennen ist, müssen die Mädchen einige wenige Regeln bzw. Rahmenbedingungen einhalten, um ohne Sanktionierungen seitens der Eltern davonzukommen. Dabei handelt es sich nicht wirklich um starre Regeln, sondern um wünschenswerte Rahmenbedingungen der Eltern (vgl. Langfeldt/Nothdurft, 2007, S. 121). Dieses Verhalten der Eltern wird als *demokratische* Erziehungsmethode bezeichnet, wobei der Anteil des *laissez-faire* Stils überwiegt. Nicht immer ist also ein reiner desinteressierter und verantwortungsloser Erziehungsstil zu erkennen; es handelt sich eher um eine Vermischung der unterschiedlichen elterlichen Erziehungsmethoden, wobei in der Regel das *laissez-faire* Verhalten am häufigsten vorzufinden ist. Der Wechsel zwischen unterschiedlichen erzieherischen Verhaltensweisen kann ebenfalls dazu führen, dass das aggressive und gewalttätige Verhalten der Mädchen und jungen Frauen gefördert wird, weil sie keine klare Linie erkennen können und mit den wechselnden Sprüngen zwischen Regeln und Freiheiten überfordert sind.

Bis hierher wurde nun ausgiebig über den schädigenden Einfluss eines *laissez-faire* Erziehungsverhalten in Bezug auf das Gewaltverhalten von weiblichen Gewalttäterinnen gesprochen und die entstehenden Risikofaktoren analysiert. Im Folgenden soll es nun darum gehen, inwiefern die Untersuchungsgruppe eine derartige Erziehung für gut oder schlecht heißt. Fast alle Befragten geben an, die elterliche Erziehungsmethodik eher kritisch und als wenig wirkungsvoll zu betrachten. *„Schlecht eigentlich, vielleicht wäre ich jetzt anders, wenn die strenger gewesen wären oder so. [...] Manchmal habe ich mir gewünscht, meine Mutter würde ein bisschen strenger sein" (Julia, 18 Jahre)*. Diese exemplarische Aussage einer Interviewteilnehmerin lässt eindeutig den Wunsch nach Regeln und Orientierung erkennen. Es ist wissenschaftlich belegt, dass Kinder und Jugendliche Regeln brauchen, um ihre eigenen Grenzen zu erkennen und sich gesellschaftlich normenkonform verhalten zu können (vgl. Haberecht, 2007, S. 18 f.). Damit sich Kinder gesellschaftsfähig entwickeln können, benötigen sie Grenzen und einen klaren Rahmen, in dem sie sich bewegen können. Da die Familie die primäre Sozialisationsinstanz ist, ist es eigentlich ihre Aufgabe, genau diesen Rahmen zu schaffen. Tut sie es nicht, so haben die Mädchen und jungen Frauen nur geringe Möglichkeiten, sich sozial angepasst zu verhalten, und müssen lediglich anhand eigens gesetzter Grenzen und Regeln leben. Es ist erstaunlich zu sehen, dass sich die Interviewteilnehmerinnen, die einem *laissez-faire* Erziehungsstil ausgesetzt sind, sich eben nicht darüber freuen, alle Freiheiten zu genießen, sondern sogar den Vorwurf äußern, dass die Eltern einen großen Teil an Mitschuld in Bezug auf das eigene Gewaltverhalten tragen. *„Also ich glaube, wenn ich mehr Verbote gehabt hätte, würde ich nicht so viel Mist machen, da ich ja weiß, dass ich nicht so viel Ärger bekomme, außer mal 'nen Anschiss kassiere" (Stefanie, 19 Jahre)*. Das elterliche Erziehungsverhalten wird als Rechtfertigungsgrund für die Anwendung von Gewalt und delinquenten Verhaltens genommen. Es wird die Meinung vertreten, dass das Vorhandensein von Regeln und Konsequenzen auf abweichendes Verhalten sich positiv auf die Entwicklung der Interviewteilnehmerinnen ausgewirkt und sich ihr eigenes Gewaltverhalten nicht in dieser Form ausgeprägt hätte. Wie jedes Kind und jeder Jugendliche benötigen auch Mädchen einen „Roten Faden" seitens der Eltern, der ihnen einen gewissen Grad an Orientierung bietet und ihnen hilft, sich sozialadäquat zu entwickeln (vgl. Haberecht, 2007, S. 18 f.).

Eine strengere Erziehung mit (nicht überzogenen) Regeln und angepassten Konsequenzen bei schlechtem Verhalten wird von dem Mädchen als „besser" und effektiver verstanden, weil sie dadurch lernen, Regeln zu befolgen, sich an Abmachungen zu halten und somit ihr eigenes Verhalten besser reflektieren können. *„Ich finde eigentlich dieses Strenge besser. Dadurch lernt man besser „ich muss das jetzt machen". Ich kann ja auch nicht später im Beruf jetzt sagen: „Ich mach' das jetzt nicht, hab ich keine Lust zu!" Das find' ich eigentlich besser" (Nicole, 17 Jahre)*. Die Interviewteilnehmerinnen sind sich eindeutig darüber bewusst, dass Regeln zum Leben dazugehören und vor allem für die Zukunft von Bedeutung sind.

Gleichzeitig haben sie aber enorme Probleme damit, Regeln und Abmachungen einzuhalten, da sie dieses nie gelernt oder aufgezeigt bekommen haben. Die Mehrzahl der Mädchen hätte sich demnach ein strengeres, aber eher demokratisches Erziehungsverhalten seitens der Eltern gewünscht bzw. wünschen sich dies immer noch, weil sie der Überzeugung sind, dass eine derartige Erziehungsmethode die negative Ausprägung des eigenen Gewaltverhaltens verhindert hätte.

Bei ca. einem Drittel der interviewten Mädchen und jungen Frauen ist erkennbar, dass sie einer *autoritären* und sehr strengen Erziehung ausgesetzt sind. In diesen Fällen werden die Befragten mit zu vielen Regeln und Geboten konfrontiert, die teilweise ineinander widersprüchlich und lediglich an den Wünschen und Ansprüchen der Eltern ausgerichtet sind (vgl. Schneider, 2005, S. 74). Hinzu kommen Anweisungen und Einschränkungen im Lebensalltag, die häufig vollkommen unbegründeter Natur sind und einen enormen Druck bei den Mädchen auslösen (vgl. Schneider, 2005, S. 74). Damit auch der *autoritäre* Erziehungsstil besser verstanden werden kann, wird im Folgenden die Erziehung einer Interviewpartnerin exemplarisch dargestellt. *„[...] Also, meine Mama war sehr streng, wenn sie dann mal da war. [...] Ja ... Ich musste immer alles machen für meine Mutter, z. B. Cola holen. Ich war so wie ein Diener, ja. Die sagte so: „Du bist mein Kind, du musst dann auch alles machen." Dann musste ich ihr Cola holen, Glas holen, alles holen. Anstelle, dass sie mir das alles zusammen sagt ... nein ... „Geh mal Cola holen!" ... Ja und dann das Glas auch noch. Hol' mir mal Süßigkeiten, hol' mir mal das, hol' mir mal das ... Ich musste das ja machen, sonst hab' ich irgendwas anderes nicht gekriegt. Ich durfte sogar schon mal nicht mehr an den Kühlschrank gehen. Wenn ich nicht gemacht habe, was die wollte, durfte ich nicht an den Kühlschrank gehen. Wenn ich alleine zu Hause war, war's besser, aber dann gab es nachher Stress"* (Melanie, 21 Jahre). Diese exemplarische Aussage lässt die Vermutung zu, dass dieser extreme *autoritäre* Erziehungsstil dazu dient, den Kindern, also in diesem Falle den gewalttätigen Mädchen und jungen Frauen, das Gefühl zu vermitteln als „Handlanger" oder „Dienstbote" benutzt zu werden, die bei Fehlverhalten direkt bestraft werden. Die Befragte fühlt sich von ihrer Mutter regelrecht schikaniert, sieht keinen Sinn in dieser Erziehungsmethode und fühlt sich schlecht und ungerecht behandelt. Die Wünsche, Interessen und Bedürfnisse der Mädchen werden in keinster Weise von den Eltern berücksichtigt und die Eltern (oder das Elternteil) verlangen absoluten Gehorsam. „Der damit verbundene massive Druck der Eltern [...] senkt die Kooperationsbereitschaft des Kindes, steigert die Verhaltensproblematik und verfestigt ungünstiges Interaktionsverhalten" (Schneider, 2005, S. 74) des Kindes. Die Ziele des Erziehungsstils dieser Eltern sind in der Regel an den damals selbst erlernten Normen und Werten ausgerichtet. Der vorherrschende Erziehungsstil ist *autoritär* und hat als Ziel Gehorsam und Anständigkeit (vgl. Atabay, 1994, S. 44). Es zählen lediglich die Belange und Interessen der Eltern, die von den Mädchen erfüllt werden müssen (vgl. Haberecht, 2007, S. 18 f.). In diesen Fällen liegt die Kritik der eigenen Erziehung von den Befragten eindeutig darin, dass ihre Neigungen nicht ausreichend berücksichtigt worden sind. Die gewalttätigen und gewaltbereiten Mädchen und jungen Frauen geben an, nicht in ihrer individuellen und freien Entfaltung der Persönlichkeit unterstützt worden zu sein. Zudem fühlen sich die betroffenen Interviewpartnerinnen eher als Objekt, das lediglich funktionieren muss, und nicht als Kind angesehen (vgl. Andersch, 2009, S. 57). Die eigene Meinung oder die eigene Sichtweise der Mädchen zählt nicht. *„Mein Stiefvater ist der Strenge, [...] da muss alles so gemacht werden und ohne Widerworte" (Nicole, 17 Jahre).* Widerworte auf bestimmte Anweisung der Eltern oder des Elternteils durch die Mädchen werden nicht geduldet und sanktioniert.

Wenn die Mädchen und jungen Frauen in ihrer Erziehung zu deutlich und zu stark damit konfrontiert werden, dass lediglich die elterlichen Belange wichtig sind und die eigenen Wünschen und Neigungen nicht berücksichtigt werden, kann es schnell passieren, dass die Reaktionen darauf mit Trotz, Wut und Zorn einhergehen und diese Gefühle in aggressives und gewalttätiges Verhalten umschlagen (vgl. Haberecht, 2007, S. 18 f.).

7.3 Heimerfahrungen und Fremdunterbringung

Ein weiterer Risikofaktor, der dazu führen kann, dass das Gewaltpotential von Mädchen und jungen Frauen (aber auch von männlichen Personen) ansteigt und sich im negativen Sinne weiter ausprägt, können Erfahrungen der Fremdunterbringungen sein. Inwieweit sich dieser Faktor tatsächlich auf das Gewaltverhalten weiblicher Personen auswirkt, ist zwar noch so gut wie gar nicht erforscht, benötigt aber eine besondere Aufmerksamkeit dahingehend, wenn betrachtet wird, dass die Hälfte der Untersuchungsgruppe solche außerfamiliären Erfahrungen in ihren Lebensverläufen zu verzeichnen hat.

Mädchen und junge Frauen, die sich in der Sozialisationsphase der Adoleszenz befinden, stehen vor der Entwicklungsaufgabe, eigene zukunftsgerichtete Perspektiven zu schaffen sowie die Bindungen zum Elternhaus zu lockern, aber gleichermaßen die Beziehungen zu den einzelnen Familienmitgliedern nicht völlig zu zerstören, sondern eine neue Ebene zu finden, die es den Mädchen und jungen Frauen erlaubt, auf einem gleichberechtigten Niveau zu kommunizieren (vgl. Finkel, 2004,

S. 310). In einigen Fällen kann dieser Ablösungs- und Balancebildungsprozess allerdings nicht stattfinden, wenn die Mädchen zuvor in Heimen oder anderen Formen der Fremdunterbringung leben müssen und somit die Nähe zum Elternhaus quasi von heute auf morgen abgebrochen wird. Es fehlt also ein wichtiger Sozialisationsbestandteil, den es für die Betroffenen irgendwie zu kompensieren gilt.

In der Regel handelt es sich bei den Fremdunterbringungsformen um Heime oder Kinder- und Jugendpsychiatrien, die von den Mädchen und jungen Frauen eher mit negativen Erfahrungen in Verbindung gebracht werden. *„Ja, weil ich ja immer weg musste. Erst war ich ja ... also ich war auch oft weg halt so, also ich war Kinder- und Jugendpsychiatrie oft auch, da war ich fünfmal. Ja, dann war ich in Therapie gewesen und im Heim gewesen ... Dann bin ich die meiste Zeit abgehauen, weil ich ja nicht ins Heim wollte"* (Julia, 18 Jahre). Hier wird ein ständiger Wechsel zwischen dem Aufenthalt in der Herkunftsfamilie und den Unterbringungen in öffentlichen Einrichtungen deutlich. Die gewalttätigen Mädchen sind nicht aus freien Stücken in die Erziehungseinrichtungen gegangen, vielmehr handelt es sich um Anweisungen seitens der Jugendämter oder um eine Entscheidung der Eltern selbst, wenn sie mit der Erziehung des Kindes überfordert sind (vgl. Remmel, 2008, S. 5). *„Ich war auch schon zweimal im Heim, weil mein Papa mich dann geschlagen hat und ich ein blaues Auge hatte und alles. Ja und hinterher bin ich doch wieder nach Hause gegangen"* (Jule, 17 Jahre). Dieser exemplarische Interviewauszug einer Befragten zeigt deutlich Fälle der Fremdunterbringung aufgrund von massivem Fehlverhalten der Erziehungsberechtigten. „In ein Heim kamen und kommen Kinder, die in ihrer Ursprungsfamilie schlecht behandelt werden, insbesondere geschlagen, misshandelt und missbraucht werden, sowie Kinder, die durch die Eltern [...] aus der Familie ausgestoßen werden, sei es, weil sie Schwierigkeiten machen und gegen Normen verstoßen haben [...]" (Freigang/Wolf, 2001, S. 17) oder das Kind selbst massive dissoziale Verhaltensweisen aufweist. In dem oben geschilderten Fall von Julia (17 Jahre) kann die zweifache Fremdunterbringung mit dem dissozialen Verhalten der Befragten begründet werden, da sie ihren Vater schlägt, aber auch mit der Tatsache, dass auch ihr Vater körperliche Gewalt gegen seine Tochter anwendet. Die Ursachen derartiger familiärer Probleme werden also nicht durch Therapien oder ähnliche Konfliktlösungsstrategien gelöst, sondern lediglich durch die Trennung der Familienmitglieder unterbunden. Bei der Rückkehr ins Elternhaus kann also davon ausgegangen werden, dass sich die Situation nicht ändern wird, sondern sich die familiären Probleme eher aufgrund von Wut, Zorn und Enttäuschung, weil die Eltern es zugelassen haben, dass das Kind „weggebracht" wird, verschlimmert.

Die betroffenen weiblichen Jugendlichen, die vorübergehend oder für längere Zeit in einem Heim leben müssen, fühlen sich oft von ihren Eltern oder dem allein-erziehenden Elternteil allein gelassen, können nicht verstehen, warum die eigenen Eltern sie nicht mehr bei sich haben wollen, und verlieren das Vertrauen in ihre eigene Familie. Hinzu kommt, dass die Erfahrungen, von den eigenen Eltern in ein Heim oder eine anderweitige Einrichtung geschickt zu werden, bei den Interview-teilnehmerinnen nicht einmaliger Natur sind, sondern sich immer wieder wiederho-len, d. h. bei jeder erneuten Fremdunterbringung verstärken sich die negativen Ge-fühle gegenüber der Herkunftsfamilie und die Jugendliche fühlt sich immer mehr als Belastung im familiären Kontext. *„Bis zur siebten Klasse, dann hatte ich keine Lust mehr und dann bin ich umgezogen in Heimen und ... also von meiner Mutter so weg, in irgendwelche Heime, dann bin ich da immer abgehauen, dann hatte ich keine Lust mehr" (Sylvia, 17 Jahre).* „Oft verursachen die häufigen Enttäuschun-gen und Frustrationserfahrungen einen weitgehenden Vertrauensverlust in ein ge-lingendes soziales Miteinander überhaupt. Viele Mädchen finden deshalb nur schwer eine Balance zwischen Nähe und Distanz in nahen Beziehungen bzw. ha-ben Probleme, darin ihre Eigenständigkeit zu behaupten." (Finkel, 2004, S. 310) Das permanente Herausreißen aus der eigenen Familie führt zu heftigen Bindungs-störungen zwischen den einzelnen Familienmitgliedern, die sich bei den Mädchen und jungen Frauen verfestigen und dazu führen, dass auch spätere Beziehungen zu anderen Personen nur schwer aufgebaut werden können und in der Regel nur sehr oberflächlich eingegangen werden. Gehen die Mädchen engere Beziehungen ein und werden vom Gegenüber enttäuscht, so kann dies zu heftigen innerlichen Ag-gressionen führen, die mittels Gewalt ausgelebt und als Sanktionierungsmittel ge-nutzt werden, um weitere Enttäuschungen zu verhindern.

Es kann nicht in Frage gestellt werden, dass bei gewalttätigen Mädchen und jungen Frauen, die Heimerfahrungen aufweisen, auf jeden Fall eine Störung der Familien-beziehung vorliegt, da sie ansonsten diese Erfahrungen wohl kaum hätten machen müssen (vgl. Krüger, 2008, S. 79). Werden Mädchen aufgrund emotional gestörter und gewalttätiger Familienverhältnisse in einem Heim oder einer anderen Erzie-hungshilfeeinrichtung untergebracht, versuchen sie eine erneute Situation, wie sie zu Hause herrschte, die in der Regel mit erheblicher Funktionalisierung, hohen Anpassungsanforderungen, fehlendem Vertrauen und geringem Freiheitsgrad ein-herging, mit allen Mitteln zu verhindern. Sie nutzen die Chance, ihre Stärken zu präsentieren, sich einen „Namen" bei den anderen Mitbewohnern zu machen und stellen nur noch ihre eigenen Belange in den Vordergrund (vgl. Finkel, 2004, S. 315). In vielen Fällen gelingt es den Mädchen und jungen Frauen nicht, die eigene Person mittels normenkonformen Verhaltensweisen zu repräsentieren, und deshalb wählen sie nicht selten das Mittel der Gewalt, da sie die dazu gehörende Erfolgschance bereits aus dem Elternhaus kennen (vgl. Hofmann, 2011, S. 25).

Lediglich eine der befragten gewalttätigen und gewaltbereiten Mädchen und jungen Frauen gibt an, sich im Heim wohler gefühlt zu haben als in ihrer Herkunftsfamilie. *„Und irgendwann mit 16 bin ich dann auch ins Heim gekommen. Da hatte ich dann so mehr meine Ruhe auf jeden Fall. Ja, da hatte ich mein eigenes Zimmer, keiner kommt da einfach rein. Da hatte ich mehr meine Ruhe, konnte ich mich mehr zurückziehen so. Klar, da bin ich aber auch mehr an Mist gekommen, Drogen und Alkohol. Aber irgendwo hat mich das auch weitergebracht. Ich hab' gelernt, wie ich überleben kann" (Melanie, 21 Jahre).* Die Befragte Melanie, kommt aus einem sehr *autoritären* und gewaltbehafteten Elternhaus, in dem sie permanent mit starren, meist unbegründeten und sinnlosen Regeln konfrontiert wurde und die eigenen Interessen und Neigungen nie berücksichtigt worden sind. Dies könnte ein Indiz dafür sein, weshalb die Interviewte den Heimaufenthalt zunächst mit positiven Eigenschaften wie Ruhe, Erholung und Stressabbau verbindet. Dennoch wird auch hier deutlich, dass die weniger starren Regeln der Heimerziehung und das Etablieren in eine neue Peergroup dazu geführt haben, dass die Befragte mehr Straftaten vollzogen sowie den ersten Kontakt zu Drogen und Alkohol erfahren hat. Allerdings ist es wichtig zu erwähnen, dass die Heimunterbringung an sich keinesfalls als Ursachenfaktor für delinquentes Verhalten angesehen werden darf, sondern dass eher die Umstände und die Rahmenbedingungen einen Risikofaktor für deviantes Verhalten und Gewalt darstellen. So gibt die Befragte Melanie (21 Jahre) an, dass es erst während ihres Heimaufenthalts zu massiven körperlichen Auseinandersetzungen gekommen ist und sich erst ab diesem Zeitpunkt ihr gewalttätiges Verhalten ausgebildet hat. *„Ja, wir haben uns auch gegenseitig geschlagen, wenn es Stress gab" (Melanie, 21 Jahre).* Wie oben bereits kurz erwähnt wurde, bedeutet das Einziehen in eine Jugendhilfeeinrichtung für die Mädchen und jungen Frauen die Etablierung in eine neue und in der Regel bereits verfestigte Gruppe, in der sich die Interviewpartnerinnen behaupten und positionieren müssen. Herrscht zwischen den Mitbewohnern sowieso schon eine gewaltaffine Gruppendynamik, so müssen sich die Mädchen anpassen, um nicht in die Opferrolle zu geraten.

Heimerfahrungen und andere Fremdunterbringungsarten sind für die Mädchen und jungen Frauen demnach einschneidende und bedeutungsvolle Erlebnissituationen, die meist als ungerechtfertigt und unfair angesehen werden, zu Wut, Enttäuschung und Frustration führen und aufgrund dessen das individuelle Gewaltverhal-

212

ten fördern. Hierbei ist nicht die Fremdunterbringung an sich ausschlaggebend, sondern deren Gründe und Begleiterscheinungen.

7.4 Gewaltanwendung innerhalb der Peergroup

Das Thema Freundschaft zu Gleichaltrigen spielt bei allen Jugendlichen, die gewalttätiges Verhalten zeigen, eine zentrale Rolle (vgl. Toprak, 2001, S. 51 f.). Genauso wie Jungen sind gewalttätige und gewaltbereite Mädchen und junge Frauen überdurchschnittlich oft in Jugendgangs oder Cliquen vertreten, in denen Gewalt und Gewalthandlungen zur Tagesordnung gehören und aggressives Verhalten ein großes Maß an Akzeptanz genießt (vgl. Klosinski, 2012, S. 71). Demnach wenden Jugendliche und auch weibliche Jugendliche ihr Gewaltverhalten öfters innerhalb einer Clique an (vgl. Siewert, 2004, S. 12). „Der Gewalteinsatz in Gruppen dient zur Verteidigung gegen Übergriffe durch andere Jugendbanden, als Mittel für den Statusgewinn und als Sanktionsmittel, aber auch als gruppenidentitätsstiftende Ressource." (Näf/Kraus, 2008, S. 19) Mädchen, die innerhalb gewaltbereiter Jugendgruppen aktiv sind, gehören nicht wie bisher angenommen zu den Akteuren, die sich lediglich am Rande gewalttätiger Situationen befinden, sondern sie nehmen eine einflussreiche und gewaltfördernde Rolle ein (vgl. ebd). Die Mehrzahl der Interviewteilnehmerinnen betont die Wichtigkeit und den Einflussfaktor der Peergroup auf das weibliche Gewaltverhalten. Dieser Aspekt wurde auch schon in anderen empirischen Studien zum Thema „Mädchengewalt" festgestellt (vgl. Näf/Kraus, 2008, S. 41). Es lässt sich sogar festlegen, dass Mädchen stärker von den Verhaltensweisen der eigenen Peergroup abhängig sind und sich intensiver an diesen orientieren als Jungen. Gewalttätige und gewaltbereite Mädchen und junge Frauen gehören oder gehörten in ihrer Jugend im höheren Maße einem Freundeskreis an, der eben diese Verhaltensmuster verkörpert, als männliche Gewalttäter (vgl. Heeg, 2009, S. 47).

Die Analyse des vorhandenen Forschungsmaterials ergibt, dass bei der Hälfte der befragten Mädchen und jungen Frauen Gewalt auch innerhalb des eigenen Freundeskreises angewendet wird und zum alltäglichen Zusammenleben gehört. „Ja klar ... andauernd gibt's untereinander kleine Streitigkeiten. Die regeln sich aber meistens von selbst. Es gab' auch schon Schlägereien zwischen meinen Freunden. Wir halten in der Regel zu dem, der im Recht ist, oder lassen die es sich untereinander austragen. Aber ich glaub', das kommt in jeder Clique mal vor" (Stefanie, 17 Jahre). Diese exemplarische Aussage lässt erahnen, wie viel und wie häufig Gewalt zwischen den eigenen Gruppenmitgliedern angewendet wird. Neben verbalen Streitigkeiten und Auseinandersetzungen gehören auch körperliche Übergriffe zum Verhaltensmuster untereinander. Kommt es zwischen zwei oder mehreren Freundesmitgliedern zum Streit und zu Handgreiflichkeiten, so erheben die anderen Partei, und zwar für die Person (oder die Personen), die sich aus subjektiver und kollektiver Sicht im Recht befindet. Demnach lässt sich auch hier eindeutig erkennen, dass Gewalt innerhalb der Peergroup als legitimes Mittel erachtet wird, um Gerechtigkeit zu schaffen, oder es dient als Sanktionierungsmittel für vermeintlich begangene Fehler. Welche Fehler oder welches Fehlverhalten mit Gewalt geahndet werden, lässt sich anhand des folgenden Interviewausschnitts verdeutlichen. *„Wenn jemand aus der Clique scheiße über jemand anderes labert und der dafür keinen bestimmten Grund hat, dann bekommt er Ärger mit uns allen. Lästern sollte man innerhalb der Gruppe sowieso nicht, das ist nicht gut für den Zusammenhalt. Wir haben auch schon ein paar Leute wegen so was aus der Gruppe geschmissen und denen vorher eine reingehauen, damit sie wissen, was sie damit angestellt haben und sich nie wieder blicken lassen sollten"* (Marina, 19 Jahre). Vertrauensbrüche in Form von übler Nachrede, Lästern oder sonstigen Aktionen, die sich gegen andere Gruppenmitglieder richten, werden bestraft. Nicht selten bestehen die Sanktionierungsformen aus gewalttätigem Verhalten und enden in einigen *„schweren"* Fällen auch mit einem Ausschluss aus der Peergroup. Diskriminierungen, Verunglimpfungen und Degradierungen (also herbeigeführter Statusabfall) von anderen Gruppenmitgliedern werden bestraft. Dadurch verliert die zu sanktionierende Person entweder gewaltig an Ansehen oder gar ihren kompletten Status innerhalb der Peergroup (vgl. Mansel, 2001, S. 77). In einigen Fällen wird auch das Widersprechen gegen die Sichtweise der Allgemeinheit oder das „Nein-Sagen" zu einer bestimmten Situation mit physischer Gewalt sanktioniert. *„Ja, also da musste man, wenn man z. B. ein Mädchen geklaut hat oder so, dann musstest du mitkommen oder wenn die Drogen genommen hat, musstest du auch Drogen nehmen, so. Ja, wenn man das nicht gemacht hat, hat's schon Ärger gegeben. So wenn man das nicht gemacht hat, hat man zwar noch 'ne Chance gekriegt und so, aber wenn man das dann nochmal gemacht hat, hat es dann richtig Ärger gegeben. [...] Man wurde dann fertiggemacht [...] und wenn man dann mit den' Ärger hat, kann man auch mal im Krankenhaus landen"* (Julia, 18 Jahre). Exemplarisch kann hier der Gruppenzwang bzw. Gruppendruck deutlich hervorgehoben werden. Die Peergroup, also der eigene Freundeskreis verlangt absolute Loyalität und Mitwirkung in allen Belangen von den Mitgliedern. „Unter Gruppenzwang bzw. Gruppenkonformität versteht man ein weitverbreitetes Phänomen, bei dem Menschen etwas bewusst oder unbewusst machen, das sie unter normalen Umständen nie tun würden und es nur deshalb tun, weil andere Menschen Druck auf sie ausüben." (Trefz/Abele/Dieterich, 2010, S. 12) Es handelt sich also um eine sogenannte „Mitläuferpflicht", die es von allen Gruppenmitgliedern zu befolgen gilt, tun sie dies nicht, muss mit harten körperlichen oder psychischen Strafen gerechnet werden.

Eindeutig kann festgehalten werden, dass die Hälfte der gewalttätigen und gewaltbereiten Interviewpartnerinnen immer wieder mit aggressiven Verhaltensweisen durch die Gruppe und vor allem innerhalb der Gruppe konfrontiert wird und ein derartiges Handlungsmuster als alltäglich und normal betrachtet. *„Ja, wir haben uns auch gegenseitig geschlagen, wenn es Stress gab. [...] Aber so, die anderen Cliquen, da gab's andauernd Streit. Jeder schreit 'rum und will den Harten machen und so" (Melanie, 21 Jahre).* Auch in diesem Beispiel ist die Botschaft der Interviewteilnehmerin klar und deutlich zu erkennen. Körperliche Gewalt gehört zu Freundschaftsbeziehungen dazu und ist an der Tagesordnung. Das bedeutet auch, dass ein derartiges permanentes gewalttätiges Verhalten von den Mädchen und jungen Frauen innerhalb einer Peergroup irgendwann verinnerlicht und legitimiert wird. Je länger eine Person (dabei ist es egal, ob es sich um eine weibliche oder männliche Person handelt) sich innerhalb eines Kollektivs befindet, welches Gewalt als normales, effizientes und erfolgreiches Handlungsmittel, und zwar auch untereinander einsetzt, desto höher ist das Risiko, eben diese Sichtweise zu übernehmen bzw. dahingehend sozialisiert zu werden. Zudem konnte analysiert werden, dass weibliche Jugendliche, die bereits in ihrem familiären Umfeld mit Gewalt konfrontiert sind und diese ggf. auch selbst erlebt haben, dazu neigen, „sich einen Freundeskreis aus[zu]suchen, in dem ähnliche, positive Haltungen zum Gewalteinsatz vertreten werden." (Fuchs, Lamnek/Luedtke/Baur, 2009, S. 39 f.)

Während der Interviewdurchführungen ist besonders die Dynamik des Gewaltverhaltens innerhalb der Peergroup und dessen Sinnhaftigkeit hervorgetreten. So beschreiben einige der Interviewpartnerinnen, dass die Gewalt im Freundeskreis, also untereinander, quasi ritueller Natur ist, ab und an dazugehört und sogar den Gemeinschaftssinn des Kollektivs stärkt. *„Manchmal schlagen die sich. Also, zum Beispiel ein paar Kollegen von mir, also Kollegen, nicht beste Freunde, aber Kollegen, dann schlagen die sich und nach fünf Minuten sagen die so: „Boah, komm' mal her, tut mir leid, aber du hast das halt verdient." Ja, aber richtig, die hauen sich so auf die Schnauze, dass sie bluten und so und danach sind die beste Freunde wieder. Die Jungs. Die Mädchen untereinander, die zoffen sich so richtig an, packen sich an den Haaren und so, aber danach ist auch wieder alles gut" (Mia, 16 Jahre).* In gewissen Abständen oder zu bestimmten Zeitpunkten kommt es immer wieder zu handgreiflichen Übergriffen zwischen den Freundschaftsmitgliedern, die

aber nicht als negativ oder „schlimm" empfunden werden, sondern eher dazu dienen, den Zusammenhalt zu stärken. Gewalt scheint untereinander als Training,
Zeitvertreib und Abhärtung zu dienen. Zu erkennen ist, dass die Gewaltanwendung
nicht einfach nur eine spontane oder expressive Unbeherrschtheit darstellt, sondern
innerhalb der Peergroup auch gezielt gesucht wird und in das kalkulierbare und
werteorientierte Ausdrucksvermögen des Kollektivs gehört (vgl. Müller, 2010,
S. 25). Das Ausmaß der Gewaltanwendung innerhalb der Peergroup unterscheidet
sich nur minimalistisch von der Gewaltanwendung gegenüber Außenstehenden.
„[...] Ja, aber richtig, die hauen sich so auf die Schnauze, dass sie bluten [...]"
(Mia, 16 Jahre). Es handelt sich also nicht um einfache Raufereien, die zwischen
Freunden gelegentlich mal entstehen können, sondern um den Einsatz massiv-
verletzender Gewalt in Form von „harten" Schlägereien, der nicht selten mit erheblichen Verletzungen der Akteure einhergeht. Bei einem hohen Anteil gewalttätiger
und gewaltbereiter Jugendgruppen wird Gewalt also nicht ausschließlich gegen
außenstehende Gruppen oder Personen angewendet, sondern sogar innerhalb des
eigenen Kreises selbst als alltägliche Handlungs- und Kommunikationsstrategie
genutzt.

Konträr zu dieser herauskristallisierten Dimension des Gewaltverhaltens von
Mädchen und jungen Frauen muss allerdings die Tatsache betrachtet werden, dass
im Freundeskreis der anderen Hälfte der Untersuchungsgruppe Gewalt untereinan-
der kein Thema ist und auch nicht zum alltäglichen Umgang miteinander gehört.
„Eher selten. Ne, bei uns im Freundeskreis ist es dann so, dass wir uns dann meist
im Kreis zusammensetzen und versuchen, drüber zu reden, aber ..." (Angelika, 18
Jahre). Gewalt innerhalb des eigenen Freundeskreises steht bei diesem Teil der
Untersuchungsgruppe nicht zur Debatte. Hier werden andere Verhaltens- und
Handlungsweisen genutzt, die gegenüber Außenstehenden eher nicht üblich sind,
um vorhandene oder entstehende Konflikte zu lösen. Es handelt sich dabei um
normenkonforme und gesellschaftsfähige Konfliktlösungsstrategien wie beispielsweise das Ausdiskutieren von Problemen (vgl. Mühler, 2008, S. 42). Nicht zuletzt
wird dieses soziale gegenseitige Aushandeln und Aussprechen von Problemen damit begründet, dass Gewalt innerhalb eines Kollektivs zu einer Schwächung der
Binnenstruktur führt. „Ähm wir klären eigentlich so vernünftig, weil ich sag' immer
man soll Freunde eigentlich gut hüten, bevor man gar nichts mehr hat" (Jule, 17
Jahre). Gegenteilig zur Auffassung der gewalttätigen Mädchen und jungen Frauen,
die auch innerhalb der Peergroup mit Gewalt konfrontiert werden, weist dieser Teil
der Untersuchungsgruppe darauf hin, dass die Anwendung körperlicher Gewalthandlungen die einzelnen Freundschaftsbeziehungen schädigt und das Kollektiv
dadurch an Festigkeit oder gar an Mitgliedern verliert.

Ein weiterer wichtiger Aspekt des Einflusses von Gewaltanwendung durch die Peergroup ist die Tatsache, dass sich alle befragten Mädchen und jungen Frauen in einem gewaltbereiten und gewaltdurchführenden sozialen Umfeld bewegen. Auch wenn bei der Hälfte der Interviewten keine gewalttätigen Handlungsweisen zwischen den einzelnen Freundschaftsmitgliedern als Option genutzt werden, so wird aggressives und normenabweichendes Verhalten in der Regel immer gegenüber anderen, d. h. gegen Personen, die nicht zur eigenen Gruppe gehören, angewendet. *„Manchmal schlagen die sich. Ja, aber richtig, die hauen sich so auf die Schnauze, dass sie bluten und so [...] Die Jungs. Die Mädchen [...], die zoffen sich so richtig an, packen sich an den Haaren und so [...]. Ich hab' mich auch zum Beispiel, an einem Wochenende hab' ich mich gezofft und hab' mich mit der geschlagen, weil die mich angegriffen hat [...]"* (Mia, 16 Jahre). Die Gewaltanwendungen können als zentraler Bestandteil des Verhaltensrepertoires angesehen werden, sie werden vorrangig gegen Außenstehende oder verfeindete Gruppen angewendet. Dabei sind Massenschlägereien oder sogar gezielt abgesprochene Auseinandersetzungen keine Seltenheit. *„[...] Aber die Leute sind dann auch nicht erschienen. Das war so ein abgesprochenes Ding"* (Virginia, 20 Jahre). Demnach kommt es bei gewaltbereiten Jugendgruppen auch immer wieder zu vereinbarten und terminierten Schlägereien, in denen auch die Mädchen eine aktive und provokante Rolle einnehmen. Eine derartige Haltung zu gewaltakzentuierten Handlungen schlägt sich natürlich auf das Werte- und Normenverständnis der Mädchen und jungen Frauen nieder, denn wenn Gewalt schon als „Freizeitaktivität" genutzt wird, so wird Gewalt immer mehr an sozialer Bedeutung beigemessen und als ganz normale und effektive Handlungsoption verstanden.

Neben diesen terminierten Gewalttreffen spielt für die Ausübung aggressiver Verhaltensweisen die Beziehung zu den einzelnen Gruppenmitgliedern eine entscheidende Rolle (vgl. Hermand, 2006, S. 6 f.). Für die Freundschaft, d. h. also für den Freund wird alles getan, ohne es zu hinterfragen (vgl. El-Mafaalani/Toprak, 2010, S. 3). Das bedeutet auch, wenn z. B. ein Freund in eine Schlägerei verwickelt ist, wird ihm geholfen und der Hintergrund wird außer Acht gelassen (vgl. Toprak, 2006, S. 71). *„Alles. Wenn ähm, wir hatten zum Beispiel die Situation, dass einer sie schlagen wollte und dann hab' ich mich vor sie gestellt. Dann hab' ich gesagt: „Dann fang' ich mir lieber eine ein, anstatt du."*" (Nicole, 17 Jahre) Selbst die Androhung oder die Vermutung, dass ein Freundesmitglied körperlicher Gewalt ausgesetzt werden könnte, reicht aus, damit die Mädchen und jungen Frauen aktiv in das Geschehen eingreifen und mit allen Mitteln versuchen, ihre Freunde zu verteidigen. Nach dem Motiv oder dem Grund wird nicht gefragt. Dem Freundeskreis wird blind vertraut und die eigenen Verhaltensweisen sind auf das Wohlergehen der Gruppe ausgerichtet.

Gewalt gegenüber Außenstehenden wird somit häufig als Verteidigung deklariert, um die betroffenen Gruppenmitglieder vor Übergriffen zu schützen oder sie aufgrund derartiger Vorkommnisse zu rächen. *„Wenn's einem Freund nicht gut geht, helfen die anderen ... oder wenn einer Stress mit jemandem hat, dann sind Freunde da, um zu helfen [...] Freunde helfen auch einem, wenn man Probleme hat. Wenn ich Streit mit jemandem habe, brauch' ich nur einen anzurufen und es kommen gleich 20 Mann"* *(Stefanie, 17 Jahre).* Das Bewusstsein, über einen Kader von Freunden zu verfügen, der auch mithilfe von Gewalt die Interessen des einzelnen Mitgliedes durchsetzt, führt zu einer Stärkung des eigenen Selbstwertgefühls und zeichnet den subjektiven Zusammenhalt des Kollektivs aus. Die gewalttätigen und gewaltbereiten Mädchen und jungen Frauen wissen genau, dass sie auf die Unterstützung ihres Freundeskreises zählen können, und haben dadurch mehr Raum, ihr eigenes Gewaltverhalten öfter und härter auszuleben. Sie müssen ein derartiges Verhalten sogar an den Tag legen, wenn sie das Werte-Normen-System der Gruppe vertreten wollen. D. h. nur wenn eine Person alles tut, um einem Freund zu helfen oder ihn zu schützen, kommt auch diese Person in den Genuss dieser Unterstützung. *„Egal aus was für einer Situation? Der hat jetzt ein Drogenproblem, hat Schulden und die bedrohen den so? Ich würd' mir auf jeden Fall Knarre besorgen und dahin fahren, ja. [...] dann würd' ich das auf jeden Fall riskieren. Wenn ich ganz genau weiß, der würd' das für mich auch riskieren"* *(Virginia, 20 Jahre).* In diesem Fall ist sich die Befragte *Virginia* sicher, dass auch ihre Freunde alles dafür tun würden, sie aus einer missglückten Situation zu befreien, auch wenn dies bedeuten könnte, das eigene Leben dabei zu riskieren. Das Vertrauen und die starke Solidarität gegenüber den Gruppenmitgliedern beruhen also immer auf Gegenseitigkeit (vgl. Toprak, 2001, S. 52).

Hinzu kommt der Aspekt, dass Gruppen ihr aggressives Verhalten benutzen, um sich gegenüber anderen Cliquen zu behaupten und einen höheren Status zu erlangen. Dafür müssen die Mitglieder, also auch die Mädchen und jungen Frauen, mitziehen und auch ein solches Verhalten an den Tag legen (vgl. Näf/Kraus, 2008, S. 42). Die Gewaltbereitschaft innerhalb derartiger Peergroups ist der Ausgangspunkt, sich Akzeptanz und Macht gegenüber anderen zu verschaffen und diese Macht immer wieder zu verteidigen (vgl. Silkenbeumer, 2007, S. 185). Diese Intention der Machterlangung und Schaffung von Sicherheit vor feindlichen Übergriffen ist nicht ausschließlich kollektiv begründet, sondern wird auch auf die eigene Person übertragen. *„Es gibt quasi nichts Wichtigeres. Man brauch' Freunde, um*

218

draußen auf der Straße überleben zu können. Wenn du keinen hast, bist du am Arsch, dann bist du derjenige, auf den sich die anderen stürzen, auf den Schwächsten" (Marina, 19 Jahre). Von der Stärke und Macht der eigenen Gruppen profitieren auch die einzelnen Mitglieder, indem die Mädchen und jungen Frauen zwar durch ihren Gewalteinsatz die Gruppe stärken, aber als Gegenleistung Schutz und Anerkennung erlangen. Die weiblichen Mitglieder gewaltbereiter Jugendgruppen kommen also quasi gar nicht drum herum, ebenfalls gewalttätiges Verhalten an den Tag zu legen, wenn sie von ihrer Gruppe akzeptiert und anerkannt werden möchten. Im Gegenteil, das Gewaltverhalten der Mädchen und jungen Frauen wird durch die aggressive Denkweise des Freundeskreises noch verstärkt und aufgebaut. Sie sind Teil des sozialen Gefüges und müssen, um anerkannt zu werden, auch annähernd gleiche Handlungs- und Sichtweisen vertreten (vgl. Mund, 2007, S. 696).

Wie schädlich der Einfluss gewaltbereiter Peergroups für die einzelnen Mädchen und jungen Frauen ist, beschreibt das Beispiel in Bezug auf gute Schulleistungen der folgenden Interviewaussage. *„[...] Anfangs ja, nach der 5. Klasse aber nicht mehr, da hatte ich einfach kein' Bock mehr, ich hatte endlich Freunde und die haben Streber gehasst, also musste ich mich ja für eins entscheiden" (Marina, 19 Jahre).* Gute Schulnoten und das Streben nach Wissen passen nicht mit dem Leitbild der Peergroup zusammen. Deshalb kommt es immer wieder zu Entscheidungsprozessen, in denen das Gruppenmitglied abwägen muss, ob eine bestimmte Verhaltensweise beibehalten oder abgelegt werden soll. In der Regel fällt die Entscheidung für die Gruppe, auch wenn dies bedeutet, die eigene Zukunft bzw. wichtige zukunftsfördernde Maßnahmen und Handlungen abzulegen. Objektiv und auch subjektiv als gut und normenkonform betrachtete persönliche Eigenschaften werden abgelegt, um von einer Gruppe mit stark devianten Merkmalen anerkannt zu werden. So werden beispielsweise Jugendliche mit sehr guten schulischen Leistungen als „Streber" abgestempelt, die mit negativen Eigenschaften verbunden und als potenzielle Feinde bzw. Opfer betrachtet werden. *„[...] aber dann hab' ich keine Zeit für meine Freunde mehr und steh' da wie ein Streber ... nee" (Stefanie, 17 Jahre).* Ein vermeintlicher „Streber" zu sein, heißt für die Mädchen und jungen Frauen nichts Gutes. So sind sich die Interviewten zwar darüber im Klaren, dass Lernen und Aufmerksamkeit in der Schule eigentlich keine schlechten Eigenschaften sind, diese aber dennoch nicht mit den Wertvorstellungen ihrer Peergroup übereinstimmen. Die positiven Eigenschaften einer Person, die viel für ihre schulischen Leistungen tut, werden entweder gar nicht erkannt oder aufgrund von Angst nicht für die persönliche Laufbahn in Erwägung gezogen. *„[...] Und wenn ich dann dafür lerne und so bin ich ja wieder der Streber und darauf hab' ich kein Bock" (Marina, 19 Jahre).* Die Mädchen und jungen Frauen sträuben sich geradezu davor, Eigenschaften von Personen zu übernehmen, denen ganz bestimmte Vorurteile zuge-schrieben werden. Aus eigenen Erfahrungen der Peergroup wissen die Interview-partnerinnen, was es bedeutet, sich einer vermeintlich feindlichen Gruppe zuzu-wenden, und sind sich auch über die Konsequenzen im Klaren. Sie wollen nicht Opfer von Gewalthandlungen werden und fühlen sich auf der Täterseite sicherer und verbleiben auch dort. Die Gruppe selbst definiert sich teilweise über diese Vorurteile und kann sich somit gegenüber anderen Gruppen abgrenzen, den eige-nen Wert der Gruppe erhöhen und ein Gefühl der kollektiven Sicherheit bieten (vgl. Allport, 2007, S. 23). Vorurteile gegen andere Personen oder Personengrup-pen dienen dazu, die Gruppe zusammenzuhalten, und bieten ein Gefühl von Macht gegenüber den anderen (vgl. Ostermann/Nicklas, 1984, S. 24).

Es kann also gesagt werden, dass die Mädchen und jungen Frauen der Untersu-chungsgruppe ständig und immer wieder aufgrund des Normen- und Wertesystems ihres Freundeskreises und der permanenten Sicherung des eigenen Status mit Ge-walt konfrontiert werden und diese auch regelmäßig anwenden (müssen), um das Gefühl von Macht und Zugehörigkeit zu erlangen. Aber nicht in allen Fällen kann von einer permanenten Gewaltanwendung innerhalb der Peergroup gesprochen werden, die u. a. darauf abzielt, eine soziale Rangordnung zu schaffen. Immerhin gibt die Hälfte der befragten aggressiven Mädchen und jungen Frauen an, keine unterschwellige oder gar sichtbare Rangordnung innerhalb ihres Freundeskreises erkennen zu können, sondern eher ein Geflecht aus gleichberechtigten und gleich-behandelten Mädchen und Jungen darstellt, in dem jedes Mitglied das gleiche Maß an Aufmerksamkeit und Wichtigkeit genießt. *„Ne, gar nicht, alle gleichberechtigt" (Nicole, 17 Jahre).* Diese Aussage kann exemplarisch für einen Teil der Untersu-chungsgruppe angesehen werden. Die Befragte betont durchaus, dass eine derartige Rangordnung innerhalb ihrer Peergroup eben nicht besteht. In diesen Fällen gibt es keinen Anführer oder Anführerin, sondern alle Mitglieder besitzen denselben Sta-tus. Dennoch mildert das Fehlen dieses Indikators den Einfluss auf das eigene Ge-waltverhalten nur sehr wenig. Die Gewalterfahrungen der Mädchen und jungen Frauen werden von inneren und äußeren Gewaltanwendungen durch und mit den Peers beeinflusst, auch ohne vorhandene Rangordnung.

7.5 Chancenungleichheit zwischen den Geschlechtern

In diesem Unterkapitel soll es darum gehen, die soziale Ungleichheit zwischen den Geschlechtern in den Fokus zu rücken. Damit ist die Beschaffenheit gemeint, dass es im System der Zweigeschlechtlichkeit eine enorme ungleiche und ungerechte Verteilung von sozialen und ökonomischen Ressourcen, Rängen und Positionen gibt (vgl. Kerber, 2001, S. 5). Soziale Ungleichheit beschreibt demnach den Sachverhalt, dass Menschen aufgrund ihrer gesellschaftlichen Position Vorteile oder Nachteile in Bezug auf ihre Lebensbedingungen erhalten (vgl. Sajdl, 2009, S. 5). Da in der hier durchgeführten Befragung allerdings keine Daten zu diesem Thema erlangt werden konnten, soll der Risikofaktor der sozialen Ungleichheit auf theoretischer Basis diskutiert und erläutert werden. Im rechtlichen Sinne ist die Gleichstellung von Frauen und Männern längst gegeben, aber wenn die Umsetzung ins reale Leben in Augenschein genommen wird, so lassen sich immer noch viele Differenzen zwischen den Geschlechtern aufweisen, die mit Ungerechtigkeit und Ungleichbehandlung einhergehen (vgl. Zierold, 1999, S. 5).

Frauen haben sich weiterentwickelt und wollen sich in allen Bereichen des gesellschaftlichen Lebens integrieren (vgl. Bertram, 2006, S. 9). Durch den stetigen Modernisierungswandel kam es zu einem Wandel der Frauenrolle von der Hausfrau hin zur Karrierefrau, die auch für Geld arbeiten will oder arbeiten muss und gleichzeitig die Verantwortung für den Familienzusammenhalt trägt (vgl. Brinck, 2007, S. 102).

Vor allem der Arbeitsmarkt und die Infrastruktur der deutschen Gesellschaft sind nicht auf die Belange von Mädchen bzw. Frauen ausgerichtet (vgl. Mayer, 2002, S. 25). Frauen verdienen im Schnitt immer noch weniger als Männer, obwohl sie sich im selben Beruf und in derselben beruflichen Position befinden. Diese ungleiche Entlohnung für dieselbe Tätigkeit wird als asymmetrische Lohnstruktur bezeichnet (vgl. Meier; in: https://www.familienhandbuch.de, abgerufen am 30.07.2011, 18:33 UTC). Hinzu kommt, dass Frauen in den einflussstarken und mächtigen Arbeitsbereichen, wie z. B. in der Politik oder im Bereich des Managements, immer unterpräsentiert sind. Je weniger gesellschaftlich zentral, je außenstehender ein Aufgabenbereich ist und je weniger Aufstiegschancen ein Arbeitsbereich bietet, desto mehr sind Frauen in diesen Bereichen vertreten (vgl. Bublitz, 1993, S. 72). Ansehensreiche und mit einem bestimmten hohen positiven Status besetzte Berufe oder Positionen sind bis heute vorwiegend in Männerhand, wobei sich nur langsam eine Tendenz entwickelt, dass sich auch Frauen in diese gesellschaftlich angesehenen Berufe integrieren (vgl. Schwinn, 2007, S. 81). Dies kann als strukturelle Ungleichheit bewertet werden, die kulturell verfestigt ist und besagt, dass Männer anders mit bestimmten Situationen umgehen und Männerarbeit auch generell höher bewertet wird (vgl. Degele, 2011, S. 379).

Frauen gehen zwar immer häufiger einer Erwerbstätigkeit nach und besitzen damit keine finanzielle Abhängigkeit gegenüber ihrem Mann, haben aber oft nicht die Chance, in männerdominierende, hochqualifizierte Bereiche einzusteigen, obwohl Frauen nicht selten die gleichen (oder sogar bessere) Qualifikationen aufweisen (vgl. Nave-Herz/Onnen-Isemann, 2007, S. 320).

Trotz des Wandels im Bereich des Bildungsniveaus und der Arbeitssituation von Frauen (höhere Bildungsabschlüsse, Erwerbstätigkeit) wird am Familienleitbild der Hausfrauenehe festgehalten und der Vater immer noch als Ernährer angesehen. Zwar ist im gesellschaftlichen und politischen Diskurs immer die Rede davon, dass Männer sich ebenso am Familienleben beteiligen sollen wie die Frauen, aber die Realität zeigt, dass sich die Arbeitsteilung der Geschlechter nicht wirklich verändert hat, bis auf die Tatsache, dass in der Regel die Frauen mit einer Doppelbelastung von Familie und Beruf zu kämpfen haben (vgl. Bublitz, 1993, S. 72). „Beruflicher Erfolg und die Gründung einer Familie schließen sich in unserer Wirtschafts- und Konkurrenzgesellschaft gegenseitig aus." (Birg, 2005, S. 87) Die jungen Frauen wollen eine gleichberechtigte Teilhabe an Bildung, Beruf und Familie und nicht vor die Wahl gestellt werden, sich entweder für die Familie oder den Beruf entscheiden zu müssen (vgl. ebd., S. 73-74).

Natürlich darf nicht vergessen werden, dass Frauen im Zuge des Modernisierungsprozesses und der Emanzipation immer mehr Rechte und Chancen zugesprochen bekommen haben, die zuvor lediglich den Männern vorbehalten waren. Dennoch wird das weibliche Geschlecht in manchen Teilbereichen des gesellschaftlichen Lebens bis heute ungleich (gegenüber den Männern) integriert (vgl. Degele, 2011, S. 381). „Lohndiskriminierung, ungleiche Verteilung der Hausarbeit und das Fortbestehen geschlechtlicher Arbeitsteilung in allen gesellschaftlichen Bereichen widersprechen einer gleichberechtigten Teilhabe von Frauen an gesellschaftlichen (Tausch-)Beziehungen und kulturellen Zusammenhängen." (Bublitz, 1993, S. 72)

Zudem bedeutet die Gleichstellung der Geschlechter immer, dass die Frau sich an den gesellschaftlichen Lebensstilen des Mannes orientieren soll bzw. muss, um überhaupt eine Gleichstellung herzustellen. Demnach kann die Gleichbehandlung beider Geschlechter nur anhand der Ausgangslage konstruiert werden, dass Frauen die Differenzen zu der Stellung des Mannes überwinden sollen (vgl. Zierold, 1999, S. 4). Frauen sind also nicht diejenigen, die Strukturen und gesellschaftliche Bereiche schaffen, sondern sie sind die Gruppe, die sich in räumliche, von Männern konstruierte Strukturen einbinden und orientieren müssen (vgl. Klein, 2002, S. 87).

Im Gegensatz zum männlichem Geschlecht stehen die Mädchen und jungen Frauen in der Phase der Adoleszenz davor, das kommende Berufsleben mit der zukünftigen Familienplanung zu verbinden, und müssen demnach lernen, mit der Diskrepanz des eigens entworfenen Lebenskonzeptes und dessen Umsetzungs- und Verwirklichungschancen umzugehen (vgl. Heeg, 2009, S. 36). In manchen Fällen kann diese Erkenntnis, dass die in der Jugend entwickelten Zukunftspläne aufgrund von Chancenungleichheit und damit einhergehender Diskriminierung nicht erreicht werden können, zu einem emotionalen Ungleichgewicht der Mädchen und jungen Frauen führen. Dieses Ungleichgewicht kann dann in Form von Gewalt und aggressivem Verhalten ausbalanciert werden.

7.6 Zusammenfassung

Zusammenfassend kann erklärt werden, dass es keine spezifischen und eindeutigen Ursachen gibt, die das Gewaltverhalten von Mädchen und jungen Frauen exakt begründen. Vielmehr handelt es sich um ein Zusammenspiel von verschiedenen Risikofaktoren, der individuellen Persönlichkeitsentwicklung und der eigenen sozialen Kompetenzen (vgl. Zirk, 1999, S. 88 f.). In dieser Studie wurden die fünf spezifischen Risikofaktoren, die sich anhand des gewonnenen Datenmaterials als zentrale Indikatoren für Gewalt ausgezeichnet haben, herausgearbeitet und analysiert. Hierzu gehören Gewalterfahrungen innerhalb der Familie, gewaltförderndes und schädigendes Erziehungsverhalten der Eltern, Heimerfahrungen und Fremdunterbringung, Gewalterfahrungen innerhalb der Peergroup sowie die existierende Chancenungleichheit zwischen den Geschlechtern.

Ein ungünstiges und gewaltauffälliges familiäres Klima stellt einen sehr hohen Risikofaktor für die Ausprägung und Entstehung von Gewalt und Delinquenz dar (vgl. Heeg, 2009, S. 40). Zwei Drittel aller interviewten gewalttätigen Mädchen und jungen Frauen wurden oder werden mit Gewalt in ihrem familiärem Umfeld konfrontiert und beschreiben, dass ein gewalttätiges Interaktionsmodell zwischen den Familienmitgliedern herrscht. Diese hohe Anzahl der Interviewten lässt darauf schließen, dass gewaltbereite Mädchen und Jugendliche sehr oft unter Gewalteinwirkungen seitens der Eltern oder den Geschwistern leiden. Diese These wurde auch schon in anderen empirischen Studien zu dem Thema der Gewalt durch Mädchen belegt (vgl. Timmer, 2010, S. 23). Größtenteils handelt es sich um die Form der physischen Gewalteinwirkung, der die Mädchen ausgesetzt sind, und wird in der Regel durch die Eltern oder dem alleinerziehenden Elternteil verübt. Die Interviewpartnerinnen sind innerhalb ihres Elternhauses oft Opfer massiver körperlicher

Gewalteinwirkungen, d. h. sie werden von ihren Eltern geschlagen, getreten und Ähnliches. Familiäre Gewalt ist also bei vielen der gewalttätigen weiblichen Personen an der Tagesordnung und gehört zum Familienleben dazu. Diese Tatsache kann anhand einiger Aussagen aus dem Interviewmaterial belegt werden, in denen die Befragten angeben, dass das Schlagen durch die Eltern für sie „normal" sei und in einigen sogar gerechtfertigt ist, weil es sich um die Familie handelt und ihnen einen besonderes Recht zusteht, Gewalt anzuwenden. Problematisch an dieser Auffassung ist allerdings, dass wenn Gewalt schon innerhalb der Familie als „Normalzustand" angesehen wird und die Mädchen und die jungen Frauen aufgrund dessen unter Gewalt ein von Erfolg gekröntes Mittel zur Zielerreichung verstehen, sich diese devianten Verhaltensweisen in das Handlungsrepertoire der Mädchen einnisten und übernommen werden. Das heißt, „je öfter und je intensiver Eltern ihre Kinder schlagen, umso so eher hat das Kind später Kontakt zu gewaltaffinen Peers und übt selbst Gewalt aus." (Heeg, 2009, S. 43)

Aber nicht nur die Opfererfahrungen von gewalttätigem Verhalten durch die Eltern fördern das Gewaltverhalten der Mädchen und jungen Frauen, sondern auch die meist wechselseitigen körperlichen und verbalen Auseinandersetzungen zwischen Geschwistern können einen Risikofaktor darstellen.

Ein weiterer Risikofaktor für Gewalt bei Mädchen und jungen Frauen kann das individuelle Erziehungsverhalten der Eltern sein, welches sich entweder positiv oder negativ auf das Aggressivitäts- und Gewaltpotential auswirkt. Unterschieden werden hier der *laissez-faire* Erziehungsstil und die *autoritäre* Erziehungsmethode. Die Hälfte der befragten gewaltbereiten Mädchen und jungen Frauen berichten von einem *laissez-faire* Erziehungsstil seitens der Eltern, der von vielen Freiheiten gekennzeichnet ist, aber gleichermaßen mit völligem Desinteresse der Eltern am eigenen Kind einhergeht (vgl. Langfeldt/Nothdurft, 2007, S. 121). Die Mädchen und jungen Frauen bekommen keinerlei Rückmeldung für ihr Verhalten, d. h. auch auf delinquentes und deviantes Verhalten wird seitens der Eltern nicht reagiert und es wird nicht sanktioniert. Da Kinder und Jugendliche aber Regeln und Struktur benötigen, um sich entwickeln zu können, versuchen sie mit allen Mitteln, die Aufmerksamkeit ihrer Eltern zu erlangen, und zwar in Form von massiven Regelverstößen und normenabweichendem Verhalten. Die Mädchen und jungen Frauen, die mit einer *laissez-faire* Erziehungsmethode aufwachsen, sind auf sich allein gestellt, müssen sich selbst behaupten und haben keinen familiären Rückhalt. Gewalt wird hier als Mittel verwendet sich durchzusetzen und Aufmerksamkeit zu erlangen. Wichtig ist es hierzu noch zu erwähnen, dass die betroffenen Mädchen und jungen Frauen für sich selbst mehr Regeln und Orientierungsrichtlinien von ihren Eltern gewünscht hätten und davon ausgehen, dass vor allem die Erziehungsmethode einen ehrblichen Beitrag dazu geleistet hat, dass sie gewalttätig geworden sind. Das krasse Gegenteil dieses Erziehungsstils ist die *autoritäre* Erziehungsmethode, die bei einem Drittel der Untersuchungsgruppe festzustellen ist. In diesen Fällen werden die Befragten mit zu vielen Regeln und Geboten konfrontiert, die teilweise ineinander widersprüchlich und lediglich an den Wünschen und Ansprüchen der Eltern ausgerichtet sind (vgl. Schneider, 2005, S. 74). Die Wünsche, Interessen und Bedürfnisse der Mädchen werden in keinster Weise von den Eltern berücksichtigt und die Eltern (oder das Elternteil) verlangen absoluten Gehorsam. Ein derartiger Erziehungsstil vermittelt den Mädchen das Gefühl, nicht als gleichberechtigte Person, sondern eher als „Handlanger" oder „Dienstbote" angesehen zu werden. Sie fühlen sich von ihren Eltern schikaniert, erkennen keinen Sinn in dem Erziehungsverhalten und fühlen sich schlecht und ungerecht behandelt. Dadurch entsteht ein massiver Druck, dem die Mädchen ausgesetzt sind, welcher dazu führen kann, dass ungünstige Interaktionsmuster verfestigt und die Gewaltbereitschaft (zumindest außerhalb der Familie) gesteigert wird (vgl. Schneider, 2005, S. 74). Wenn die Mädchen und jungen Frauen in ihrer Erziehung zu deutlich und zu stark damit konfrontiert werden, dass lediglich die elterlichen Belange wichtig sind und die eigenen Wünschen und Neigungen nicht zählen, kann es schnell passieren, dass die Reaktionen darauf mit Trotz, Wut und Zorn einhergehen und diese Gefühle in aggressives und gewalttätiges Verhalten umschlagen (vgl. Haberecht, 2007, S. 18 f.).

Erziehungsstile, die zu sehr zur *laissez-faire* oder zur *autoritären* Seite ausgerichtet sind, können als mögliche Risikofaktoren in Bezug auf das Gewaltverhalten von Mädchen und jungen Frauen angesehen werden.

Der letzte Risikofaktor, der ebenfalls etwas mit dem Aspekt Familie zu tun hat, sind mögliche Fremdunterbringungen in Heimen oder sonstigen erzieherischen oder therapeutischen Einrichtungen. Ca. die Hälfte aller Interviewten hat bereits einen oder mehrere Heimaufenthalte hinter sich und verbindet diese in der Regel eher mit negativen Erinnerungen. Mädchen und junge Frauen, die gegen ihren Willen von den Eltern oder seitens des Jugendamtes in ein Heim geschickt werden, fühlen sich hintergangen und allein gelassen. Diese Gefühle führen zu Wut, Zorn und Enttäuschung und fördern somit aggressives und gewalttätiges Verhalten. Es wird in der Regel nicht berücksichtigt, dass wenn Mädchen aufgrund von unüberwindbaren Differenzen mit ihren Eltern fremduntergebracht werden, die Herausnahme aus dem familiären Umfeld die Ursachen familiärer Probleme nicht löst, sondern die Probleme werden durch die Trennung der Familienmitglieder lediglich unterbunden. Bei der Rückkehr ins Elternhaus kann also davon ausgegangen werden, dass sich die Situation nicht geändert hat, sondern sich die familiären Probleme eher aufgrund von Wut, Zorn und Enttäuschung, weil die Eltern es zugelassen haben, dass das Kind „weggebracht" wird, verschlimmern.

Neben der Familie als risikobehaftete Sozialisationsinstanz für gewalttätiges Verhalten spielen bei Jugendlichen (männlichen und weiblichen Personen) die Peergroups ebenfalls eine entscheidende Rolle (vgl. Toprak, 2001, S. 51 f.). In der hier durchgeführten Studie besitzen alle Mädchen einen gewaltaffinen Freundeskreis. Gewalt wird innerhalb der Peergroup als legitimes Mittel erachtet und in der Regel dazu angewendet, um Gerechtigkeit zu schaffen, den Status der Gruppe zu sichern oder es dient als Sanktionierungsmittel für vermeintlich begangene Fehler. Die Mädchen und jungen Frauen innerhalb dieser Gruppen nehmen dabei nicht wie bisher vermutet lediglich eine passive und zurückhaltende Rolle ein, sondern binden sich aktiv in die Gewaltsituationen ein und besitzen nicht selten sogar einen relativ hohen Status (vgl. Heeg, 2009, S. 47). Die Gewalt in den Peergroups gehört zum normalen und alltäglichen Verhaltensrepertoire und wird nicht nur gegen andere Gruppen oder außenstehende Personen angewendet, sondern auch zwischen den Mitgliedern als Handlungsoption gewählt. Das bedeutet auch, dass ein derartiges permanentes gewalttätiges Verhalten von den Mädchen und jungen Frauen innerhalb einer Peergroup irgendwann verinnerlicht und legitimiert wird. Je länger eine Person (dabei ist es egal, ob es sich um eine weibliche oder männliche Person handelt) sich innerhalb eines Kollektivs befindet, welches Gewalt als normales, effizientes und erfolgreiches Handlungsmittel, und zwar auch untereinander einsetzt, desto höher ist das Risiko, eben diese Sichtweise zu übernehmen bzw. dahingehend sozialisiert zu werden.

Bisher wurden die Risikofaktoren für die Entstehung und Ausprägung gewalttätigen Verhaltens von Mädchen und jungen Frauen beschrieben, die immer im Kontakt zum sozialen Nahraum stehen, wie die Familie und der Freundeskreis. Allerdings gibt es auch gesellschaftliche und strukturelle Ursachenindikatoren, die gewalttätige Verhaltensmuster schüren können. Hiermit ist die sogenannte Chancenungleichheit zwischen den Geschlechtern gemeint. Diese bezieht sich auf die geschlechterspezifische ungleiche und ungerechte Verteilung von sozialen und ökonomischen Ressourcen, Rängen und Positionen (vgl. Kerber, 2001, S. 5). Ein Beispiel dafür ist, dass Männer durchschnittlich im Berufsleben eine deutlich höhere Entlohnung bekommen als Frauen, die den gleichen Beruf mit demselben Status ausüben (vgl. Meier; in: www.familienhandbuch.de, abgerufen am 30.07.2011, 18:33 UTC). Zudem stehen die Mädchen und jungen Frauen, im Gegensatz zum männlichen Geschlecht, der Aufgabe gegenüber, das kommende Berufsleben mit der zukünftigen Familienplanung zu verbinden. Familienplanung und Berufsleben bzw. Karrieren können allerdings aufgrund des strukturellen Ungleichgewichts nicht gleichermaßen umgesetzt werden. Die Heranwachsenden müssen demnach lernen, mit der Diskrepanz des eigens entworfenen Lebenskonzeptes und dessen Umsetzungs- und Verwirklichungschancen umzugehen (vgl. Heeg, 2009, S. 36). Die Erkenntnis, dass die in der Jugend entwickelten Zukunftspläne aufgrund von Chancenungleichheit und damit einhergehender Diskriminierung nicht erreicht werden können, führt dazu, dass sich die Mädchen in ihrem Dasein nicht gleichwertig, sondern unfair behandelt fühlen. Ein Mittel, um dieses Ungleichgewicht wieder aus subjektiver Sicht auszugleichen, kann eine Form von Gewalt und aggressivem Verhalten sein.

8. Fazit

Diese Arbeit ist eine von der Verfasserin durchgeführte empirische Studie zum Thema „Gewaltverhalten von Mädchen und jungen Frauen". Insgesamt wurden zehn gewalttätige und gewaltbereite Mädchen und junge Frauen befragt. Strafrechtlich sind alle Interviewteilnehmerinnen im Bereich der Gewaltdelikte auffällig geworden. Alle hier durchgeführten Interviews behandeln die Themenkomplexe Schule/Beruf, Familie/Herkunftsfamilie, Gewalt/Gewaltverhalten und Zukunftsperspektiven. Anhand der Ergebnisse der einzelnen Interviews wurden die individuellen Lebensgeschichten und aktuellen Situationen der Befragten in Bezug auf ihr Gewaltverhalten beleuchtet und analysiert sowie daran Motive für Gewalt erkennbar gemacht. Durch die Analyse des Datenmaterials in den Bereichen Gewaltursachen, Wirkung und Ausprägung ergaben sich zahlreiche Erklärungsansätze (vgl. Siewert, 2004, S. 8).

In dieser Studie wurde ein Großteil der Untersuchung gezielt auf den Fokus der Lebenswelten von gewalttätigen und gewaltbereiten Mädchen und jungen Frauen gelegt mit dem Ziel, die Motive, Gründe und Ausprägungserscheinungen des Gewaltverhaltens besser verstehen und einschätzen zu können. Es handelt sich um Bereiche im Leben der Untersuchungsgruppe, die einen enormen Einfluss auf die Entwicklung des Gewaltpotentials nehmen und somit untrennbar mit den Ursachen, der Ausprägung und den Folgen von weiblicher Gewaltanwendung in Verbindung stehen (vgl. Ehrhardt, 2007, S. 887).

Zum schulischen Werdegang der befragten gewalttätigen Mädchen und jungen Frauen kann gesagt werden, dass zum Zeitpunkt der Befragung lediglich zwei der zehn Mädchen eine Schule besuchen. Diese zwei Mädchen befinden sich auf der Haupt- bzw. Gesamtschule. Die am häufigsten zuletzt besuchte Schulform der Untersuchungsgruppe war die Hauptschule, gefolgt von der Gesamt- und Sonderschule. Je niedriger die besuchte Schulform war, desto häufiger kam es zu Schulabbrüchen oder Schulverweisen. Zudem wird die Schule von den Interviewteilnehmerinnen sehr oft mit etwas Negativem und Unangenehmen verbunden. So geben einige der Befragten an, dass sie während ihrer Schulzeit selbst schon Opfer von psychischer Gewalt (Mobbing) gewesen sind und daraufhin im Laufe der Zeit in die Täterrolle wechselten. Hinzu kommt die Tatsache, dass der Schulbesuch in manchen Fällen sogar mit Ängsten verbunden ist. Ca. die Hälfte der befragten gewalttätigen

Mädchen und Frauen gibt an, Angst vor schulischem Versagen und erhebliche Zweifel an ihrem eigenen Können zu haben. Der Wunsch nach einem anerkannten und berufsfördernden Schulabschluss ist zwar vorhanden, allerdings fehlen die Motivation und das Vertrauen in sich selbst, eben diesen zu erreichen. Mangelndes Selbstvertrauen und zu geringe Lernbereitschaft sind nur zwei der zahlreichen Gründe, die eine derartige Einstellung zum Thema Schule begründen bzw. beeinflussen (vgl. Krüger, 2010, S. 213).

Bei den Mädchen, die zum Zeitpunkt des Interviews keine Schule besuchten, konnte auch keine Ausbildungsstelle oder ein anderweitiges Arbeitsverhältnis festgestellt werden. Diese Tatsache untermauert die Hypothese, dass die Finanzierung des eigenen Lebensunterhalts entweder durch den Bezug von öffentlichen Mitteln oder in Form von Taschengeld seitens der Eltern oder des alleinerziehenden Elternteils bestritten wird. Zwei der befragten Interviewteilnehmerinnen leben bereits in ihrer eigenen Wohnung von der öffentlichen Leistung des Arbeitslosengeldes II. Zusätzlich wird in diesen Fällen noch Geld durch Verpfändungen materieller Besitztümer oder durch Leihgaben oder Schenkungen von Familienmitgliedern eingenommen. Der restliche und höhere Anteil der Untersuchungsgruppe wohnt noch im Haushalt der Eltern, wobei nur bei zwei Interviewteilnehmerinnen herausgefunden werden konnte, dass in diesen Fällen auch die Eltern Leistungen nach dem SGB II erhalten. In Bezug auf die Schichtzugehörigkeit kann in diesen vier Fällen, ausschließlich aus Sicht der materiellen Besitztümer, gesagt werden, dass es sich um gewalttätige und gewaltbereite Mädchen und junge Frauen handelt, die der sozialen Unterschicht der Gesellschaft angehören.

Zum Lebensbereich Familie und der Familienstruktur kann rückblickend festgehalten werden, dass der größte Teil gewalttätiger und gewaltbereiter Mädchen und junger Frauen Eltern haben, die geschieden sind. Lediglich ein Drittel gibt an, noch im Haushalt des verheirateten Elternpaares zu leben. Bei den Mädchen und jungen Frauen, die bei einem alleinerziehenden Elternteil leben, also sogenannte „Scheidungskinder" sind, ist besonders hervorgestochen, dass das andere nicht sorgeberechtigte Elternteil gänzlich aus dem Leben der Befragten verschwunden ist. Handelt es sich bei dem nicht vorhandenen Elternteil um die Mutter des jeweiligen Mädchens, so fällt für die Mädchen eine wichtige und zentrale Sozialisationspartnerin weg, weil die Mutter eigentlich dazu dient, das weibliche Geschlecht zu verkörpern, an dem die Mädchen und jungen Frauen ihre eigene Geschlechtsidentität abgleichen können (vgl. Ballnik, 2008, S. 16 f.).

Das Verhältnis zu den Eltern gestaltet sich fast ohne Ausnahme schwierig, so wird seitens der interviewten Mädchen von ständigen Streitigkeiten und Auseinandersetzungen gesprochen. Neben erheblichen Kommunikationsproblemen sind auch zahlreiche Konflikte auf der Beziehungsebene innerhalb der Familie gewalttätiger und gewaltbereiter Mädchen und junger Frauen zu verzeichnen. Regeln, die von den Eltern aufgestellt werden, werden von dem Großteil der untersuchten Personen gezielt gebrochen und es kommt regelmäßig zu heftigen Streitigkeiten zwischen Eltern und Kind, die sehr oft mit verbaler Gewalt und in einigen Fällen auch mit der Anwendung von physischer Gewalt einhergehen.

Parallel zur Sozialisationsinstanz Familie spielt in den Lebenswelten gewaltbereiter Mädchen und jungen Frauen vor allem die Peergroup eine zentrale und einflussreiche Rolle. Der Großteil der befragten weiblichen Untersuchungspersonen gibt an, einen relativ großen und altersunspezifischen Freundeskreis zu besitzen. Dieser Aspekt ist deshalb so ungewöhnlich, weil hier ein Altersunterschied zwischen den einzelnen Mitgliedern von bis zu sieben Jahren angegeben wird. Peers bestehen in der Regel aus relativ gleichaltrigen Mitgliedern, da diese die Interessen und Vorstellungen der Gruppe teilen und auf einer ähnlichen Verhaltensbasis agieren (vgl. Schiling, 2002, S. 3 f.). Dies ist bei der Untersuchungsgruppe in der Regel nicht der Fall. Hier liegt die Altersspanne der Peers zwischen 14 und 21 Jahren. Zum Thema geschlechtsspezifische Gleichaltrigengruppe lässt sich analysieren, dass alle befragten Mädchen und junge Frauen sowohl männliche als auch weibliche Freunde haben und in den meisten Fällen die Anzahl der männlichen Freunde sogar überwiegt. Begründet wird dieser Sachverhalt damit, dass Mädchen viele negative Eigenschaften wie z. B. „Lästern" besitzen, mit denen die Interviewteilnehmerinnen nicht gut zurechtkommen. Bei der Frage nach der besten Freundin oder dem besten Freund hat sich allerdings herausgestellt, dass dieser besondere Status meist von einer weiblichen Person eingenommen wird.

Im Ganzen betrachtet sind sich alle Interviewteilnehmerinnen darüber einig, dass *Freundschaft* ein sehr wichtiger Lebensbereich ist. Durchschnittlich wird der Aspekt Freundschaft in Bezug auf die soziale Wichtigkeit und Bedeutung auf die gleiche Ebene mit dem Bereich der Familie gestellt.

Zuletzt wurde das Augenmerk auf den Bereich der Lebenswelten gewalttätiger und gewaltbereiter Mädchen, der mit den Begriffen „Zukunft" und „Zukunftsvorstellungen" in Relation zur Umsetzbarkeit in Verbindung steht, gelegt. Das auffälligste Ergebnis der Analyse war, dass lediglich eine der befragten Mädchen objektiv und realistisch ihr derzeitiges deviantes und delinquentes Verhalten in Bezug auf ihren Lebensverlauf einschätzen konnte. Alle anderen gewalttätigen Mädchen haben zwar konkrete Zukunftswünsche geäußert, waren aber nicht in der Lage, Möglichkeiten zur Zielerreichung anzugeben. Die Zukunftsvorstellungen waren durchschnittlich auf die sozialen Bereiche Familie und Arbeit beschränkt. Eine weitere Besonderheit ist hierbei, dass bei fast allen Jugendlichen der Wunsch nach

Struktur und Orientierung entweder wörtlich oder metaphorisch geäußert wurde. Es handelt sich um ein Grundbedürfnis, das anscheinend bei der Untersuchungsgruppe nicht befriedigt wird und sich somit als Wunsch äußert.

Nachdem die Lebenswelten und deren wichtigste Bereiche analysiert worden sind, konnte anschließend der Fokus auf das Verständnis, das Ausmaß und die Ausprägung des Gewaltverhaltens gelegt werden. Zunächst kann erklärt werden, dass aus subjektiver Sicht fast alle Befragten den Gewaltbegriff ausschließlich mit der Anwendung körperlicher Gewalt definieren, wobei auch bei diesem Bereich Abstufungen und Unterschiede von der Untersuchungsgruppe deutlich gemacht werden. So gibt ein Drittel der Mädchen und jungen Frauen an, dass einvernehmliche (mit dem Einverständnis von allen Beteiligten) Gewalthandlungen nicht mitgezählt und ausgeklammert werden, selbst dann, wenn es dabei zu Verletzungen von Personen kommt (vgl. Schwind/Roitsch/Gielen, 2009, S. 99). Weitere ausschlaggebende Faktoren dafür, ab wann eine Handlungsweise seitens der Untersuchungsgruppe als Gewalt deklariert wird, sind die Härte und das Ausmaß von Verletzungen am Gegenüber. Das Zufügen von Schmerzen und Leiden wird als charakteristisches Merkmal von Gewalt verstanden, d. h. erst wenn ein Schlag oder ein Tritt beim „Opfer" zu starken Schmerzen führt, wird die angewendete Verhaltensmethode als Gewalt bezeichnet. Verbale bzw. psychische Gewaltanwendung wird im Zusammenhang mit dem Gewaltbegriff gar nicht erst erwähnt oder es findet eine direkte Bagatellisierung dieser Gewaltform statt.

Nach Klärung des subjektiven Verständnisses über den Begriff der Gewalt wurden die Mädchen und jungen Frauen hinsichtlich der eigenen Kategorisierung als „gewalttätig" oder „nicht-gewalttätig" befragt und die gewonnenen Daten anschließend analysiert und diskutiert. Hier konnten erstaunliche Ergebnisse zusammengetragen werden. Etwas mehr als die Hälfte und damit der größte Teil der interviewten Mädchen und jungen Frauen schätzen ihr eigenes Verhalten und somit sich selbst als gewalttätig ein. Hier kann von einer realistischen Selbsteinschätzung gesprochen werden, wobei sich die Gründe für diese Kategorisierung individuell unterscheiden. Die restlichen Probandinnen der Untersuchungsgruppe lehnen die Bezeichnung gewalttätig zu sein ab, indem sie ihre Verhaltensweisen verharmlosen, bagatellisieren oder neutralisieren.

Neben den Selbsteinschätzungen der Interviewpartnerinnen in Bezug auf deren deviantes Verhalten muss auch der Zustand berücksichtigt werden, dass bei mehr als der Hälfte der Interviewten die Gewaltanwendungen einen positiven Einfluss auf die subjektive Selbstwahrnehmung ausüben. Das heißt, selbst wenn die Mädchen und jungen Frauen genau wissen, dass sie gewalttätig sind, und diese Eigenschaft gesellschaftlich nicht honoriert wird, so bekommen sie durch die Gewaltanwendung dennoch positive Ergebnisse, und zwar in Form von einem gesteigerten Selbstwertgefühl (vgl. Micus, 2002, S. 181). Welche Selbstwahrnehmungsfaktoren beeinflusst werden, ist vom Einzelfall abhängig und sollte demnach immer individuell betrachtet werden.

In einem weiteren Kapitel wurden das Ausmaß und die Ausprägungserscheinungen weiblicher Gewaltanwendung erarbeitet und beleuchtet. Es hat sich herausgestellt, dass die gewalttätigen Mädchen ebenso wie Jungen harte und massive Geschütze auffahren, um ihr Gewaltpotential zu demonstrieren. Schlagen, Tritte ins Gesicht, Faustschläge an den Kopf des Gegenübers sind nur einige wenige Beispiele für das Ausmaß (vgl. Ostheimer, 2002, S. 180). Die Mädchen stehen den männlichen Gewalttätern in nichts nach, sondern gleichen sich immer mehr dem Gewaltverhalten männlicher Delinquenter an. Auch, dass Männer sich nicht mit Frauen schlagen oder umgekehrt ist schon ein längst veraltetes Motto unter den Jugendlichen. Mädchen schlagen auch Männer, sogar in manchen Fällen noch brutaler. Bis jetzt sind es zwar nur Einzelfälle, allerdings ist ein deutlicher Trend innerhalb der Untersuchungsgruppe zu verzeichnen, der den Anschein erweckt, dass sich eine Schlägerei mit einem Mann oder Jungen als rentabler für die Mädchen herausstellt als die Auseinandersetzung mit dem gleichen Geschlecht. Die gewalttätigen Mädchen suchen sich zum Teil sogar Männer gezielt als Gegner aus, um sich in der „Männerdomäne" der Gewalt zu profilieren und sich damit in der Peergroup mehr Anerkennung und Respekt zu verschaffen sowie innerhalb dieser eine höhere Position zu erlangen.

In Bezug auf den Prozessverlauf des Gewaltverhaltens der Interviewteilnehmerinnen lassen sich eindeutige Übereinstimmungen erkennen; so beginnt das Gewaltverhalten mit verbalen, beleidigenden Äußerungen und „leichten" körperlichen Angriffen (z. B. Schubsen) und steigert sich hin bis zu der Anwendung massiver physischer Gewalt in Form von Treten, Boxen und Schlagen. „Die Gewaltkarriere weiblicher Jugendlicher ist durch eine Dynamik von biografischen Abwärtsschüben sowie hoher Problembelastung und kompromissloser Gewaltanwendung gegen andere (und zum Teil gegen die eigene Person) gekennzeichnet." (Equit, 2011, S. 167) Pauschal kann zusammengefasst werden, dass eine tendenzielle und permanente Steigerung des Gewaltverhaltens bei den interviewten Mädchen und jungen Frauen während des individuellen Lebenswerdegangs zu verzeichnen ist. Letztendlich sind die zum Zeitpunkt der Interviewdurchführung vorhandenen Ausprägungserscheinungen als dramatisch zu bezeichnen, weil in allen Fällen bereits die zweithöchste Stufe gewalttätigen Verhaltens erreicht wird und lediglich die

Anwendung von Gewalt mit Waffen nicht vorhanden zu sein scheint (vgl. Ostheimer, 2002, S. 180).

Im Bereich der verbalen Gewalt mit dem Fokus auf die Einordnung von Provokationen kann resümiert werden, dass ein Großteil der befragten Mädchen und jungen Frauen diese nicht als gewalttätiges Verhalten einstufen, vielmehr sehen sie diese als eine Art „Vorreiter", der in einigen Fällen zur Anwendung von Gewalt führen kann. Die Reaktionen auf provokatives Verhalten der Untersuchungsgruppe sind unterschiedlich, so geht ein Drittel direkt auf Provokationen ein und antwortet ebenfalls mit provokativen Handlungsmustern. Daneben gibt die gleiche Anzahl der Interviewten an, Provokationen aus dem Weg zu gehen und mit Nichtbeachtung darauf zu reagieren. Dabei wird allerdings nicht berücksichtigt, das auch eine Missachtung provozierenden Verhalten in einigen Situationen zu einer Verschärfung der reizenden Verhaltensweisen beim Provokateur führen kann (vgl. Merkel, 2007, S. 8). Der wichtigste und bedeutendste Faktor im Themenkomplex „Provokation" ist die Tatsache, dass **alle** Befragten mit Gewalt auf Provokationen reagieren, wenn sich eben diese auf die Familie beziehen. Es hat sich herausgestellt, dass die Gewalttäterinnen über einen bestimmten Ehrbegriff verfügen, der es ihnen erlaubt oder sie sogar dazu zwingt, auf Beleidigungen oder sonstige Äußerungen über die eigene Familie immer mit massivem gewalttätigem Verhalten zu antworten.

Das eigene Provokationsverhalten wird durchwachsen beschrieben. Tendenziell geben die meisten weiblichen Jugendlichen an, auch selbst andere Mitmenschen, vor allem Gleichaltrige, zu provozieren. Dabei werden die Provokationen häufiger an andere gleichgeschlechtliche Mitmenschen gerichtet. Eine provokative Auseinandersetzung zwischen beiden Geschlechtern kommt seltener vor. Begründet wird dieser Sachverhalt damit, dass Mädchen generell viele negative Eigenschaften wie beispielsweise „Lästern" aufweisen, die dazu führen, dass provokative Situationen eher mit dem gleichen Geschlecht zustande kommen.

Zuletzt bleibt die Frage zu klären, welche Rechtfertigungsgründe und Erklärungsansätze die gewalttätigen Mädchen und jungen Frauen in Bezug auf ihr Handeln angeben und inwiefern es zu Bagatellisierungs- und Neutralisierungsversuchen kommt (vgl. Burschky/Sames/Weidner, 1997, S. 83 ff.). In diesem Bereich liegt ein großer Unterschied zwischen gewalttätigen Jungen und gewalttätigen Mädchen vor, der sehr wichtig für das Verständnis des Phänomens von *Mädchengewalt* ist. Während das männliche Geschlecht nicht selten Gewalt als positives Handlungsmuster begreift und diese Haltung auch so vertritt (vgl. Büchele/Munz, 1999, S. 77), besitzen gewalttätige Mädchen oftmals die entgegengesetzte Meinung. Die Mehrzahl der befragten Mädchen und jungen Frauen versucht gar nicht erst, ihr Verhalten zu rechtfertigen, sondern bezieht einen Großteil der Schuld auf die eigene Person und vertritt die Ansicht, dass ihr gewalttätiges Verhalten keine gute und normenkonforme Handlungsoption darstellt. Gewalt wird von diesen Mädchen sogar als „schlecht" und sanktionierungsbedürftig bezeichnet.

Natürlich ist dieses Selbstverständnis über das eigene Verhalten nicht bei allen Interviewteilnehmerinnen vorzufinden. Von einem Drittel werden verschiedene Rechtfertigungsgründe angegeben, die das gewalttätige Verhalten erklären und legitimieren sollen. Hierzu zählen die bedingungslose Verteidigung von Freunden, die Gewalt als Zwangshandlung im Kontext der Peergroup (Mitläufer), die Verschiebung der Schuldzuweisung auf das Gegenüber (*„Der hat angefangen!"*) und der Kontrollverlust aufgrund angestauter Emotionen. Sehr häufig verbinden die Mädchen Gewalthandlungen mit einem Kontrollverlust, der durch ein Übermaß an Emotionen verursacht wird und in einigen Fällen mit anschließenden Schuldgefühlen einhergeht (vgl. ebd.). Angestaute Wut oder Hass wird als Motiv für die Gewaltausbrüche genutzt, wodurch das eigene Verhalten bagatellisiert bzw. gerechtfertigt werden soll.

Nachdem die Ergebnisse weiblicher Gewalthandlungen in Bezug auf deren Ausmaß und Ausprägung dargestellt wurden, wurde ein Kapitel der Dimensionen und Ziele von Gewaltanwendung weiblicher Personen gewidmet. Es gibt unterschiedliche Dimensionen von Gewalt und deren Anwendung, die gleichermaßen mit individuellen Zielen und Intentionen verknüpft sind. Anhand des gewonnenen Datenmaterials dieser Studie konnten folgende Ziele und Dimensionen des Gewaltverhaltens von Mädchen und jungen Frauen erfasst werden: Zielerreichung, Statuserhalt und Positionierung innerhalb der Peergroup, Schaffung von Zugehörigkeit, Gewalt als Kommunikationstechnik und Kompensation fehlender sozialer Kompetenzen. Diese Aspekte spielen vor allem bei weiblichen Gewalttätern eine zentrale und bedeutende Rolle.

Wie bereits im Bereich der Jungengewalt wissenschaftlich belegt wurde, versteht auch die Mehrzahl der befragten Mädchen und jungen Frauen unter Gewalt eine effektive und leicht durchzuführende Handlungsoption, um ein bestimmtes anvisiertes Ziel zu erreichen (vgl. Kunczik/Zipfel, 2006, S. 45). Jede Gewaltanwendung wird einer Kosten-Nutzen-Analyse unterzogen, wobei der Nutzen-Faktor das zu erreichende Ziel widerspiegelt und ihm eine dementsprechend höhere Bedeutung zugesprochen wird als dem Kostenfaktor (z. B. Verletzungen des Opfers). Die Zielerreichung steht im Vordergrund, auch wenn dies bedeutet, andere Personen dabei zu schädigen oder anderweitig zu verletzen (vgl. Heeg, 2009, S. 17). Zudem handelt es sich bei Gewalt, die als Zielerreichungsmittel genutzt wird, um eine schnelle und einfache Methode, Konflikte *zu lösen* und die eigenen Interessen durchzusetzen.

Neben der Dimension der Zielerreichung spielt auch der Faktor des Statuserhalts und der Positionierung innerhalb der Peergroup bei gewalttätigen und gewaltbereiten Mädchen und jungen Frauen eine wichtige Rolle. In der Regel besitzen die Interviewteilnehmerinnen aufgrund mangelnder Ressourcen kein hohes Ansehen innerhalb des gesellschaftlichen Systems und bekommen auch nur selten soziale Anerkennung (vgl. Senger, 2007, S. 936). Um diese Lücke zu schließen, versuchen sie, sich mittels Gewalt einen Status und eine feste Position innerhalb ihrer sozialen Umgebung zu schaffen, und zwar mit dem Ziel, den eigenen Status immer weiter auszubauen und höher zu setzen (vgl. Sitzer, 2009, S. 105). Innerhalb dieser Studie konnte analysiert werden, dass den gewalttätigen Mädchen innerhalb ihrer gewaltorientierten Jugendgruppen eine hohe soziale Rolle bzw. ein hoher sozialer Status zugeschrieben wird, der in einigen Fällen sogar über der Position männlicher Gruppenmitglieder steht (vgl. Näf/Kraus, 2008, S. 41). Innerhalb der Peergroups wird ein hohes aggressives und gewalttätiges Verhalten mit einer hohen Position innerhalb der Gruppe, die mit Ansehen und Macht einhergeht, gleichgesetzt. Die interviewten Mädchen und jungen Frauen sehnen sich nach einer derartigen Position und richten dementsprechend ihr Gewaltverhalten daran aus.

Eine andere, aber nicht minder bedeutende Dimension von Gewaltanwendung ist die Schaffung des Zugehörigkeitsgefühls. Gewalttätige und gewaltbereite Mädchen suchen sich in der Regel immer ein Umfeld, in dem eben dieses Verhalten anerkannt und honoriert wird; nur dann entwickeln sie ein Gefühl von Zugehörigkeit und fühlen sich in ihrem Tun gewertschätzt (vgl. Equit, 2011, S. 55 f.). Die Interviewteilnehmerinnen fühlen sich in ihren gewaltbereiten Gruppen verstanden, in ihrer eigenen Person toleriert und sie erhalten Vertrauen, Sicherheit und Rückhalt (vgl. Kreuzer, 2009, S. 90 f.). Verstärkt wird dieses Zugehörigkeitsgefühl u. a. durch die bedingungslose Verteidigung der gesamten Gruppe und jedes einzelnen Gruppenmitgliedes. Jedes Gruppenmitglied wird von den anderen geschützt und unterstützt. Gleichermaßen müssen demnach alle Gruppenmitglieder in der Lage und gewillt sein, die einzelnen Personen des Kollektivs mit allen Mitteln zu verteidigen.

Neben diesen Zielen und Dimensionen von Gewalt gibt es noch zwei weitere wichtige und zentrale Faktoren, die hinzugezogen werden müssen, um den gesamten Bereich weiblicher Gewaltanwendungen abzudecken. Hierzu zählt zum einen die Anwendung von Gewalt als Kommunikationsmittel und zum anderen die Kompensation fehlender sozialer Kompetenzen. Sehr oft wird Gewalt von den Mädchen und jungen Frauen auch als Kommunikationstechnik genutzt, um dem Gegenüber bestimmte Informationen zu übermitteln, die mit einem enormen Wirkungsmechanismus einhergehen. Wie bei aggressiven männlichen Jugendlichen wenden auch Mädchen Gewalt als eine extreme Form der Kommunikation und der Informationsvermittlung an, die in der Regel auf Verletzung, Ausschaltung oder die Erniedrigung des Gegenübers abzielt (vgl. Klemm, 2006, S. 81). Gewalt wird als alltägliche und normale Handlungsoption verstanden, was zu einer Verharmlosung, Bagatellisierung und Legitimierung führt. Zudem liegen bei den gewalttätigen Mädchen und jungen Frauen Defizite innerhalb der Kommunikationskompetenz (z. B. in Form von verbalen Diskussionen) vor, sodass sie sich oftmals nicht in der Lage dazu fühlen, normenkonforme Dialoge erfolgreich anzuwenden (vgl. Martin/Martin, 2003, 114). Hinzu kommt die Tatsache, dass die Mädchen und jungen Frauen schlechte Erfahrungen gemacht haben, Konflikte durch Reden oder Diskutieren zu lösen, sodass sie diese Formen der Kommunikation als wenig erfolgversprechend und zeitaufwendig empfinden. Im Gegenzug wissen die Mädchen, dass durch den Einsatz von Gewalt die zu vermittelnde Botschaft meist schneller und nachhaltiger beim Gegenüber ankommt, da diese Form der Kommunikation immer den Beigeschmack der körperlichen oder seelischen Verletzung nach sich zieht. Aus diesen Gründen greifen die Befragten immer wieder auf die gewaltaffine Kommunikationstechnik zurück.

Die letzte hier zu bearbeitende Dimension des Gewaltverhaltens weiblicher Jugendlicher und Heranwachsender ist die Kompensation fehlender sozialer Kompetenzen. Viele der gewalttätigen Mädchen und jungen Frauen weisen in ihrem Verhaltensrepertoire Defizite auf, die sich dahingehend äußern, dass keine oder nur eine geringe Möglichkeit vorhanden ist, (normenkonforme) Handlungsweisen zu nutzen, die nicht mit dem Einsatz von Gewalt einhergehen (vgl. Korn/Mücke, 2000, S. 34/45). Um alltägliche Anforderungen und Konfliktsituationen gesellschaftlich normenkonform zu bewältigen, müssen folgende soziale Kompetenzen vorhanden sein: strategische Kompetenz, Methodenkompetenz sowie die kommunikative und personale Kompetenz. Alle interviewten gewalttätigen Mädchen und jungen Frauen weisen ausschlaggebende Defizite innerhalb dieser Fähigkeiten und Fertigkeiten auf. Diese Defizite können als treibende Faktoren für die Ausbildung und Ausprägung des Gewaltverhaltens verstanden werden. Die Interviewteilnehmerinnen sind größtenteils nicht in der Lage, zielgerichtete, geplante, systematische und überlegte Vorgehensweisen zu erstellen, um gesellschaftlich angepasst zu handeln. Ein Mangel an Empathiefähigkeit und Selbstreflektion, Fehleinschätzungen von Grenzsetzung und im Erkennen eigener Grenzen sowie die Schwierigkeit, die richtige Balance von Nähe und Distanz zwischen Menschen zu halten, ist bei den gewalttätigen und gewaltbereiten Mädchen und jungen Frauen ebenfalls zu verzeichnen (vgl. Maus/Nodes/Röh, 2008, S. 79-80). Damit Konflikte und andere Anforderungen des alltäglichen Lebens gewaltfrei gelöst werden können, müssen ausreichend soziale Kompetenzen vorhanden sein (vgl. Meier, 2003, S. 292). Je mehr ein Mensch über soziale Fähigkeiten und Fertigkeiten verfügt und diese einsetzen kann, desto seltener muss dieser Gewalt anwenden, um seine eigenen Interessen durchzusetzen. Da die Untersuchungsgruppe aber eben diese Fähigkeiten nur in ungenügendem und mangelhaftem Maße aufweist, wird immer wieder auf die Handlungsmethode der Gewalt zurückgegriffen.

Abschließend hat sich die hier durchgeführte Studie mit den Risikofaktoren vom Gewaltverhalten weiblicher Personen beschäftigt, die sich u. a. deutlich auf den Sozialisationsprozess der gewalttätigen und gewaltbereiten Mädchen und jungen Frauen beziehen. Es ist wichtig zu erwähnen, dass sich die gewaltfördernden Risikofaktoren bei Mädchen und Jungen zwar ähneln (vgl. Silkenbeumer, 2011, S. 321), aber dennoch unterschiedliche Gewichtungen aufweisen (vgl. Hofmann, 2011, S. 25 f.). So sind die schwerwiegendsten Faktoren für eine negative Gewaltverhaltensentwicklung beim weiblichen Geschlecht eine ungünstige familiäre Situation, psychische Belastungen und *Opfererfahrungen*, während beim männlichen Geschlecht die Peergroup den größten Einflussfaktor darstellt (vgl. Heeg, 2009, S. 33). Ein prägnanter Risikofaktor für die Ausprägung des Gewaltpotentials der Befragten sind Gewalterfahrungen innerhalb der Familie. So geben zwei Drittel aller Interviewteilnehmerinnen an, in ihrem familiären Umfeld mit Gewalt konfrontiert zu werden und dass in einigen Fällen bis heute zwischen den Familienmitgliedern ein gewalttätiges Interaktionsmodell herrscht. Es wird teilweise von massiver körperlicher Gewalt gesprochen, der die Mädchen ausgesetzt sind und die sich u. a. durch Schläge, Tritte und Schubsen äußert. Zudem sind sie verbalen Beleidigungen und Erniedrigungen ausgesetzt. Wenn die Mädchen durch die eigenen Familienmitglieder (Eltern, Geschwister etc.) körperlich misshandelt oder grob vernachlässigt werden, so kann dies dazu führen, dass das Selbstwertgefühl sinkt, Aggressionen ansteigen und das Gewaltpotential zunimmt (vgl. Nave-Herz/Onnen-Isemann, 2007, S. 329). Auffällig bei diesem Thema ist, dass die weiblichen Jugendlichen die Gewaltanwendung seitens der Eltern als gerechtfertigt und verzeihbar betrachten. Sie sind der Überzeugung, dass ihre Eltern keine andere Wahl haben, als ihre Töchter zu *züchtigen,* und dies das einzige Mittel ist, damit die Mädchen das tun, was von ihnen verlangt wird. Genau dieser Umstand erweist sich als risikoreich, weil die gewalttätigen Mädchen und jungen Frauen lernen, dass Gewalt ein gutes Mittel ist, um anderen Personen den eigenen Willen aufzuzwingen und damit die

eigenen Belange durchzusetzen. Dadurch rechtfertigen sie nicht nur das Gewaltverhalten der Eltern, sondern auch die eigene Gewaltanwendung.

Neben den Gewalterfahrungen innerhalb der Familie existiert ein weiterer Risikofaktor, der das Gewaltverhalten negativ beeinflussen kann, das Vorhandensein eines schädigenden und gewaltfördernden Erziehungsverhaltens seitens der Eltern.
Hiermit ist die Art des Erziehungsstils gemeint, der sich bei den befragten Mädchen und jungen Frauen entweder in einem *laissez-fairen* oder *autoritären* Erziehungsstil äußert. Bei der Hälfte der gewalttätigen Mädchen wenden die Eltern eine
laissez-faire Erziehungsmethode an, in der sie lediglich eine strikte passive Rolle
einnehmen, keinerlei Einfluss auf die Steuerung des Lebensalltags ihrer Töchter
nehmen und sich eher desinteressiert darstellen (vgl. Langfeldt/Nothdurft, 2007,
S. 121). Um Aufmerksamkeit von den Eltern zu erlangen, werden deviante und
delinquente Verhaltensweisen angewendet, die aber in der Regel ebenfalls ohne
Konsequenzen bleiben, wodurch die Mädchen kein Feedback über ihr Verhalten
bekommen. Das heißt, wenn gewalttätiges Verhalten schon von den Eltern nicht
sanktioniert oder bewertet wird, sehen die weiblichen Jugendlichen ihr Verhalten
auch nicht als falsch oder normenverstoßend an. Hinzu kommt die Tatsache, dass
Mädchen, die keine Rahmenbedingungen und Grenzen seitens der Eltern bekommen, gewalttätige und aggressive Verhaltensweisen anwenden in der Hoffnung,
Grenzen zu bekommen, an denen sie sich orientieren können (vgl. Schneider, 2005,
S. 74). Bei einem Drittel der interviewten Personen konnte das genaue Gegenteil einer
laissez-faire Erziehung festgestellt werden, nämlich der sogenannte *autoritäre* Erziehungsstil. In diesen Fällen sind die Mädchen und jungen Frauen einer sehr
strengen Erziehung ausgesetzt, die mit einem Übermaß an Regeln und Geboten
einhergeht. Fehlverhalten seitens der Mädchen münden in sofortiger Bestrafung,
die nicht selten auch mit physischer und psychischer Gewalt verbunden ist (vgl.
Auenheimer, 1988, S. 153). Wenn in der Erziehung ausschließlich die Belange der
Eltern durchgesetzt und die Wünsche bzw. Neigungen der Mädchen nicht berücksichtigt werden, treten Reaktionen seitens der Mädchen und jungen Frauen auf, die
mit Wut, Zorn und Trotz einhergehen und oft mit aggressivem und gewalttätigem
Verhalten enden.

Ein anderer Risikofaktor, der für die Untersuchungsgruppe charakteristisch erscheint und das Gewaltpotential ansteigen lässt, sind Erfahrungen von Heim- und
Fremdunterbringung. Diese Erfahrungen hat einen Großteil der gewalttätigen und
gewaltbereiten Mädchen machen müssen. Durch die Unterbringung von Kindern

und Jugendlichen in öffentlichen erzieherischen Einrichtungen fehlt den Betroffenen ein wichtiger Sozialisationsbestandteil, nämlich der langsame Ablösungsprozess vom Elternhaus (vgl. Finkel, 2004, S. 310). Die Nähe zum Elternhaus wird quasi von heute auf morgen abgebrochen und gleichzeitig müssen die Mädchen sich in der Jugendhilfeeinrichtung behaupten und in eine bereits bestehende Gruppe integrieren (vgl. Krüger, 2008, S. 75). Hinzu kommt die Tatsache, dass sich die weiblichen Jugendlichen von ihren Eltern hintergangen fühlen, weil eben diese eine Fremdunterbringung zugelassen haben. Dadurch entstehen Gefühle in Form von Wut, Zorn und Enttäuschung sowie eine Kränkung des Selbstwertgefühls. Diese Gefühle verstärken die eigenen Aggressionen und werden in vielen Fällen mittels Gewalt ausgedrückt.

Nachdem auf die Risikofaktoren eingegangen wurde, die im eigentlichen Sinne immer mit der Familie in Verbindung stehen, muss das Augenmerk zudem auf den Bereich der Peergroup gelegt werden. Innerhalb der gewalttätigen Jugendgruppen, in denen sich die Mädchen und jungen Frauen befinden, wird Gewalt nicht nur als Mittel gegen Außenstehende, sondern auch unter den Mitgliedern angewendet (z. B. als Sanktionierungsmittel bei Fehlverhalten) (vgl. Heeg, 2009, S. 47 f.). Gewalt dient hier als alltägliches Interaktionsmuster, das von den Interviewpartnerinnen als *normal* betrachtet wird. Körperliche Gewalt gehört zu Freundschaftsbeziehungen dazu. Dies hat zur Folge, dass die gewalttätigen Mädchen permanent mit diesen delinquenten und devianten Verhaltensweisen konfrontiert sind, diese irgendwann verinnerlichen und für sich selbst legitimieren. Zudem bleibt den Befragten nichts anderes übrig als gewalttätig zu sein, wenn sie sich innerhalb dieser Gruppen bewegen, dazugehören und einen gewissen Macht-status erhalten wollen.

Der letzte in dieser Studie auffällige Risikofaktor, welcher eine besondere Stellung im Bereich des Gewaltverhaltens von weiblichen Personen einnimmt, ist die gesellschaftliche und strukturelle Chancenungleichheit zwischen den Geschlechtern. Hiermit ist die vorherrschende ungleiche, ungerechte und geschlechtsspezifische Verteilung von sozialen und ökonomischen Ressourcen, Rängen und Positionen gemeint (vgl. Kerber, 2001, S. 5). Die Mädchen haben in der Gesellschaft keine klare Rolle mehr, d. h. sie besitzen keine klaren Grenzen, die für ihre Entwicklung wichtig sind und ihnen Orientierung bieten. Männer haben z. B. immer noch die Rolle des Ernährers inne und eine bestimmte vorgegebene Richtung, an der sie sich orientieren können, während Frauen Familie, Beruf und alle anderen Lebensbereiche vereinbaren müssen, weil dieses von der Gesellschaft verlangt wird (vgl. Heeg, 2009, S. 36). Das typische weibliche Rollenbild ist nicht mehr gegeben und dadurch entstehen Unsicherheiten und Orientierungslosigkeit seitens der Mädchen und jungen Frauen, vor allem gegenüber der Zukunftsgestaltung. Mädchen haben zwar mehrere Wahlmöglichkeiten in Bezug darauf, wie sie ihr Leben gestalten wollen, ob sie die Familie, Karriere oder beides miteinander verbinden wollen. Aber egal für welchen Weg sie sich entscheiden, wird dieser Weg gesellschaftlich kritisiert. Nur Mutter zu sein wird mit dem Begriff *faul zu sein* deklariert, sich auf die Karriere zu konzentrieren, bedeutet kein Familienmensch zu sein. Entscheiden sich die jungen Frauen für eine Kombination aus beiden Aspekten, so wird oft die Meinung laut, dass eine arbeitende Mutter ihre Kinder nicht ausreichend betreuen kann. Es ist demnach egal, für welchen Weg sich die gewalttätigen Mädchen (und Frauen im Allgemeinen) entscheiden, eine völlige gesellschaftliche Anerkennung ist nicht gegeben.

Gewalttätiges Verhalten von Mädchen und jungen Frauen kann also auch als *Hilfeschrei* interpretiert werden und zwar mit den Fragen: „Was soll ich sein?"/ "Wie soll ich sein?"/„Was muss ich tun, um Anerkennung zu erlangen?"

Anhand der gesamten Forschungsergebnisse kann die These erstellt werden, dass für gewalttätige und gewaltbereite Mädchen und junge Frauen spezielle Präventionsmaßnahmen angeboten werden müssen, die auf die individuellen Lebenslagen, Risikofaktoren und Kompetenzen abgestimmt werden. Aufgrund des enormen und immer weiter ansteigenden Phänomens der *„Mädchengewalt"* ist es quasi zur Notwendigkeit geworden, geschlechtsspezifische Angebote für diese Mädchen zu erstellen und zu konzipieren (vgl. Hofmann, 2011, S. 117). Spezielle Anti-Gewalt-Trainings für das weibliche Geschlecht müssen vor allem die Ziele der Selbstkontrolle, der Erweiterung sozialer Kompetenzen und der alternativen Selbstbehauptung aufweisen, um Erfolge zu erzielen (vgl. Klemm, 2006, S. 82). Zudem brauchen die gewalttätigen Mädchen mehr Aufmerksamkeit seitens der Gesellschaft, denn erst wenn dieses Phänomen als Problem betrachtet wird, entsteht eine Lobby, die sich speziell mit diesem Gebiet beschäftigt und die Ernsthaftigkeit verdeutlicht. „Die Gesellschaft ist aufgefordert hinzusehen, Gewalt in welcher Form auch immer zu „sehen" und zu „erkennen", um sie zum Wohle aller zu reduzieren." (Friesinger, 2008, S. 24)

Literaturverzeichnis

Abels, Heinz/König, Alexandra (2010): Sozialisation, Soziologische Antworten auf die Frage, wie wir werden, was wir sind, wie gesellschaftliche Ordnung möglich ist und wie Theorien der Gesellschaft und der Identität ineinander spielen, Lehrbuch. Wiesbaden.

Aberger, Manuela/Ebner, Florian (2011): Analyse der Studie von Margrit Stamm „Dropouts am Gymnasium. Eine empirische Studie zum Phänomen des Schulabbruchs". Studienarbeit. Norderstedt.

Aberie, Lisa (2010): Jugendgewalt als soziales Problem. Norderstedt.

Albrecht, Günter (2002): Soziologische Erklärungsansätze individueller Gewalt und ihre empirische Bewährung; in: Heitmeyer, Wilhelm/Hagan, John (Hrsg.): Internationales Buch der Gewaltforschung. Wiesbaden.

Alfermann, Dorothee (1990): Geschlechtstypische Erziehung in der Familie oder: Die Emanzipation findet nicht statt; in: Berty, Karin/Fried, Lilian/Gieseke, Heide/Herzfeld, Helga (Hrsg.): Emanzipation im Teufelskreis. Zur Genese weiblicher Berufs- und Lebensentwürfe. Weinheim.

Allert, Tillman (1997): Die Familie. Fallstudien zur Unverwüstlichkeit einer Lebensform. Berlin/New-York.

Allport, Gordon Willard (2007): Treibjagd auf Sündenböcke; in: Ahlheim, Klaus (Hrsg.): Die Gewalt des Vorurteils. Eine Textsammlung. Schwalbach.

Althoff, Martina (2010). Doing gender – doing crime. Mädchen und Gewalt: Hintergründe und Deutungsweisen; in: Landesarbeitsgemeinschaft Mädchenarbeit NRW e.V. (Hrsg.): Betrifft Mädchen. Thema: Hinter Schloss und ohne Siegel. Mädchen und Strafvollzug. 23. Jahrgang 2010, Heft 2. Weinheim.

Andersch, Nicole (2009): Psychische Gewalt in der Erziehung und die Prävention durch Elternbildung. Hamburg.

Angerer, Marie-Luise/Dorer Johanna (1994): Auf dem Weg zu einer feministischen Kommunikations- und Medientheorie; in: Angerer, Marie-Luise/Dorer, Johanna (Hrsg.): Gender und Medien. Theoretische Ansätze, empirische Befunde und Praxis der Massenkommunikation: Ein Textbuch zur Einführung. Wien.

Arnold, Rolf/Kaltschmidt, Jochen (1986): Erwachsenensozialisation und Erwachsenenbildung – Einleitung und Überblick; in: Arnold Rolf/Kaltschmidt, Jochen (Hrsg.): Erwachsenensozialisation und Erwachsenenbildung. Aspekte einer sozialisationstheoretischen Begründung von Erwachsenenbildung. Frankfurt am Main/Berlin/München.

Atabay, Ilhami (1994): Ist dies mein Land? Identitätsentwicklung türkischer Migrantenkinder und -jugendlicher in der Bundesrepublik. Pfaffenweiler.

Atteslander, Peter/Kopp, Manfred (1995): Befragung; in: Roth, Erwin (Hrsg.): Sozialwissenschaftliche Methoden. 4 durchges. Auflage. München/Wien /Oldenburg.

Atteslander, Peter/Bender, Christiane/Cromm, Jürgen/Grabow, Busso/Zipp, Gisela (1991): Methoden der empirischen Sozialforschung, 6. neu bearbeitete und erweiterte Auflage. Berlin, New York.

Auenheimer, Georg (1988): Der sogenannte Kulturkonflikt. Orientierungsprobleme ausländischer Jugendlicher. Frankfurt/New-York.

Aust, Tanja (2009): Sportunterricht aus Schülersicht. Eine Überprüfung und Konkretisierung der „Sprint-Studie" im Grundschulsport. Forschungsarbeit. Norderstedt.

Azmitia, Margarita/Ittel Angela (2002): Die Konstruktion von Freundschaft und Identität in der früheren Adoleszens; in: Uhlendorff, Harald/Oswald, Hans (Hrsg.): Wege zum Selbst. Soziale Herausforderungen für Kinder und Jugendliche. Stuttgart.

Baier, Dirk (2011): Jugendgewalt in Deutschland – Eine Bestandsaufnahme; in: Deegener, Günther/Körner, Wilhelm (Hrsg.): Gewalt und Aggression im Kindes- und Jugendalter. Ursachen, Formen, Intervention. Basel.

Ballnik, Peter (2008): Vater bleiben – auch nach der Trennung. München.

Bannenberg, Britta/Rössner, Dieter (2006): Erfolgreich gegen Gewalt in Kindergärten und Schulen. München.

Banu, Apnan (2008): Die Frau in Maslows Bedürfnispyramide; in: Uddin, Zamina (Hrsg.): Wie unantastbar ist die Würde der Frau? Bremen.

Bär, Katharina (2010): Jugendgewalt – ausschließlich männlich? Forschung und Erklärungsansätze zum delinquenten Handeln von weiblichen Jugendlichen. Studienarbeit. Norderstedt.

Baun, Manuel/Herberichs, Cornelia (2005): Gewalt im Mittelalter: Überlegungen zu ihrer Erforschung; in: Baun, Manuel/Herberichs, Cornelia (Hrsg.): Gewalt im Mittelalter. Realitäten – Imaginationen. München.

Beck-Gernsheim, Elisabeth (2010): Was kommt nach der Familie? Alte Leitbilder und neue Lebensformen. 3. überarbeitete und erweiterte Auflage. München.

Beicht, Ursula/Ulrich, Joachim Gerd (2008): Ergebnisse der BIBB- Übergangsstudie. Gruppenunterschiede bei Übergangsprozessen; in: Beicht, Ursula/Friedrich, Michael/Ulrich, Joachim Gerd (Hrsg.): Ausbildungschancen und Verbleib von Schulabsolventen. Bonn.

Berger, Carolin (2009): Kriminalität und Kriminalisierung allochthoner Jugendlicher im öffentlichen Diskurs – Eine Herausforderung für die Jugendarbeit. Diplomarbeit. Norderstedt.

Berger, Peter A./Neu, Claudia (2007): Differenz und Ungleichheit. 9. Sozialstruktur und soziale Ungleichheit; in: Joas, Hans (Hrsg.): Lehrbuch der Soziologie. 3. Auflage. Frankfurt/New-York.

Berger, Thomas (2009): Die „peer-group" als Instrument der Sozialisation – Eine Betrachtung des Sozialisationsprozesses und der Identitätsentwicklung von Adoleszenten –. Norderstedt.

Bertram, Hans (2006): Nachhaltige Familienpolitik und die Zukunft der Familie; in: Bertram, Hans/Krüger, Helga/Spieß, C.-Katharine (Hrsg.): Wem gehört die Familie der Zukunft? Expertisen zum 7. Familienbericht der Bundesregierung. Opladen.

Bertram, Mireille (1998): Familie und Lebensformen in moderner und postmoderner Gesellschaft. Norderstedt.

Biedermann, Horst (2006): Junge Menschen an der Schwelle politischer Mündigkeit. Partizipation: Patentrezept politischer Identitätsfindung. Münster.

Bierhoff, Hans-Werner (2007): Aggression/Aggressivität; in: Deutscher Verein für öffentliche und private Fürsorge e.V. (Hrsg.), Fachlexikon der sozialen Arbeit. 6. Auflage. Baden-Baden.

Birg, Herwig (2005): Die ausgefallene Generation. Was die Demographie über unsere Zukunft sagt. München.

Blanck-Mathieu, Magarete (1997): Kleiner Unterschied – große Folgen? Zur geschlechtsbezogenen Sozialisation im Kindergarten, Freiburg/Basel/Wien.

Blanz, Bernhard/Remschmidt, Helmut/Schmidt, Martin H./Warnke, Andreas (2006): Psychische Störungen im Kindes- und Jugendalter. Ein entwicklungspsychopathologisches Lehrbuch. Stuttgart.

Bloch, Natalie (2011): Legitimierte Gewalt. Zum Verhältnis von Sprache und Gewalt in Theatertexten von Elfride Jelinek und Neil LaBute. Bielefeld.

Boatcă, Manuela/Lamnek, Siegfried (2003): Zur Einführung. Gegenwartsdiagnosen zu Gewalt im Geschlechterverhältnis; in: Lamnek, Siegfried/Boatcă, Manuela (Hrsg.): Geschlecht Gewalt Gesellschaft. Opladen.

Bonacker, Thorsten/Imbusch, Peter (2010): Zentrale Begriffe der Friedens- und Konfliktforschung: Konflikt, Gewalt, Krieg, Frieden; in: Imbusch, Peter/Zoll, Ralf (Hrsg.): Friedens- und Konfliktforschung. Eine Einführung. 5. Auflage. Wiesbaden.

Boos-Nünning, Ursula/Karakaşoğlu, Yasemin (2006): Viele Welten leben. Zur Lebenssituation von Mädchen und jungen Frauen mit Migrationshintergrund. 2. Auflage. Münster.

Böttger, Andreas (1995): Biographien gewalttätiger Jugendlicher. Konzeption eines Forschungsprojektes. Hannover.

Böttger, Eyleen (2010): Jugend und Gewalt – Theoretische Darstellung der Hintergründe zum abweichenden Verhalten. Sind jugendliche Täter Opfer der heutigen Gesellschaft? Diplomarbeit. Norderstedt.

Bourdieu, Pierre (1984): Die feinen Unterschiede. Kritik der gesellschaftlichen Urteilskraft. Frankfurt am Main.

Brand, Franziska (2011): Gewalt in lesbischen Beziehungen. Diplomarbeit. Norderstedt.

Braun, Annegret (2005): Frauenalltag und Emanzipation. Der Frauenfunk des Bayerischen Rundfunks in kulturwissenschaftlicher Perspektive (1945-1968). Münster.

Braun, Frank (2006): Kooperation von Jugendsozialarbeit und Schule bei Schulmüdigkeit und Schulverweigerung; in: Gentner, Cortina/Mertens, Martin (Hrsg.): Null Bock auf Schule? Schulmüdigkeit und Schulverweigerung aus Sicht der Wissenschaft und Praxis. Münster.

Brazelton, Berry/Greenspan, Stanley (2008): Die sieben Grundbedürfnisse von Kindern. Was jedes Kind braucht, um gesund aufzuwachsen, gut zu lernen und glücklich zu sein. Weinheim/Basel.

Bredemeier de Diego, Inge/Fischer, Jutta/Krieger, Wolfgang (1995): Berufsfindung und Lebenschancen der heutigen Mädchengeneration, Analysen zu einem Modellprojekt. Berlin.

Brinck, Christine (2007): Mütterkriege, Werden unsere Kinder verstaatlicht? Freiburg im Breisgau.

Brinkmann, Wilhelm (1994): Kindheitsforschung – auf dem Weg zu einer Zwischenbilanz; in: Vaskovics, Laszlo-A. (Hrsg.): Familie. Soziologie familialer Lebenswelten. Soziologische Revue. Heft 3. München.

Bruhns, Kristen (2010): Gewaltbereitschaft von Mädchen und jungen Frauen. Zahlen, Fakten, Hintergründe. PowerPoint Präsentation; in: Deutsches Jugendinstitut. Stuttgart.

Bruhns, Kirsten/Wittmann Svendy (2002): „Ich meine mit Gewalt kannst du dir Respekt verschaffen". Mädchen und junge Frauen in gewaltbereiten Jugendgruppen. Opladen.

Bruhns, Kirsten (2002): Gewaltbereitschaft von Mädchen – Wandlungstendenzen des Geschlechterverhältnisses?; in: Dackweiler, Regina-Maria/Schäfer, Reinhold (Hrsg.): Gewalt-Verhältnisse. Feministische Perspektiven auf Geschlecht und Gewalt. Frankfurt am Main.

Brücke Dortmund e.V. (2006): Geschäftsbericht 2006, Dortmund.

Bründler, Paul/Bürgisser, Daniel/Lämmli, Dominique/Bornand, Jiline (2004): Einführung in die Psychologie und Pädagogik. Lerntext, Aufgaben mit kommentierten Lösungen und Glossar. Ein Psychologie- und Pädagogik-Lehrmittel für Mittelschulen und das Selbststudium. Zürich.

Bublitz, Hannelore (2002): Geschlecht; in: Korte, Hermann/Schäfers, Bernhard (Hrsg.): Einführung in Hauptbegriffe der Soziologie. 6. erweiterte und aktualisierte Auflage. Opladen.

Bubolz, Georg (2007): Entwicklung, Sozialisation und Identität im Jugend- und Erwachsenenalter. Berlin.

Burschyk, Leo/Sames, Heinz/Weidner, Jens (1997): Das Anti-Aggressivitäts-Training: Curriculare Eckpfeiler und Forschungsergebnisse; in: Weidner, Jens/Kilb, Rainer/Kreft, Dieter (Hrsg.): Gewalt im Griff 1. Neue Formen des Anti-Aggressivitäts-Trainings. 5. ergänzte Auflage. Weinheim/München.

Büttner, Christian (2007): Gewalt; in: Deutscher Verein für öffentliche und private Fürsorge e.V. (Hrsg.): Fachlexikon der sozialen Arbeit. 6. Auflage. Baden-Baden.

246

Charlier, Siegfried (2007): Nähe und Distanz Problematik; in: Charlier, Siegfried (Hrsg.): Soziale Gerontologie. Altenpflege professionell. Stuttgart.

Conen, Marie-Louise (1983): Mädchen flüchten aus der Familie. Abweichendes Verhalten als Ausdruck gesellschaftlicher und psychischer Konflikte bei weiblichen Jugendlichen. München.

Conrads, Jutta/Möller, Renate (1998): Individualisierung und Gewalt – die geschlechtsspezifische Sichtweise; in: Heitmeyer, Wilhelm (Hrsg.): Gewalt. Schattenseiten der Individualisierung bei Jugendlichen aus unterschiedlichen Milieus. 3. Auflage. Weinheim/München.

Dangschat, Jens S. (2007): „soziale Ungleichheit"; in: Deutscher Verein für öffentliche und private Fürsorge e.V. (Hrsg.): Fachlexikon der sozialen Arbeit. 6. Auflage. Baden-Baden.

Degele, Nina (2011): Differenzierung und Ungleichheit. Eine geschlechtertheoretische Perspektive; in: Schwinn, Thomas (Hrsg.): Differenzierung und soziale Ungleichheit. Die zwei Soziologien und ihre Verknüpfung, Frankfurt am Main.

Deichmann, Sandra (2009): Spucken, schlagen, schikanieren – Mobbing in der Schule. Wie praktikabel und aussichtsreich sind die derzeitigen Präventions- und Interventionsmaßnahmen. Norderstedt.

Diefenbach, Heike (2008): Kinder und Jugendliche aus Migrantenfamilien im deutschen Bildungssystem. Erklärungen und empirische Befunde. 2. aktualisierte Auflage. Wiesbaden.

Dietzen, Agnes (1993): Soziales Geschlecht. Soziale, kulturelle und symbolische Dimensionen des Gender-Konzepts. Opladen.

Dirr, Florian (2004): Kriminalität im Hell- und Dunkelfeld – Kriminalstatistik im Überblick. Studienarbeit. Norderstedt.

Doblhofer, Doris/Küng, Zita (2008): Gender Mainstream, Gleichstellungsmanagement als Erfolgsfaktor – das Praxisbuch. Heidelberg.

Dollase, Rainer (2010): Gewalt in der Schule. Stuttgart.

Dudenredaktion (Hrsg.) (2009): Duden – Das Fremdwörterbuch. Mannheim.

Effinger, Sabine (1995): Frauen und Massenmedien. Eine andere Welt: Frauen, Männer und Gewaltwahrnehmung. Eine Untersuchung zur geschlechtsspezifischen Rezeption von Gewaltinhalten in Medien. Bochum.

Ehrhardt, Angelika (2007): „Sozialisation"; in: Deutscher Verein für öffentliche und private Fürsorge e.V. (Hrsg.): Fachlexikon der sozialen Arbeit. 6. Auflage. Baden-Baden.

Eisner, Manuel/Ribeaud, Denis (2003): Erklärung von Jugendgewalt – eine Übersicht über zentrale Forschungsbefunde; in: Raithel, Jürgen/Mansel, Jürgen (Hrsg.): Kriminalität und Gewalt im Jugendalter. Hell- und Dunkelfeldbefunde im Vergleich. Weinheim/München.

El-Mafaalani, Aladin/Toprak, Ahmet (2010): Ausgrenzung und Aggression, Sozialisationsbedingungen und Denkmuster sozial benachteiligter Jugendlicher mit Migrationshintergrund; in: Förder-Magazin (Hrsg.): Individuelle Förderung in heterogenen Lernsituationen.

Elwert, Georg/Alber, Erdmute (2007): Differenz und Ungleichheit, 10. Ethnizität und Nation; in: Joas, Hans (Hrsg.): Lehrbuch der Soziologie. 3.Auflage. Frankfurt/New-York.

Engel, Jens (2008): Strukturelle Gewalt. Diskussion eines Gewaltbegriffs. Studienarbeit. Norderstedt.

Enzmann, Dirk (2002): Ausmaß, Erscheinungsformen und Ursachen jugendlicher Gewaltdelinquenz; in: Gause, Detlev/Schlottau, Heike, herausgegeben von der Evangelischen Akademie Nordelbien (Hrsg.): Jugendgewalt ist männlich. Gewaltbereitschaft von Mädchen und Jungen, Hamburg.

Equit, Claudia (2011): Gewaltkarrieren von Mädchen. Der „Kampf um Annerkennung" in biografischen Lebensverläufen. Wiesbaden.

Esser, Axel/Wolmerath, Martin (2011): Mobbing und psychische Gewalt. Der Ratgeber für Betroffene und ihre Interessenvertretung. 8.völlig überarbeitete und aktualisierte Auflage. Frankfurt am Main.

Fiedler, Hans S. (2003): Jugend und Gewalt. Sozialanthropologische Genese – personale Intervention – therapeutische Prävention. Münchener Beiträge zur Psychologie. München.

Figdor, Helmut (1998):»... und hab' nicht mehr gewußt, wer ich eigentlich bin.« Scheidungskinder; in: Hilweg, Werner/Ullmann, Elisabeth (Hrsg.): Kindheit und Trauma. Trennung, Mißbrauch, Krieg. 2. Auflage. Göttingen.

Finkel, Magarete (2004): Selbstständigkeit und etwas Glück. Einflüsse öffentlicher Erziehung auf die biographischen Perspektiven junger Frauen. Weinheim/ München.

Fischer, Eva/Asen, Karin/Tiberius, Viktor A. (2004): Entscheidungsfindung; in: Deutscher Manager-Verband e.V. (Hrsg.): Handbuch II Soft Skills. Band III: Methodenkompetenz. Arbeitsmethodik und Projektmanagement. Entscheidungsfindung. Kreativität und Problemlösung. Zeitmanagement und Zielplanung. Präsentation und Moderation. Zürich/Singen.

Fischer, Christian (2009): Gewalt an Schulen – Das Konzept der Streitschlichtung aufgezeigt am Beispiel der Realschule XYZ. Norderstedt.

Flaake, Karin/King, Vera (1992): Vorwort der Herausgeberinnen; in: Flaake, Karin/King, Vera (Hrsg.): Weibliche Adoleszenz. Zur Sozialisation junger Frauen. Frankfurt/Main/New York.

Flaake, Karin/King, Vera (1992): Psychosexuelle Entwicklung, Lebenssituation und Lebensentwürfe junger Frauen. Zur weiblichen Adoleszenz in soziologischen und psychoanalytischen Theorien; in: Flaake, Karin/King, Vera (Hrsg.): Weibliche Adoleszenz. Zur Sozialisation junger Frauen. Frankfurt/Main/New York.

Flick, Uwe (2010): Qualitative Sozialforschung. Eine Einführung, 3. vollständig überarbeitete und erweiterte Neuausgabe, Hamburg.

Fooken, Insa/Lind, Inken (1994): Vielfalt und Widersprüche weiblicher Lebensmuster. Frauen im Spiegel sozialwissenschaftlicher Forschung. Frankfurt am Main/New York.

Freigang, Werner/Wolf, Klaus (2001): Heimerziehungsprofile: Sozialpädagogische Porträts. Weinheim/Basel.

Fried, Lilian (1990): Kindergarten Erziehung heute: geschlechtstypisch oder geschlechtsflexibel?; in: Berty, Karin/Fried, Lilian/Gieseke, Heide/Herzfeld, Helga (Hrsg.): Emanzipation im Teufelskreis. Zur Genese weiblicher Berufs- und Lebensentwürfe. Weinheim.

Friesinger, Theresia (2008): Gewalt hat kein Geschlecht. Männer als Gewaltbetroffene im Kontext häuslicher Gewalt. Norderstedt.

Fuchs, Thomas (2009): Das Gehirn – ein Beziehungsorgan. Eine phänomenologisch-ökologische Konzeption. 2. aktualisierte Auflage. Stuttgart.

Fuchs, Marek/Lamnek, Siegfried/Luedtke, Jens/Baur, Nina (2009): Gewalt an Schulen. 1994 – 1999 – 2004. 2. überarbeitete und aktualisierte Auflage. Wiesbaden.

Galuske, Michael (2009): Methoden der Sozialen Arbeit, Eine Einführung. 8. Auflage. Weinheim/München.

Geiger-Battermann, Bernd (2009): Einleitung. Knast ist nichts für Mädchen – Aspekte einer genderspezifischen Gewaltprävention; in: Kreuzer, Max/Geiger-Battermann, Bernd (Hrsg.): Gewalt ist auch weiblich. Band 2. Analysen – Hintergründe – Interventionen. Mönchengladbach.

Geiger-Battermann, Bernd/Kreuzer, Max (2008): Gewalt ist auch weiblich. Lebensgeschichten und die Innenwelt gewaltbereiter Mädchen und junger Frauen. Band 1. Mönchengladbach.

Gemünden, Jürgen (1996): Gewalt gegen Männer in heterosexuellen Intimpartnerschaften. Ein Vergleich mit dem Thema Gewalt gegen Frauen auf der Basis einer kritischen Auswertung empirischer Untersuchungen. Marburg.

Gender-Institut Sachsen-Anhalt (Hrsg.) (2002): Gender-Report Sachsen-Anhalt 2002 – Kriminalität von Frauen und Männern. Sachsen-Anhalt.

Geulen, Dieter (2007): Das Individuum und die Gesellschaft, 5. Sozialisation; in: Joas, Hans (Hrsg.): Lehrbuch der Soziologie. 3.Auflage. Frankfurt/New-York.

Girtler, R. (1984): Methoden der qualitativen Sozialforschung, Anleitung zur Feldarbeit, Wien, Köln, Graz; in: Lamnek, Siegfried (1993) (Hrsg.): Qualitative Sozialforschung. Band 2, Methoden und Techniken. 2. überarbeitete Auflage. Weinheim.

Gomard, Kirsten (1997): Doing gender – doing politics. Wie lösen Politikerinnen den Konflikt?; in: Braun, Friederike/Pasero, Ursula (Hrsg.): Kommunikation von Geschlecht. Communication of Gender. Pfaffenweiler.

Göke, Sandra (2010): Jugendgewalt in Deutschland. Umfang – Erscheinungsformen – Erklärungsansätze. Hamburg.

Grundmann, Matthias (2006): Sozialisation. Konstanz.

Grzanna, Marion/Schmidt, Nora (2007): „Familie"; in: Deutscher Verein für öffentliche und private Fürsorge e.V. (Hrsg.), Fachlexikon der sozialen Arbeit. 6. Auflage. Baden-Baden.

Haberecht, Alexandra (2007): Jugendliche als Gewalttäter. Klärung der Ursachen von Gewalt und ihre Prävention. Norderstedt.

Haberstroh, Julia/Neumeyer, Katharina/Pantel, Johannes (2011): Kommunikation bei Demenz: Ein Ratgeber für Angehörige und Pflegende. Berlin/Heidelberg.

Hagemann-White, Carol (1992): Berufsfindung und Lebensperspektive in der weiblichen Adoleszenz; in: Flaake, Karin/King, Vera (Hrsg.): Weibliche Adoleszenz. Zur Sozialisation junger Frauen. Frankfurt/Main/New York.

Hansen, Georg/Spetsmann-Kunkel, Martin (2008): Integration und Segregation. Ein Spannungsverhältnis. Münster/New-York/München/Berlin.

Hartmann, Anja (2007): „Geschlechtstypische Sozialisation im Säuglings-, Klein-kind- und Vorschulalter". Geschlechtstypische beeinflussende Faktoren in-nerhalb der Sozialisation, Erklärungsversuche, Zusammenhänge, praktische Schlußfolgerungen. Norderstedt.

Heeg, Rahel (2009): Mädchen und Gewalt. Bedeutungen physischer Gewaltaus-übung für weibliche Jugendliche. Wiesbaden.

Heghmanns, Michael (2009): Strafrecht für alle Semester. Besonderer Teil. Grund- und Examenswissen kritisch vertieft. Berlin/Heidelberg.

Heinrich, Frederik (2003): Zusammenhänge zwischen medial erlebter Gewalt und aggressivem Verhalten von Kindern und Jugendlichen auf dem Hintergrund von Veränderungen in Schule Familie und Gesellschaft. Diplomarbeit. Norderstedt.

Heinze, Thomes (2001): Qualitative Sozialforschung: Eine Einführung, Methodo-logie und Forschungspraxis, München/Wien/Oldenburg.

Heitmeyer, Wilhelm (1995): Deutsche und ausländische Jugendliche. Zur Brisanz ethnisch-kultureller Gewaltpotentiale; in: Heitmeyer, Wilhelm (Hrsg.): Gewalt. Schattenseiten der Individualisierung bei Jugendlichen aus unter-schiedlichen Milieus. 3. Auflage. Weinheim/München.

Helbig, Ludwig (1979): Studienbücher Politik. Sozialisation. Eine Einführung. Frankfurt am Main.

Henschel, Angelika (1993): Geschlechtsspezifische Sozialisation, Zur Bedeutung von Angst und Aggression in der Entwicklung der Geschlechtsidentität. Ei-ne Studie im Frauenhaus. Mainz.

Herfurth, Tobias (2001): Gewalt – ein zunehmendes Phänomen im Rahmen gesell-schaftlicher Wandlungsprozesse? Darstellung und kritische Analyse des Gewaltphänomens in der Schule. München.

Hermand, Jost (2006): Freundschaft. Zur Geschichte einer sozialen Bindung. Lite-ratur – Kultur – Geschlecht. Köln.

Hetzenauer, Irene (2006): Zwischen o-bento und o-shigoto – Rollenerwartungen und ihr Einfluss auf die Lebenssituation alleinerziehender Mütter und Väter in Japan und Österreich. Magisterarbeit. Norderstedt.

Hilgers, Judith (2011): Inszenierte und dokumentierte Gewalt Jugendlicher. Eine qualitative Untersuchung von ‚Happy slapping'-Phänomenen. Wiesbaden.

Hochmuth, Astrid/Pickel, Melanie (2009): Gewalt an Grundschulen. Theoretische Betrachtung und Einblicke in die Praxis des Schulalltags. Hamburg.

Hofmann, Saskia (2011): Yes, she can! Konfrontative Pädagogik in der Mädchenarbeit. Freiburg.

Hoffman, Erika (1963): Über die sozialpädagogischen Methoden, Heidelberg; in: Galuske, Michael (2009): Methoden der Sozialen Arbeit, Eine Einführung. 8. Auflage. Weinheim/München.

Hoffmann, Berno (1997): Das sozialisierte Geschlecht. Zur Theorie der Geschlechter-Sozialisation. Opladen.

Holtz-Bacha, Christina (1994): Am Rande der Disziplin: Weibliche Perspektiven in der deutschsprachigen Kommunikationswissenschaft; in: Angerer, Marie-Luise/Dorer, Johanna (Hrsg.): Gender und Medien. Theoretische Ansätze, empirische Befunde und Praxis der Massenkommunikation: Ein Textbuch zur Einführung. Wien.

Hoof-Leistner, Heike/Balk, Michael (2008): Gesprächsführung für Physiotherapeuten. Theorie – Techniken – Fallbeispiele. Stuttgart.

Hopf, Christel (1993): Soziologie und qualitative Sozialforschung; in: Hopf, Christel/Weingarten, Elmer (Hrsg.): Qualitative Sozialforschung. 3. Auflage. Stuttgart.

Hosser, Daniela/Beckurts, Dana (2005): Empathie und Delinquenz; in: Kriminologisches Forschungsinstitut Niedersachsen e.V. (Hrsg.): Forschungsberichte Nr. 96. Hannover.

Huber, Julia (2007): Sport und Gewalt – sozialwissenschaftliche Ansätze zur Erklärung eines prekären Phänomens. Bachelorarbeit. Norderstedt.

Hug, Theo/Poscheschnik, Gerald (2010): Empirisch forschen, studieren, aber richtig, Wien.

Hurrelmann, Klaus/Grundmann, Matthias/Walper, Sabine (2008): Handbuch Sozialforschung. 7. Auflage. Weinheim/Basel.

Hurrelmann, Klaus/Bründel, Heidrun (2007): Gewalt an Schulen. Pädagogische Antworten auf eine soziale Krise. 2. Auflage. Weinheim/Basel.

Hurrelmann, Klaus (1986): Einführung in die Sozialisationstheorie. Über den Zusammenhang von Sozialstruktur und Persönlichkeit. Weinheim/Basel; in: Kühne-Vieser, Kirstin/Thuma-Labenstein, Siglinde (1993): Kurspraxis 4. Weiterbildung mit Frauen, Bereich Frauen in der Gesellschaft. Sozialisation: weiblich, Theorien zur geschlechtsspezifischen Sozialisation, Mössingen-Talheim.

Hurrelmann, Klaus/Rosewitz, Bernd/Wolf, Hartmut K. (1985): Lebensphase Jugend. Eine Einführung in die sozialwissenschaftliche Jugendforschung. Weinheim/München.

Ittel, Angela/Bergmann Susanne/Scheithauer Herbert (2008): Aggressives und gewalttätiges Verhalten von Mädchen; in: Scheithauer, Herbert/Hayer, Tobias/Niebank, Kay (Hrsg.): Problemverhalten und Gewalt im Jugendalter. Erscheinungsformen, Entstehungsbedingungen, Prävention und Intervention. Stuttgart.

Jacobson, Jodi L. (1994): Frauendiskriminierung. Die wirkliche Ursache der Unterentwicklung. Schwalbach.

Jobst, Solvejg (2008): III Sozialisation; in: Hörner, Wolfgang/Drinck, Barbara/Jobst, Solvejg (Hrsg.): Bildung, Erziehung, Sozialisation. Opladen & Farmington Hills.

Jugert, Gert/Rehder, Anke/Notz, Peter/Petermann, Franz (2007): Soziale Kompetenz für Jugendliche. Grundlagen, Training und Fortbildung. 5. Auflage. Weinheim/München.

Kaiser, Ingrid (2012): Gewalt in häuslichen Beziehungen. Sozialwissenschaftliche und evolutionsbiologische Positionen im Diskurs. Wiesbaden.

Kamp-Becker, Inge (1995): Frauen – Rollen – Flexibilität. Eine Annäherung aus verschiedenen Perspektiven. Regensburg.

Karnkowski, Sylwia (2009): Unterschiede in der Sozialisation zwischen ein- und zweisprachig Aufgewachsenen. Am Beispiel von deutschen Aussiedlern aus Polen. Diplomarbeit. Norderstedt.

Kaufmann, Franz-Xaver (1996): Modernisierungsschübe, Familie und Sozialstaat. München/Oldenburg.

Kerber, Claudia (2001): Soziale Ungleichheit und Geschlecht. Studienarbeit. Norderstedt.

Kersting, Daniela (2010): Welchen Einfluss übt das soziale Umfeld auf die Gewaltbereitschaft adoleszenter Mädchen aus? Geschlechtsspezifische Erziehung. Studienarbeit. Norderstedt.

Kilb, Rainer (2011): Jugendgewalt im städtischen Raum. Strategien und Ansätze im Umgang mit Gewalt. 2. durchgesehene Auflage. Wiesbaden.

King, Vera (2007): „Adoleszenz"; in: Deutscher Verein für öffentliche und private Fürsorge e.V. (Hrsg.), Fachlexikon der sozialen Arbeit. 6. Auflage. Baden-Baden.

Klees, Renate/Marburger, Helga/Schumacher, Michaela (2004): Mädchenarbeit. Praxishandbuch für die Jugendarbeit Teil 1, 5. Auflage. Weinheim/München.

Klein, Michael (2002): Stadt, Geschlecht, soziale Ungleichheit; in: Hammer, Veronika/Lutz, Ronald (Hrsg.): Weibliche Lebenslagen und soziale Benachteiligung. Theoretische Ansätze und empirische Beispiele. Frankfurt am Main.

Klemm, Thorsten (2006): Gewalttätige Jugendliche in der Gruppentherapie. Das Leipziger Selbstkontrolltraining; in: Menne, Klaus/Hundsalz, Andreas (Hrsg.): Jahrbuch für Erziehungsberatung. Band 6. Weinheim/München.

Klosinski, Günther (2003): Zur Bedeutung der Gleichaltrigen-Gruppe im Jugendalter – Chancen und Risiken aus jugendpsychiatrischer Sicht; in: Nörber, Martin (Hrsg.): Peer Education. Bildung und Erziehung von Gleichaltrigen durch Gleichaltrige. Weinheim/Basel/Berlin.

Knapp, Gudrun-Alexi (2000): Konstruktion und Dekonstruktion von Geschlecht; in: Becker-Schmidt, Regina/Knapp, Gudrun-Alexi (Hrsg.): Feministische Theorien. Zur Einführung. Hamburg.

Koch, Andrea (2009): Die Grenzen der Provokation – Darf man provozieren auf Kosten der Opfer? Über die Moralität des Films „Elephant". Essay. Norderstedt.

Korn, Judy/Mücke, Thomas (2011): Gewalt im Griff 2: Deeskalations- und Mediationstraining. 3. überarbeitete und aktualisierte Auflage. Weinheim/Basel.

Korn, Judy/Mücke, Thomas (2000): Gewalt im Griff. Band 2: Deeskalations- und Mediationstraining. Weinheim/Basel.

König, Rene (1977): Die Familie der Gegenwart. 2. Auflage. München.

König, Rene (1974): Materialien zur Soziologie der Familie. 2. Auflage. Köln.

Krall, Hannes (2007): Jugend und Gewalt. Herausforderungen für Schule und Soziale Arbeit. 2. Auflage. Wien/Münster.

Kraul, Dietmar (1998): Bildung und Arbeit: Statusspezifische Aspekte von Gewalt; in: Heitmeyer, Wilhelm (Hrsg.): Gewalt. Schattenseiten der Individualisierung bei Jugendlichen aus unterschiedlichen Milieus. 3. Auflage. Weinheim/München.

Kreissl, Reinhard (2005): Die Fake-Guerilla im Cybermarxismus. Vorüberlegungen zur Transformation sozialer Kontrolle; in: Krol, Martin/Luks, Timo/Matzky-Eilers, Michael/Straube, Gregor (Hrsg.): Macht – Herrschaft – Gewalt. Berlin/Hamburg/London/Münster/Wien/Zürich.

Kreuzer, Max (2009): Zu Hintergründen und zur Dynamik von gewaltbereitem Verhalten bei Mädchen und jungen Frauen – Ein Forschungsüberblick; in: Kreuzer, Max/Geiger-Battermann, Bernd (Hrsg.): Gewalt ist auch weiblich. Band 2. Analysen – Hintergründe – Interventionen. Mönchengladbach.

Krieger, Wolfgang (2007): Gewalt und Geschlechterverhältnis aus Sicht der Jugendhilfe. Genderspezifische Bedingungen der Entstehung von Gewaltbereitschaft bei Kindern und Jugendlichen und ihre Bedeutung für die Jugendhilfe; in: Gahleitner, Silke Brigitta/Lenz, Hans-Joachim (Hrsg.): Gewalt und Geschlechterverhältnis. Interdisziplinäre und geschlechtersensible Analysen und Perspektiven, Weinheim/München.

Krüger, Christine (2008): Zusammenhänge und Wechselwirkungen zwischen allgemeiner Gewaltbereitschaft und rechtsextremen Einstellungen. Eine kriminologische Studie zum Phänomen jugendlicher rechter Gewaltstraftäter. Mönchengladbach.

Krüger, Maik (2010): Frühprävention dissozialen Verhaltens. Entwicklungen in der Kinder- und Jugendhilfe; in: Dünkel, Frieder (Hrsg.): Schriften zum Strafvollzug, Jugendstrafrecht und zur Kriminologie. Lehrstuhl für Kriminologie an der Ernst-Moritz-Arndt-Universität Greifswald. Band 38. Mönchengladbach.

Krüger, Johannes (2003): Das ICH-Schwache Kind als schulischer Aussenseiter. Diplomarbeit. Norderstedt.

Kunczik, Michael/Zipfel, Astrid (2006): Gewalt und Medien. Ein Studienhandbuch. Köln.

Kury, Helmut/Obergfell-Fuchs, Joachim (2005): Einleitung; in: Kury, Helmut/Obergfell-Fuchs, Joachim (Hrsg.): Gewalt in der Familie. Für und Wider den Platzverweis. Freiburg im Breisgau.

Küchler, Petra (1997): Zur Konstruktion von Weiblichkeit. Pfaffenweiler.

Kühne-Vieser, Kirstin/Thuma-Labenstein, Siglinde (1993): Kurspraxis 4. Weiterbildung mit Frauen, Bereich Frauen in der Gesellschaft. Sozialisation: weiblich, Theorien zur geschlechtsspezifischen Sozialisation, Mössingen-Talheim.

Küster, Ernst-Uwe/Thole, Werner (2005): „Wertschätzung"; in: Mielenz, Ingrid/Kreft, Dieter (Hrsg.): Wörterbuch Soziale Arbeit. Aufgaben, Praxisfelder, Begriffe und Methoden der Sozialarbeit und Sozialpädagogik. Weinheim/München.

Lahner, Alexander (2011): Bildung und Aufklärung nach PISA. Theorie und Praxis außerschulischer politischer Jugendnildung. Wiesbaden.

Lalouschek, Johanna/Wodak, Ruth (1994): „Liebe gnädige Frau..." – Sprache und Sprechen über Frauen/Mit Frauen; in: Angerer, Marie-Luise/Dorer, Johanna (Hrsg.): Gender und Medien. Theoretische Ansätze, empirische Befunde und Praxis der Massenkommunikation: Ein Textbuch zur Einführung. Wien.

Lamnek, Siegfried (1993): Qualitative Sozialforschung. Band 1, Methodologie. 2. überarbeitete Auflage. Weinheim.

Lamnek, Siegfried (1993): Qualitative Sozialforschung. Band 2, Methoden und Techniken. 2. überarbeitete Auflage. Weinheim.

Lang, Angela (2003): Teil I: Kommunikation. 1. Kommunikation: Was ist das?; in: Deutsche Versicherungsakademie (DVA) GmbH (Hrsg.): Kommunikation und Management. Studienmaterial. 2. Auflage. Karlsruhe.

Langfeldt, Hans-Peter/Nothdurft, Werner (2007): Psychologie. Grundlagen und Perspektiven für die soziale Arbeit. 4. Auflage. München.

Lenz, Hans-Joachim (2007): Gewalt und Geschlechterverhältnis aus männlicher Sicht; in: Gahleitner, Silke Brigitta/Lenz, Hans-Joachim (Hrsg.): Gewalt und Geschlechterverhältnis. Interdisziplinäre und geschlechtersensible Analysen und Perspektiven, Weinheim/München.

Lenz, Michael (1999): Geschlechtersozialisation aus biologischer Sicht. Anlage und Erziehung. Stuttgart.

Liebsch, Burkhard (2001): Zerbrechliche Lebensformen. Widerstreit/Differenz/Gewalt. Berlin.

Lohre, Carolin (2007): Geschwister – individuelle und familiäre Faktoren einer lebenslangen Beziehung. Studienarbeit. Norderstedt.

Lüdemann, Christian/Ohlemacher, Thomas (2002): Soziologie der Kriminalität. Theoretische und empirische Perspektiven. Weinheim/München.

Lüdtke, Sabine (2004): Gewalt in den Medien. Eine Analyse am Beispiel des Filmes 'Kill Bill Vol. 1' von Quentin Tarantino. Studienarbeit. Norderstedt.

Lütkes, Anne (2002): Jugendgewalt ist männlich. Beitrag der Ministerin für Justiz, Frauen, Jugend und Familie des Landes Schleswig-Holstein zur Dokumentation der Fachtagung; in: Gause, Detlev/Schlottau, Heike (Hrsg.): Jugendgewalt ist männlich. Gewaltbereitschaft von Mädchen und Jungen. Hamburg.

Mansel, Jürgen (2001): Angst vor Gewalt. Eine Untersuchung zu jugendlichen Opfern und Tätern. Jugendforschung. Weinheim/München.

Markowski, Anika (2010): Gewalt in der Familie – Auswirkungen auf die Kinder und Formen der sozialpädagogischen Prävention und Intervention. Diplomarbeit. Norderstedt.

Martin, Lother R./Martin, Peter (2003): Gewalt in Schule und Erziehung. Ursachen – Grundformen der Prävention und Intervention. Klinkhardt.

Matzanke, Matthias (2000): Grundlagen der Subjektentwicklung – Adoleszenz und Jugendalter, Identität. Hausarbeit. Norderstedt.

Maus, Friedrich/Nodes, Wilfried/Röh Dieter (2008): Schlüsselkompetenzen der Sozialen Arbeit für die Tätigkeitsfelder Sozialarbeit und Sozialpädagogik. Essen.

Mayer, Susanne (2002): Deutschland armes Kinderland. Wie die Ego-Gesellschaft unsere Zukunft verspielt, Plädoyer für eine neue Familienkultur. Frankfurt am Main.

Mayring, Phillip (1999): Einführung in die qualitative Sozialforschung. 4. Auflage. Weinheim.

Mayring, Phillip (2002): Einführung in die qualitative Sozialforschung. 5. überarbeitete und neu ausgestattete Auflage. Weinheim/Basel.

Mayring, Phillip (2008): Qualitative Inhaltsanalyse. Grundlagen und Techniken. 10. neu ausgestattete Auflage. Weinheim/Basel.

Meier, Ulrich (2003): Aggression und Gewalt in der Schule. Münster.

Mentzel, Wolfgang (2007): Kommunikation. Rede, Präsentation, Gespräch, Verhandlung, Moderation. München.

Merkel, Jana (2007): Der kurze Atem der Provokation und seine Bedeutung für soziale Bewegungen – Verdeutlicht am Beispiel der Studentenproteste in Peking 1989. Studienarbeit. Norderstedt.

Meuser, Michael (2002): „Doing Masculinity" – Zur Geschlechtslogik männlichen Gewalthandelns; in: Dackweiler, Regina-Maria/Schäfer, Reinhild (Hrsg.): Gewalt-Verhältnisse. Feministische Perspektiven auf Geschlecht und Gewalt. Frankfurt am Main.

Meyer-Bothling, Anne (2004): Gewalt im Griff – Deeskalationstraining. Norderstedt.

Micus, Christiane (2002): Friedfertige Frauen und wütende Männer? Theorien und Ergebnisse zum Umgang der Geschlechter mit Aggression. Weinheim/München.

Mund, Petra (2007): Kommunikation; in: Deutscher Verein für öffentliche und private Fürsorge e.V. (Hrsg.), Fachlexikon der sozialen Arbeit. 6. Auflage. Baden-Baden.

Mund, Petra (2007): Soziale Kompetenzen; in: Deutscher Verein für öffentliche und private Fürsorge e.V. (Hrsg.), Fachlexikon der sozialen Arbeit. 6. Auflage. Baden-Baden.

Munz, Claudia/Büchele, Ute (1999): Gewalt lieben. Gewalt unter Jugendlichen. Ostfildern vor Stuttgart.

Mühler, Kurt (2008): Sozialisation. Eine soziologische Einführung. Paderborn.

Müller, Claudia (2011): Jugendgewalt – ein Überblick. Norderstedt.

Müller, Hans-Jürgen (2010): Mit den Fäusten reden? Symboltheoretische Deutung des Interviews mit Jannika; in: Wigger, Lothar/Equit, Claudia (Hrsg.): Bildung, Biografie und Anerkennung. Interpretationen eines Interviews mit einem gewaltbereiten Mädchen. Opladen & Farmington Hills.

Nave-Herz, Rosemarie/Onnen-Isemann, Corinna (2007): Gesellschaftliche Institutionen. Familie; in: Joas, Hans (Hrsg.): Lehrbuch der Soziologie. 3. Auflage. Frankfurt/New-York.

Näf, Tabea/Kraus, Simone (2008): Mädchengewalt – ein doppelter Tabubruch. Eine qualitative Forschungsarbeit zu Präventions- und Interventionsansätzen mit gewaltbereiten und gewalttätigen Mädchen. Saarbrücken.

Niederbacher, Arne/Zimmermann, Peter (2011): Grundwissen Sozialisation. Einführung zur Sozialisation im Kindes- und Jugendalter. 4. überarbeitete und aktualisierte Ausgabe. Wiesbaden.

Niermeyer, Rainer (2006): Soft Skills. Das Kienbaum Trainingsprogramm. München.

Nörber, Martin (2003): Peer-Education – ein Bildungs- und Erziehungsangebot? Zur Praxis von Peer-Education in Jugendarbeit und Schule; in: Nörber, Martin (Hrsg.): Peer Education. Bildung und Erziehung von Gleichaltrigen durch Gleichaltrige. 3. Auflage. Weinheim/Basel/Berlin.

Nyssen, Elke (1993): Geschlecht – (k)eine didaktische Kategorie?; in: Kühne-Vieser, Kristin/Thuma-Lobenstein, Siglinde (Hrsg.): Sozialisation: Weiblich. Theorien zur geschlechtsspezifischen Sozialisation. Talheimer Verlag.

Omer, Haim/von Schlippe, Arist (2010): Autorität durch Beziehung. Die Praxis des gewaltlosen Widerstands in der Erziehung. Göttingen.

Opp, Karl-Dieter (1995): Wissenschaftstheoretische Grundlagen der empirischen Sozialforschung; in: Roth, Erwin (Hrsg.): Sozialwissenschaftliche Methoden. 4. durchges. Auflage. München/Wien/Oldenburg.

Ostermann, Anne/Nicklas, Hans (1984): Vorurteile und Feindbilder. 3. Auflage. Weinheim/Basel.

Ostheimer, Astrid (2002): Virtual Reality Novels. Computerspielwelten und virtuelle Realität in der aktuellen phantastischen Literatur; in: Ewers, Hans-Heino (Hrsg.): Lesen zwischen Neuen Medien und Pop-Kultur. Kinder- und Jugendliteratur im Zeitalter multimedialen Entertainments. Weinheim/München.

Pauls, Helmut (2011): Klinische Sozialarbeit. Grundlagen und Methoden psychosozialer Behandlung. 2. überarbeitete Auflage. Weinheim/München.

Pfister, Gertrud (1990): Die Feminisierung pädagogischer Berufe in der Bundesrepublik Deutschland und in der DDR; in: Baske, Siegfried (Hrsg.): Pädagogische Berufe in der Bundesrepublik Deutschland und in der Deutschen Demokratischen Republik. Schriftenreihe der Gesellschaft für Deutschlandforschung. Band 30. Fachgruppe Erziehungswissenschaften. Berlin.

Picot, Sibylle (2011): Jugend in der Zivilgesellschaft. Freiwilliges Engagement Jugendlicher von 1999 bis 2009; in: Bertelsmann Stiftung (Hrsg.): Kurzbericht: April 2011. Gütersloh.

Pieczynski, Kirsten (2007): Gewalt und Aggression im Bereich der Schulsozialarbeit. Sozialarbeiterische Handlungsmöglichkeiten. Studienarbeit. Norderstedt.

Polizeiliche Kriminalstatistik (2011): Kriminalitätsentwicklung in Nordrhein-Westfalen. Düsseldorf.

Pollich, Daniela (2010): Problembelastung und Gewalt. Eine soziologische Analyse des Handelns jugendlicher Intensivtäter. Münster.

Popp, Ulrike (1992): „Heiraten – das kann ich mir noch nicht vorstellen" – Das psychosoziale Moratorium bei Jungen und Mädchen in der Oberstufe; in: Tillmann, Klaus-Jürgen (Hrsg.): Jugend weiblich-Jugend männlich. Opladen.

Prange, Christian (2003): Rezeption von Gewaltdarstellungen in den Medien. Vordiplomarbeit. Norderstedt.

Przyborski, Aglaja/Wohlrab-Sahr, Monika (2010): Qualitative Sozialforschung, Ein Arbeitsbuch, 3. Auflage. München.

Raithel, Jürgen (2005): Die Stilisierung des Geschlechts. Jugendliche Lebensstile, Risikoverhalten und die Konstruktion von Geschlechtlichkeit. Weinheim/München.

Reimann, Ina (2012): Jugendgewalt in verschiedenen Lebenskontexten: Risiken und Chancen straffällig gewordener Jugendlicher. Norderstedt.

Remmel, Claudia (2008): Heimerziehung. Vorgehensweise und Problematik bei der Rückführung eines Kindes in seine Herkunftsfamilie. Studienarbeit. Norderstedt.

Röttger, Ulrich (1994): Medienbiographien von jungen Frauen. Münster/Hamburg.

Rumsey, Deborah (2010): Statistik für Dummies. Die Grundlagen der Statistik mit Spaß erlernen und anwenden. Auf einen Blick: •Bias, Stichproben und Wahrscheinlichkeit •Medien, arithmetisches Mittel und Korrelation •Die grafischen Darstellungsmöglichkeiten kennen •Mit Übungsaufgaben online. 2. überarbeitete Auflage. Weinheim.

Ruthe, Reinhold (2006): Praktische Tipps zum Burnout; in: Riewesell, Thorsten/Weiss, Andi (Hrsg.): ... weiterkommen! Ein Kurs zum Nachfolgen und Leben-Gestalten. Kassel.

Sammel, Eva (2004): Erziehungsstile. Studienarbeit. Norderstedt.

Schaller, Roger (2005): Wege, an sie ranzukommen. Selbstmanagement- und Psychodrama-Training mit gewaltbereiten Kindern und Jugendlichen. Weinheim/München.

Schälike, Julius (2002): Wünsche, Werte und Moral. Entwurf eines handlungstheoretischen und ethischen Internalismus. Würzburg.

Scheck, Stephanie (2006): Delinquenz bei Jugendlichen. Studienarbeit. Norderstedt.

Scheer, Sebastian (2007): „Delinquenz"; in: Deutscher Verein für öffentliche und private Fürsorge e.V. (Hrsg.), Fachlexikon der sozialen Arbeit. 6. Auflage. Baden-Baden.

Schick, Andreas (2011): Entstehungsbedingungen aggressiven Verhaltens im Kindes- und Jugendalter; in: Deegener, Günther/Körner, Wilhelm (Hrsg.): Gewalt und Aggression im Kindes- und Jugendalter. Ursachen, Formen, Intervention. Basel.

Schiling, Susanne R. (2002): Hochbegabte Jugendliche und ihre Peers; in: Rost Detlef H. (Hrsg.): Pädagogische Psychologie und Entwicklungspsychologie. Münster.

Schimank, Uwe (2007): Gruppen und Organisationen; in: Joas, Hans (Hrsg.): Lehrbuch der Soziologie. 3. Auflage. Frankfurt/New-York.

Schmauch, Ulrike (1993): Kindheit und Geschlecht. Anatomie und Schicksal. Zur Psychoanalyse der frühen Geschlechtssozialisation. Basel/Frankfurt am Main.

Schmidt, Björn (2002): Jugend und Gewalt. Studienarbeit. Norderstedt.

Schmidt, Katrin (2007): Familie und Peers als Entwicklungskontext in der Adoleszenz. Potsdam/München/Ravensburg.

Schnack, Hans-Christian (2010): Schulbildung für Migrantenkinder in der VR China. Zwischen staatlicher Ausgrenzung und privaten Alternativen. Berlin/Münster.

Schneewind, Klaus A. (1995): Bewusste Kinderlosigkeit: Subjektive Begründungsfaktoren bei jungverheirateten Paaren; in: Nauck, Bernhard /Onnen-Isemann, Corinna (Hrsg.): Familie im Brennpunkt von Wissenschaft und Forschung. Neuwied /Kriftel/Berlin.

Schnell, Rainer/Hill, Paul-B./Esser, Elke (1993): Methoden der empirischen Sozialforschung. 4. überarbeitete Auflage. München.

Schneider, Alfred (2003): Staatsbürger-, Gesetzes- und Berufskunde für Fachberufe im Gesundheitswesen. Für Prüfung und Praxis. 6. Auflage. Berlin/Heidelberg.

Schneider, Hans Joachim (2001): Kriminologie für das 21. Jahrhundert. Schwerpunkte und Fortschritte der internationalen Kriminologie. Überblick und Diskussion. Münster/Hamburg/London.

Schneider, Kathrin (2005): Erklärungsmuster und Begründungsfiguren in pädagogischen Ratgebern. Diplomarbeit. Norderstedt.

Schneider, Thomas (2008): Identitätsstiftung durch Gewalt? Ansätze einer Erklärung an einem Fallbeispiel. Bachelor Thesis. Norderstedt.

Schoor, Jan (2008): Politische Gewalt im Baskenland – Ursachen und Perspektiven des nationalistischen Terrorismus in Spanien. Magisterarbeit. Norderstedt.

Schröder, Achim (2003): Die Gleichaltrigengruppe als emotionales und kulturelles Phänomen; in: Nörber, Martin (Hrsg.): Peer Education. Bildung und Erziehung von Gleichaltrigen durch Gleichaltrige. Weinheim/Basel/Berlin.

Schubarth, Wilfried (2000): Gewaltprävention in Schule und Jugendhilfe, Theoretische Grundlagen. Empirische Ergebnisse Praxismodelle. Neuwied.

Schumm, Wilhelm (2007): „Schicht"; in: Deutscher Verein für öffentliche und private Fürsorge e.V. (Hrsg.): Fachlexikon der sozialen Arbeit. 6. Auflage. Baden-Baden.

Schütze, Yvonne (2007): III 1. Familie; in: Krüger, Heinz-Hermann/Helsper, Werner (Hrsg.): Einführung in die Grundbegriffe und Grundfragen der Erziehungswissenschaften. Opladen & Farmington Hills.

Schwind, Hans-Dieter/Roitsch, Karin/Gielen, Birgit (2009): Gewalt in der Schule aus der Perspektive unterschiedlicher Gruppen; in: Holtappels, Heinz Günter/Heitmeyer, Wilhelm/Melzer, Wolfgang/Tillmann, Klaus-Jürgen (Hrsg.): Forschung über Gewalt an Schulen. Erscheinungsformen und Ursachen, Konzepte und Prävention. Weinheim/München.

Schwind, Hans-Dieter (2004): Kriminologie. Eine praxisorientierte Einführung mit Beispielen. Heidelberg.

Schwinn, Thomas (2007): Soziale Ungleichheit. Themen der Soziologie. Bielefeld.

Selg, Herbert (1995): Menschliche Aggressivität, Göttingen/Toronto/Zürich, 1974; in: Weidner, Jens: Anti-Aggressivitäts-Training für Gewalttäter. 3. erweiterte Auflage. Bonn.

Senger, Ionka (2007): Status; in: Deutscher Verein für öffentliche und private Fürsorge e.V. (Hrsg.), Fachlexikon der sozialen Arbeit. 6. Auflage. Baden-Baden.

Settertobulte, Wolfgang (2008): Der Einfluss der Gleichaltrigen auf das Risikoverhalten im Kontext gesundheitlicher Ungleichheit; in: Richter, Matthias/Hurrelmann, Klaus/Klocke, Andreas/Melzer, Wolfgang/Ravens-Sieberer, Ulrike (Hrsg.): Gesundheit, Ungleichheit und jugendliche Lebenswelten. Ergebnisse der zweiten internationalen Vergleichsstudie im Auftrag der Weltgesundheitsorganisation WHO. Weinheim/München.

Siegel, Manuela (2011): Gewalt an Schulen – Perspektiven der Schulsozialarbeit. Masterarbeit. Norderstedt.

Sielert, Uwe (2010): Jungenarbeit. Praxishandbuch für die Jungenarbeit. Teil 2. 4. Auflage. Weinheim/München.

Sielert, Uwe/Jaeneke, Katrin/Lamp, Fabian/Selle, Ulrich (2009): Kompetenztraining »Pädagogik der Vielfalt«. Grundlagen und Praxismaterialien zu Differenzverhältnissen, Selbstreflektion und Anerkennung. Weinheim/München.

Siewert, Juliane (2004): Schlägermädchen. Eine Erfindung der Medien oder tatsächlich in unserer Gesellschaft existent? Studienarbeit. Norderstedt.

Silkenbeumer, Mirja (2011): Gewalt von Mädchen: Gewalt hat kein Geschlecht und erfordert dennoch geschlechterreflexives Fallverstehen; in: Deegener, Günther/Körner, Wilhelm (Hrsg.): Gewalt und Aggression im Kindes- und Jugendalter. Ursachen, Formen, Intervention. Basel.

Silkenbeumer, Mirja/Perez, Raquel Vazquez (2010): Gewalt und Geschlecht in der Schule. Analysen, Positionen, Praxishilfen; in: Gewerkschaft Erziehung und Wissenschaft (Hrsg.). Frankfurt/Gießen.

Silkenbeumer, Mirja (2007): Biografische Selbstentwürfe und Weiblichkeitskonzepte aggressiver Mädchen und junger Frauen. Berlin.

Simon, Walter (2004): GABALs großer Methodenkoffer. Grundlagen der Kommunikation. Offenbach.

Sinn, Arndt (2007): Straffreistellung aufgrund von Drittverhalten. Zurechnung und Freistellung durch Macht. Tübingen.

Sitzer, Peter (2009): Jugendliche Gewalttäter. Eine empirische Studie zum Zusammenhang von Anerkennung, Missachtung und Gewalt. Weinheim/München.

Skepenat, Marcus (2000): Jugendliche und Heranwachsende als Tatverdächtige und Opfer von Gewalt. Eine vergleichende Analyse jugendlicher Gewaltkriminalität in Mecklenburg-Vorpommern anhand der Polizeilichen Kriminalstatistik unter besonderer Berücksichtigung tatsituativer Aspekte; in: Dünkel, Frieder (Hrsg.): Schriften zum Strafvollzug, Jugendstrafrecht und zur Kriminologie. Lehrstuhl für Kriminologie an der Ernst-Moritz-Arndt-Universität Greifswalt. Band 8. Mönchengladbach.

Sofsky, Wolfsgang (2010): Der Prozeß der Gewalt; In: Klein, Michael (Hrsg.): Gewalt – interdisziplinär. Erfurter Sozialwissenschaftliche Reihe. Münster.

Stagl, Justin (2009): Nichtlachen und Nichtweinen als negative Gesten; in: Stagl, Justin/Reinhard, Wolfgang (Hrsg.): Grenzen des Menschseins: Probleme einer Definition des Menschlichen. Wien/Köln/Weimar.

Stamm, Margit (2012): Schulabbrecher in unserem Bildungssystem. Unter Mitarbeit von Melanie Holzinger-Neulinger und Peter Suter. Wiesbaden.

Statistisches Bundesamt (2010): Lange Reihe zur Strafverfolgungsstatistik. II. 2 Verurteilte nach ausgewählten Straftaten, Geschlecht und Altersgruppen (Deutschland seit 2007).

Stern, Steffen (2005): Verteidigung in Mord- und Totschlagsverfahren. 2. neu bearbeitete und erweitere Auflage. Heidelberg.

Stiehler, Sabine (2000): Alleinerziehende Väter. Sozialisation und Lebensführung. Geschlechterforschung. Weinheim/München.

Stier, Winfried (1996): Empirische Forschungsmethoden, Berlin/Heidelberg.

Stigler, Hubert/Felbinger, Günter (2005): Der Interviewleitfaden im qualitativen Interview; in: Stigler, Hubert/Reicher, Hannelore (Hrsg.): Praxisbuch. Empirische Sozialforschung in den Erziehungs- und Bildungswissenschaften, Innsbruck/Wien/Bozen.

Strasser, Simone (2007): Mädchen in sozialpädagogischen Betreuungseinrichtungen. Empfindungen, Hindernisse und Chancen bei einer Jugend außerhalb des Familienverbandes. Diplomarbeit. Norderstedt.

Straube, Sandra (2010): Die vier Emotionen Angst, Wut, Freunde und Traurigkeit und ihre Auswirkungen auf mimischer, kognitiver, physiologischer und Verhaltensebene. Studienarbeit. Norderstedt.

Strauss, Anselm L. (1991): Grundlagen qualitativer Sozialforschung. Datenanalyse und Theoriebildung in der empirischen soziologischen Forschung. München.

Streeck-Fischer, Annette (2006): Trauma und Entwicklung. Frühe Traumatisierung und ihre Folgen in der Adoleszenz. Stuttgart.

Struck, Peter (2007): Gegen Gewalt. Über den Umgang junger Menschen mit sich und anderen. Darmstadt.

Sutterlüty, Ferdinand (2008): Was ist eine Gewaltkarriere?; in: Marks, Erich/Steffen, Wiebke (Hrsg.): Starke Jugend – starke Zukunft. Ausgewählte Beiträge des 12. Deutschen Präventionstages 2007. Mönchengladbach.

Süßmann, Uli (2006): Gewalt an beruflichen Schulen. Diplomarbeit. Norderstedt.

Theilengerdes, Renke (2012): Der Motivationskreislauf in Non-Profit-Organisationen. Schlüsselfaktor für die Arbeit mit Haupt- und Ehrenamtlichen. Hamburg.

Thole, Werner/Pfaffenberger, Hans (2007): „Erziehung"; in: Deutscher Verein für öffentliche und private Fürsorge e.V. (Hrsg.), Fachlexikon der sozialen Arbeit. 6. Auflage. Baden-Baden.

Thomas, Janine (2003): Gewalt in den Medien unter geschlechtsspezifischem Aspekt. Vordiplomarbeit. Norderstedt.

Tillmann, Klaus-Jürgen/Holler-Nowitzki, Birgit/Holtappels, Heinz Günter/Meier Ulrich/Popp, Ulrike (2007): Schülergewalt als Schulproblem. Verursachende Bedingungen, Erscheinungsformen und pädagogische Handlungsperspektiven. 3. Auflage. Weinheim/München.

Tillmann, Klaus-Jürgen (1993): Sozialisationstheorien. Eine Einführung in den Zusammenhang von Gesellschaft, Institution und Subjektwerbung. 4. vollständig überarbeitete und erweiterte Neuausgabe. Hamburg.

Tillmann, Klaus-Jürgen (1992): Einführung; in: Tillmann, Klaus-Jürgen (Hrsg.): Jugend weiblich-Jugend männlich. Opladen.

Timmer, Gesine (2010): Jugendkriminalität und Jugendgewalt. Ursachen, Bekämpfungsmaßnahmen und Lösungsvorschläge mit Statistiken zur Entwicklung der Jugendkriminalität. Studienarbeit. Norderstedt.

Tintner, Heinfried (2011): Schwerbehinderung. Freiburg.

Toprak, Ahmet (2006): Jungen und Gewalt. Die Anwendung der konfrontativen Pädagogik in der Beratungssituation mit türkischen Jugendlichen. Herbolzheim.

Toprak, Ahmet (2001): „Ich bin eigentlich nicht aggressiv". Theorie und Praxis eines Anti-Aggressions-Kurses mit türkischstämmigen Jugendlichen, Freiburg im Breisgau.

Töltsch, Christine (2002): Aggression und Gewalt unter geschlechtsspezifischem Aspekt. Examensarbeit. Norderstedt.

Trefz, Stefan/Abele, Simone/Dieterich, Vincent (2010): Gruppendynamische Prozesse in der Politik. Facharbeit (Schule). Norderstedt.

Treibel, Annette (1994): Einführung in soziologische Theorien der Gegenwart. 2. Auflage. Opladen.

Trenkler, Manuela (2010): Die 'Jabezgeneration'. Soziale Ungleichheit und das Prinzip des Auslesens an deutschen Schulen. Hamburg.

Truschkat, Inga (2008): Kompetenzdiskurs und Bewerbungsgespräche. Eine Dispositivanalyse (neuer) Rationalitäten sozialer Differenzierung. Theorie und Praxis der Diskursforschung. Wiesbaden.

Tupaika, Jacqueline (2003): Schulversagen als komplexes Phänomen. Ein Beitrag zur Theorieentwicklung. Rieden.

Tzankoff, Michaela (1992): Interaktionsforschung und Geschlechtersozialisation – Zur Kritik schulischer Interaktionsstudien; in: Tillmann, Klaus-Jürgen (Hrsg.): Jugend weiblich – Jugend männlich. Opladen.

Uhlendorff, Harald (2005): Soziale Integration von Jugendlichen in ihren engen Freundeskreis: Zusammenhänge mit abweichendem Verhalten und sozioemotionaler Befindlichkeit; in: Schuster, Beate H./Kuhn, Hans-Peter/Uhlendorff, Harald (Hrsg.): Entwicklung in sozialen Beziehungen. Heran-

270

wachsende in ihrer Auseinandersetzung mit Familie, Freunden und Gesellschaft. Stuttgart.

Ullrich, Manuela (1999): Wenn Kinder Jugendliche werden. Die Bedeutung der Familienkommunikation im Übergang zum Jugendalter. Weinheim/München.

Varbelow, Dirk (2000): Jugenddelinquenz. Studie zum Gewaltverhalten von Kindern und Jugendlichen. Marburg.

Vogelgesang, Waldemar (2006): Jugend im Stadt-Land-Vergleich – ausgewählte Handlungsfelder; in: Faulde, Joachim/Hoyer, Birgit/Schäfer, Elmar (Hrsg.): Jugendarbeit in ländlichen Regionen. Entwicklung, Konzepte und Perspektiven. Weinheim/München.

von Danwitz, Klaus-Stephan (2004): Examens-Repetitorium. Kriminologie. Heidelberg.

Voß (Dr.), Angelika (2007): Frauen sind anders krank als Männer. Plädoyer für eine geschlechtsspezifische Medizin. Kreuzlingen/München.

Weidner, Jens/Malzahn, Uta (1997): Zum Persönlichkeitsprofil aggressiver Jungen und Männer. Selbstthematisierung; in: Weidner, Jens/Kilb, Rainer/Kreft, Dieter (Hrsg.): Gewalt im Griff. Band 1. Neue Formen des Anti-Aggressivitäts-Trainings. 2. Auflage. Weinheim/Basel.

Weidner, Jens (1995): Anti-Aggressivitäts-Training für Gewalttäter. 3. erweiterte Auflage. Bonn.

Welpe, Ingelore/Schmeck, Marike (2005): Kompaktwissen Gender in Organisationen. Frankfurt am Main.

Werth, Reinhard (2010): Die Natur des Bewusstseins. Wie Wahrnehmung und freier Wille im Gehirn entstehen. München.

Wetzel, Christian (1995): Gewalt bei rechtsorientierten Jugendlichen. Diplomarbeit. Norderstedt.

Weymann, Ansgar (2007): Interaktion, Institution und Gesellschaft; in: Joas, Hans (Hrsg.): Lehrbuch der Soziologie. 3. Auflage. Frankfurt/New-York.

Wildner, Andreas (2010): Soziale Gewalt der Gesellschaft. Die Gesellschaft und ihr Verhältnis zur Gewalt auf Mirko- und Mesoebene. Studienarbeit. Norderstedt.

Wilk, Liselotte (1977): 8. Krise von Ehe und Familie? Ehescheidungen – Familienauflösungen; in: Wallner, Ernst-M./Pohler-Funke, Margret (Hrsg.): Soziologie der Gegenwart 2. Materialen zur modernen Gesellschaftskunde. Soziologie der Familie. Heidelberg.

Wilz, Gabriele/Adler, Corinne/Gunzelmann, Thomes (2001): Gruppenarbeit mit Angehörigen von Demenzkranken. Ein therapeutischer Leitfaden. Göttingen/Bern/Toronto/Seattle.

Wobbe, Theresa/Nummer-Winkler, Gertrud (2007): Geschlecht und Gesellschaft; in: Joas, Hans (Hrsg.): Lehrbuch der Soziologie. 3. Auflage. Frankfurt/New-York.

Wolf, Lea (2008): Kiezorientierte Prävention von Kinder- und Jugendgewalt. Eine empirische Studie in den Berliner Bezirken Kreuzberg, Neuköln und Wedding. Diplomarbeit. Norderstedt.

Ziehlke, Brigitte (1992): „Fehlgeleitete Machos" und „frühreife Lolitas" – Geschlechtstypische Unterschiede der Jugenddevianz; in: Tillmann, Klaus-Jürgen (Hrsg.): Jugend weiblich-Jugend männlich. Opladen.

Zierold, Diana (1999): Geschlecht und soziale Ungleichheit. Studienarbeit. Norderstedt.

Zimbardo, Philip. (1995): Psychologie, Berlin/Heidelberg, 6. bearbeitete und erweiterte Auflage; in: Toprak, Ahmet (2001): „Ich bin eigentlich nicht aggressiv", Theorie und Praxis eines Anti-Aggressions-Kurses mit türkischstämmigen Jugendlichen, Freiburg in Breisgau.

Zippel, Janine (2009): Erziehungsstile. Studienarbeit. Norderstedt.

Zirk, Wolfgang (1999): Jugend und Gewalt. Stuttgart/München/Hannover/Berlin/ Weimar/Dresden.

Zolondek, Juliane (2010): „Weiblicher Strafvollzug". Eine Bestandsaufnahme in Zahlen; in: Landesarbeitsgemeinschaft Mädchenarbeit NRW e.V. (Hrsg.): Betrifft Mädchen. Thema Hinter Schloss und ohne Siegel. Mädchen und Strafvollzug. 23. Jahrgang 2010, Heft 2. Weinheim.

Zöller, Mark A. (2008): B. Gefährliche Körperverletzung (§ 224); in: Zöller, Mark A./Fornoff, Rainer/Gries, Claudia (Hrsg.): Strafrecht Besonderer Teil II. Delikte gegen Rechtsgüter der Person und der Allgemeinheit. Grundlagen des Strafrechts. Berlin.

Internetquellen

Bundesministerium für Familie, Senioren, Frauen und Jugend: Allein erziehende Mütter und Väter; in: http://www.bmfsfj.de/doku/publikationen/genderreport/4-Familien-und-lebensformen-von-frauen-und-maennern/45Lebensformen-im-mittleren-lebensalter/4-5-2-allein-erziehende-muetter-und-vaeter.html, abgerufen am 15.06.2012, 13:44 UTC.

Butch, Christine (2010): Artikel „Jugendgewalt in Deutschland", Stand 11.08.2010; in: http://www.planet-wissen.de/alltag_gesundheit/familie/jugendgewalt_ in_deutschland/index.jsp, abgerufen am 09.05.2012, 15:55 UTC.

Köhler, Manuel: Eine Betrachtung der Begriffe subjektiv/objektiv und ihrer Anwendung auf Kunst und Erkenntnis; in: http://www.rossleben2001.wernerknoben.de/doku/kurs74web/node17.html, abgerufen am 24.06.2012, 16:48 UTC.

Litschko, Konrad (2010): Artikel: Freifahrt in den Knast. 14.10.2010; in: http://www.taz.de/!59721/, abgerufen am 08.07.2012, 17:52 UTC.

Meier, Ulrich: Wie kinderfeindlich ist die bundesdeutsche Gesellschaft? Wege aus der strukturellen Rücksichtslosigkeit gegenüber Leben mit Kindern, 2010; in: https://www.familienhandbuch.de/familienpolitik/wissenschaftliche-beitrage/wie-kinderfeindlich-ist-die-bundesdeutsche-gesellschaft-wege-aus-der-strukturellen-rucksichtslosigkeit-gegenuber-dem-leben-mit-kindern, abgerufen am 27.07.2011, 18:00 UTC.

Merkle, Rolf: „Warum Selbstwertgefühl so wichtig ist"; in: http://www.psychotipps.com/negatives-selbstwertgefuehl.html, abgerufen am 30.06.2012, 15:48 UTC.

Ney, Nathalie/Breckle, Heike/zur Megede, Mirijam/Klatta, Elisabeth: Leitfadeninterview am Beispiel des Experteninterviews; in: http://www.uni-frankfurt.de/fb/fb04/personen/weyerss/SoSe07_MeS/Handout_Leitfadeninterview_netz.pdf, abgerufen am 08.04.2012 , 13:51 UTC.

274

Reinders, Heinz: Freundschaften im Jugendalter; in: http://www.familienhandbuch. de/cms/Jugendforschung-Freundschaften.pdf, abgerufen am 13.06.2012, 17:37 UTC.

Roosevelt, Franklin D: Theorien zum Erwerb und den Ursachen aggressiven Verhaltens; in: http://arbeitsblaetter.stangl-taller.at/EMOTION/Aggression.sht ml, abgerufen am 18.03.2012, 15:08 UTC.

Schmölzer, Gabriele (2003): Geschlecht und Kriminalität: Zur kriminologischen Diskussion der Frauenkriminalität; in: http://www.querelles-net.de/index.ph p/qn/article/view/228/236, abgerufen am 31.05.2012, 15:15 UTC.

Textor, Martin R.: Familien: Soziologie, Psychologie. Eine Einführung für soziale Berufe; in: URL: http://www.ipzf.de/Familien.html, angerufen am 17.06.20 12, 14:16 UTC.

VAMV-Bundesverband: Statistische Informationen. Kinder in Einelternfamilien; in: http://www.vamv.de/fileadmin/user_upload/bund/dokumente/Pressemit teilungen/Hintergrundiformationen/Statistik/Statistik_AE_Kinder.pdf, abgerufen am 15.06.2012, 13:08 UTC.

Seite „Bildungsserver DG"; in: www.bildungsserver.be/desktopfault.aspx/tabid-2279/4285_read- 31624/, abgerufen am 11.06.2012, 15:12 UTC.

Seite „Dict.md"; in: http://www.dict.md/definition/treten, abgerufen am 21.06.2012, 17:35 UTC.

Seite „Frauenprojekte BORA"; in: http://www.frauenprojekte-bora.de/de/bora/oeff entlichkeitsarbeit/gewalt/gewalt/html, angerufen am 14.07.2012, 18:45 UTC.

Seite „Gewaltprävention in der Sekundarstufe"; in: http://www.schulische-gewaltp raevention.de/gewaltpraevention%20sekundarstufe/index.php?section=2.2 %20/Umsetzung&x=gewaltanschulen&k=2&caption=&o=4, abgerufen am 17.06.2012, 18:03 UTC.

Seite „Lexikon für Psychologie und Pädagogik", Geschlechtsstereotype; in: URL: http://lexikon.stangl.eu/1021/geschlechtsstereotype, abgerufen am 14.08.2011, 13:08 UTC. Seite „LABBÉ"; in: http://www.labbe.de/mellvil/index_vs.asp? themaid=26&titelid=273, abgerufen am 25.06.2012, 17:56 UTC.

Seite „Leitz"; in: http://www.leitz.com/deDE/Know-How/Wie_regiert_man_auf_Provokatonen_.html, abgerufen am 06.05.2012, 17:06 UTC.

Seite „Oliveira-online"; in: http://www.oliveira-online.net/domingos/wissen/provo kation.htm, abgerufen am 06.05.2012, 17:19 UTC.

Seite „Politikforen.net"; in: http://www.politikforen.net/showthread.php?11514-Sk andal-Frauen-werden-milder-bestraft-als-M%C3%A4nner, abgerufen am 02.06.2012, 00:33 UTC.

Seite „Provokation"; in: Wikipedia, Die freie Enzyklopädie. Bearbeitungsstand: 20. März 2012, 08:31 UTC. URL: http://de.wikipedia.org/w/index.php?title=Pr ovokation& oldid=101086397, abgerufen: 18. März 2012, 16:51 UTC.

Seite „PSYCHOPHILO"; in: htto://www.psychophilo.at/content/psycho/sozialpsy chologie.html, abgerufen am 05.07.2012, 18:38 UTC.

Seite „RespectResearchGroup"; in: http://www.respectresearchgroup.org/cgi-bin/rr g.pl?id=1654; abgerufen am 28.06.2012, 14:47 UTC.

Seite „RP Online": Artikel: Männer häufiger vor Gericht als Frauen. Zuletzt aktua-lisiert: 29.09.2011, 11:22 UTC; in: http://www.rp-online.de/panorama/deuts chland/maenner-haeufiger-vor-gericht-als-frauen1.2191583, abgerufen am 31.05.2012, 16:32 UCT.

Seite „Schlägerinnen-Stopp! Gewaltschutz für Männer"; in: http://www.schlägerin nen-stopp.de/gewalt-ist-weiblich.html, abgerufen am 03.06.2012, 17:11 UTC.

Seite „Sozialer Trainingskurs"; in: http://www.antigewaltkurse.de/html/sozialer_Trainingskurs.html, abgerufen am 10.12.2010, 15:49 UTC.

276

Seite „starke Eltern": Wenn Mädchen schlagen ... Das Phänomen Mädchengewalt; in: http//:www.starke-eltern.de/htm/archiv/artikel/04_2006/wenn_maedche n_schlagen.htm, abgerufen am 07.07.2012, 15:58 UTC.

Seite „Strafaussetzung zur Bewährung"; in: http://www.heinrich.rewi.hu-bernin.de /doc/jstr/13_bewaehrung.pdf, abgerufen am 09.07.2012, 17: 52 UTC.

Seite „VGB Ihre gesetzliche Unfallversicherung"; in: http://www.vbg.de/wbt/daten /html/404.htm, abgerufen am 05.05.2012, 14:47 UTC.

Seite „Violence Prevention Network"; in: http://www.violence-prevention-network .de/trainingsprogramm/zielgruppen, abgerufen am 25.06.2012, 11:43 UTC.

Seite „Voque"; in: http://www.vogue.de/import/models/models-model-dest, abge-rufen am 17.06.2012, 19:09 UTC.

Seite „werner stangl"; in: http://www.arbeitsblaetter.strangl-taller.at/JUGENDALT ER/Ursachen-Entstehung-Jugendgewalt.shtml, abgerufen am 08.05.2012, 15:02 UTC.

Speidel, Matthias (2009): Fehlende Werte. Seminararbeit zum Zusatzkurs Amtliche Statistik; in: http://www.stat.uni-muenchen.de/~thomas/Home/Meldungen/ Dateien/handout-fehlende%20Daten.pdf, abgerufen am 31.02.2012, 12:50 UTC.

Statistisches Bundesamt: Strafverfolgung, Verurteilte 2010; in: www.destatis.de/ DE/ZahlenFakten/GesellschaftStaat/Rechtspflege/Strafverfolgung/Tabellen /VerurteilteStrafart.html?nn=50830, abgerufen am 31.05.2012, 14:26 UTC.

Saskia Hofmann

Yes she can!

Konfrontative Pädagogik
in der Mädchenarbeit

Gender and Diversity, Band 2
2011, 135 S., br.,
ISBN 978-3-86226-050-8, € **18,80**

Der Umgang mit Gewalt und Aggressionen im Alltag stößt immer mehr auf das Interesse pädagogischer Mitarbeiter in jeglichen sozialen Einrichtungen. Durch die zunehmende Sichtbarkeit der Gewalttaten von vor allem weiblichen Jugendlichen steigt auch das Bedürfnis die Konfliktfähigkeit jener Zielgruppe zu steigern und die Hintergründe solcher Taten zu beleuchten.

Das Buch erläutert systematisch Annahmen und Ausführungen zur geschlechtsspezifischen Gewaltanwendung. Dabei wird das Phänomen der Mädchengewalt kritisch und differenziert anhand von Zahlen der polizeilichen Kriminalstatistik dargelegt. Auf Basis dieser Zahlen diskutiert die Autorin dann die typischen Gewaltformen, Hintergründe und gewaltfördernde Faktoren im Lebenszyklus der Mädchen. Dabei liefert sie Begründungen, dass Genderorientierung durchaus sinnvoll ist und erläutert die geschlechtsspezifischen Sozialisationsaspekte im Rahmen der Familie und Schule. Das Hauptaugenmerk liegt auf der Methode der konfrontativen Pädagogik. Laut der Autorin wird diese als Grundlage vieler pädagogischer Angebote mit gewaltbereiten Jugendlichen genutzt. Mit dem eigens konzipierten Anti-Gewalt- und Kompetenztraining „Yes, she can!" werden Möglichkeiten aufgezeigt, wie mit den zuvor vorgestellten Methoden präventiv im Rahmen der Mädchengewalt gearbeitet werden kann.

„Das entwickelte Konzept der Konfrontativen Methode für Mädchen ist sehr gelungen. Die Autorin verbindet ihre theoretischen Überlegungen in hervorragender Art und Weise mit der Praxis der Sozialen Arbeit."
Prof. Dr. Ahmet Toprak, FH Dortmund

www.centaurus-verlag.de

Gender and Diversity

Nicole Majdanski
Männer »doing« Gender!
Väter in Elternzeit
Band 9, 2012, 135 S.,
ISBN 978-3-86226-192-5, € **19,80**

Marlene Alshut
Gender im Mainstream?
Geschlechtergerechte Arbeit mit Kindern und Jugendlichen
Band 8, 2012, 190 S.,
ISBN978-3-86226-191-8, € **20,80**

Ümit Koşan
Interkulturelle Kommunikation in der Nachbarschaft
Zur Analyse der Kommunikation zwischen den Nachbarn mit türkischem und deutschem
Hintergrund in der Dortmunder Nordstadt
Band 7, 2012, 248 S.,
ISBN978-3-86226-177-2, € **25,80**

Garnet Katharina Hoppe
Selbstkonzept und Empowerment bei Menschen mit geistiger Behinderung
Band 6, 2012, 130 S.,
ISBN 978-3-86226-163-5, € **18,80**

Elisabeth Heite
Bürgerschaftliches Engagement älterer Menschen im Stadtteil
Gleiche Beteiligungschancen und Mitgestaltungsmöglichkeiten für alle?
Band 5 2012, 130 S.,
ISBN 978-3-86226-132-6, € **18,80**

Katja Nowacki (Hrsg.)
Pflegekinder
Vorerfahrungen, Vermittlungsansätze und Konsequenzen
Band 4, 2012, 278 S.,
ISBN 978-3-86226-124-6, € **24,80**

Nele Cölsch
Potential and limitations of peace education in Israel
A case study on parents´ perspectives on the Hand in Hand school in Jerusalem
Band 3, 2011, 120 S.,
ISBN978-3-86226-072-0, € **23,80**

Marianne Kosmann, Harald Rüßler (Hrsg.)
Fußball und der die das Andere
Ergebnisse aus einem Lehrforschungsprojekt
Band 1, 2011, 164 S.,
ISBN 978-386226-050-8, € **18,80**

Informationen und weitere Titel unter **www.centaurus-verlag.de**

MIX
Papier aus verantwortungsvollen Quellen
Paper from responsible sources
FSC® C105338

If you have any concerns about our products,
you can contact us on
ProductSafety@springernature.com

In case Publisher is established outside the EU,
the EU authorized representative is:
Springer Nature Customer Service Center GmbH
Europaplatz 3, 69115 Heidelberg, Germany

Printed by Libri Plureos GmbH
in Hamburg, Germany